労働における事実と法

基本権と法解釈の転回

豊川義明

日本評論社

はしがき

　本書は、労働における事実と法のあり方を筆者の法実践と法の学びから論究したものである。

　筆者は、事実のなかに法が「宿る」こと、また裁判は事実として存在する法違反状態の是正にむけての当事者の人間の尊厳と正義実現への意思と行為であると理解している。そして当事者間の弁論と立証を経ての判例は法規範（群）と事実（群）との相互の媒介による事実と法の統合であること、判例は具体的妥当性という領域を超えて法の形成、確定作用として、正当性を持たなければならないと認識してきた。本書はこれらのことを明確にした作業でもある。

　実務と理論はどのような関係にあるのであろうか。早い時代から実践知、理論知という言葉があるのは、実務と理論からの知に隔たりがあることを示しているが、研究者と法曹の役割は正しい法の創造にむけての社会的営為である。

　京都大学の片岡曻先生から「学」としての労働法、大阪市立大学の故・本多淳亮先生からは、法と政策の相異など研究会や御著作を通して指導を受けてきた。そして前田達男・萬井隆令両教授からは学問への誠実さと情熱を、西谷敏教授からは、権利関係論や法の客観性、合理性へのアドバイスなど大きな刺激を受けてきた。そして、そのお名前を一人一人あげないが、大学の後輩の方々も含め、多くの研究者から学ばせて戴いてきた。

　筆者が 2004 年、関西学院大学法科大学院に専任教員として就任したのは、司法改革のなかで弁護士会側から法科大学院制度の実現に関わったこと、友人である関西学院大学の安井宏・豊下楢彦両教授のお誘いがあったからである。

　労働法の弾力化が言われて久しいが、これからの AI 化の下でも労働の存在意義と価値が減じるものではない。他者との連帯のなかで労働者は人間としての尊厳を確保し、これを維持発展させることが出来る。新自由主義の進行のなかで格差・不平等と貧困による分断が進行する社会において、労働法の理念と

その解釈において人間の尊厳と基本権が基本にあるものとして再定位されなければならないと筆者は考えている。

　本書が人間の尊厳と基本権を法の基準とする労働法学の新たな転回と法曹の創造的な営為のために、少しでも寄与することがあるならば幸いであり、筆者の喜びである。

　この出版企画にあたっては、筆者の出版への想いを受け止めてくれた日本評論社の中野芳明氏にお世話になった。この執筆を支えてくれた事務所の皆さんにこの場を借りてお礼を述べておきたい。

　2019年8月

西宮市上ヶ原に於いて
豊川　義明

労働における事実と法
——基本権と法解釈の転回
目　次

はしがき　i
初出一覧　vi

第1編　人間の尊厳と基本権、「労働者」・「使用者」概念　———1

第1章　基本権と労働法 …………………………………………… 1
1　時代と法　1
　(1)時代　(2)労働の現実　(3)市民社会と基本権
2　人間の尊厳の理念　3
3　法の原理と基本権　7
　(1)類的存在としての人　(2)人間の尊厳と基本権　(3)労働の位置　(4)基本権と労働法
4　労働法の理念——対等共同決定論　10
　(1)憲法と労働法　(2)自己決定、そして対等共同決定論

第2章　労働判例と法解釈の正当性をめぐる一考察 ………………… 15
——ビクター・サービスエンジニアリング、松下PDP事件の判決を素材にして

1　はじめに　15
2　判例とはなにか　15
3　ビクター・サービスエンジニアリング事件の検討　16
　(1)事案の概要と救済手続の推移　(2)労働者性の要件についての二つの判断の紹介　(3)最三小判の結論　(4)小括
4　松下PDP事件の検討　21
　(1)事案の概要　(2)裁判の展開——大阪地裁と大阪高裁の相反する判断　(3)PDP事案における大阪高裁判決と最二小判との比較検討　(4)派遣先と労働者との間の黙示の労働契約の成否　(5)小括
5　判例の正当性と法解釈のあり方　28
　(1)正当性の必要性　(2)正当性と法

6　労働判例と法規範における正当性の基準について　28
　　7　わが国の労働裁判の特質と法解釈学の関係　29
　　　　⑴労働裁判の特質　⑵学説の対立
　　8　法解釈の正当性　31
　　　　⑴法解釈とはなにか　⑵正当性の基準についての一考察
　　9　法解釈の方法と基準　35
　　　　⑴事実と法の適用　⑵法律の解釈と適用　⑶憲法基準と法律解釈　⑷法の基本原則の位置

第3章　ビクター・サービスエンジニアリング事件・東京高裁および最三小判決の検討 ………………………………………………………………… 40
　　　――「労組法上の労働者」概念および「団結権保障関係」論

　　はじめに――本章の目的　40
　　1　事案の概要　41
　　2　本件高判の判断――労組法上の労働者および業務委託における適用　42
　　3　主要な事実認定とその誤り　42
　　　　⑴諾否の自由について　⑵時間的・場所的拘束について　⑶会社による指揮命令について　⑷報酬について　⑸企業組織への組み込みについて　⑹契約内容の一方的決定について
　　4　これらの誤りは何によるのか　52
　　5　労組法3条の労働者　53
　　　　⑴朝日放送事件・最判の転用の誤り　⑵憲法28条の勤労者と労組法3条の労働者　⑶「使用従属」関係の位置　⑷「従属労働」ないし「労働の従属性」の再定位　⑸労組法3条と「使用従属」関係　⑹労組法3条と労組法7条2号の「雇用する労働者」　⑺「団結権保障関係」論の提示――「地位」と「関係性」、その相互関係と分離　⑻「法の支配」と研究者の意見書
　　6　ビクター・サービスエンジニアリング事件最三小判の意義と課題
　　　　――労組法上の労働者再論　63
　　　　⑴最三小判の紹介　⑵労組法上の労働者の要件

第4章　労働法上の使用者 ……………………………………………………………… 68

　一　労組法7条の使用者　68
　　1　使用者の分裂と統合　68
　　2　事案の概要　69
　　　　⑴経緯と下請労働者、活用の目的　⑵要求事項

  3 地労委命令の紹介と中労委命令批判　70
    (1)大阪地労委命令（昭53・5・26）の内容　(2)中労委命令（昭61・9・17）の内容
  4 画期的な東京地判の内容と評価　71
    (1)東京地判（平2・7・19）　(2)東京高判（平4・9・16）での逆転敗訴
  5 高裁判決を破棄した最三小判平7・2・28　73
    (1)最判の判旨　(2)朝日放送最判は、「労働条件支配力説」である

二 違法な労務供給関係における供給先と労働者との黙示の労働契約の成否　75
  ——規範的解釈の妥当性
  1 はじめに——課題の提示　75
    (1)法律解釈学と裁判　(2)司法制度改革審議会の意見書　(3)労働法の位置
  2 松下ＰＤＰ事件・大阪高判平20・4・25の紹介　78
    (1)事案の概要　(2)大阪高判の判旨——Ａ対Ｘ、Ｘ対Ｙの関係について　(3)大阪高判の判旨——Ａ対Ｙの関係について　(4)大阪高判の判旨——黙示の雇用契約（本件雇用契約1）の成否　(5)大阪高判の判旨——要約
  3 最二小判の判旨　85
    (1)偽装請負は、労働者派遣であり、違法派遣であって労働者供給ではない　(2)違法派遣でも請負人（派遣元）との雇用契約は有効　(3)黙示の労働契約の否定　(4)有期契約の終了を認める　(5)不法行為の成立は認める
  4 最二小判の批判的検討と課題　87
    (1)「偽装請負」事案に適用すべきは、職安法違反か、派遣法違反か——労働者派遣と職安法44条の労働者供給との関係　(2)労働者派遣と職安法44条の労働者供給との関係　(3)違法派遣は「派遣法の枠組み」のなかでのみ存在する　(4)違法派遣は、民法90条に違反する——職安法44条ならびに違法派遣と公序違反　(5)違法派遣と雇用契約——民法90条の適用
  5 最近の黙示の労働契約の成立が争われた裁判例　94
    (1)黙示の労働契約を認定した裁判例　(2)黙示の労働契約の成立を否定した裁判例
  6 違法な労務供給三面関係と黙示の労働契約——規範的解釈論の妥当性　96
    (1)裁判における規範的解釈　(2)労務供給三面関係の実態評価　(3)派遣元の独立性（＝独立した事業体）および委託代金の法的評価　(4)派遣元と労働者との雇用契約の効力　(5)黙示の意思合致をどのように考えるか

三 法人格否認法理と労働契約責任の所在（帰属）と効果について　103
  1 この法理が否認するもの　103
  2 「支配」と「目的」の二要件相関論および効果相対論について　105

第2編　労働契約法上の課題 ———————————————107

第1章　「懲戒」再考 …………………………………………………………107
——懲戒における事実と法

1　はじめに——本章の問題意識　107
　(1)法の原理からの考察　(2)懲戒権限そのものの違法性
2　日本の労使関係における懲戒処分の過去と現在　110
　(1)戦前からの連続と社会意識　(2)戦前の労使関係像と懲戒処分　(3)懲戒処分と工場法下の就業規則　(4)親権と懲戒権
3　「懲戒」とは　113
　(1)「懲戒」の定義と関連する事柄の整理　(2)懲戒処分の存在目的と機能
4　「懲戒」に対する法的規制の検討　116
　(1)戦後労基法制定過程と制裁規定　(2)懲戒処分の根拠　(3)「懲戒」に対する学界の議論——懲戒権法理（学説）　(4)諸外国における懲戒制度と法規制
まとめ——法の原理と懲戒処分　123

第2章　表現の自由、組合活動権と懲戒権限 ……………………………126

一　関西電力（譴責処分）事件の今日における検討　126
　1　事案と一・二審判決の紹介　126
　　(1)事案の概要　(2)一・二審判決の紹介
　2　最一小判の判断と批判　127
　　(1)判旨（最一小判昭58・9・8）　(2)批判

二　企業批判（告発）本の正当性を認めた三和銀行事件　130
　1　本件事案の概要と特徴　130
　2　裁判における立証上の工夫　131
　3　判決の内容および判断の方法　131
　　(1)本書の内容についての全体的評価　(2)懲戒権濫用の要件　(3)内容の具体的評価　(4)結論
　4　判決の評価　133
　5　内部告発の正当性の要件化、そして批判の自由の確立にむけて　134
　6　本判決の判例としての位置と事実評価の適切性　134
　7　裁判を担った原告団のこと　136

第 3 章 配転と出向 …………………………………………………………………137

1 争われる背景　137
2 法理の整理　138
　(1)配転　(2)出向
3 東亜ペイント最判を論じる——判例法理として意義の喪失　142
　(1)東亜ペイント事件の概要と紛争の法的性格　(2)不公正な権利濫用論　(3)配転権限濫用の新たな基準の提示——客観的合理性と社会的相当性
4 法理の検討——新たな立法の下で　147
　(1)個別（都度）同意説と労働契約法　(2)個別（都度）合意説について　(3)出向論

第 4 章 整理解雇法理の発展のために …………………………………………153
　　　——公正から平等へ

1 これまでの法理の整理　153
　(1)課題の所在　(2)整理解雇の概念　(3)人員削減の必要性と司法審査のあり方　(4)人員削減の必要性と解雇の必要性の時的関係——切り離しと時間的推移　(5)解雇回避措置の位置と重要性　(6)基準と運用　(7)説明、協議を尽くしたこと　(8)整理解雇と強行法規（労組法 7 条、労基法 3 条・4 条など）違反の関係　(9)要件・要素について
2 平等原則の適用　158
　(1)東洋酵素事件　(2)エミレーツ事件　(3)平等原則の適用

第 5 章 賃金差別と賃金請求権 …………………………………………………168

1 差別是正請求権の法的根拠——労働契約と賃金請求権の構造　168
　(1)労働の非独立的、他人決定的性格　(2)法律違反の効果と請求権そして是正義務の確認訴訟　(3)査定、人事考課と賃金請求権
2 賃金差別の立証——証拠偏在下の労働者の立証方法と使用者の反証の合理性　171
　(1)前提としての使用者の説明義務　(2)立証と反証　(3)文書提出・物件提出命令
3 賃金差別の救済　175
　(1)昇格・昇進請求権、そして「是正義務」の確認の訴え　(2)損害賠償請求の内容としての慰謝料　(3)行政救済の方法
4 今後の課題　177

第 6 章　人格権··178

　一　人間の尊厳を擁護した関西電力人権訴訟　178

　　1　提訴　178
　　2　本件事案の概要　178
　　3　時代背景そして会社の特殊対策——なぜ提訴したのか　179
　　4　特殊対策の概要　179
　　5　裁判運動の展開——運動の社会化　180
　　6　裁判での争点と主張・立証の工夫　181
　　7　最高裁判決の内容と意義　182
　　8　賃金その他、処遇上の差別の是正——会社との合意（2009（平成21）年12月8日）　184
　　9　未来につなぐものはなにか　184

　二　人間の尊厳と人格権保障の「領域」　185

　　1　人格権保障の根拠としての人間の尊厳　185
　　2　労働者の人格的利益保護の必要性　186
　　3　労働社会における人格権の法的構成の重層性　187
　　　(1)基本権から　(2)労働法からみた法的構成　(3)労働者の個人情報とプライバシー保護　(4)懲罰的労使関係を脱却し水平な労使関係を構築する　(5)二つの最高裁の判断と人格権を擁護した下級審判断　(6)「命令・服従」の業務命令論からの脱却

第 3 編　労働基本権をめぐる課題————————————————199

第 1 章　組合活動権··199

　　1　組合活動権　199
　　2　組合活動の場　199
　　3　二つの法的価値、法益の衝突の検討　200
　　　(1)法益衝突の場面　(2)検討
　　4　組合活動権尊重義務論　200
　　　(1)組合活動権　(2)団結権尊重義務　(3)労務指示権
　　5　団結権尊重義務と企業施設利用権　203
　　6　団結権尊重義務と組合事務所の供与　205
　　　(1)はじめに　(2)組合事務所供与義務の肯定の場面

第 2 章　団体交渉権論の転回　　　　　　　　　　　　　　　　　　　　208
　　　　──企業内正規労働者中心から企業、産業の労働者全体の待遇、
　　　　地位の向上と平等、連帯を実現する団体交渉権の確立

　　1　はじめに　208
　　2　労働委員会命令、司法救済の実情と労組法の「限定解釈論」批判　208
　　3　産業別交渉権の実情　209
　　4　港湾における産別交渉と協定事項　210
　　5　産業別交渉権と企業内交渉権を統合する交渉権法理の提示　210
　　　　(1)義務的団交事項論の再考　(2)企業内団体交渉の制約を超えて　(3)労働者の地位
　　　　待遇に影響を及ぼす地位にある使用者団体
　　6　対等共同決定論の提起　212

第 3 章　団結契約論の提示　　　　　　　　　　　　　　　　　　　　　213

　　1　はじめに　213
　　2　団結契約の内容　213
　　3　複数組合への加入の自由　214
　　4　加入・脱退の自由と団結強制について　215
　　5　統制処分（措置）と団結契約　215
　　6　協約自治の範囲・限界と団結契約　216
　　7　組合分裂の要件について　216

第 4 章　組合旗等の掲出と施設管理権　　　　　　　　　　　　　　　　218

　一　組合旗・懸垂幕等の掲出　218

　　1　はじめに──問題の限定　218
　　2　判例・命令にみる組合旗・懸垂幕等の掲出をめぐる問題点　219
　　　　(1)組合旗等の掲出　(2)懸垂幕の掲出
　　3　懸垂幕等の掲出と施設管理権　222
　　　　(1)懸垂幕等掲出の法的性格　(2)組合活動権と施設管理権
　　4　結論　229
　　5　自力救済について　231

　二　基本権からみた国労札幌支部事件最三小判判決の検討　234

　　1　国労札幌支部事件・最三小判の内容　234
　　2　憲法秩序下の企業活動　235

3　団体行動権の展開と施設利用　236
　　4　札幌支部事件最三小判後の判決の批判的検討　236

第4編　公務労働関係論――――――――――――239

第1章　組合事務所と行政財産……………………239

　1　大阪市役所組合事務所明渡し請求事件・最高裁に問われたもの――『法の支配』を「回避した」大阪高裁判決、『法の支配』を「擁護した」中労委命令　239
　　(1)事実と法　(2)大阪高裁判決の全体的評価　(3)高裁判決の事実認定と評価の特徴　(4)事案の特質をどうみるか　(5)中労委命令の内容と評価　(6)高裁判決の誤り
　2　行政財産と組合事務所供与の検討　250
　　(1)行政財産と団体交渉事項　(2)統一（混合）組合と労組法7条2号　(3)行政財産と組合事務所の供与の適法性

第2章　吹田非常勤職員雇止め事案の検討……………254
　　　　――不平等を容認した大阪地裁平成28年10月12日判決批判

　1　事案の主要な事実　254
　　(1)概要　(2)市と労働組合との合意の存在
　2　事案の争点と裁判所の判断　255
　　(1)請求内容　(2)大阪地裁の判断
　3　総括的な批判。実態からの正しい法の適用のために――地裁判決が「法の正義」、司法判断として到底維持できないこと　258
　　(1)責任は全て市にあることおよび本件公務労働事案は不採用ではなく更新拒否であること　(2)地公法15条と原告らの位置　(3)「論理のすり替え」の存在　(4)法律解釈の誤り　(5)職種廃止はない　(6)原告らは国民であり、地公法13条の平等原則の適用を受ける地位にある
　4　法律論　261
　　(1)公法関係論と法の一般原則の適用　(2)法律による行政としての公法の領域　(3)公法私法二元論の誤り　(4)本件事案の「雇止め」に対する正しい法的評価　(5)何が濫用されているのか　(6)濫用された常勤的非常勤職員の「雇止め」と解雇権濫用法理の適用なり準用について　(7)正当な結論はどうあるべきか

第3章 労組法、地公法の解釈を誤った大阪地裁、同高裁判決 ……………268
――混合組合に対するチェック・オフの廃止（大阪府府労委（泉佐野市）事件）

1 本件事案　268
(1)統一（混合）組合の誕生と労使交渉　(2)チェック・オフ実施の経緯　(3)本件チェック・オフ廃止の経緯と組合の府労委への申立

2 府労委命令取消訴訟における大阪地裁判決と控訴審判決　269
(1)府労委命令　(2)大阪地判平 28・5・18　(3)大阪高判平 28・12・22

3 大阪地裁、高裁判決の総括的評価　272

4 論点の検討　273
(1)集団的労働関係としてのチェック・オフ（行為）論　(2)チェック・オフの法的性格と、支配介入としての廃止による賃金不控除の評価　(3)地公法 58 条の法意と正しい解釈　(4)振替手数料相当額の支払命令は、労働委員会の裁量内のものである

第5編 権利運動の課題 ―――――――――――――――――279

第1章 戦後権利運動の性格と課題 …………………………279

1 歴史のなかで　279
(1)戦前　(2)戦後のスタート　(3)憲法と労働運動の推移　(4)権利運動と法規範

2 二つの条件と権利運動の評価　281
(1)二つの条件と権利運動　(2)憲法 27・28 条、労働法の存在と労働者・労働組合の権利運動

3 課題と社会的規制力の構築――「公正としての分配的正義」の実現　282
(1)自治体労働運動への「維新」市長の規制　(2)現在の課題　(3)社会的規制力の形成　(4)裁判運動の限界と立法運動

第2章 長時間労働と日本の法規制そして社会構造 ……………285
――労働者意識から考える

はじめに――問題意識と本章の内容　285

1 日本のおかれている現状　286

2 時間外労働・有休取得アンケートからみえてくるもの　288

3 戦前における労働時間法制そして労働観　290

4 労働基準法の制定過程と労働時間法制　291

5　長時間労働を支える社会構造そして労働者の意識　293
6　自己と他者（労働、企業、社会）について　295
7　改革の運動と主体について——社会的規制力をもつために　297

第3章　労働者・労働組合運動の再生のために……………………………299
　　　　——社会的規制力をもつ運動の構築

1　要求と組織について　299
　⑴企業別組合組織の問題点　⑵要求実現のために必要な組織の模索と現実からのスタート
2　戦後70年——企業別労働組合の定着と会社への統合　300
　⑴戦前の労働組合組織と戦時の「解体」　⑵戦後労働組合の結成　⑶企業別労働組合組織の特質と弱点　⑷成長神話とパイの理論そして企業別組合運動　⑸協調的労働組合育成のための懲戒処分の存在——懲罰秩序による労使関係　⑹企業別労働組合を支えた法制と司法判断そして法解釈学　⑺産別運動から学ぶものは何か
3　新たな労働者、労働組合の運動と組織　308
　⑴産業と地域、階層に着眼して　⑵国に分配的正義を要求する運動は必要
4　まとめ　310

第4章　「法の支配」を回避する東京地裁五判決の検討……………………311

1　はじめに　311
2　日本IBM「退職強要」事件（東京地判平23・12・28）の検討　312
　⑴退職勧奨と判例法理　⑵東京地裁判決の紹介　⑶もう一つの特徴
3　本田技研工業（雇止め）事件（東京地判平24・2・17）の検討　315
4　いすゞ自動車（非正規切り）事件（東京地判平24・4・16）の検討　316
5　日本航空整理解雇事件（東京地判平24・3・29、東京地判平24・3・30）の検討　318
6　「法の支配」と司法権　320
　⑴東京地裁判決の評価　⑵形式ではなく事実（実態）　⑶憲法を生かす　⑷法曹一元の実現

第5章 雇用社会における法の支配と新たな救済システム……………………322
——労働審判制度の意義と展望

はじめに　322

1　実体法と救済システム　322

2　これまでの救済システムの特徴と評価——労働審判制度との関連で　323

3　労働審判制度の趣旨と概要　324
　(1)目的　(2)審判体と審判　(3)迅速性——3回期日原則　(4)訴訟との連携——訴え提起の擬制など

4　意義と評価　325
　(1)労働事件における初めての裁判手続の改革　(2)手続と評決への労使の参加　(3)簡易、迅速な手続　(4)どんな紛争に有効か　(5)主文の弾力性

5　課題と具体化　328
　(1)専門性の保障　(2)労使からの審判員の供給体制について　(3)審判制度の積極的な活用

6　労働参審制への道筋　329

第6章 現代における法の形成と法律学の役割……………………330

1　時代と法　330
　(1)二つの憲法と連続するもの　(2)現代を象徴する二つの事件　(3)「人間の尊厳」を実現する法運動

2　裁判運動と権利運動の特質　332

3　基本権と現在における裁判の特質　333

4　法運動の課題　——労働分野から　334
　(1)人間の尊厳と「よき労働」の実現　(2)企業体に対する市民社会からの批判と規制　(3)市民運動、労働運動のなかに人間の尊厳と平等、連帯を創出する独自の意識的なプログラムが必要である

5　法律学の方向　339
　(1)専門性の分化から「統合」への努力　(2)法の原理、憲法からの再定位　(3)判例と研究者の立ち位置　(4)歴史と法解釈　(5)創造としての判例研究

索引　341

初出論文一覧

（注）以下に挙げる既出論文の大半は、本書への掲載にあたり部分的ないし全面的な加筆・修正を施している。大幅な修正を加えたものは書き下ろしとしている。

第1編　人間の尊厳と基本権、「労働者」・「使用者」

第1章　書き下ろし
第2章　「労働判例と法解釈の正当性をめぐる一考察：ビクターエンジニアリング、松下PDP事件の判決を素材にして」労働法律旬報1804号26頁（2013年）
第3章　「『労働法上の労働者』と『団結権保障関係論』、『労働条件保護関係論』の提示」法律時報83巻12号71頁（2011年）
第4章
　一　書き下ろし
　二　「違法な労務供給関係における供給先と労働者との黙示の労働契約の成否──規範的解釈の妥当性」甲南法学50巻4号225頁（2010年）
　三　書き下ろし

第2編　労働契約法上の課題

第1章　「懲戒と法──『懲戒』再考」労働法律旬報867号24頁（2016年）
第2章　書き下ろし
第3章　「配転・出向をめぐる問題点」法律時報53巻3号38頁（1981年）＋書き下ろし
第4章　書き下ろし
第5章　「賃金差別──立証責任と救済方法（労働側の立場から）」ジュリスト1305号83頁（2006年）
第6章
　一　「労働者の人格的価値を確立するための闘い」鵜飼良昭他編『労働者の権利──軌跡と展望』360頁（旬報社、2015年）
　二　「労働者の人格権擁護の課題──「命令・服従」の日本的労使関係からの脱却」労働法律旬報1613号4頁（2005年）

第3編　労働基本権をめぐる課題

第1章　野田進＝豊川義明編『判例チャートから学ぶ労働法』274頁（法律文化社、2011年）＋書き下ろし
第2章　書き下ろし
第3章　書き下ろし

第 4 章
　一　「組合旗・懸垂幕等の掲示」『現代労働法講座第 3 巻　組合活動』268 頁（総合労働研究所、1981 年）
　二　書き下ろし

第 4 編　公務労働関係論

第 1 章　書き下ろし
第 2 章　書き下ろし
第 3 章　「労組法・地公法の解釈を誤った判決：混合組合に対するチェック・オフの廃止［大阪高裁平成 28.12.22］」労働法律旬報 1882 号 14 頁（2007 年）

第 5 編　権利運動の課題

第 1 章　「権利運動の性格と課題」『民主法律協会 60 周年記念誌』15 頁（2016 年）
第 2 章　「長時間労働と日本の法規制そして社会構造：労働者意識から考える」労働法律旬報 1831-1832 号 48 頁（2015 年）
第 3 章　「労働者・労働組合の運動再生のために――社会的規制力をもつ運動の構築」『労働運動の新たな地平』73 頁（かもがわ出版、2015 年）
第 4 章　「『法の支配』を逸脱する東京地裁判決：日本 IBM、本田技研、いすゞ自動車、日本航空各事件」季刊労働者の権利 295 号 2 頁（2012 年）
第 5 章　「雇用社会における法の支配と新たな救済システム――労働審判制度の意義と展望」日本労働法学会誌 104 号 93 頁（2004 年）
第 6 章　「現代における法の形成と法曹の役割」法の科学 49 号 66 頁（2018 年）

第1編　人間の尊厳と基本権、「労働者」・「使用者」概念

第1章　基本権と労働法

1　時代と法
(1)　時代

　現在、私たちは21世紀という時代に生きているが、わが国での太平洋戦争、第二次世界大戦の終わりの年である1945年を境に、「時」を77年遡及すれば徳川幕藩体制から明治となる1868年があり、1945年から現在をみると、ほぼこの時間と同程度の時が経過している。明治維新から1945年までは4度の戦争があった。太平洋戦争では、日本人310万人という人々が亡くなっている。第二次世界大戦（1939年9月～45年8月）では約60か国が交戦、死傷者数は5,600万人（死亡者2,200万人）という。

　戦前から戦後にかけてわが国の法制度は、大日本帝国憲法から日本国憲法へと大きな転換を行ってきた。国民主権、基本的人権、三権分立、平和主義を柱とする実質的立憲主義が法制度としては確立した形となっている。

　「人民の、人民による、人民のための政治」（ゲティスバーグでのリンカーンの演説）を法の世界に変換すれば、「市民の、市民による、市民のための法」となり、この法のあり方は憲法と憲法に根拠をもつべき全ての法律（政令や条例も含めて）として、そして立法、行政、司法という国家作用のみならず社会の全ての領域に社会活動の基準として存在し、生かされるものである。

　2016年7月26日には、市民社会を驚がくさせる相模原重度障害者施設「津久井やまゆり園」で入所者19名が元職員によって殺害される事件が発生した。加害者は優生思想の影響を受けていたと報じられている。労働の場では、2017

年12月25日に第二電通過労自死事件が発生した。亡くなった高橋まつりさんは有名な国立大学をその年の春に卒業したばかりの新入社員である。彼女は亡くなる前、母に宛てたメールで「人生も仕事もすべてがつらいです」と記している。

(2) 労働の現実

現代社会において、多くの人々にとって労働は「喜び」ではなく、「苦しみ」となり、第二過労自死事件（故高橋まつりさんの自死）の発生にみられる正社員の過酷な長時間労働がまん延している。また正規労働者数は3,182万人、その平均給与は487万円であり、非正規労働者数は1,155万人、平均給与は172万円となり、非正規の比率は全体の約27％である（2016年国税庁「民間給与実態統計調査」）。青年労働者の多くは低賃金により結婚することもままならない。高等教育への機会均等は形骸化し、貧しい青年には教育費のローン漬けが普通になっている。青年たちは人生のスタートを準備する、学ぶ時代から人生での負のスパイラルに陥込まれている。それにもかかわらず社会ではなおも「強い」労働者、競争に生き残る労働者づくりが自己責任の掛け声とともに、社会において育成され、奨励されている。このような格差拡大の不平等な労働の現実は、1995年の経団連（当時は日経連）の「新時代の日本的経営」が構想し、政府と経済界によって一層強く推進された。

こうした雇用関係における企業力の専断は、企業の「採用の自由と人事権限」によって、系統的にその権限を積み重ねてきた。そして労働組合は、企業間競争のなか、自社の利益（＝正規従業員の利益）と組合員の利益を重ね合わせて社会的影響力を失っている。こうしたなかで具体的には長時間労働の抜本的な規制（現状追認でない労基法による上限規制とインターバルの確保など）と全国一律最低賃金1,500円の法律による実現は格差と分断の社会、不平等な社会を脱却して、「より公正な社会とよき労働」を日本社会に作り出し根付かせることができる最低限の保障であり、これを実現する労働者と市民の共同による労働運動の枠を超えた社会運動の構築も大切な課題である。

(3) 市民社会と基本権

労働関係を構成する当事者は人間と企業である。企業組織は自然人である場合と、株式会社など法人格の場合がある。人間は雇用関係に入ると労働者となるが、労働者はロボットではなく意思・人格をもつ人間である。そうである以

上、市民社会に包摂される企業体における労働関係では、人間であることによる基本権（ここでは基本的人権のこと）は存在する。

例えば、市民の自由権である思想の自由、表現の自由、職業選択の自由などは、労働関係においても尊重され、確保されることが前提である（工場（企業）の門前に憲法が『立ち停る』と言われた時代もあったが）。労働者が市民として持つ基本的人権の尊重は、労働者が市民社会を構成する主権者であることとともに労使関係において共通の確認がなければならない。労働者の意思の自由、人格主体としての肯定は、このような基本権保障の一つの場面でもある。憲法規定では個人の尊厳（13条）、法の下の平等（14条）、奴隷的拘束・苦役からの自由（18条）、思想良心の自由（19条）、信教の自由（20条）、表現の自由（21条）、職業選択の自由（22条）、生存権（25条）、労働権保障（27条）、労働基本権の保障（28条）、裁判を受ける権利（32条）などが労働関係においても基本権として尊重される。

このことの確認は、現代日本社会における労働関係において、また経済・社会・政治関係においても重要な意義を持つといえる。こうして労働関係全体（般）において、人間の尊厳と基本権を擁護し、定着させる法理論が求められている。

これらの基本権は、労使間の利益調整の法（規範）ではなく、また企業の経済活動に従属する法ではない、基本権保障を基礎にする労働関係の法が必要である。基本権を侵害しないだけではなく、基本権に適合する労働法が構築され、具体化されることである。すなわち労働法の憲法適合性、すなわち憲法秩序による労働法である。

2　人間の尊厳の理念

人間の尊厳と基本権の歴史として、その最初の形成は、北アメリカ（ヴァージニア権利章典）とフランスの革命によるものであり、基本権概念は歴史的にみて、一つは基本権を国家に先立って存在する個人の権利として把握し、他の一つはドイツで展開されたように基本権を人間としての個人ではなく、国家の一員としての個人に属する権利と理解する。いずれも基本権は、個人の権利であり、国家を義務づけるものであり、国家に正当性を要求するので、その限りでは国家に先立って存在するのである。[1]

わが国において基本権は、憲法第3章に「国家の権利と義務」、基本的人権として規定される。芦部信喜は、人権の固有性、不可侵性、普遍性を指摘された上で、人権の根拠として人間の尊厳性をあげられ、「基本的人権とは、人間が社会を構成する自律的な個人として自由と生存を確保し、その尊厳性を維持するため、それに必要な一定の権利が当然に人間に固有するものであることを前提として認め、そのように憲法以前に成立していると考えられる権利を憲法が実定的な法的権利として確認したもの、と言うことができる」と整理される。[2]人権が人間に固有なものであり、憲法前に成立している権利であることの確認が重要である。周知のようにドイツの基本法では、基本権第1章の冒頭に、人間の尊厳規定（第1条）が置かれている。この規定内容は、（1項）人間の尊厳は不可侵である。これを尊重し、保護することは、全ての国家権力の義務である。（2項）ドイツ国民は、それ故に侵すことのできない、かつ譲り渡すことのできない人権を、世界のあらゆる人間社会、平和および正義の基礎として認める。そして、（3項）は、ワイマール憲法の反省から「以下の基本権は直接に妥当する法として立法、執行権および司法を拘束する」として2条以下に基本権、人権が規定されている。

このようにドイツ基本法は「人間の尊厳」と、いわゆる基本権を分けて規定しており「人間の尊厳」が基本権の前に、その基礎にあると理解されている。周知のとおり1948年国際連合で採択された世界人権宣言は前文において「国際連合の諸国民は、基本的人権、人間の尊厳及び価値並びに男女同権に関するその信念を憲章において再確認し」と記述した上で、第1条（自由と平等）で「すべての人間は、生まれながら自由であり、かつ、尊厳と権利とについて平等である。人間は、理性と良心とを授けられており、互いに同胞の精神をもって行動しなければならない」と規定していた。

その後の国際人権規約（1966年採択、社会権、自由権とも）は、「人類社会のすべての構成員の固有の尊厳及び平等のかつ奪い得ない権利を認めることが世界における自由、正義及び平和の基礎をなすものであることを考慮し、これらの権利が人間の固有の尊厳に由来することを認め、」として「人間の尊厳」理念

---

1) ボート・ピエロート＝ベルンハルト・シェリンクほか著／永田秀樹ほか訳『現代ドイツ基本権〔第2版〕』（法律文化社、2019年）16頁。
2) 芦部信喜（高橋和之補訂）『憲法〔第6版〕』（岩波書店、2015年）82頁。

の根本性を明らかにしている（日本での効力発生は1979（昭和54）年9月21日である）。

　2005年に採択された「生命倫理と人権に関する世界宣言」（10月19日）の前文には科学および研究の自由に基づく科学技術の発展が…「人間の尊厳及び人権と基本的自由の普遍的な尊重及びその遵守」を認識して、個人、家族、集団または共同体および人類全体の福祉を常に促進すべきものであるべきものとされており、「人間の尊厳」、「人権」、「基本的自由」が併記されている。このように世界的・国際的な人権基準からは、人間の尊厳が人権と自由の基底にあるもの、また「人権や基本的自由」とは異なる概念であることが理解、認識される。

　日本国憲法13条は「すべて国民は、個人として尊重される。生命、自由、及び幸福追求に対する国民の権利については、公共の福祉に反しない限り、立法その他の国政の上で、最大の尊重を必要とする」と規定する。

　宮澤俊義は、個人の尊重とは個人主義の原理を表明したものであり、憲法24条2項の「個人の尊厳」と同じ意味に解してよい、個人主義とは人間社会における価値の根元が個人にあり、ここでの個人は人間一般とか人間性という抽象的な人間ではなく、具体的な生きた一人一人の人間を言う、と述べている[3]。

　宮澤と同様に「個人の尊重」を、「個人の尊厳」とするのは佐藤幸治である[4]。

　憲法13条が個人主義の原理の宣明であるとすれば、「人間の尊厳」との関係をどのように理解するかが問題である。

　筆者は「人間の尊厳」と「個人の尊重」を哲学からみても法律学からみても同一のものとみることは出来ないと考えている。「人間の尊厳」は個人主義（良き意味においても）というよりは類的存在としての人間であるという一点において、この尊厳を認めて、それを肯定しようというものであり、個人に着目するものでない。そして人間の尊厳は一人一人の個人の尊重の総和でもない[5]。人間であるが、人格として主体性を未だ形成せず、また喪失した人間にも尊厳

---

3)　宮澤俊義『日本国憲法』（日本評論社、1955年）198頁。
4)　佐藤幸治『憲法〔第3版〕』（青林書院、1995年）444頁。
5)　ホセ・ヨンパルトは、人間の尊厳はすべての人権の根拠であり、（人権を）基礎づけるフィロソフィと整理した上で、「人間の尊厳は個人の尊重を含むか、個人の尊重だけでは人間の尊厳は説明されない」とする（同「人間の尊厳と自己決定権（人権論の焦点）」法律時報69巻9号（1997年）44頁）。なお同『人間の尊厳と国家権力』（成文堂、1990年）65頁、71頁も参照。

は存在する。このような場合には家族や社会等からの「ケア」が必要であるが、このケアの根拠は個人の尊重ではなく人間の尊厳である。「個人の尊厳」（憲法24条）については、人間の尊厳が一人一人の人間の内に存在するなかで一人の個人として法的主体に登場する際に個人の尊厳がいわれていると筆者は考える。それ故に「人間としての」個人の尊厳である。

　このことを日本国憲法との関連でいえば、憲法13条と同24条にいう「個人の尊重」と「個人の尊厳」の基本に人間の尊厳の理念があること、そして「人間の尊厳」は前述した、日本が批准した国際人権規約を含めて世界人権といった国際的な人権秩序の基本原理に位置すると理解し解釈できる[6]。

　労働法学において沼田稲次郎は、憲法13条は包括的なものであり、人間の尊厳に値する生存の理念を宣言したものであり、自由権的基本権と生存権的基本権にとり、統一的な内面的根拠となる、という。また人間の尊厳が自由、平等の実質的保障を要請するという[7]。片岡曻も現代の法にとり、自由と平等は重要な法原理であり、これを支えるのは「人間の尊厳の理念」であるとする。そして労働法の基本理念として、「人間の尊厳に基礎づけられた生存権＝人間の尊厳に値する生存権の保障にある」とする[8]。

　ここでは人間の尊厳が生存権の保障に引き寄せられている。片岡は沼田の「個人としての人間の尊厳」と「社会としての人間の尊厳」について分析を加えるが、筆者は人間の尊厳を個人と社会に分けて考えるのは、沼田が憲法13条をもって人間の尊厳の根拠とし、また憲法24条の「個人の尊厳」という文言に捉われたのではないかと考える。筆者は、人間の尊厳は人間の精神の自由

6）　なお、憲法学における「個人の尊重」、「個人の尊厳」と人間の尊厳について的確に整理をしたものとして、矢島基美『現代人権論の起点』（有斐閣、2015年）15頁がある。筆者が人間の尊厳と基本権をテーマとして取り上げるのは、基本権の基礎なり、法の原理を再検討するとともに、労働の場において基本権の担い手としての労働者の企業との関係である「労働の場」における基本権の具体化の作業でもある。この点、毛塚勝利が、国家と社会のありようを見据え新しい基本権の姿をどう提示するのか（「労働法における基本権論の深化と進化を」労働法律旬報1865号（2016年）4頁）と提起されているのと共通する認識である。

7）　『沼田稲次郎著作集第7巻　労働権保障論』（労働旬報社、1976年）122頁。

8）　片岡曻『労働法理論の継承と発展』（有斐閣、2001年）74頁。笹倉秀夫は、自己決定権は憲法13条の幸福追求の条件として自由権と社会権にまたがると主張する（同『法哲学講義』（東京大学出版会、2002年）146頁）。また中村浩爾は、個人の尊厳と人間の尊厳との関係、それらの価値の基礎付けについて法哲学の領域から分析をしている（同『民主主義の深化と市民社会』（文理閣、2005年）213頁）。

の前にあり、人間の尊厳のなかに精神の自由をみるべき（確認すべき）と考えている。

西谷敏は人間の尊厳を個人優位の思想であること、沼田の人間の尊厳について「個人としての人間の尊厳」と「社会としての人間の尊厳」を並列に置くことは個人レベルでの人間の尊厳の不可侵が相対化されると主張される[9]。筆者は前述した内容から個人と社会を通底する普遍的な価値として人間の尊厳を把握するので、むしろ個人主義からではなく、平等・共同・連帯の「人間の尊厳」に意義をみる。人間の尊厳を個人「主義」から解き放せば西谷と筆者の意見は共通の基盤にある。

なお、H．C・ニッパーダイは、人間の尊厳は全法律秩序の始点に位し、中核に位置するものであるとして、基本法1条1項の解釈上の意味としてこれが憲法上の法規範として確定されたものであるから憲法や法律の解釈にあたっては、1条1項に含まれる「人格の物質的財貨に対する優越性」が考慮されねばならない。とくに労働法の理念、すなわち人間労働は物質的財貨の上位にある人格的機能であるという理念、さらにこれらの機能を規律する法規範は相互に内的な関連をもち、人間性の原則に支配されるという理念を根拠づけるとする[10]。

3　法の原理と基本権

(1) 類的存在としての人

筆者は人権＝基本権を自然法論からみるものではない。人権＝基本権は類的存在としての人間社会がよき社会の実現にむけて、また戦争や殺りくの時代を経過しながら人間としての生存の維持、発展に必要不可欠の権利として、自らも、そして他者とその集団である社会（自らも構成員となる）も、相互に歴史的に確認し合ってきたものであると認識する。

憲法学からも人権について、筆者と共通の視点にたつ最近の論稿もある。例えば内藤淳は、進化心理（の本性）学からの人権論を主張する[11]。

そこでは人権の美名の下にその基礎・根拠が解明されてこなかったこと、人権の再生には具体的な利害や価値観を超えた普遍的な土台に据えることが重要

---

9)　西谷敏『労働法の基礎構造』（法律文化社、2016年）98頁。
10)　石村善治「H．C・ニッパーダイ『人間の尊厳』」福岡大学法学論叢5巻2号（1960年）147頁。
11)　内藤淳「人間本性論を回避して人権を語りうるか」井上達夫編『人権論の再構築』（法律文化社、2010年）135頁、155-156頁。

であり、それは集団生活の中で自らの適応的利益を志向するのが、「人間の本性である」という誰にとっても共通の事実に立ち返って人権の基礎づけを図ることが重要な契機になるはずである、とする。

(2) 人間の尊厳と基本権

基本権は、憲法上の人権規定であり、わが国では日本国憲法が「第3章　国民の権利と義務」として規定している。法の原理は、これら憲法によって規定された基本権の土台・基礎にあるものである。法の原理として何を内容とするのかは法哲学においても議論されるところであるが、筆者は人間の尊厳を第一義に考えている。そして平等・連帯・自由そして公正を提示する。自由・平等について、人間・市民が一つの生命ある人格主体として存在する以上、自由は人格にとって不可欠のものであること、そして一人の人間は他者との関係において、他者を自己と同様の自由な人格主体（平等）として尊重することによって相互の関係を人間関係として存続することができ、これを現実化するのであるから、平等は自由の保障（ルソー『社会契約論』（岩波文庫）1954年77頁は、その理由を「自由は平等を欠いては存続できない」とする）でもあり、必要なものと考える。連帯については、筆者は人間が社会的な集団として初めてその生存を維持・継続できるものであるから他者（社会構成員）との間の扶け合い、すなわち共生を内実化するものとしての連帯を正義の一つとして考えている。そして自由・平等・連帯といった法の原理の基本に「人間の尊厳」という理念があることを確認する。すなわち類的存在としての人類が、一人一人が人間としての存在と生き方を尊厳あるものとして生きること、そしてこのことを確認し合うことが、人間社会の善き目標であり、法の原理の根本原理にある。

公正と自由・平等の関係を分析し論じる長谷川晃は「正義としての公正」の理念を掲げた上で公共的価値として自由・平等・効率性を取り上げ、正義はこれらのバランスを司る公共的価値であり、その機能はこの三つの規範論理的な連関を適切に処理できる内容的枠組みにあるとする。そして友愛については、正義・内容よりもその受容条件の問題であるとする[12]。筆者は、友愛（連帯）は人間社会における共同価値を実現するために平等と並んで必要な公共的価値であり、効率はこれらの価値実現にむけて方法なりプロセス上の基準であり、手段的な性格上の基準であると考える。

---

12)　長谷川晃『公正の法哲学』（信山社、2001年）95頁。

(3) **労働の位置**

人類学、社会学、歴史学からみても人類は、一定の集団（家族、血族、部族）からスタートするが、基礎単位は家族とこれを取りまく集団である。原始の自然物の採集や狩猟の時代（石器時代）を経て稲作など農作物の生産労働から鉄器類の製造による生産力の増大、気候変動を乗り越え今から6万年前アフリカ（大陸）から欧大陸、そしてアジアへと移動した人類（最新のDNA研究によれば、たったの数百人から数千人の人々がアフリカから出た、とされる）にとって、労働こそは生存することの基本条件であり、この労働は、当初は協働（業）で、そして交易を通して一層の分業へと転換していくが、他者（人）を必要不可欠な仲間として社会を形成してきた。一人一人の人間は、常に他人との関係において生存を維持し、豊かなものにしてきたのである。それ故に人の人格にとって、他人との関係性は不可欠なものであり、他者との関係性のなかにおいて（限り）、人間としてのわたくし自身は、生存すると言って誤りではない。

そして指摘したように、労働こそが人と人、人と社会を結合させるモメントであり、自然・地球から得られる物（自然物）を取り込んで、社会的生産物（成果）を産み出す源である。一人の人間にとって労働は、社会への参加であるとともに、自己の人間としての存在証明というか自己実現過程である。このような基本的スキームは、高度化し複雑化し、さらにグローバル化した。現代資本制社会においても不変であるが、分業・交（貿）易・科学の発展による生産力の巨大化や、地球人口の増加、不均衡な社会発展によって、また資本や国家の力によって見えにくくなり不透明かつ将来が予測しがたい状態に置かれていることも事実である。

(4) **基本権と労働法**

筆者が論じるのは、まずは基本権との相互関係のなかで労働法とはいかなるものかを確認するための作業である。二つには労働法を基本権によって基礎づけること、三つには、基本権の基礎にある法の原理から労働法の位置を確認しようとするものである。

人間と労働は、極めて大きなテーマである。既述のとおり労働こそは人間としての存在を支えてきたものであり、人類の誕生とともに採集・狩猟そして栽培・農耕、さらには工業生産を経て、今日の情報化に至るまで、労働こそが人間同士を結び付け、生産物（社会的価値）を産み出し、社会を形成してきたこ

とには間違いない。

そして人間は労働によって自らをつくり、他者とともに人格を発展させてきた[13]。

人間にとって労働はその存在そのものを成り立たせるといえるものであり、労働は労働主体とその家族の生存を支えるものとしても価値があるものとして認識されてきた。現代においては、労働はその労働主体にとっての価値と社会に産み出されたものの内容（成果物）の価値とが協業と分業によって分離されており、個々の人間にとって自らの労働の価値が細分化・分断化によってみえにくくなっているが、本態としては、これらは一体のものであり、個々の労働主体による労働は社会に連結されたものとして存在している。

そして人間にとっての労働は、社会につながるものとして協働のなかで展開されてきたものであるから、人間は労働の社会的性格によって自らの存在価値を確認し、労働は人間としての共生や連帯を確認する場であったし、このことは現代も不変である。

4　労働法の理念──対等共同決定論
(1)　憲法と労働法

わが国の憲法は、労働者を主体とする基本権として憲法 27 条・28 条を規定している。この点において労働者には労働の権利と義務（27 条 1 項）、労働条件法定主義（27 条 2 項）、労働三権の保障（28 条）が基本権として存在することには異論がない。これら労働者の基本権が、他の人権規定とどのような関係にたつのか、についてこれまで一部の論者を除いて自覚的に追究され議論されることはなかった。それは日本の学問としての法学の縦割りの強さと細分化された専門化、そして法律家（法曹）の法実践における問題提起の狭さに相当の原因があるかもしれない。労働者は労働者の前に市民であり、憲法の人権規定を享有・行使する主体であり、企業労働の場においては憲法 27 条・28 条の労働基本権の保障だけが課題ではない。また労働こそは、人を人間たらしめ、人を社会関係に結合する主要なものである。人にとって労働関係がそのような基本的・基礎的な「場」であるならば、労働基本権はもとより、全ての基本権が市

---

[13]　大澤真幸「被制作としての存在」『岩波講座哲学 06 モラル／行為の哲学』（岩波書店、2008 年）165 頁とりわけ 184 頁参照。

民としての労働者に保障される関係性が必要である。労働の場は、労働権とともに基本権が生かされる場、フォーラムでなければならない。そして、労働の場においても基本権の基礎にある法の原理と「人間の尊厳」の理念が尊重され確保される場となる。このような枠組みのあり方は、従来の日本的労使関係、雇用関係論がむしろ排除、少なくとも回避してきたものであるから、新たな労使関係像においては企業が憲法秩序の下において、いかなる存在であり、機能をもつものであるかも問われることになる。

(2) 自己決定、そして対等共同決定論

さて、労働に関係する法を雇用関係において企業と労働者を規律する法の総体とみるならば、ここでの法は第一次的には、基本権の全体であり、そして労働権保障、労働条件保護法律主義、労働三権の保障となる。これらの基本権は、労働に関係する法の理念としていかなる内容を考え、措定することになるのだろうか。同一の生産システムである資本制生産においても、その国の歴史、社会の条件により固有の特色が存在する。日本においては、戦後早い段階から1970年代まで労働法の理念は憲法25条の生存権を軸に考察されてきた。公務員の労働基本権である争議権の禁止法制に対する抵抗の論理としても、ストライキ権は生存権に必要不可欠なものと主張されてきたし、筆者もそのように理解してきた時期がある。しかし時代の変化のなかで（戦後の飢餓状態からの脱出、市民生活の向上や、所得の増加など）、生存権の理念は、朝日訴訟など社会保障をめぐる事案に展開され受け継がれていった。団結権保障の面においても集団主義的・官僚的な統制処分は、組合員の政党支持の自由論やユ・シ協定限定無効の裁判例や法理上の無効論を登場させることになる。労働法における西谷敏による自己決定論は、企業の労働条件のみならず労働生活全般にわたる専制的な支配、大企業労働組合や一部の官公労働組合における特定政党支持による組合民主主義の否定と少数派組合員に対する抑圧のなかで労働者個人として思想・人格の自由を主張するものとして時代のなかで登場すべくして生まれたものである。この点について西谷は、1980年以来、労働者の自由な意思を重視してきたが、1989年の法哲学会の報告で「自己決定」の概念を用いてきたこと、自己決定の理念は、憲法13条の個人の尊重（人間の尊厳）、幸福追求権の不可欠の構成要素であり、労働者も一個の人間として、また一人の市民として、その権利を享有すべきであるからと説かれる[14]。西谷の自己決定論は、労働法学の

みならず、憲法学や民法学にも相互作用的に影響を与えたものである。筆者は労働者が人間としての尊厳をかけた使用者や労働組合との対抗関係のあり方について、労働者の自律と主体性、真の同意や真意にもとづく契約（合意）の成立などの主張を、裁判の場においても展開してきた。しかし自己決定論は、国家との関係における個人の意思と行為の自由の領域にある[15]。また自己決定は、自己責任を論理的に伴わざるを得ないものである[16]。筆者は、自己決定論は、他者との関係性において価値ある内容を含むことがないと考えている。前述の「生命倫理と人権に関する世界宣言」第5条（自律及び個人の責任）は、「意思決定を行う個人の自律は、当人がその決定につき責任を取り、かつ他者の自律を尊重する限り、尊重される。自律を行使する能力を欠く個人に対しては、その者の権利及び利益を守るための特別な措置が取られる」と規定する。自己決定は、自己の自由は意思決定とそれによる行動を内容とするので、自由な決定という点において積極性・肯定性をもつが自己決定の結果に対する責任を伴わざるを得ないこと、そして自己決定の内容が社会からみて肯定されるのかどうかといった点において（例えば一般的な刑事事件における犯罪行為や違法行為主体の自己決定など）、また自己決定自体が著しく困難な、また可能でない人や要介護の高齢者といった「ケア」を自己決定からどうみるのかといった課題など、現実

---

14) 西谷・前掲注9) 106頁。
15) 自己決定権を自己所有権テーゼのなかにみて市場主義との連環を指摘するのは、中島徹『財産権の領分――経済的自由の憲法理論』（日本評論社、2007年）89頁。筆者は身体も含めた自己所有権という概念に疑問を持つので、このような身体への自己所有権が経済的市場主義に連環しているというのも納得できない。自己の身体に対する所有権という考えは、人の労働による成果物が所有権として存在するための根拠として、ジョン・ロックが、その労働の主体である人間自身について所有権概念を措定したのではないかと推測する。

　そしてジョン・ロックの『完訳統治二論』（岩波文庫、2010年）を訳した加藤節は、2007年9月からジョン・ロックのプロパティ概念について、モノの所有だけでなく、人間の身体や人格に関わるよう広い意味で用いられている場合に、前者のプロパティに替えて「固有権」と訳出した、と述べている（同書7頁）。例えば「人は誰でも、自分自身の身体に対する固有権をもつ」、「彼の身体の労働と手の動きとは、彼に固有のものであるといってよい」など。
16) 吉崎祥司は「自己決定」の観念が抽象的な正しさの外見のもとで、人々をバラバラの個人に分断する、「個人の孤立化」思想の形成として機能することと、その危うさを指摘する（同『「自己責任論」を乗り越える――連帯と「社会的責任」の哲学』（学習の友社、2014年）25頁以下）。小柳正弘は、法の領域における権利としての自己決定は、強い個人がそれぞれらしさにかかわるその人固有の物事を決定することであり、自己決定権は決定の主体からも客体からも他者を排除しようとするものである、と主張する（同「『自己決定』の系譜と展開」高橋隆雄＝八幡英幸編『自己決定論のゆくえ』（九州大学出版会、2008年）23頁以下）。

の社会においては様々な問題を抱え込むのである[17]。

　これに対し法の理念なり基本権の基礎に「人間の尊厳」を確認し、定位することは、自己決定の内容と方向性を示すとともに、お互いに生かされる関係性と、人間の尊厳が実現される社会を共通の目標にすることを可能にする。世界人権宣言と人権規約（A、B規約ともに）が人間の尊厳を法の重要な理念として宣言したことの意味と意義は、こうした理解、認識を肯定させる。人権規約前文では、人類社会のすべての構成員の固有の尊厳および平等かつ奪い得ない権利を認めることが世界の自由・正義・平和の基礎であることと、これらの権利が人間の固有の尊厳に由来することを認める、とする。また国際連合憲章（前文）は、「二度の戦争の惨害から将来の世代を救う」ため、基本的人権と人間の尊厳および価値、男女同権に関する信念をあらためて確認する旨、宣言している。このように国際人権基準において、人間の尊厳は人権と並んで、また人権の基礎としての位置を与えられている[18]。

　これまでの論述のなかから提示してきた人間の尊厳の理念と個人の尊重の関係、そして自由の相互の関連から、労働の場における理念として、労働者の自己決定を踏まえて使用者と労働者との間の労働条件等についての対等共同決定原則を提示する。

　筆者は先述したとおり「人間・労働・他者（社会）」を提示し、人間の尊厳を指導理念としての対等共同決定論を、すなわち歴史的には集団への統合、埋没への抵抗として唱えられた自己決定権（意思自由論の領域）から、平等や連帯

17）　河見誠は「自立」概念につき、岡本祐三の「行為の自立」、「決定の自立」に対し、決定の自立すら不可能な状態にあるとしても尊厳ある人間としての「存在の自立」レベルを提示する（同「ケアの重層構造と法」日本法哲学会編『ケアの法・ケアからの法』（有斐閣、2016年）83頁）が、筆者の人間の尊厳への理解と共通である。「強い自立した人間」だけへの志向は、誤りであり、強さも弱さも持ち合わせる普通の市民、またケアが必要とされる人にもなる人間としての人生全体をカバーすることが必要である。また平野仁彦は、人間の尊厳が人権の基礎であることを肯定し、人間の尊厳（基本権）と、①個人の尊厳、②人格の尊厳、③生命の尊厳の三概念との区別を主張する（同「生命医学研究における法の位置と役割」日本法哲学会編『生命医学研究と法　法哲学年報2017』（有斐閣、2018年）94頁）。

18）　広中俊雄は、自らのヒロシマ被爆体験と、世界人権宣言（1948年）、ドイツ連邦共和国基本法（1949年）、フランス第四共和国憲法（1946年）を参考に、民法1条の2に関わる場面として「人間の尊厳」の概念を支持される（同「主題（個人の尊厳と人間の尊厳）に関するおぼえがき」『民法研究第4号』（信山社、2004年）59頁）。小林直樹は、人間の尊厳を人間の二元的（天使性と悪魔性）なるものの弁証法的動態の内にみるべきとされる（同『法の人間的考察』（岩波書店、2003年）34頁）。

の領域にある対等共同決定論を労働法の理念として提示する。労働条件の共同決定については、実は1970年代から80年代にかけて新聞産業関係の労働条件の一方的切り下げや、当時の印刷労働者の鉛中毒や腰痛など、労働災害に対する取り組みにおいても提起された労働運動における方針でもあった。この共同決定は学説の一部に強い団体交渉権中心論とは異なって、労働三権と労働保護法を含めた労働者の企業・使用者に対する労働条件や社会的地位向上のための決定について対等共同決定を原則とするものである。団交権中心論は、団体交渉権というか、そのプロセスを労働関係の中核に置こうとするものであり、かつ日本の労働組合の正社員企業内団結を所与の前提とするものである。筆者からみれば極めて狭い範囲の団体交渉秩序を基礎においており、正当でない。対等共同決定は、対使用者との関係だけではなく、労働者が労働組合としてまた従業員代表制によって、自分たちの労働条件を水平的に横基準で集団的に決定することも含めている。対等共同決定は、憲法27条2項・28条を根拠に、労働基準法2条1項、労働契約法3条1項に法律として確認されるものである。

第2章　労働判例と法解釈の正当性をめぐる一考察
―― ビクター・サービスエンジニアリング、松下PDP事件の判決を素材にして

1　はじめに

　本章は、労働判例の正当性および労働法における法解釈の正当性という大きなテーマについて筆者が弁護団として担当した二つのケースを素材にして論じようとするものである。もとより筆者は法律家（法曹）であり、研究者ではないが、裁判における法律（規範）解釈と事実主張は当事者法曹として常におこなってきた。今回、筆者がとりあげる二つのテーマに関しては労働法研究者からも様々な意見、解釈が出されている。

　判例と法解釈の関連、その正当性については、既に民法学や法社会学、法哲学等の先達の方々の研究、論稿があり、筆者の理解する範囲は、限定されているが、当初のテーマに接近するため先達の成果を参考にしながら、判例について共通する一般的な論究をすすめた上で労働判例と労働法解釈の正当性について一つの問題提起ができたならば幸いである[1]。

　筆者がとり上げるケースの一つは、ビクター・サービスエンジニアリング事件[2]、もう一つは松下PDP事件[3]であり、この二事件について高裁判決と最高裁判決を素材にして労働判例の正当性と労働法解釈の正当性について論じる。

2　判例とはなにか

　判例は、特定の社会関係における法的紛争に対する国の司法権としての判断である。判例は個別具体的事案における法の「形成」であり、「創造」である。判例においては特定の事案が対象とされ、この事案の事実と法規範が結合され

---

1) 本章は、拙稿「現代における法・判例の形成と労働法学の課題」民主主義科学者協会法律部会編『法の科学43号』（日本評論社、2012年）25頁の延長線上にある。
2) 国・中労委（ビクター・サービスエンジニアリング）事件・最三小判平24・2・21民集66巻3号955頁、同・東京高判平22・8・26労判1021号86頁。
3) 松下PDP事件・最二小判平21・12・18民集63巻10号2754頁、同・大阪高判平20・4・25労判960号18頁。

ている。それ故に判例は規範命題だけではなく、また事実だけでもない。

　判例が国の司法作用である以上、法的紛争となった特定の社会関係に対する法の適用としての形式をとるが、ここから判例形成における法的三段論法を唱えること、すなわち大前提（法規）、小前提（事実）そして法の適用ということを正しいものと考えることは誤りである。論法は正しくない。

　この論法は実質上の判断がなされた後の判決の形式・フォームであり説明である。

　筆者は法規範と事実との関係について、循環や相互信透ではなくその相互媒介性を指摘する。ここには事実が法規範の内容と解釈を確定し法規範もまた事実を取り込み、これを取捨選択し、その評価を決定する、という相互の媒介がある。

　筆者の認識、理解によれば事実の内に法が宿っており、『事実が法をつかむ』、また『法が事実をつかむ』という、事実群と法（規範）群との相互媒介が存在し、判例（定）は、選択された事実と法規範との統合として提示される。命題として端的にいえば「この場（判定）において事実と法規範は対等な位置にある」。そして社会からみて納得される判定内容は、事実の正しい認定と、この事実認定と不可分に統合された法規範の正しい選択と解釈内容によって担保される。この点について、平井宜雄教授が提示された判例についての考え方は[4]、法的命題を中心にされている点において私見とは異なるが、原告と被告との間の討論による判断の形成プロセスについては、納得できる。

　判例の正当性（形式的なものではない実質的なもの）と法解釈の正当性については、先に指摘した二つのケースを対象とする検討から事案における事実の認定と法規範命題の正当性について検討し、その基準を労働法の立場から論じる。

3　ビクター・サービスエンジニアリング事件の検討

　この事件においては、東京高裁判決（裁判官、青柳馨・小林敬子・中島功）と最三小判（裁判官、田原睦夫・那須弘平・大谷剛彦・寺田逸郎）を取り上げて事実の認定と評価につき、検討を加える。

---

[4]　この点について、平井宜雄教授は、「討論」による「問題解決」者としての法律家間に「共育され『討論』の前提とされる言語化された命題、判決文で表明されている規範命題であって、法律家の共有財産になっているもの」とされる（同「『判例』を学ぶ意義と限界」専修ロー・ジャーナル創刊号（2006年）5頁）が、私は規範と事実の統合と理解する。

第2章　労働判例と法解釈の正当性をめぐる一考察　17

(1)　事案の概要と救済手続の推移

　日本ビクター（株）の音響製品の設置、修理等の業務を行うビクター・サービスエンジニアリング株式会社（以下、「会社」）と委託契約を締結し、「ビクター・サービス代行店」として修理業務を行う者（以下、「個人代行店」という）が、労働組合ビクター・サービス支部ビクター・アフターサービス分会を結成し、労働組合大阪地方本部および、ビクター・サービス支部（以下、「支部」）とともに、2005 年 1 月 31 日、待遇改善に関する団体交渉を会社に申し入れたところ、会社は、「個人代行店」は独立した自営業者であり、労働者に該当しないことなどを理由として団体交渉を拒否した。

　そこで、会社の団交拒否は労働組合法 7 条 2 号の不当労働行為に該当するとして、地本、支部および分会が、大阪府労働委員会に救済申立を行った。

　大阪府労働委員会は、個人代行店は会社との関係において労組法上の労働者と認めるのが相当であるとして申立を認めた。会社はこれを不服とし、中央労働委員会に再審査を申し立てたが、中央労働委員会も、個人代行店の労働者性を認め、再審査の申立を棄却する旨の命令をした。

　会社は、国を被告として東京地裁に同命令の取消を求めて提訴した。

　地裁は 2009 年 8 月 6 日、個人代行店は会社との関係において労組法上の労働者に当たらないとして労働者性を否定し、会社の請求を認容したので、国が控訴した。この控訴を棄却した判決が本件東京高判であり、この判断を取り消したのが、最三小判である。

(2)　労働者性の要件についての二つの判断の紹介

(a)　企業組織への組み込みについて

〈東京高判〉

　①「会社は従業員だけではまかなえない部分を代行店に業務委託してその業務を行っている」のだから、個人代行店の修理業務が会社の業務計画を構成する一部になること、経営計画の一部になることは本件委託契約の内容から当然であること、②会社から貸与された制服の着用、名刺の携行、各種マニュアルに基づく業務の遂行、研修が義務づけられていることは、修理業務が、一定の質、水準に相応するものでなければならないという本件委託契約の委託内容による制約に過ぎないこと、③他の企業から同種業務を受注することは制限されていないこと、から「企業組織に組み込まれていると評価するのは適切でな

い」。

〈最三小判〉

「ビクター製品に係る出張修理業務のうち（会社）の従業員によって行われる部分は一部であって、（会社）は、自ら選抜し、約3か月間の（会社）が実施する研修を了した個人代行店に出張修理業務のうち多くの割合の業務を担当させている上、個人代行店が担当する各営業日ごとの出張修理業務については、会社が1日当たりの受注可能件数を原則8件と定め、各個人代行店とその営業日及び業務担当地域ごとの業務量を調整して割り振っているというのであるから、個人代行店は、会社の上記事業の遂行に必要な労働力として、基本的にその恒常的な確保のために会社の組織に組み入れられている」。

(b)　契約内容の一方的決定について

〈東京高判〉

①本件委託契約書及び覚書は、個人代行店も合意しており、その意思が反映されたものになっていること、②会社の申し入れにより委託料の変更や業務担当地域の変更がおこなれた場合もそれぞれ代行店は同意していること、③会社の発注により個人代行店の業務の日時や場所が決まり、また、修理の方法についても一定の指示を会社はしているが、いずれも本件委託契約の委託の内容の性質上そのように定めるほかないこと、から「個人代行店の業務の内容を会社が一方的に決定し、同代行店を指揮監督していると評価するのは困難である」。

〈最三小判〉

「本件契約の内容は、会社の作成した統一書式に基づく業務委託に関する契約書及び覚書によって画一的に定められており、業務の内容やその条件等について個人代行店の側で個別に交渉する余地がないことは明らかであるから、会社が個人代行店との間の契約内容を一方的に決定しているものといえる」。

(c)　諾否の自由について

〈東京高判〉

①営業日等の決定については、「個人代行店が営業日・営業日における営業時間・受注可能件数を提示し（個人代行店については、標準的な目安として1日に受注可能件数8件とされているが、絶対的なものではないと解される。）、会社が当該提示内容に合わせて発注する仕組みとなっている」こと、②「業務に支障がある場合には、コールセンター長からその指定の変更が申し入れられ、最終的に

当該代行店と同センター長とが協議を行ってその指定内容の変更の成否が決定されている」から個人代行店は、決定された「営業日、営業時間数、受注可能件数の枠内では、特段の事情がない限り、会社により割り振られた出張修理業務を拒否することはできないが、その範囲外では、業務の依頼に対しこれを拒否する自由がある」。

〈最三小判〉

「個人代行店は、特別な事情のない限り会社によって割り振られた出張修理業務を全て受注すべきものとされている上、本件契約の存続期間は1年間で被上告人から申出があれば更新されないものとされていること等にも照らすと、個人代行店があらかじめその営業日、業務時間及び受注可能件数を提示し、被上告人がこれに合わせて顧客から受注した出張修理業務を発注していることを考慮しても、各当事者の認識や本件契約の実際の運用においては、個人代行店は、なお基本的に被上告人による個別の出張修理業務の依頼に応ずべき関係にあるものとみるのが相当である」。

(d) 指揮命令について

〈東京高判〉

①個人代行店が、出張修理カードによる受注、修理代金の入金処理等の義務、在庫修理等の付帯業務の負担を負っていることは、個人代行店が修理業務の受託に付随するものとし本件委託契約上その義務を負っているに過ぎないこと、②会社から貸与された制服の着用や会社の社名が記載された名刺の携行、各種マニュアルに基づく業務の遂行が求められているが、受注した修理業務等を実際にいかなる方法で行うかは個人代行店の裁量に委ねられていること、③サービスセンター長が個人代行店とミーティングをもって個々の部分に問題がありそうな部分について具体的な指示をしているが、これは業務の遂行上必要な情報の伝達であること、を理由に、「直ちに労働者性を基礎づける指揮命令がされていると評価するのは適切でない」。

〈最三小判〉

「上記のような通常の業務に費やされる時間及びその態様をも考慮すれば、個人代行店は、基本的に、会社の指定する業務遂行方法に従い、その指揮監督の下に労務の提供を行っており、かつ、その業務について場所的にも時間的にも相応の拘束を受けているものということができる」。

(e) 委託料について
〈東京高判〉
①個人代行店の報酬は出来高に応じて支払われ最低保証がないこと、②修理に使用した部品の代金の2パーセント相当額が支払われるほか、会社の開発商品の販売や物件の紹介の場合に一定割合の額が委託料として支払われること、③委託料について源泉徴収や社会保険料等の控除は行われず、委託料全額とこれに対する消費税を加えたものが支払われていること、④個人代行店は自営業者として営業届を提出するものとされ、その税務申告は個人事業者として行われており、個人代行店の半数近くは個人事業者が利用できる青色申告の承認を得ていること、労働者性を否定する要素として判断している。
〈最三小判〉
「個人代行店に支払われる委託料は、原則として被上告人が定めた修理工料等に一定割合を乗じて算定されるなど、形式的には出来高払に類する方式が採られているものの、個人代行店は1日当たり通常5件ないし8件の出張修理業務を行い、その最終の顧客訪問時間は午後6時ないし7時になることが多いというのであるから、このような実際の業務遂行の状況に鑑みると、修理工料等が修理する機器や修理内容に応じて著しく異なることからこれを専ら仕事完成に対する対価とみざるを得ないといった事情が特段うかがわれない本件においては、実質的には労務の提供の対価としての性質を有するものとして支払われているとみるのがより実態に即している」。

(3) 最三小判の結論

最三小判はこれらの判断の上にたって個人代行店が「他社製品の修理業務の受注割合、修理業務における従業員の関与の態様、法人等代行店の業務やその契約内容との等質性等において、なお独立の事業者としての実態を備えていると認めるべき特段の事情がない限り、労働組合法上の労働者としての性質を肯定すべきものと解するのが相当であり、上記個人代行店について上記特段の事情があるか否かが問題となる」。そして法人代行店との関係で前記の事実関係のみからは「個人代行店が自らの独立した経営判断に基づいてその業務内容を差配して収益管理を行う機会が実態として確保されているか否かは必ずしも明らかであるとはいえず、出張修理業務を行う個人代行店が独立の事業者としての実態を備えていると認めるべき特段の事情の有無を判断する上で必要な上記

の諸点についての審理が十分に尽くされていない」また、労組法上の労働者は「実態に則して客観的に決せられるべき」ものであって、委託料から源泉徴収や保険料等の控除を受けず自ら確定申告を行っていてもそのような事情が性質を変えない、とした。

(4) 小括

このように整理してみると東京高判は、当事者間の関係の実態を全て「業務委託契約の内容と制約」、「委託契約への意思の反映」、「修理業務が拒めないのも、個人代行店の予めの提示とこれへの会社の発注」、「契約内容の範囲、履行」を超えた指揮監督はない、として契約形式とその内容に帰着させる。すなわち労組法上の労働者性が争点となっている事案において、個人代行店の経済的従属の可能性なり蓋然性が存在しているならば、業務委託契約という契約形式が契約当事者間の非対等な関係のなかで労働契約を回避するために会社によって選択され、それが個人代行店に押しつけられているのではないかという労働法への理解はなく、形式である業務委託契約への疑問も全くみられないのである。判決理由としての規範と事実は判決主文（結論）と整合統一されたものであるが、判断理由なり、根拠において実態と労働法への配慮は全くと言っていい程存在しない。これに対して最三小判は、常識と経験則を生かして実態に迫っているし、帰納方法によるが労組法上の労働者を肯定する立場にほぼ立っているとみることができる。

このような判断の相異は何によって生じたのであろうか。東京高判は、修理業務が会社の直用の労働者と同一の方法によって行われている実態に目をそむけたこと、労働関係における契約成立関係の非対等性のもとで、実態として契約形式が労働法の保護を回避するため使用者によって選択されるという法的思考なり社会の現実に対する常識、経験則が喪失していると評価できる。

4 松下 PDP 事件の検討

松下 PDP 事案については、問題の所在を鮮明にするために最二小判が判示する大阪高判（裁判官、若林諒・小野洋一・菊池浩明）の認定した事実と判断、これに対する最二小判（裁判官、中川了滋・今井功・古田祐紀・竹内行夫）の判断をみる。

(1) 事案の概要

労働者Xは2004年1月に請負業者パスコ（以下Pという）に「派遣同意のないまま」雇用され、松下PDP（以下Yという）茨木工場でパネルに放電ガスを封じ込める作業に従事したが、作業はすべて松下電器から出向しYの従業員となっている工程管理者、現場リーダーの指示に従ってなされた。

Xは05年4月、Yに直接雇用を申入れ、また偽装請負を大阪労働局に申告した。労働局は是正指導した。Yは同指導を受けてPとの請負契約を破棄し、訴外A社からの派遣に切り替えることにしたが、XはA社への移籍に応じず、団体交渉の結果、Yは作業内容については漠然と「…諸業務及び関連業務」とし期間工（5か月）としてXを直接雇用した。Xは特設された帯電防止用シートで囲んだ場所で不良パネルのリペア作業を指示されたが、リペア作業を担当するのはXだけであった。06年1月末、Yは契約期間満了をもってXを雇止めとし、その後の就労を拒否した。

(2) 裁判の展開──大阪地裁と大阪高裁の相反する判断

大阪地裁は、Xが働き始めた当時、製造業について派遣は禁止されており、三者の関係は実質的には違法派遣であった。請負代金額がPの「賃金額の決定に与える影響は大きい」が、XとYとの間に「賃金の支払関係がない」ので違法派遣が継続したからといって両者間に黙示の雇用契約が成立することにはならない。ただ、リペア作業はXのために「あえて探しだしてきた作業」との疑いが強く、「精神的なストレスを生じさせる」同作業の指示は不法行為を構成すると判示した。

控訴を受けた大阪高裁は、本件三者間は労働者供給関係であり、脱法的なY・P間の請負契約は違法無効であり、それに就業させる目的のP・X間の労働契約も締結当初から無効である。そこでX・Y間の黙示の労働契約の成否は「当該労務供給形態の<u>具体的実態</u>により両者間に<u>事実上の使用従属関係、労務提供関係、賃金支払関係があるかどうか、この関係から両者間に客観的に推認される黙示の意思の合致があるかどうかによって判断する</u>」と述べ、以下に整理した判断をふまえ、「両者の間には黙示の労働契約の成立が認められる」と判示した。以下、会社の上告をうけた最二小判の判示から大阪高判と最二小判の判断の相違を確認する。

(3) **PDP 事案における大阪高裁判決と最二小判との比較検討**
(a) 労働者と派遣元との労働契約の効力
〈大阪高判〉
「XとPとの間の契約は、PがXをYの指揮命令を受けて会社のために労働に従事させる労働者供給契約であり、YとPとの間の契約は、上記目的達成のための契約と認められる」。しかるところ、Yは、これらが派遣型請負又は労働者派遣として適法であることを何ら具体的に主張立証しない。また、上記各契約がされた平成16年1月時点では、特定製造業務（物の製造の業務であって厚生労働省令で定めるもの）への労働者派遣及び受入れは一律に禁止されていた。したがって上記各契約は、脱法的な労働者供給契約として職業安定法44条等に違反し、公の秩序に反するものとしてその締結当初から無効である。

〈最二小判〉
①請負人による労働者に対する指揮命令はなく、注文者がその場屋内において労働者に直接具体的な指揮命令をして作業をおこなわせているような場合には、たとい請負人と注文者との間において請負契約という法形式が採られていたとしても、これを請負契約と評価することはできない。そして、上記の場合において注文者と労働者との間に雇用契約が締結されていないのであれば、上記3者間の関係は、労働者派遣法2条1号にいう労働者派遣に該当すると解すべきである。そして、このような労働者派遣も、それが労働者派遣である以上は、職業安定法4条6項にいう労働者供給に該当する余地はないものというべきである。

②XはPから本件工場に派遣され、Yの従業員から具体的な指揮命令を受けて封着工程における作業に従事していたというのであるから、PによってYに派遣されていた派遣労働者の地位にあったということができる。そして、Yは、上記派遣が労働者派遣として適法であることを何ら具体的に主張立証しないというのであるから、これは労働者派遣法の規定に違反していたと言わざるを得ない。しかしながら、労働者派遣法の趣旨及びその取締法規としての性質、さらには派遣労働者を保護する必要性等にかんがみれば、仮に労働者派遣法に違反する労働者派遣が行われた場合においても、特段の事情のない限り、そのことだけによっては派遣労働者と派遣元との間の雇用契約が無効になることはないと解すべきである。そして、XとPとの間の雇用契約を無効と解すべき特段

の事情はうかがわれないから、上記の間、両者間の雇用契約は有効に存在していたものと解すべきである。

(4) 派遣先と労働者との間の黙示の労働契約の成否
〈大阪高判〉
　①XとYとの間には当初から事実上の使用従属関係があったものと認められ、また労働者XがPから給与等の名目で受領する金員は、YがPに業務委託料として支払った金員からPの利益等を控除した額を基礎とするものであるから、Xが受領する金員の額を実質的に決定していたのはYであったといえる。
　②上記各契約が無効であるにもかかわらず継続したYとXとの間の上記実体関係を法的に根拠付け得るのは両者間の黙示の雇用契約のほかにはなく、その内容は、XとPとの間の契約における労働条件と同様と認められる。またXは、Yの従業員によりPDP製造の封着工程に従事するよう指示されてこれに応じているから、上記工程がXの従事する業務として合意されたものと解すべきである。
〈最二小判〉
　YはPによるXの採用に関与していたとは認められないというのであり、XがPから支給を受けていた給与等の額をYが事実上決定していたといえるような事情もうかがわれず、かえって、Pは、Xに本件工場のデバイス部門から他の部門に移るよう打診するなど、配置を含むXの具体的な就業態様を一定の限度で決定し得る地位にあったものと認められるのであって、前記事実関係等に現われたその他の事情を統合しても、平成17年7月20日までの間にYとXとの間において雇用契約関係が黙示的に成立していたものと評価することはできない。

(5) 小括
(a) この事案が、偽装請負と評価される点には異論はない。社会的には偽装請負とは「実態としては、雇っているのに雇用契約を結ばず、形の上では請負契約であるかのように装う。あるいは実態としては、外部から手伝いに来てもらったり、派遣で来てもらったりしているのに、労働者派遣契約を結ばず、表面的には請負契約であるかのように装う」。また、この雇用システムでは、企業側は「（労働者は）必要がなくなれば、いつでも使い捨てることができる労働力」であり、企業側に「おいしい」システムであると評価されている。そして

最二小判も請負契約と評価できない、と判断はする。

それでは大阪高判と最二小判との結論の差は何故生まれたのか、である。

法規範命題と事実の認定は、密接に統合されているが、先ずは法規範命題に則して検討する。最二小判の判旨によれば、偽装請負の場合において注文者と労働者との間に雇用契約が締結されていないときは、三者間の関係は、労働者派遣法2条1号の労働者派遣である（これを第一法的命題とする）。そして原告Xは請負人から派遣され、注文者から指示を受ける派遣労働者の地位にあった。そしてこの派遣は、労働者派遣法に違反しているが、「労働者派遣法の趣旨及びその取締法規としての性質、さらには、派遣労働者を保護する必要性等」からみれば「違法派遣であっても、特段の事情ない限り、派遣労働者と派遣元との雇用契約が無効になることはない」（第二法的命題とする）というのである。

(b) この二つの法的命題から直截に理解、認識されるのは、最二小判は、本件事案においては、原告Xと派遣先との雇用契約の成否が最大の争点になっているにもかかわらず、原告Xと派遣元との雇用契約の形式上の存在をもって、すなわち派遣元、派遣先、労働者という労務供給三面関係[6]（ILOの2003年91回総会では、「コントラクト・レイバー条約」案のコントラクト・レイバーの定義において三面雇用関係——発注元の企業と労働者との間に仲介者が存在している場合であり、派遣労働なども含まれている）において、派遣元と労働者との雇用契約形式の有効性を前提にして第一法規範命題を構成したのである。ここでは労働者と派遣先との雇用契約の成立の可能性（黙示にせよ）と派遣元と労働者の雇用契約の形式に対応する実質（態）が捨象されている。実質（態）からみれば、請負形式のもとでは、派遣元と労働者の雇用契約には雇用契約の中核である使用関係が存在しないのであり、また本件では労働者Xには派遣法のスキーム（枠組み）にとって重要な派遣についての同意（了解）もとられていないことである。他方で労働者と派遣先との関係において、労働契約が成立するとの判断（二重に成立することも含め）の可能性は全く皆無であったかも問われなければならない。

第二に最二小判は、違法派遣については、職安法44条違反との重畳的な適用はなく、派遣法違反の単独適用説にたつ（第一法的命題）と評価されている

---

5) 朝日新聞特別報道チーム『偽装請負——格差社会の労働現場』39頁、16頁（朝日新書、2013年）。

6) 高野剛「在宅就業障害者支援制度における労働法適用に関する一考察」広島国際大学医療福祉学科紀要9号（2013年）31頁。

のであるが、本件違法派遣において派遣法が取締法規であるとして、派遣元との雇用契約は法的にみて常に有効であるものとして誤りはないのかが、さらに検討される必要がある。

すなわち職安法44条違反の労働者供給の合法化を目的にした派遣法の、同法上適法のための要件を充足せずに派遣元に違法派遣が存在する場合において、派遣元と労働者との雇用契約は、職安法44条の適用とは離れても労働関係における直用原則なり、取締法規違反であっても労働法秩序の強行規定に違反するものとして、雇用契約が無効になるとの法的判断は充分にありうる。

このことを民法学の解釈により補足すれば、法規には取締法規であると同時に強行法規の性質をもつものがあり、処罰をおそれずに違反行為をする者に対して行為の私法上の効力を否認することが、その行為の禁止目的からみて一層有効な場合が少なくない、そこで立法の趣旨、違反行為への社会の倫理的非難の程度、一般取引に及ぼす影響、当事者間の信義、公正などから決定すべき、とされる[7]。

そうであるならば本件における請負契約の当事者としての形式をとった請負人、注文主らによる派遣法の脱法目的（意思）などからみて、請負契約の無効とそして請負人と労働者との雇用契約の効力を無効とするべきではないかとの解釈は最低限、比較検討されるべきであった（第二法的命題）。

(c) 事実認定を中心に二つの判決を検討すると、一番の相異点は脱法目的の認定である。大阪高判がXと派遣元Pとの間の契約が労働者供給契約であり、注文者Yは派遣型請負または労働者派遣として適法であるとの主張立証を行わない。また各契約時の2004（平成16）年1月時点では、特定製造業務への労働者派遣および受入れは一律に禁止されていたので、各契約は脱法的な労働者供給として職安法44条等に違反し、公の秩序に反するものとして契約締結当初から無効と判断した。さらに高判は、<u>注文者Yが多くの労働者派遣法違反を行っており</u>、この派遣法に違反していることの<u>違法状態の下でXを就業させることを認識していた若しくは容易に認識し得る</u>ものであった、と判示している（傍線は筆者）。

これに対して最二小判は、注文者Yは労働者派遣として適法であることを立証しない、とは認定したが、高判の認定した注文者の職安法等（派遣法が含ま

---

7) 我妻榮『新訂民法総則』（岩波書店、1965年）264頁。

れる）についての脱法の目的なり、違法状態の認識については、認定を欠落させた。

　しかしながら、民法解釈からしても、強行法規の脱法行為は、許されず、これに違反する回避行為は民法 90 条により無効である[8]。大阪高判は、職安法 44 条違反のみならず注文者の労働者派遣法上の責任の回避をも脱法行為、違法なものと判断したのである。

　二番目には誰が賃金を支払い、決定したかである。

　労働者 X の賃金支払は、P から支払われていたのは事実である。前記のとおり最二小判は、注文者が「給与等の額を事実上決定したといえるような事情もうかがわれず」と判断し、高判は、事実上の使用従属関係が認められ、給与等の名目で受領する金員は、注文者が「P の利益等を控除した額を基礎とするものである」から労働者が「受領する金員の額を実質的に決定していたのは、注文者であった」と判断した。この事実認定の決定的な相違（しかも最二小法廷は証拠調べもしていないので新たな証拠資料は存在しない）は、経験則の判断によるのか、「知見」の差であるのか。

　焦点は業務委託料の性格、評価である。最二小判もこの事案は、違法派遣とするのであるから労働者に対する使用関係は注文者 Y との間にのみ存在する。そして P は、機械や器材を一切供給せず注文者から借用し、製造現場は他社の従業員との混在である。このような実態の下では委託代金は注文者が労働者を使用したことに対する対価としての性格（質）をもつ、すなわち P が労働者を注文者に供給し、注文者がこの労働力を処分（利用）することに対して委託料を支払う、という労働に対する対償的性格を持つことは、否定できない実質である。そうであれば労務供給三面関係の下で注文者は事実上賃金を決定していた（少なくとも大きな影響力がある）事情があるといえる。そして前記のとおり本件裁判の審理において注文者側がこの偽装請負を違法派遣であると認めて委託料は派遣料金であると主張・立証したのでもない。そうである以上、委託料の実態の労働対償性を派遣法のスキームに収め派遣料金とすることはできない。また P の労働者への他部門への異動打診は、偽装請負の告発後の労働局からの指導のなかでの「是正」のための対応措置である。

　このようにみてくると最二小判の事実認定における強引さと証拠にもとづか

---

8) 我妻榮・前掲書 267 頁、内田貴『民法 I〔第 4 版〕』（岩波書店、2008 年）281 頁。

ない不公正な認定さがうかがわれるのではないだろうか。

5 判例の正当性と法解釈のあり方
(1) 正当性の必要性

判決が国の司法作用として「法の支配」の具体化として社会に宣言されるものとして存在する限り、その正当性は実質的な正当性を求められる。すなわち裁判所による判断であるからとの形式的正当性だけでは充分ではない。そしてこの実質的正当性は判決における法規範の選択・適用の正しいことと、事実認定の正しさに根拠づけられる。これまで検討してきたのは、労働判例における二つの事案であるが、判決における事実の認定と法規範の選択が相互に関連し合っていることに止まらず、事実と法規範が相互媒介である。すなわち事実が法規範を選択し、また選択された法規範が事実を探求し、選択を行い、その上にたって判定者の統合判断として判決が成立しているのである。

(2) 正当性と法

それでは判決の正当性とりわけて当該事案における法規範の選択、場合によっては新たな法規範の生成の正当性は何を基準にするのかである。このテーマは法哲学における法の正義（視野を拡げれば社会正義になる）とは何か、とりわけて司法的正義とは何かについての議論に関わるものである。[9]

本章においては、このテーマを労働判例とその法的解釈を焦点にして論をすすめる。ここでは民法に代表される市民法と社会法との関係をどうみるかという基本的な課題があり、労働判例の法解釈においては、憲法27条・28条を中心に13条・14条等といった憲法の基本法としての役割と機能（＝『法の支配』）が、労働関係における特定の場（面）においても具体的に生かされなければならないからである。日本の多くの裁判においては、憲法規範も国際人権基準も充分に根付いていない、誤解を恐れずに言えば「不在」であるから一層このことは強調されてよい。

6 労働判例と法規範における正当性の基準について

二事件における「小括」において指摘したが、いずれの事案においても使用者である企業の労働法適用の回避意思、すなわち労働法規範を脱法する目的は、

---

9) 田中成明『法の考え方と用い方』（大蔵省印刷局、1990年）133頁以下。

市民（社会）からの素直な眼からみれば容易にみてとれると筆者には思われる。前記注5）の朝日新聞社の特別報道調査チームが指摘したとおりである。労働法が社会法であり、市民法の「形式的な自由と平等」の原理を実質的に修正し、労働者と使用者との関係において「実質的な自由と平等」を確保するものであると理解される限り、この基準からは、使用者の選択した、そして労働者に選択させた契約（形式）が労働法規範の適用回避にあるならば、労働法の適用によって労働者の使用者側に対する実質的な自由を実現回復するものとして、市民法の契約形式に対する社会法による是正がおこなわれなければならない。具体的にいえばビクター・サービスエンジニアリング事件では、委託契約における委託者と受託者の市民法的関係は労働組合法適用の関係に置き換えられる。松下PDP事件においては、これを労務供給三面（角）関係の実態とみて注文者の労働法規（主として使用者責任）の回避（＝脱法の企図）に対し、これを免責するのではなく、使用者責任を肯定する法解釈にむけての粘り強い努力が必要である。またこのことは、これらの労働関係における憲法27条1項・2項（そして憲法28条）によって生成、成立した労働法規（範）の裁判規範としての具体的確立である。

7 わが国の労働裁判の特質と法解釈学の関係
(1) 労働裁判の特質

このような民法と労働法の交錯の場における労働者の権利と義務の内容確定のための司法判断において何故に法形式上社会的強者によって選択された契約形式が実態から離れて、例えば「労働者」なのに「受託者」と認定され、また使用者責任を負うものが背後に隠れているのにこれを免責し、使用関係を持たない請負人と労働者の雇用契約の形式が当然のごとく有効視され、前提（先験的）にすることが判決においてなされるのか、である。筆者はこの背景なり、基盤に日本の裁判官制度におけるキャリアシステムの確立（法曹一元制の導入の遅れ）とともに日本の裁判官の法形式の重視、概念法学の強い影響、そして民法を軸とする要件事実（効果）論（教育も含めて）の狭溢さを指摘するにとどめたい。このような判定主体のもとでは、市民法に対する社会法の優位はもとより、私法関係における憲法規範の適用（間接適用も含めて）なり、照射といった法体系全体の秩序からの判決の正当性を期待することはなかなか困難なことで

ある。
　そして問題は、このようなわが国の労働裁判における憲法なり、社会法規範の希釈化状況のなかで生み出されてきた労働判例に対して労働法解釈学がどのような位置にたっているかである。率直にいって二つの立場がありうる。第一は労働判例に対し距離を置いて労働判例に批判的な視点を堅持し、あるべき労働判例の形成、創造を行おうとする立場、第二は、これまでの労働判例を前提にしてここから自己の法解釈の形成なり、その整合性をはかろうとする立場である。
　この二つの立場・見解は、労働法解釈の対象分野・領域との関係で、截然とわかれるのではなく、まだら模様風であるとおもわれるが、日本の労働裁判の持っている前述の特質と問題性（これは行政裁判や憲法裁判にも共通している）を法社会学的にも分析し、把握した上での法解釈学が求められている。

(2)　学説の対立

　このことを本件二つの事案との関係でいえば、ビクター・サービスエンジニアリング事件においては、概ね全体として労働法学は、東京高判に対して批判的な立場を採ったと理解する。しかし松下 PDP 事件については、学説において最二小判を支持する見解とこれを批判する見解に大きく分岐しているし、実はこの見解は偽装請負・違法派遣における「黙示の労働契約」論の成否の要件についての学説の対立状況にも対応している。筆者自身はこの労働契約成否における合理的な意思解釈なり、規範的意思解釈を肯定するのであるが、これと異なる見解が存在する。この点はさらに後述する。
　しかしながらこうした学説は、労働者派遣法制定前からの職安法 44 条違反

---

10)　豊川＝田端博邦＝毛塚勝利＝竹内（奥野）寿「座談会『労組法上の労働者性』——最高裁三判決とこれからの課題」労働法律旬報 1787 号（2013 年）6 頁。

11)　支持する学説として、大内伸哉「いわゆる偽装請負と黙示の労働契約の成否」ジュリスト 1402 号（2010 年）150 頁。島田陽一＝土田道夫「ディアローグ・労働判例この一年の争点」日本労働研究雑誌 580 号（2008 年）30 頁等。これに対し批判するのは、毛塚勝利「偽装請負・違法派遣の受入企業の雇用責任」労働判例 966 号（2008 年）9 頁。萬井隆令「松下 PDP 事件・最高裁判決の批判的検討」労働法律旬報 1714 号（2010 年）6 頁。拙稿「違法な労務供給関係における供給先と労働者の黙示の労働契約の成否」甲南法学 50 巻 4 号（2010 年）225 頁、鎌田耕一「偽装請負における注文者、請負労働者間の雇用契約の成立」唐津博＝和田肇＝矢野昌浩編『新版労働法重要判例を読む I』（日本評論社、2013 年）60 頁など。豊川＝萬井隆令「違法派遣・偽装請負と黙示の労働契約の成否・松下 PDP 事件」和田肇＝脇田滋＝矢野昌浩編『労働者派遣と法』（日本評論社、2013 年）148 頁。なおこの論稿注に記した文献も参考にされたい。

のみが問題となっていた時代の大阪地裁、東京地裁などが裁判例のなかで展開した公法私法二元論にたっての黙示の労働契約の成立を否定する要件に相当の影響を受けたものといえるのではないか。またこれらの学説の黙示の労働契約成立の要件論の内実は、法人格濫用論の形骸化事例の要件と同レベルといえる。この要件は先の脱法目的を免責するにとどまらず、この要件では、注文者と労働者との間で、市民法（民法）的にみて労働契約が成立すると認定できる場合にのみ「黙示の労働契約」成立は限定されることになろう。

8 法解釈の正当性

(1) 法解釈とはなにか

法解釈が解釈者の主体的な実践行為であることは今日では共通の理解といえる。しかし一般的に複数の解釈があること、その選択の余地があるということと異なり、特定の事案における国の司法作用の法解釈において裁判官はどの法解釈が正当であるのか、すなわち自らの法解釈が法適用において正当なものと社会に提示しなければならない。[12]

それは松浦好治教授が法の解釈の一般論において、どの解釈を採用すべきかについては「理論的」決定を下すことは不可能である、と整理されるのとは別の場面である。また松浦教授は、法解釈学について「法がなんであるのかについての客観的な真理（つまり正しい意味）を明らかにするというよりは、選択と決断を通して現実を改変創造」しようとする「実践的な」領域に属するものとされるのである、と指摘されるが、この前半部分には筆者は異論がある。[13] それは法解釈学が国の実定法を解釈し、社会における法的紛争＝権利義務の確定に参加するものである場合には、常にその時代の法の形成に加わるからである。この視点なり、立場からは立憲主義との関係において井上達夫教授が、「法の支配」につき、権力を批判的審問の場に引き出す理念と転換させ、権力行使の正当性を自己の視点のみならず、他者の視点からも受容することのできる公共的な理由を要請する、この要請は正義理念に依拠することによって、熟議の場と転換できる、と主張されることに、筆者は賛同する。[14]

---

12) 同旨、田中成明『転換期の日本法』（岩波書店、2000年）24頁参照。
13) 松浦好治「法的イマジネーション」井上達夫＝嶋津格＝松浦好治編『法の臨界［Ⅲ］法実践への提言』（東京大学出版会、1999年）195頁。

(2) 正当性の基準についての一考察

(a) 判例形成の「場」と力

　民事裁判においては両側の当事者と裁判官が判例形成に参加する。この点に関連して、平井宜雄教授は、法律家とは「議論」による問題解決者であり、「討論」の主張としての正当性の根拠となる「判例」となるべき法律論は「多くの『反論』に耐えつつ、しかも（法律家）共同体の中で生き残っている」命題であり、何が判例であるかは法律家共同体の判断によって決まる。また問題解決者はこれまで論じられたことのなかった法律「問題」を発見し、それを解決する仕事に直面する場合においては、これまでの「議論」の大前提となる規範命題を修正発展させて、全く新たな法律論を作り出さなければならず、この創造的かつチャレンジングな仕事を遂行できる能力が優れた法律家に求められるのであり、この際に従来の判例は、正当化の素材ではなく創造的思考の小さなヒントか、反面教師的役割を演じるにすぎず、ここにおいて判例を学ぶ意義は失われる、と主張されている。[15]この主張は筆者の法曹としての経験からも概ね肯定できるのであるが、筆者はつぎの通り考えている。当事者法曹は対立する立場において、それぞれの事実と法的主張により法の正義に接近しようとしており、判定者としての裁判官への説得を行う。裁判官は、自らも含めた三者の討論に参加し、説得への反応を示しながら事実を認定し、具体的法の創造を行う。そして労働事件において判例形成の「場」と力は、対等な当事者間としての訴訟手続構造に依拠し、これを活用できるにしても、力の弱い労働者側は、社会における影響力のある考え方（支配的な考え）に裁判官が常に軸足を置いていることを自覚し認識し、社会的な事実を何よりも大切にし、裁判官の人間としての良心に訴えかけて裁判官が新たな法の創造に勇気をもつことを呼び掛けている。

　そして日本のキャリア裁判官制度の下での裁判官の独立が実質的・実態的に確保されておらず、この保障のないなかで基本権・人権に関わる裁判が進められている。こうした「場」において、弱者としての労働者側は、裁判運動なくして判決において正義は生み出せないこと、また法的主張の説得力を強めるた

---

14) 井上達夫「法の支配」（井上達夫＝嶋津格＝松浦好治編『法の臨界［Ⅰ］法的思考の再定位』（東京大学出版会、1999年）207頁。
15) 平井・前掲注4) 19頁。

めに弁護士と研究者の協働が極めて有効なものと認識するとともに、司法界や学界、そして裁判の場においての（社会的）合意の形成にむけて裁判運動が展開される必要があると強く確信している。

(b) 法的価値について

利益較量論は法的規範（法律）が擁護しようとする価値を利益すなわち広い意味での社会的な利益に、いわば法律規範を裸の利益に還元して法的な衝突を利益の較量として調整し、また較量していく判断であると筆者は認識する。この考えは法律実証主義の形式性を打破し社会的事実・利益のもとに法律を「解体」し、市民にも判りやすく法的紛争の実質を提示するとともに、判決を利益の比較衡量・調整の結果のもとにおいたといえよう。筆者自身もこの考え方に共感をもったことがあるが、今では、利益較量論はその判断基準をどのように設定するか、また法規範のもつ直律性というか予測性なり準則性において充分でないと考えてきており、法規範においては相互の価値に優劣の存在があること、また一定の場合に調整があるにしても、その調整は法規範としての憲法秩序において、内在的になされるべきものと考えている。この法的価値の序列は、憲法規範から汲みとるべきであり、この点を社会法についてさらに後述する。

(c) 社会法（＝憲法規範）優位の現実化、具体化

市民社会そして現代日本社会のなかで労働現場（雇用の場）でも、グローバルな規制緩和、新自由主義、市場原理主義が影響力を強めるなかで、労働法の「弾力化」というよりも労働法の解体がすすみ、「派遣切り」などにみられる雇用破壊、年収200万以下の労働者が全体の3分の1となり、非正規労働者の増大による格差と不平等の進行が、現実のものとなっている。労働者の人間としての尊厳が守られるためには、社会法としての労働法の意義と役割を再確認し、労働判例の場においても、法解釈においても、市民法に対する社会法の優位が文章上の修飾フレーズ（題目）ではなく、法実践にとって貫徹される必要があると筆者は考えている。

(d) 雇用関係における労働者の「自由」と「平等」の確立

雇用関係における社会法としての労働法は、憲法27条2項を根拠とする労働基準法、労働契約法、労働安全衛生法などの労働条件保護法と、憲法28条による労働組合法、労働関係調整法等の団結権保障関係法、そして雇用保障法（憲法27条Ⅰによる）に整理される。

そして労働組合が不在の労働の場においては使用者（企業）との間で労働者が自由と平等を確立できるための法は、専ら労働条件保護法である。いうまでもなく「自由」と「平等」の実質化は使用者の企業体のもつ権力との関係において、具体化することになるし、そうした目的をもつのが労働法の体系である。

松下 PDP 事案に関するこれまでの論述からいえば、労働者の自由の場面の焦点の一つは、労働者が誰との間で労働契約の自由、すなわち労務供給三面関係におかれた労働者の労働契約締結についての実質的自由を、社会法である労働法は法規範として求め確保するのかである。

この点、筆者の提示した「規範的意思解釈論」に対して土田道夫教授は、労働契約を含めて契約の成立には当事者間の合意が必須の要件であり（労契法6条）、直用原則といった規範的要素を組み込むことは適切ではない、労働契約の成否の場面では、本来契約締結の自由の原則が妥当するのであり、当事者の意思の合致（合意）を最大限尊重すべきであり、契約成立後の権利義務設定の場面と同一に考えることはできない、と批判される[16]。筆者は正に誰との間で契約が成立したと判断するのが焦点であると考えてきた。実態として労務供給三面関係（労働者を非直用とすることによって労働法を脱法する目的によって形成された三面関係の法形式）を主導して創り出した注文者＝供給先と労働者との間において、労働法の脱法を看過せずに、本来のあるべき労働法規範の適用がなされる関係、すなわち使用関係の実態に応じた供給先と労働者の黙示の労働契約の成立という結論を導いたのである。この際、派遣元と労働者の雇用契約の締結には、法規範からみて労働者の意思の自由が存在しないのである（なお補足すれば、意思の自由、契約の自由は、近代市民法の主要な原理の一つであるが、財産権の保障《憲法 29 条》に根拠をもつものではないと筆者は考えている。この契約の自由のあり方の社会法による是正が問われている）。筆者はこのような法解釈が高等裁判所段階、しかも高裁レベルにおいて初めて登場したことを評価する。

また平等の課題については、男女の平等、正規と非正規の間の平等、そして短期の効率優先の賃金制度等、テーマは多数にわたるのであるが、労働者間の平等そして労働者と使用者間の対等原則としての平等について、つとにルソーが、「立法体系の究極目的である、すべての人々の最大の善は二つの主要な目

---

16) 土田道夫「労働法解釈方法についての覚書」『労働法が目指すべきもの——渡辺章先生古稀記念』（信山社、2011 年）163 頁。この点について踏み込まれた土田教授の論稿に私は刺激を受けた。

的、すなわち自由と平等とに帰すること、平等——なぜなら自由はそれを欠いては持続できないから」(『社会契約論』岩波文庫 77 頁) と指摘した平等原則の本質と位置は現在においても不変であり、雇用関係における平等原則の実現は人間の尊厳とも不可分であること、法の正義の一つでもある公正の実現としても具体化されるものであるが、本章においてはこの概括的な指摘にとどめたい。

(e) 総括的に

例えば、法哲学は実定法の一般理論、法解釈の性格、法学の性格、方法(「法学」論)を一分野として対象にし、法社会学が「法」現象の社会学的研究であり、紛争解決としての司法過程の分析を行うのであるが、本章は日本社会における特定の法的紛争における判例と、その法解釈のあり方を司法作用としての特質から、判例の正当性、それを導く法規範と事実認定の正当性について具体的事案に則して検討を加えたものであり、その対象は制約されたものである。しかしとり上げた判例は、労働判例としてもハードなものであり、比較的最近の主要なものであるし、労働法学においても強い関心を呼んでいる。

筆者の理解によれば、労働判例の正当性とともに法解釈の正当性は肯定されねばならず、それは憲法規範の下での市民法に対する社会法優位の確認としての法解釈の探究、当該事案に対し、「法準則にとどまらない法原理」とこれに照応する事実の選択と正しい事実の認定が求められている。そして法規範と事実との統合は、「視線の往復」や「循環」といった「形式上」の方法論ではなく、その相互の媒介による、あるべき法規範と「選択」された事実を対象とする判定者による客観的かつ冷静な統合(それはもちろんアートではない)にあると指摘したい。

9 法解釈の方法と基準

(1) 事実と法の適用

法解釈は実定法の解釈と法典を含めて法の全体からの解釈である。筆者がここで検討するのは専ら実定法の解釈についてである。

---

17) 賢慮とルール準拠的思考、ケース準拠的思考との関係については亀本洋「法的思考の根本問題」前掲注 14)『法の臨界 [I]』3 頁。
18) 山本陽大「違法な労働者派遣と黙示の労働契約の成否——マツダ防府工場事件・山口地判平 25・3・13 労判 1070 号 6 頁」労働法学会誌 122 号 (2013 年) 167 頁。
19) 広渡清吾『比較法社会論研究』(日本評論社、2009 年) 324 頁以下。

この解釈についても、実定法の一つの法律を対象にして条文相互の、また条文自体の意味を明らかにし確定するという固有の作業はありうる。しかしこれにしてもその立法の歴史的沿革、立法目的といった社会的性格を抜きには充全のものにならない。
　そして法律の条文の意味、内容が問われているのは、現実の社会関係のなかで行為規範として存在している場と、行政や裁判といった第三者的紛争解決機構のなかで個々の紛争において法の適用、解釈が問われる場がある。
　わが国では戦後をみる限り法の解釈は、裁判所における判決（広い意味でのもので判例に至らないものも含めている）を参考にしながら法律条文の意味を画定する作業が実定法学においても中心になってきたといえるし、社会に妥当なものとして適用されている法の存在意義からしてこのことは元々法の定立としての立法・法律が条文を検討し、策定するについて、その条文の意味・内容を社会に適用している言葉・概念に求めざるを得ないことからも明らかである。すなわち立法自体も現代日本社会に理解され、納得される妥当な、そして普遍かつ正当な内容を持つものとしてなされるのであり、この場合に用いられる言語は日本語であり、使用される言葉は社会から取り込まれ、調達されるのである。
　このように法の定立が立法であるが、司法権とはどのような国家作用なのか。法曹である筆者にとっては、裁判とは何なのかという問いである。裁判は私人間または市民対国家、自治体における法的な紛争に対する国家機関としての裁判所が市民へ応答する義務（憲法32条の裁判を受ける権利）の履行としてこの法的紛争に対して法律を適用し紛争を解決する作用といえる。
　そして焦点は、紛争における事実と法の適用の関係性である。
　この点において筆者は、法が第一に存在し、続いて事実があり、事実に対して法が適用されるという法的三段論をとらず、前述（本章2）したとおり法（律）と事実の相互媒介による法の選択・確定と事実の選択・確定を指摘したのであるが、統合としての判決形式においては認定された事実と、これに適用される法律が明示される以上、特定の事実と結びつけられた法律の適用が示されることになる。こうして判決の分析評価において法律の一般性、抽象性が具体的事実と融合して法律の解釈例となる。
　それ故に現実性と具体性をもった法律解釈は、判例とともに展開されることになるし、それが裁判例であるから社会的な適用性なり事実に制約されながら

も一定の射程範囲をもった予測可能性を持つことにもなるのである。

(2) 法律の解釈と適用

　事実と法の関係が上述のものである以上、法律の選択は、事実に即した事案の全体を正しく把握した上でなされることが必要である。

　そしてXという事案においてAという事実に対する評価は、事実としての評価は複数ではない。社会的な事実についての同定性といってよい。

　筆者が、評価が複数であるというのは、法律の選択と解釈の領域である。

　そして一つの法律が憲法に適合しているかどうかは常に検討される必要があるから、アプリオリに法律自体が憲法の実効化や適合性をもつという考えには筆者は立たない。

　議会制民主主義の下にはあるが、少数者の人権への配慮が基本権・人権基準からみて不充分であるわが国の現実からは一層このことはあてはまる。

(3) 憲法基準と法律解釈

　さて、法律の解釈・適用が複数である場合において、司法（裁判官）は何を基準にして法律と解釈の選択を行うべきであろうか。このことは社会法のみならず全ての法の分野、法の領域において検討されるべき課題である。

　筆者は、法の形成としての裁判の理解、そして国民主権下の三権分立制のなかでの人権保障システムとしての司法の本来的な役割からみて、裁判は事案に対する正しい法律の適用がなされなければ、それは裁判としての役割を果たしていないものと考えるほかなく、このような判決は社会の納得と受け容れを持たずそれゆえ通用性をもつことはない。

　そして裁判における法律の適用・解釈の正当性は、その法律適用が憲法の人権秩序・基準に遵っているかどうかである。法的紛争事案において両当事者間（行政訴訟も含めて）の法律の解釈適用主張は、隔たっている場合が一般的でもある。

　このような裁判紛争において、それぞれの法律主張は実は憲法秩序に支えられている、あるいは根拠づけられているのである。しかしこの点において実際の日本の裁判においては、当事者法曹の法的主張においても、また裁判官のこれの応答自体も低いレベルにあり弱体である。筆者の狭い体験では司法界では1960年代から1970年代初めくらいまでの時代には、人権論において一定の前進があったといえる。そして安保法制の成立と3.11以降の現在は、少なくと

も当事者法曹のなかに、また一部の判決のなかで憲法的な価値が強く提示され、裁判官が応答する兆候が存在する。この背景というか基盤には人間の尊厳と人権価値を掲げた憲法の危機に抗する市民運動の胎動があるといえる。

　憲法の人権の全体系のなかにおいては、法の歴史的な生成のなかで社会権が実質的自由を実現する法であるから、社会権の自由権に対する優位、これは例えば私有財産権の保障を謳う憲法29条が、その内容は公共の福祉に適合するように法律でこれを定める、と規定されるように、所有権、占有権をはじめとする市民法上の財産権は、社会、公共の福祉との適合性を予定されているのであるから財産権は他者の基本権、人権を侵害する権利としては存在するものではない。また立法、行政、司法という国家組織の活動のあり方についても天皇、国務大臣、裁判官、その他の全ての公務員が憲法を尊重し擁護する義務があるとの規定（憲法99条）により公務員の所属する国家組織（立法機関、行政機関、司法機関、地方自治体組織）の行為、措置はもとより、判決自体が憲法の原則である基本的人権を尊重する義務を負っているのである。

　このことは例えば公務員の労働基本権（憲法28条）のうち争議行為を禁止する国公法・地公法の条項の違憲性が争訟となる場合において公務員の賃金要求のためのストライキ権の制限・規制の根拠に立法権の作用である財政民主主義や勤務条件法律主義が障害になるとの法理は本来対立させてはならないものを対立させるとともに誤った立法は、立法府（国会）自体の基本権尊重義務をないがしろにするものといわねばならない。

(4) 法の基本原則の位置

　筆者として法律の正しい解釈のために留意されるべき点を整理する。

　法律は、一つの成立した時代を反映するのであるが、この法律制定に至るまでの社会の歴史があり、司法では判例の積み重ねがある。そうであるから、法律解釈は、条文の解釈において歴史的な事実をふまえた解釈を必要とする。そして法律と条文は社会生活に基盤を置いているのであるから、解釈は社会の事実や社会学からの知見を正確に反映し、その解釈は社会常識に合致し、社会への納得を得るものでなければならない。このことは法律におけるいわゆる規範的な文言（例えば解雇等における客観的合理性や社会的相当性、団体活動の場における正当性、労組法7条の不利益性や支配介入など枚挙にいとまがない）の要件、解釈において必須のものである。そして法律が社会の動きや変化に対応し、その生命

力を持つために確認しておかなければならないのは、法の基本原則の大切さである。民法1条は、①私権は公共の福祉に適合しなければならない（1項）、②権利の行使および義務の履行は信義に従い誠実におこなわなければならない（2項）、③権利の濫用は許されない（3項）、そして解釈基準として④（民法は）個人の尊厳と両性の本質的平等を旨として解釈しなければならない（2条）、と規定している。この基本原則は、民法のみならず私法全体（行政法や手続法も含めた）に貫徹する原則である。筆者の現在までの法曹としての経験において、これらの基本原則は事案の把握の仕方、紛争の解決方法と内容について、確かな羅針盤となるものであり、適用すべき法律の選択の前理解として、事案における権利義務の存否と画定にあたり、法曹としての経験と人間性を背景（バックグラウンド）にしながらその直感力を支えるものである。そしてこれらの法律解釈の基本原則に「人間の尊厳」が存在している。例えば同一の企業内において、労働者全体に同じ不利益が与えられた場合、この不利益是正は利益回復の要求運動として、利益紛争の性格を持つであろう。しかしこの不利益が性差・思想信条等の憲法14条の平等原則に違背する場合には、この差別の是正を求める運動を担う当事者は人間の尊厳を擁護し、その実現を求める運動を展開することになるのである。

第3章　ビクター・サービスエンジニアリング事件・東京高裁および最三小判決の検討
―― 「労組法上の労働者」概念および「団結権保障関係」論

はじめに――本章の目的

本章の目的は三つである。一つはビクター・サービスエンジニアリング事件・東京高判平22・8・26（労判1012号86頁。以下本件高判もしくは原判決という。青柳馨・小林敬子・中嶋功裁判官）の紹介と批判である。前章ではこれを最判との個別的論点での相違を取り上げた。

本件高判は民法と労働法についての法律解釈を誤るとともに、CBC管弦楽団最判（最一小判昭51・5・6民集30巻4号437頁）を無視したうえで補助参加人組合に参加した受託者の労働者性判断を回避するために証拠判断における経験則に違背して誤った事実を認定し、労働者を自営業者に仕立てあげてしまった。本件高判はいわば脱法の「偽装受託者」を合法化した。

こうした同高判の内在的批判を事実認定の誤りを中心に行う。

二つに労組法3条の労働者概念（労組法7条の「雇用する労働者」含めて）について新国立劇場運営財団事件・東京高判平21・3・25（労判981号13頁）、本事案・東京地判平21・8・6（労判986号5頁）、INAXメンテナンス事件・東京高判平21・9・16（労判989号12頁）等を契機にして学説の展開がある[1]。また中労委は2010年7月7日のソクハイ事件命令（別冊中労時1395号11頁）において新たな概念を提示している。こうした議論に触発され、これまで筆者が考えてきたことをふまえて本件高判が示した労組法3条の概念と要件も含め、これを批判的に検討し、労組法上の「労働者」についての筆者なりの考え方を提示したいと考えている（紙幅の関係上CBC管弦楽団最判の検討は記述できなかった）。なお、労働委員会における労組法上の労働者性の判断認定は労働組合の資格審査

---

1) これらの学説の展開につき宮里邦雄弁護士は「労働者性を否定した前記判決の出現は、両者の判断基準の共通性、類似性を持つ問題点を浮き彫りにすることとなった。この間労働者性をめぐって、多くの論稿が発表されているが、それらは、いずれも、従来の議論の不十分さを自覚し、団体交渉権保障の必要性という視点をより明確にしたうえで、労働者性の判断基準の再構成を試みている」と評価されている。同「労組法上の労働者」日本労働研究雑誌604号（2010年）1頁。

の共通の性格のものであり、本来は労働委員会の専門性の判断（裁量）に委ねられるべきものである。

三つには、本件高判を破棄した最三小判平24・2・21（民集66巻3号955頁）の意義とこれからの課題を筆者として提示する。

1 事案の概要

ビクター製品の設置、修理等の業務を行うビクター・サービスエンジニアリング株式会社（以下、「会社」）と修理業務につき委託契約を締結し、「ビクターサービス代行店」として日本ビクター株式会社の音響製品等の修理業務を行う者（以下、「個人代行店」という）が、全日本金属情報機器労働組合ビクターサービス支部ビクターアフターサービス分会（以下、「分会」）を結成し、全日本金属情報機器労働組合大阪地方本部（以下、「地本」）および、全日本金属情報機器労働組合ビクターサービス支部（以下、「支部」）とともに、2005年1月31日、待遇改善に関する団体交渉を会社に申し入れたところ、会社は、個人代行店は独立した自営業者であり、労働者に該当しないことなどを理由として団体交渉を拒否した。

そこで、会社の団交拒否は労働組合法7条2号の不当労働行為に該当するとして、地本、支部および分会が、大阪府労働委員会に救済申立を行った。

大阪府労働委員会は、個人代行店は会社との関係において労組法上の労働者と認めるのが相当であるとして申立を認め、①団交応諾、②謝罪文の手交を命じた。

会社はこれを不服とし、中央労働委員会（以下「中労委」）に再審査を申し立てた。

中労委も、個人代行店の労働者性を認め、再審査の申立を棄却する旨の命令をした。

会社は、国を被告として東京地裁に同命令の取消を求めて提訴した。

同地裁は2009年8月6日、個人代行店は会社との関係において労組法上の労働者に当たらないとして労働者性を否定し、原告の請求を認容したので、国が控訴し組合が補助参加した。この控訴審判決（以下原判決という）が本件高判である。

2　本件高判の判断——労組法上の労働者および業務委託における適用

①労組法上の労働者について、労組法は賃金、給料その他これに準じる収入によって生活する労働者（同法3条）が「使用者との交渉において対等の立場に立つことを促進することにより労働者の地位を向上させること、労働者がその労働条件について交渉するために自ら代表者を選出することその他の団体行動を行うために自主的に労働組合を組織し、団結することを擁護すること並びに使用者と労働者との関係を規制する労働協約を締結するための団体交渉をすること及びその手続を助成することを目的」（同法1条）とする。

そのうえで、本件高判は、労組法上の労働者の判断要件として、「同法の目的に照らして使用者と賃金等を含む労働条件等の交渉を団体行動によって対等に行わせるのが適切な者、すなわち、労働契約、請負契約の形式いかんを問わず、労働契約上の被用者と同程度に、労働条件等について使用者と現実的かつ具体的に支配、決定される地位にあり、その指揮監督の下に労務を提供し、その提供する労務の対価として報酬を受ける者」であると判示する。

具体的には、「労務提供者に業務の依頼に対する諾否の自由があるか、労務提供者が時間的・場所的に拘束を受けているか、労務提供者が業務遂行について使用者の具体的な指揮監督を受けているかなどについて、その有無ないし程度、報酬が労務の提供の対価として支払われているかなどを総合考慮」するとする。

②原判決（本件高判）は「業務委託契約を締結して受託者が業務に従事する場合、委託者と受託者との間の労働条件等についての現実的かつ具体的な支配、決定の関係が存在しないときでも、委託者の必要に応じて受託業務に従事する以上、委託内容により拘束、指揮監督関係と評価できる面があるのが通常であるから、契約関係の一部にでもそのように評価できる面があるかどうかによって労働者性を即断するのは事柄の性質上相当でなく、委託契約に基づく委託者と受託者の関係を全体的に見て、上記の労組法の目的に照らし、使用者による現実的かつ具体的な支配関係が認められるか否かという観点に立って判断すべき」と判示する（以下も含め下線は筆者）。

3　主要な事実認定とその誤り

以下において原判決（本件高判）の根拠となる主要な事実認定とその誤りを

下記(1)から(6)（(1)諾否の自由について、(2)時間的・場所的拘束について、(3)会社による指揮命令について、(4)報酬について、(5)企業組織への組み込みについて、(6)契約内容の一方的決定について）に限定して指摘する。

(1) **諾否の自由について**
(a) 原判決の判断

原判決は、①営業日等の決定については、「個人代行店が営業日、営業日における営業時間、受注可能件数を提示し（個人代行店については、標準的な目安として1日に受注可能件数8件とされているが、絶対的なものではないと解される。）、被控訴人が当該提示内容に合わせて発注する仕組みとなっている」こと、②「業務に支障がある場合には、コールセンター長からその指定の変更が申し入れられ、最終的に当該代行店と同センター長とが協議を行ってその指定内容の変更の成否が決定されている」から個人代行店は、決定された「営業日、営業時間数、受注可能件数の枠内では、特段の事情がない限り、被控訴人により割り振られた出張修理業務を拒否することはできないが、その範囲外では、業務の依頼に対しこれを拒否する自由があ」るとする。

しかし、原判決の基礎となっている次の事実からみても、原判決の判断は誤っている。

(b) 就労日・就労時間・受注可能件数の決定・変更について
①就労日について

会社の提出した資料によっても、1人の例外を除き、「個人代行店の休日は多くて月9日であるが、一般的には月4～5日であり、月に1日、2日しか休みがないという者も珍しくなく、就労日を自由に決定できるという実態には全くなかった」。

②受注可能件数について

原判決が引用する第一審判決の事実認定では、各営業日ごとに個人代行店が担当する出張修理業務の件数については、会社において「個人代行店の出張修理実績を基にした出張修理業務に要する時間等を考慮して、1日当たりの受注可能件数を8件と定めているが、業務担当地域等の特性により同件数より少ない受注可能件数が定められている個人代行店がある」とされている（第一審判決）。受注可能件数8件は会社が定めるものであり、これより少ない件数を定めるのも、業務担当地域等の特性により会社が定めていると事実認定されている。

③就労時間について

第一審判決の事実認定では、「受注可能件数を8件とする場合の割り振りは、午前中に1件、午後のうち午後5時までに6件、午後5時以降に1件とするのが一般的である」とされている（第一審判決）。

受注可能件数を8件と会社が定めれば、その日の就労時間もおおむね明らかになるのである。

④営業日・受注可能件数の変更について

第一審判決の事実認定では、「個人代行店から休業日及びその変更並びに受注可能件数の変更の届出があった場合において、業務担当地域における出張修理業務の遂行に支障が生じるときは、原告のコールセンター長から当該届出をした個人代行店に対し、当該届出の内容の変更を申し入れることがある。このようなときは、当該個人代行店と同センター長との協議を経て、当該変更の成否が決まることとなる」とされている（第一審判決）。

すなわち、営業日等の変更については事実認定上も、センター長との協議が整わない限り、変更は認められないとされているのである。

(c) 業務指示が拒否できないことは諾否の自由がない

①原判決は、決定された枠内では、特段の事情がない限り、割り振られた業務を拒否することはできないとしながら、それは「代行店が提示している受注枠内で発注されているからであり、これをもって同代行店に受注の諾否の自由がないと評価することはできない」している。

②しかしながら、一定の労務供給契約がある場合、当事者がこれに拘束され、逆に契約外のことについては拘束されないのは、請負・委託契約の場合も、労働契約の場合もまったく同じであり、原判決がそのことを労働者性を否定する事実と評価することはできないはずである。

諾否の自由の有無を評価するには、契約内容が一方的に決定され、かつ、就労実態がその契約内容に縛られる（労働者性を基礎づけるような拘束性を持つ）ものであるか否かがさらに判断されなければならないのである。

そして、この点、原判決が引用する第一審判決の事実認定では、「本件委託契約は、会社が作成した統一書式の本件委託契約書及び委託料等に関する覚書を取り交わして締結されている」として、契約内容について交渉の余地のないものになっていること、「個人代行店の業務担当地域は、その所在地を考慮し

つつ、他の個人代行店の業務担当地域となるべく重複しないように割り振られている」として、業務担当地域を会社が決定・割り振りしていること、そして前述のように、受注可能件数も就労時間も会社が定めていること、個人代行店はこれらの契約内容に縛られて業務を遂行しなければならないことを認定している。

③このような認定からは、業務について諾否の自由はないと判断されるのが自然であり常識である。

(2) **時間的・場所的拘束について**

(a) 原判決は、第一審判決が認定した事実から、会社は、「出張修理業務に関して、個人代行店を時間的・場所的に拘束しているとみることはできない」とする。

(b) しかしながら、原判決が引用する第一審判決で、この点に関して、個人代行店について認定されている事実は次のようなものである。

「受注可能件数を8件とする場合の割り振りは、午前中に1件、午後のうち午後5時までに6件、午後5時以降に1件とするのが一般的である」こと（第一審判決）。

この8件という件数は、会社において「個人代行店の出張修理実績を基にした出張修理業務に要する時間を考慮して」定めているものであること（第一審判決）。

「午前9時ころまでに各業務担当地域を管轄するサービスセンターに出向き、同所にあるパソコンを使って出張訪問カードをプリントアウトするなどして、各個人代行店に割り振られた当日の出張修理業務の内容を確認するのが一般的である」こと（第一審判決）。

「個人代行店は、特別な事情のない限り、割り振られた修理業務をすべて受注しており、出張訪問カードの記載に基づいて、顧客に電話をかけ、訪問時間や順路を調整、決定し、出張修理に赴くこととなること」（第一審判決）。なお、本件業務委託契約書では、「乙は甲より指示された場所に訪問し、修理を行う」とされている。

「最終の顧客への訪問時間は午後6時から午後7時ころになることが多い」こと（第一審判決）。

当日の業務が完了した場合、「個人代行店は、通常、サービスセンターに戻

り、伝票類の処理をするほか、同センターに設置されたパソコンを用い、出張修理カードにその日の修理の進捗状況等を入力する作業をしている」こと（第一審判決）。

これらの事実によれば、個人代行店はその日の業務内容を確認するためには9時頃にセンターに出社せざるを得ず、出張訪問カードにもとづいて、出張修理実績からすれば、午後6時〜7時頃までかかる出張修理の業務に従事せざるをえず、また業務終了後にセンターに帰社して業務報告等を行わなければならないのである。とすれば、個人代行店は、就労時間は午前9時頃から午後6時〜7時頃まで、就労場所は会社のセンターおよび会社が割り振った修理業務地という形で、一般的に拘束されていると判断するのが常識的判断である。

（c）原判決の事実認定からも個人代行店の時間的・場所的拘束が認められる。

この点、原判決は、個人代行店が時間的・場所的拘束を受けていないと判断する理由として、①「個人代行店は、被控訴人の従業員と異なり、被控訴人の就業規則の適用はなく、出勤義務はなく、出退勤管理を受けていない」こと、②「業務終了後の報告等により、顧客からの修理依頼等が確実に履行されているか否かを確認する他に、同代行店の業務内容や業務遂行時間以外の行動等について関知する関係にない」との点を挙げている。なお、原判決は②について「証拠上うかがわれる」とするが、どのような証拠にもとづくものかまったく不明である。

しかしながら、①について、時間的・場所的拘束は事実として就労者が時間・場所を自由に選択できるかどうかの問題であるから、原判決が挙げる形式をもって自由に選択できると結論づけることは明らかに常識に反する。たとえば、かりに出勤義務が定められていなくても、午前9時頃にセンターに出社しなければ当日の出張修理業務が開始できない（たとえば12時頃に出社して履行できない業務が出てくれば契約違反を問われる）のであれば、9時に会社の事務所で就労すべき時間的・場所的拘束を受けていると判断するのが常識的である。

また、②について、第一審判決の認定からは、8件という一般的な件数は終日の業務時間に相当する業務量であり、移動時間を含めると業務遂行時間以外の行動等というものが通常観念できないと判断される。かりに一定の時間的間隔があっても、手待ち時間と考えるのが事業外業務を遂行する就労者の実態に合っているというべきである。

第3章　ビクター・サービスエンジニアリング事件・東京高裁および最三小判決の検討　47

　本件では、個人代行店以外に、就業規則の適用を受け、出勤義務を有し、出退勤管理をされている会社の従業員も、個人代行店とまったく同様に出張修理業務に従事しているが、業務遂行時間以外の行動について契約上の地位の違いによって差異が出るわけでもなく、手待ち時間の行動が異なるわけでもない。正社員であっても、原判決がいうように「業務遂行時間以外について被控訴人から所在場所を指定されることはない」のである。なお、出張修理業務に従事する正社員・契約社員の勤務態様が個人代行店と同一であることは前記のとおりである。

　(d)　原判決は、場所的拘束について、本件委託契約の内容として、「第12条　業務担当の地域　①乙の業務担当地域は甲が指定するものとする。②業務の都合により甲は乙の業務担当地域を変更することが出来る」(甲は会社、乙は個人代行店)と定められていること（第一審判決）、実際に、個人代行店の業務担当地域は、「個人代行店の所在地を考慮しつつ、他の個人代行店の業務担当地域となるべく重複しないよう割り振られている」こと（第一審判決）を認定している。

　契約上どの個人代行店がどの地域を担当するかは会社が決定・変更する事項とされ、個人代行店が他の場所を担当エリアとして希望しても会社の了解がない限り叶うことはないのであるから、個人代行店が出張修理業務について場所的に拘束されていると判断されるのが常識的である。

　前記のように、出張修理業務には正社員や契約社員も同様に担当エリアをもって従事しているが、原判決の論に従えば、これらの社員も場所的拘束を受けていないことになり、労働者として認められないことになってしまうであろう。

(3)　**会社による指揮命令について**

　(a)　原判決は、①個人代行店が、出張修理カードによる受注、修理代金の入金処理等の義務、在庫修理等の付帯業務の負担を負っていることは、個人代行店が修理業務の受託に付随するものとし本件委託契約上その義務を負っているに過ぎないこと、②被控訴人から貸与された制服の着用や被控訴人の社名が記載された名刺の携行、各種マニュアルにもとづく業務の遂行が求められているが、受注した修理業務等を実際にいかなる方法で行うかは個人代行店の裁量に委ねられていること、③サービスセンター長が個人代行店とミーティングをもって個々の部分に問題がありそうな部分について具体的な指示をしているが、これは業務の遂行上必要な情報の伝達であること、を理由に、「直ちに労働者

性を基礎づける指揮命令がされていると評価するのは適切でない」とする。

(b) 会社の指揮命令は正社員と同様に行われている。そして、原判決が認定する事実は、いずれも出張修理業務に携わる会社の正社員・契約社員にも完全にあてはまる事実である。

すなわち、会社の正社員についても、前記に挙げられた「義務」「負担」を負っているとともに、受注した修理業務等を実際にいかなる方法で行うかの裁量は有しているのである。そして、このような業態の就労者は、とくに事業場外で勤務する場合には、一般に存在するのであり、だからといってこれらの事実から労働者ではないとは判断されないのである。

そうであるのに、原判決は、労働者性を基礎づける指揮命令にはどのようなものがあり、本件の場合、同種業務に携わる正社員の指揮命令とは何が違うのかも摘示することなく、これを否定しているのである。

(c) 修理代金の入金処理の仕方は独立した事業者でないことの表れである。

上記①について、原判決は、修理代金の入金処理について「修理業務の受託に付随するもの」としている。

しかし、個人代行店が独立した請負業者なのであれば、顧客から受け取る修理代金額の設定や受け取った金員の管理、会社から受け取るべき報酬額の計算等を個人代行店が自らの計算と責任で行うはずである。

ところが、本件個人代行店は、修理代金額を決定することもできず、受け取った代金もすべてそのつど会社に入金するため金員の管理もせず、報酬額の計算についても会社が行っており、個人代行店は月に1回報酬として就労の対価を受け取るだけなのである。

(d) 会社の制服着用・名刺の携行・マニュアルに従った業務の実施も独立した事業者でないことの表れである。

上記②について、会社の名刺を用い、会社のマニュアルにしたがって業務を行うという点も、独立した請負業者であれば、対外的にも対会社との関係でも、自らの計算と責任で業務を遂行するはずであるから、個人代行店を個人事業主というには実態がかけ離れているというべきである。

(e) 朝の朝礼（ミーティング）も独立した事業者でないことの表れである。

上記③について、原判決は、ミーティングは「業務の遂行上必要な情報の伝達」と判断しているが、個々に指示した業務の内容や方法等についての、その

つどの指示を行うということであれば、独立した自営業者に対する業務委託とは到底いえないのであって、この点も個人代行店が独立した事業者でないことの表れである。

(4) 報酬について

(a) 原判決は、①個人代行店の報酬は出来高に応じて支払われ最低保証がないこと、②修理に使用した部品の代金の2パーセント相当額が支払われるほか、会社の開発商品の販売や物件の紹介の場合に一定割合の額が委託料として支払われること、③委託料について源泉徴収や社会保険料等の控除は行われず、委託料全額とこれに対する消費税を加えたものが支払われていること、④個人代行店は自営業者として営業届を提出するものとされ、その税務申告は個人事業者として行われており、個人代行店の半数近くは個人事業者が利用できる青色申告の承認を得ていることを労働者性を否定する要素として判断している。

(b) 出来高払い制は労働者性を否定する要素とはならない。しかしながら①について、労働者の賃金についても、これを時間払いにするか出来高払いにするかは任意に定めうるものであり、現にタクシー業界など出来高払い制で賃金を支給する業界はいくらでもある（労基法27条参照）。

また、最低保証がなくても、最低賃金法を上回る賃金が支払われているのであれば法律上の問題はない。

したがって、この事実をもって労働者性を否定する要素となしえないことは明らかである。なお、個人代行店と会社との覚書では、個人代行店が所得補償保険に加入することが義務づけられており、会社がその申し込みをとりまとめ、保険加入を行っている。これは最低保障が必要な就労形態であることを会社も認識していることを示している。

なお、原判決は、出来高払いであることから「労務提供の対価としての性格は希薄」ということができるとするが、出来高払いか時間払いかは支払方法の問題であり、対価性の有無には何ら関係がない。

(c) 税務上の取り扱いも労働者性を否定する要素にはならない。さらに、③④について、源泉徴収義務者および社会保険料等の徴収義務者は会社であり、これが行われていないのは会社が故意にその手続を怠っているからにすぎない。また、消費税についても会社が個人代行店を給与所得者扱いにしていないからにすぎない。会社が義務を果たさなければ個人代行店は自ら手続をせざるをえ

ないのである。

　また、これらの税務上の処理の違いは、徴収手続の相違にすぎず、これによって個人代行店の個人事業者としての独立性が増すわけではない。会社の正社員が、就労条件にまったく変化なく、ただ会社の取扱いとして個人事業者にされれば、個人代行店と同様の取扱いとされるであろうし、とくに問題が顕在化しない限り、税務署等もこれを受け入れるのである。

　したがって、このような事実をもって労働者性を否定する要素となしえないこともまた明らかである。

(5)　企業組織への組み込みについて

(a)　原判決は、①「被控訴人の従業員だけではまかなえない部分を代行店に業務委託してその業務を行っている」とし、個人代行店の修理業務が会社の業務計画を構成する一部になること、経営計画の一部になることは本件委託契約の内容から当然であること、②会社から貸与された制服の着用、名刺の携行、各種マニュアルにもとづく業務の遂行、研修が義務づけられていることは、修理業務が、一定の質、水準に相応するものでなければならないという本件委託契約の委託内容による制約にすぎないこと、③他の企業から同種業務を受注することは制限されていないこと、から「企業組織に組み込まれていると評価するのは適切でない」とする。

(b)　会社の主たる業務に不可欠な個人代行店は企業組織に組み込まれているといえる。

　まず、①について、原判決が引用する第一審判決の事実認定によれば、個人代行店は、「原告の前身会社の修理業務の相当割合を担当していた。その状態は、現在も同様である」とし（第一審判決）、実際、平成19年4月1日時点の近畿支社における出張修理業務に従事する就労者は、正社員3名、契約社員3名、個人代行店21名で（第一審判決）、実に77％が個人代行店であったのである。

　原判決のいうように「従業員だけではまかなえない部分を代行店」が業務を行っていたという実態ではないのである（なお、第一審判決は、「原告の修理業務の相当部分を代行店が行っていることが推認される」と判断している）。

　また、どのような業務も会社が行っている限り経営計画の一部になることは当然のことであり、それ自体で企業組織への組み込みを認めるべきとは労働側

も主張していない。会社の主たる業務に不可欠な部分を個人代行店が担っており、個人代行店の就労なくしては会社の経営の中核部分を維持することができない点を捉えて、企業組織に組み込まれていることを示す重要な事実であると主張しているのである。

逆に、原判決は、経営計画の一部になることは契約内容から当然であり、企業組織に組み込まれていると評価できないとの判断を導いているが、それは労働契約の場合でも同じであって、このような解釈によれば、会社の正社員も含め企業組織に組み込まれる者などいなくなってしまうことになる。

(c) 個人代行店の研修義務は企業組織に組み込んでいることの表れである。

原判決が引用する第一審判決が認定する事実によれば、個人代行店は、本件委託契約を締結するためには、会社と研修契約を締結し、会社による研修を受けなければならないこと、「研修に要する交通費・教材費及び宿泊費等は、原則として原告が負担し、また、原告は、研修日当を支払っている」ことが認定されている。

この研修は、おおむね3か月間、原則として平日午前9時から午後5時30分まで行われる（第一審判決）。

研修契約書によれば、「『技能、人格』共に優れたビクターを代表する技術者である事」が、個人代行店になるための条件とされ（100条）、研修期間中、職場の規律を乱し、会社の指示に従わないことが契約解除の理由とされている（12条）。

このように本件委託契約前の研修は、個人代行店がビクターを代表する技術者として会社組織に組み込まれることを示す重要な事実である。

(d) この点、原判決は、研修は委託契約の制約であるとする。しかし、契約の明文上は、研修は義務とはされておらず、原判決のこれまでの判断に従えば委託契約上の制約はないはずである。

また、原判決がいうように個人代行店が独立した自営業者というのであれば、その技術水準がある者に業務を委託し、なくなればこれを解約すればよいのであって、制約を認めること自身が矛盾するというべきである。

研修を要件とし、契約継続中にも研修を義務づけるのは、個人代行店が会社から独立して知識・技術力を収得することが困難だからであり、逆にいえば、会社としては個人代行店の労働力を業務に滞りなく従事させることができるよ

うにしておきたいからである。したがって、研修義務の存在は個人代行店が企業組織に組み込まれていることを示す重要な事実である。

(6) 契約内容の一方的決定について

(a) 原判決は、①本件委託契約書および覚書は、個人代行店も合意しており、その意思が反映されたものになっていること、②会社の申し入れにより委託料の変更や業務担当地域の変更が行われた場合もそれぞれ代行店は同意していること、③会社の発注により個人代行店の業務の日時や場所が決まり、また、修理の方法についても一定の指示を会社はしているが、いずれも本件委託契約の委託の内容の性質上そのように定めるほかないこと、から「個人代行店の業務の内容を被控訴人が一方的に決定し、同代行店を指揮監督していると評価するのは困難である」とする。

(b) 契約が合意されているという事情は労働性を否定する理由にはならない。

しかしながら、①について、契約が合意によって行われることは労働契約の場合でもまったく同じであり、だからといって契約内容の一方的な決定が行われていないということにならないことは明らかである。

一方的決定が行われているもっとも重要な徴表は、契約内容が画一的であるか否かであるが、この点本件では、「原告が作成した統一書式の本件委託契約書及び委託料等に関する覚書を取り交わして締結されている」と事実認定されている（第一審判決）。また、会社側証人は、支払料率について個人代行店は全員一律であることを認めている。このことは契約内容が会社によって一方的に決定されていることを示す重要な事実である。

(c) 会社の指揮命令は個人代行店の労働者性を基礎づける事実である。

さらに、③についても同様であり、会社からの業務指示・指揮命令は、会社の従業員に対するものとまったく同じなのである。

これを「委託の内容の性質上そのように定めるほかない」というのであれば、その解釈は、会社の従業員も実は委託であるとするか、「そのように定めるほかない」ような契約は、会社の指揮命令権を認めるものと解するか、のいずれかしかない。

4　これらの誤りは何によるのか

本件高判のこのような事実と評価の誤りは何によるのであろうか。

実は本件高判は、判断の一般論（前述）において、労組法上の労働者について「労働契約、請負契約等の形式如何を問わず」としながら、争いのない事実、実態において、受託者と修繕業務を行っている労働者の労働実態が業務の内容・方法においてまったく同様であるにもかかわらず、裁判官たちがこの側面をまったくみようとしなかったこと、そして実態を業務委託契約における合意、しかもこれを自由な意思の下での合意によるものとして評価するという二つの誤りを犯しており、これらの誤りは事実認定における明らかな経験則違反である。

　なお補足的に委託契約については法律行為の委託は委任（民法643条）であり事実行為や事務処理が準委任（民法656条）とされているが、委任の本質は「事務の処理を委託する」契約と考えるのが正しいとされ、「事務の処理を委託する」とは、一定の目的に従ってもっとも合理的に経理・処置することを相手に委かせることであり、受任者はある程度の自由裁量の権限を有するのである。[2]

　本件事案に則していえば、修理受託者は業務時間を自分で自由に決め、修理代金ですら自分の技術に応じて差もありうるし、毎朝の出社やミーティングなどはないはずである。しかし、実態は数において圧倒的な個人代行店は会社の求める修繕技能をもった肉体的労務を提供する実態にあり、独立自営のすなわち「自己の計算と責任」において事業を営むものではないのである。この点につき故意に目をそらしたのが本件高判の根本的な誤りである。[3]

5　労組法3条の労働者
(1)　朝日放送事件・最判の転用の誤り
　前述のとおり本件高判は、労組法3条の労働者性について朝日放送事件（最

---
2)　我妻榮『債権各論（中巻二）』（岩波書店、1965年）654-658頁。
3)　個人業務受託者の労働者性について安西愈弁護士は「契約上のみならず実態上も独立自営業者と認められる要件の充足が必要であり①注文業者から指揮命令をされない独自の自由裁量権と履行責任及び事業主としての危険負担をもって業務を遂行する、②自己の責任で業務を独立処理し、その不履行について自ら損害賠償責任を負うもの、他の業務との兼業は禁止されていないこと、③注文者の事業上場への定時の出社、始業、終業時刻等の拘束を原則として受けず、業務上の連絡、報告等の義務づけがあっても勤業時間的な拘束のないこと、④朝礼等への出席の義務づけがなく、服装、タイムレコーダー、出欠報告等の就業管理的な拘束のないこと、⑤使用従属的な業務命令下（日々の仕事について発注者より指揮命令を受け、業務を遂行している状況にないこと）など12の要件を挙げられ、こうした要件のすべてを充足するような場合は個人業務受託者と認められ、労働者とはならない」とされる『新版労働者派遣法の法律実務（上巻）』（労働調査会、2008年）147-149頁。

三小判平7・2・28労判668号11頁）の労組法7条の使用者概念を受身的に転用したうえで「その指揮監督の下に労務を提供し、その提供する労務の対価として報酬を受ける者」とした。この定義は実は本件での東京地裁判決よりも要件を厳格にし、労働契約と同様の労働者の定義になっている。

東京地裁判決には、その「指揮監督の下の労務提供」という要件は入っていなかった。本件高判は、「指揮監督下の労働」という要件を加えて労組法上の労働者概念を厳格化することを企図したが本件業務委託関係においては、拘束・指揮監督とみられる部分はあるが、これは、業務委託関係にもあるものとしたうえで委託関係を全体的にみて労組法の目的から使用者による現実的かつ具体的な支配関係が認められるか否かの観点で判断すべきと前述のとおり判旨した。

しかし、本件高判はその後の判断において上記に述べた契約という形式からのみ実態を合理化して、本件での労組法3条の労働者性を否定したのである。

いずれにせよ既述のとおり労組法3条の労働者は、指揮監督下の労務提供が要件であるとしながら、これがあっても業務委託契約の形式の合意であることをもって個人代行店は「受託者」とされたのである。朝日放送事件最高裁判決（正しくは「偽装請負」事案である）では、「派遣」関係にある労働者の労働者性は「派遣元」との雇用契約によって争いがなく、労働契約関係にない「派遣先」の使用者性について基本的労働条件等を現実的・具体的に決定できる地位にあるとして導き出したものであり、本件のような直接の契約関係にある受託者の労働者性の判断とは場面がまったく異なるものであって、この判断のなかに朝日放送最判を持ち込むべきものではない。逆に同事件の使用者概念を本件にもってくるならば直接の契約関係が存在する以上、会社の使用者性はむしろ肯定される結果になる。

(2) 憲法28条の勤労者と労組法3条の労働者

勤労者に労働基本権が保障されこの権利の行使により勤労者は生存権のみならず人間としての尊厳を確保することができる。

憲法28条の勤労者について、芦部信喜は「労働力を提供して対価を得て生活する者のことであり、労働者（労組法3条）と同義である[4]」とされ、宮澤俊義は、同じく労組法3条と同旨とされ「労働力を売って対価を得る者」であり、

---
4) 芦部信喜（高橋和之補訂）『憲法〔第6版〕』（岩波書店、2012年）251頁。

現に職をもたない失業勤労者も含まれる。「自らの計算で業を営む者（小作人、商工業者など）は、勤労者でない」としている[5]。

こうした憲法や労組法の目的からすれば、一般的にいうならば労組法上の労働者は労組法の目的である、その団結権を擁護し、集団による団体交渉権によっての労働条件の向上をはかることがふさわしいと判断される者であるという点ではこれまではあまり異論がなかった事柄である。また「自らの計算と責任」において業を営む自営業者はいかに零細であり、また特定の者との間で専属的契約関係にあっても労組法上の労働者ではない、すなわち小さな単位といえども営業の主体として人（市民）が登場するかぎりは契約条件の一方的決定があっても労働者ではないと結論づけることになる。他方では労働契約関係にある労働者でなければ、また労基法の適用関係すなわち使用従属関係にある労働者でなければ労組法上の労働者でないとされるのかである。元請との専属下におかれた零細な自営業者と労働者の異同を労組法3条の労働者概念の定立にあたって、どのように考えるのかが筆者にとっても焦点であった。

(3) 「使用従属」関係の位置

使用従属関係について、1985年の労働基準法研究会報告は判例を整理して「労働基準法上の『労働者』の判断基準」として、①仕事の依頼、業務従事の指示等に対する諾否の自由の有無、②業務遂行上の指揮監督の有無、③通常予定されている業務以外の業務従事の有無、④勤務場所、勤務時間に対する拘束性の有無、⑤労務提供の代替性の有無、⑥報酬の対償性を総合勘案し、「使用従属性」を判断するとしていた。これまでの判例とこの報告により「使用従属」関係論は、労基法上の労働関係のメルクマールとして大方の支持を得ることになった。さて、法曹としての筆者自身の認識のなかで「使用従属」関係論は労働法が「従属労働」の法であるとの理解もあり、単なる「使用」関係ではない「使用従属」関係という概念は、事案に対する労働法の適用を求める場合において親和性あるものであった。この点に関連して1977年2月に労働弁護団（当時総評弁護団）が発行した『パート・下請・臨時労働者』（民衆社）というパンフレットが筆者の手元にある。筆者も含め大阪の6名の弁護士との分担執筆であるが、受託者・嘱託者の「労組法・労基法上」の労働者性の基準について、「使用従属関係」を指摘し電力会社の受託検針員についての判決（九州電力

---

5) 宮澤俊義『日本国憲法』（日本評論社、1955年）274頁。

事件・福岡地小倉支判昭50・2・24）を紹介している。当時の筆者の認識のなかでは、団交権を求めた事案において、その実態は労基法上の適用関係も肯定されるものであったので労基法、労組法上の労働者概念について明確に区別化することはなかった。

それは委託関係においては、直接の契約関係が当事者間にあり労働組合を結成した当事者たちは団交権の確立とともに契約条件（労働条件）についても労基法上の保護を当然に受けることができる実態にあるという認識があった。上記の判決も労基法上の労働者の地位を求めたものであった。またこの当時NHKの「委託集金者」の組織する組合が労組法上の労働組合であるとして、NHKの山形放送局において行われた交渉やその際の行為が暴力行為等処罰に関する法律に違反するとして起訴された事件で有罪とした一審判決（山形地判昭45・5・29）を取り消した仙台高判昭48・10・8（労旬852号62頁）は、委託集金者は「業務および従属性の実質からNHKと雇用関係にある労働者」とした（本件ときわめて類似性の高い業務内容である）。

(4) 「従属労働」ないし「労働の従属性」の再定位

「労働の従属性」は、労働法の基礎概念とされ、その内容として人的従属性（使用者に自己の労働力に対する処分権を付与することにより、労働力処分の過程において自己に対する使用者の支配を容認し、あるいは労働の種類、方法、場所に関して使用者の指示決定に服すること）、経済的従属性（労働条件ないし契約内容が使用者によって一方的に決定されること、広義では労働者の社会的・経済的地位自体をいう場合もある）、組織的従属（労働が使用者の業務の不可欠的構成部分として有機的に組み込まれること）が指摘されてきた[6]。

労働組合法はこうした従属労働の下にある労働者に対し集団による団結体の結成を援助し使用者との交渉を促進させて労働条件と経済的地位の維持向上をはかろうとする目的をもった法律である。

そして労組法3条の労働者は「賃金、給料その他これに準ずる収入によって生活する者」とされている。「賃金、給料……準ずる収入」は労働力を提供することの対価として存在するものであるから、労働者は労務の提供を行うことによりその対価によって生活をする地位にあるものとまでは読み込むことはできる。すなわち前述の憲法28条の勤労者の定義と同じく労組法3条の労働者

---

[6] 片岡曻（村中孝史補訂）『労働法(1)〔第4版〕』（有斐閣、2007年）4-5頁。

は労働力を処分し、その対価によって生活をする者ということができる。この点において「自己の計算と責任」において業を営むもの、すなわち自営業者と区別されることになる。ここでは契約条件の一方的決定としての経済的従属関係は意味をもたない。むしろ労働力の処分を特定の者に委ね賃金等により生活する者（地位）にあることを労働者概念の中心におくことになる[7]。

(5) 労組法3条と「使用従属」関係

労組法、労基法、労働契約法といったそれぞれの法律が、その目的を別にする以上、労働法全体の適用対象を他から画するものとしての統一した労働者概念の検討は大切な作業であると思われる。しかし問題となっている東京高裁三事件判決（新国立劇場運営財団事件、イナックスメンテナンス事件、ビクター・サービスエンジニアリング各事件）を前にして、改めて労基法上の労働者概念に用いられる「使用従属関係」を一旦は労組法上の労働者概念の要件化とは切り離すことが必要ではないかと筆者は考える[8]。この点において前記各事件の東京高裁、同地裁判決に対して的確な批判を展開された土田道夫教授は、労組法3条の「賃金」の法的性格として労基法11条から、これが労働の対償である以上「労働」は労働契約にもとづいて展開される労働、すなわち指揮命令下の労働ないし「使用従属関係」下の労働を意味すること、また団体交渉の性格が労働条件等労働契約上の労働者の処遇に関する交渉であるから労働契約を基礎にすることとなり「使用従属関係」を経済的従属とともに労組法上の「労働者」の要件とされたうえで、この要件を実質的かつ柔軟な判断の下に行い委任、請負その

---

7) 筆者は「従属労働」の要素の内で、何を中核的なものとみるのかについて、経済的従属（そのうちでも社会的経済的地位）を基底としながらの一定の組織体制のもとでの人的従属すなわち労働者に対する使用者の指示権とみるべきであり、この人的従属は、労働契約によって労働者が、使用者に対して、労働力の処分権限を継続して委ねた結果であること。組織的従属は、人的従属を前提として、あるいは人的従属によって組織的従属が現実化するものである。端的にいえば組織体制・技術体系に労働力を結合するのが労務指示権であり、その結合のあり方（あるいはさせ方）・形態が労働法上の焦点になるのであるから、やはり資本制生産様式における組織的・技術的体制下での（をともなった）人的従属を中核とみるべきであると考えてきた。拙稿「労使関係と労働契約」本多淳亮＝片岡曻先生還暦記念『権利闘争の発展のために』（民主法律協会、1985年）123頁。

8) 古川景一弁護士は「使用従属」論が労基法・労災保険法の施行後に労働省が提示したものであり、同労政局が昭23年6月5日の通牒に労組法3条の意義について使用従属関係を取り込んだことの歴史的な経過、CBC管弦楽団事件最判の評価、我妻説に依拠しながら「使用従属」論を批判し、労組法の労働者を「自ら労務を提供し、その対価としての報酬を受け取る者であって、独立事業者（＝労務供給の目的又は労務の配置利用を自らの責任と判断で決定し得る者）にあらざる者」と主張される（同「労働組合法上の労働者」季刊労働法224号（2008年）165頁）。

他の無名契約にもとづく労務提供を広くカバーすることができると指摘される[9]。この説は労基法、労組法も含めた労働者概念の統一の方向をめざして「使用従属関係」について各法の目的との関係で柔軟な読み替えを行うものであるから、これまでの「使用従属」論を再評価するものである。また古川陽二教授は憲法28条と労組法上の団結権（広義）の保障を重視され、労組法の主体である「労働者」が憲法28条の「勤労者」と同義である以上、「経済的従属性」の要素が労組法3条の文言を補う基準として取り込まれる結果、「労組法上の労働者」とは「契約形式の如何にかかわらず、交渉上劣位な立場の下で相手方に労務を供給し、その対価（対償）として報酬の支払を受ける者であって、独立自営業者以外の者」をいうと広く定義され、その具体的判断にあたっては、「当該労務供給契約の内容・条件が、自らの計算と責任においてではなく、労務供給者の相手方によって、もっぱらないしは主として決定されているかどうか」が決定的に重要であり「報酬の労務対価（対償）性」については、「報酬の額や決定方法・支払方法等から、他人の指図の下に行われた労務の対価（対償）であることを認められればそれで足りる。自営業者以外の者であって、これらの基準を満たしていると判断されるかぎり、その者は広く〈労働者〉と認められてしかるべきなのである」とされる[10]。

　この説によれば労働者性に独立自営業者でないことの要件が加わることによって、契約の決定方法も労働者の要件に加味されることになる。

(6)　労組法3条と労組法7条2号の「雇用する労働者」

　野田進教授は労組法3条の労働者は条文に則して「賃金……収入によって生活する者」すなわち「受給する収入」によって生活資金としているかどうかで、労働者と独立自業者を区分すればよく「使用従属関係」の存否を追及する必要はない。就業者について労働者かそれとも独立事業者であるかどうかが実態的にみて困難であり、「本来労基法（および労働契約法）上の労働者と言い難いタイプと従来は雇用契約で就業させていた労働者を委託労働者に切り替える（筆者も担当したチボリ・ジャパン事件・岡山地判平13・5・18労判821号54頁参照）等、『非雇用化』された就業者に分けられる」としたうえで、前者については労組

---

9)　土田道夫「労働組合法上の労働者は何のための概念か」季刊労働法228号（2010年）127頁以下。
10)　古川陽二「最近の不当労働行為救済申立をめぐる諸問題(1)(2)」労働判例988号（2009年）5頁、989号（同年）5頁。

法3条が第一次的に問題となり、これをクリアすれば労組法7条2号が課題となる。後者のタイプは労組法3条の労働者性はほぼ明らかであり7条2号の「雇用する労働者」の該当性が問題となるとされたうえで、イナックスメンテナンス事件、ビクター・サービスエンジニアリング事件では就業者は賃金生活者として労組法3条該当性は明らかであり、焦点は7条2号の「雇用する労働者」かどうかであるとされる。[11] 筆者は同教授が労組法3条の労働者について「使用従属」関係を明快に切り離し、焦点を労組法7条2号の適用であるとされたことに賛同するとともに、争われている就業者を2つのグループに截然と区別できるかどうか、またいずれのグループにあっても就業者が相手方との間で直接の（相対する）契約関係にある場合は7条2号の「雇用する労働者」について労働契約もしくはこれに準ずる契約下にある労働者とみることができると考えている。[12] 筆者が労組法7条2号の「雇用する労働者」性について問題を認識したのは朝日放送事件・最判であり、この事件においては労働者供給元との労働契約があり、労働者性は問題がないなかで労働者供給先である朝日放送との団交権について「派遣」労働者（偽装請負下）が朝日放送の「雇用する労働者」といいきれるのかであったが、最高裁はこの点はいとも簡単にクリアしてしまった。

(7) 「団結権保障関係」論の提示――「地位」と「関係性」、その相互関係と分離

　専属的であり零細な自営業者と実態は労働者である偽装自営業者とを分かつものは何か、が今一度検討されるべきである。自営業は「自己の計算と責任」において業を営むものであるが、それが特定の企業に専属し、かつ零細な場合は相手方に経済的に従属していると評価される。この点は偽装自営業者＝労働

---

[11] 野田進「就業の『非雇用化』と労組法上の労働者性――労組法3条から同7条2号へ」労働法律旬報 1679 号（2008 年）6 頁。

[12] なお、道幸哲也教授は野田進教授と同様に、労組法上の労働者を契約論的にみるのではなく、労組法の想定する団交関係からみて、一定の雇用に準じた関係があるか否かをみるべきであり、集団的に「労働条件」を決めるという団交関係を想定しうるかどうかであり、就労する際の諸条件につき、それが適切な関係にあったかどうかである。ただしこの際に労働契約関係に準じた一定の「指揮命令」関係があり、仕事の対価に賃金制があることが前提となる、とされる（同「団交関係形式の法理」労働法律旬報 1687 ＋ 88 合併号（2009 年）57 頁）。道幸教授が提示される「関係」論については納得できる一方、前提として一定にせよ「指揮命令」関係と賃金を組み込まれるのは労組法上の労働者についてすでに7条2号の適用関係に踏み込まれているからであると思われる。

者と同様である。しかし自営業者はその業務を自己の才覚（裁量）で行うことができる。たとえば受託した業務を自分一人でやるのか、場合によっては二人でやるのか、また業務の始まり（時）と終わりをどうするのかの点において独立して自由に判断できる。また組織的従属はどちらにも肯定できる。しかし人的従属は自営業者にはなく、労働者は人的従属下にある。このようにみてくると労働者と自営業者を分けるのは、結局のところ労務供給のあり方、内容において拘束・従属があるのか、独立性（あるいは裁量）があるのかに帰着することになる。

　さて労組法3条の労働者概念には、「自己の計算と責任」において業を行う自営業者でないという要件を入れることは自営業者の対極にあるといえる労働者概念に「賃金……その他これに準ずる収入によって生活する者」という地位以外に消極的な要件にせよ、業務への拘束というか人的な従属を労組法3条の労働者の要件として持ち込むことに他ならない。翻って検討するに労働組合法が特定の当事者間において団結権を与え団体交渉権や争議権を一方の権利として法認し、これを相手方に尊重させることが必要である（ここでは「適切さ＝ふさわしい」とか相当性といった性質のものではないと筆者は考えるので「必要」にしぼって要件とする）と判断される労働者は常に相手方との関係をもった労働者であることを前提にされていることから、その特定の関係性のなかにおいて労組法が「雇用する労働者」として集団的に契約条件を決定する必要を認めるかどうかである。

　いいかえれば、特定の当事者間における労務供給者（前述の地位にある）であって契約条件が一方的に決定されている場合においては、労組法7条2号の「雇用する労働者」として団交権を認めることになるのではないか。そして組織的従属は独立して業務を行ってない労働者は、その業務を支配する相手方に組織的に従属することになるという結果を表現するものにすぎないのではあるまいか。そしてこれらの関係性は「使用従属」論でなく、「団結権保障」関係として提示すべきであると考える。

　このようにして筆者は、労組法上の労働者概念は専ら労組法上の文言に則してその地位としての「請負、委託、雇用などといった契約形式にとらわれず実態として労働力を処分して生計をたてる者」に特化というか限定し、契約条件

13）　我妻・前掲注2）参照。

決定の非対等性、人的従属性、組織的従属といった要件は、労組法の団結権保障の各場面（7条各号なり組合活動、争議行為の正当性といった）の適用の問題と考え検討されるものであること、たとえば団交権についていえば労組法7条2号の適用にあたり労組法3条の労働者が特定の者との間での関係性において契約条件の一方的決定を克服し、契約条件について労使共同決定をめざす必要性があるかどうかの検討をすることになると考える。この結論によれば7条2号の「労働者」は労組法3条の「労働者」が特定の者との関係において契約なり契約に準じる関係により「雇用」されて（する）労働者として登場し7条2号の適用を求めるのである。

---

14) なお山川隆一教授は労基法と労組法の労働者概念についてその異同について丁寧な分析を行ったうえで労組法上の労働者概念の独自性から導かれるものとして、①組織への組み込み、②契約内容の一方的決定、③報酬の労務対価性（ここでの対価性は①および②を満たす非対等な労働者供給であれば足りる）とされる（同「労働者概念をめぐる覚書」月刊労委労協 2010年7月号2頁）。

　なお、厚労省内の労使関係法研究会は、2011（平成23）年7月に報告書を出している。この報告書は、新国立劇場運営財団事件、INAXメンテナンス事件最三小判決（同年4月12日）の後に出され、ビクター・サービスエンジニアリング事件最三小判（平成24年2月21日）の前にしたものであるが、労働者性の判断要求について以下のような報告をしている。
　ア　基本的判断要素
　①事業組織への組み入れ
　労務供給者が相手方の業務の遂行に不可欠ないし枢要な労働力として組織内に確保されているか。
　②契約内容の一方的・定型的決定
　契約の締結の態様から、労働条件や提供する労務の内容を相手方が一方的・定型的に決定しているか。
　③報酬の労務対価性
　労務供給者の報酬が労務供給に対する対価又はそれに類するものとしての性格を有するか。
　イ　補充的判断要素
　④業務の依頼に応ずべき関係
　労務供給者が相手方からの個々の業務の依頼に対して、基本的に応ずべき関係にあるか。
　⑤広い意味での指揮監督下の労務提供。一定の時間的場所的拘束
　労務提供者が、相手方の指揮監督の下に労務の供給を行っていると広い意味で解することができるか、労務の提供にあたり日時や場所について一定の拘束をうけているか。
　ウ　消極的判断要素
　⑥顕著な事業者性
　労務提供者が、恒常的に自己の才覚で利得する機会を有し自らリスクを引き受けて事業を行うものと見られるか。
　筆者の見解によれば基本的要素の①と③で労組法上の労働者を決定できる。そして③における「報酬の労務供給への対価又はそれに類する」ものを「有償の」労働力という整理にしたのは労働力としての組織への組み込みによって、労務の提供が存在すれば労務供給者に支払われる報酬は仕事の完成に支払われるものでなく（請負代金でない）、労務の提供の対価すなわち賃金もしくはこれに準ずるものと評価できるものになるという社会経済的な実態からの評価である。

(8) 「法の支配」と研究者の意見書

　東京高裁での審理のなかで弁護団は、西谷敏教授に意見書の作成を依頼し、同教授は労働法の専門家として意見書を提出された。この内容は筆者と共通の視点を持ちながら、筆者の考えよりも関係性を要件に取り込んでいる。

　この意見書のなかで同教授は「労働基本権保障の主な趣旨が『当事者の交渉力の対等化』にあること、そしてこうした基本権保障が必要とされる理由が、勤労者が『使用者に対して社会的経済的に劣位』にあるという事実であること（いわゆる経済的従属性）は疑いないであろう」、「そのうえで、『交渉力』基準の不十分さを補うための補充的基準として、従来労基法上の『労働者』の判断指標とされ、事実上労組法上の労働者性判断のためにも用いられてきた『使用従属性』基準を構成する具体的な指標を再検討し、憲法28条や労組法の趣旨目的からして有意義な要素を取りだして位置付け直すことが必要であり有用であると考える」と指摘されたうえで、CBC管弦楽団事件最判も含め詳細な分析を経て、労組法上の判断指標について、「最初に重視されるべき指標は、ある類型の労務供給者が一般の契約の相手方に対して交渉上の劣位にあるかどうかであり、それについては、報酬などの諸条件が決定される過程、報酬額や労務供給者の地位の安定性などを指標として判断する。そして、そのうえで、補助的な判断指標として、①仕事の諾否の自由が事実上存在するかどうか、②提供される労務が相手方の事業の構成要素としてそこに組み込まれているかどうか、③客観的に自らの計算と危険負担にもとづいて事業経営を行うべき立場にある『事業主』とみられないかどうか、④相手方への専属性がどの程度存在するか、といった事柄が考慮される。労組法上の『労働者』に該当するかどうかは、憲法28条や労組法の趣旨をふまえつつ、これらの判断指標を用いた総合判断（具体的な指揮命令関係の存否は重要性をもたない）によって決せられることになる」と結論づけられた。この説得力に富む意見書に対し高裁は、判断中において、何の応答もしなかった。日本の司法が日本社会における『法の支配』の実現に大きな役割を期待されていることは2001年6月の司法制度改革審議会意見書をまつまでもなく、法律家のみならず社会の世論である。東京高裁の3裁判官は西谷意見書と正面から向き合うことなく、検証することもなくこれを回避したのである。このようなプロセスから生まれた法理と専門性不在の労働裁判は社会の納得を得ることにはならない。労働裁判がその専門性を確保しよう

とするならば、裁判体は狭い組織のなかでの身内の論理による判断から脱却することが社会から強く求められているといわねばならない。

6 ビクター・サービスエンジニアリング事件最三小判の意義と課題──労組法上の労働者再論

先に筆者は労組法上の労働者とは、「請負、委託、雇用などの契約形成にとらわれず実態として労働力を処分して生計をたてる者」であるとしてきたが、ビクター・サービスエンジニアリング事件の最三小判平24・2・21がだされたので、この最三小判の判断を以下に詳しく紹介するとともに、この判決の意義そして労組法上の労働者をどう定義づけるのかについて再び論じる。

(1) 最三小判の紹介

(a) 個人代行店は、会社の出張修理事業の遂行に必要な労働力として、基本的にその恒常的な確保のために会社の組織に組み入れられている

その理由は、この業務の内会社の従業員によって行われる部分は一部であり、会社は自ら選抜して3か月の研修を終了した個人代行店に多くの割合の業務を担当させた上、各営業日ごとの出張修理業務を会社が1か月あたりの受注可能件数を原則8件と定め、各個人代行店とその営業日および業務担当地域ごとの業務量を調整し割り振っているからである。

(b) 会社が個人代行店との間の契約内容を一方的に決定している

それは契約の内容は会社の作成した統一書式に基づく業務委託に関する契約および覚書によって画一的に定められており、業務内容やその条件等について個人代行店の側で個別に交渉する余地がないことは明らかであるからである。

(c) 委託料は実質的には労務の提供の対価としての性質を有するものとして支払われている

それは、個人代行店は1日当たり通常5件ないし8件の出張修理業務を行い、その最終の顧客訪問時間は午後6時ないし7時頃になることが多いというのであるから、このような実際の業務遂行の状況に鑑みると、修理工料等が修理する機器や修理内容に応じて著しく異なることからこれを専ら仕事完成に対する対価とみざるを得ないといった事情が特段うかがわれないからである。

(d) 個別の出張修理業務の依頼に応ずべき関係にある

個人代行店は、特別な事情のない限り会社によって割り振られた出張修理業

務を全て受注すべきものとされている上、本件契約の存続期間は1年間で会社から申出があれば更新されないものとされていること等にも照らすと、個人代行店があらかじめその営業日、業務時間および受注可能件数を提示し、会社がこれに合わせて顧客から受注した出張修理業務を発注していることを考慮しても、各当事者の認識や本件契約の実際の運用においては、個人代行店は、なお基本的に会社による個別の出張修理業務の依頼に応ずべき関係にあるものとみるのが相当である。

(e) 個人代行店は、基本的に会社の指定する業務遂行方法に従い、その指揮監督の下に労務の提供を行っており、かつ、その業務について場所的にも時間的にも相応の拘束を受けている

その根拠として個人代行店は、原則として営業日には毎朝業務開始前に会社のサービスセンターに出向いて顧客訪問予定日時の記載された出張訪問カードを受け取り、会社の指定した業務担当地域に所在する顧客宅に順次赴き、ビクター作成のサービスマニュアルに従って所定の出張修理業務を行うのであり、その際には、会社の親会社であるビクターのロゴマーク入りの制服及び名札を着用した上、会社の社名が印刷された名刺を携行し、毎夕の業務終了後も原則としてサービスセンターに戻り、伝票処理や当日の修理進捗状況等の入力作業を行っている。

(f) 結論として

上記の諸事情に鑑みると、「本件における出張修理業務を行う個人代行店については、他社製品の修理業務の受注割合、修理業務における従業員の関与の態様、法人等代行店の業務やその契約内容との等質性などにおいて、なお独立の事業者としての実態を備えていると認めるべき特段の事情がない限り、労働組合法上の労働者としての性質を肯定すべきものと解するのが相当であり、上記個人代行店について上記特段の事情があるか否かが問題となる」。

(g) 特段の事情としての独立の事業者性

「個人代行店はその従業員を修理業務に従事させることが禁止されていないものの、その従業員の有無及びその従業員が行っている業務の内容が日常的に補助的業務の範囲を超えているか否か等は明らかではな……、個人代行店が自らの独立した経営判断に基づいてその業務内容を差配して収益管理を行う機会が実態として確保されているか否かは必ずしも明らかであるとはいえず、出張

修理業務を行う個人代行店が独立の事業者としての実態を備えていると認めるべき特段の事情の有無を判断する上で必要な上記の諸点についての審理が十分に尽くされていないものといわざるを得ない」。

(h) 労組法上の労働者は実態に即して客観的に決せられる

「個人代行店は、出張業務に際して自ら保有する自動車を用い、その諸費用を自ら負担しているが、一方で高価で特殊な計測機器等については被上告人から無償で貸与されているなどの事実にも鑑みれば、それだけでは上記のような機会が確保されていると認めるには足りない」。「また、個人代行店が被上告人から支払われる委託料から源泉徴収や社会保険料等の控除を受けておらず、自ら確定申告を行っている点についても、<u>実態に即して客観的に決せられるべき労働組合法上の労働者としての性質がそのような事情によって直ちに左右されるものとはいえない</u>」。

(2) 労組法上の労働者の要件

ビクター・サービスエンジニアリング最判は、個人代行店が会社との関係において上記の実態にあることを認め、そして、労働者性を否定する特段の事情として事業者性の要件を提示した。筆者は前述5において同事件東京高裁判決を批判するなかで労組法上の労働者について労働者としての地位と関係性を整理することにより、労働者としての地位を画定したうえで、特定の当事者関係における労組法の適用の要件を分離して検討することを提示した。この考え方により、ビクター・サービスエンジニアリング事件を最判をふまえながら分析する。ビクター・サービスエンジニアリング事件は個人代行店が労働組合を結成し、その委託条件について会社に団体交渉を求めた事案であるから、労組法3条と同7条2号の適用要件が判断の対象となったものである。

すなわち本件事案において個人代行店らの結成した「労働組合」が労組法上の労働者によるものか、その場合に交渉を求めた事項に会社の団体応諾義務を肯定するのかについて事例判断がなされたものである。それ故に上記(a)～(e)の5事情は、会社の団交応諾義務を肯定するための要素事実であって、労組法上の労働者（労組法3条）の定義、概念の確定には必要でないものも入っているのである。例えば契約条件の一方的決定の事実については、これが専属的な下請の零細な事業者が仮に複数名の従業員を使用して修理業務を会社から請け負っている場合にも同様に肯定しうるものである。このように契約条件の一方的

決定は、労働者性の必ずしも要件ではないことが理解できる。しかし労働組合と認めた上での団体交渉義務の必要性としては、この事実はなければならないのであり、この事実は個人代行店の労働者性の肯定を前提としての団体交渉権のあり様について、団交の関係性の肯定には必要なものである。契約条件の一方的決定は、団交権保障の必要性としての事実である。仮に契約条件の対等決定がなされていたとしても労働者性は別の視点から肯定される。

　このように分析していくと、労組法上の労働者については、労組法3条の文理解釈に忠実に、これに則して検討することが求められることになるし、これが何よりも必要な作業である。

　それでは、労組法3条の「賃金、給料、その他これに準ずる収入によって生活する者」の文言からビクター・サービスエンジニアリング事件、他二事件（新国立劇場運営財団事件、イナックスメンテナンス事件）も含めてどのような要件を十分な条件（事実）として考えればよいのか、である。この点について筆者は、個人代行店、システム・エンジニア（イナックス事件）、合唱団員（新国立劇場）らから、①相手方の組織に事業遂行に必要な労働力、労働の提供者として組み入れられていること、②彼らに対する収入、報酬が賃金もしくはこれに準ずると評価できること、すなわち労務の提供の対価と評価できることが十分な条件（事実）であると考える。

　すなわち労務供給関係にある特定の当事者間において一方が他方の組織に必要な労働力として組み込まれていること、これに対する報酬が名目はともかく、労務の提供に対するものと評価できることである。それではこの結論は労基法、労働契約上の「労働者」との関係でどのようにみておけばよいのであろうか。労基法上の「使用」関係であること、「賃金」であることの必要性はない。すなわち労基法上の人的従属を中心とする使用関係ではなく、また報酬は賃金に準ずるものであってもよいこと、である。労働契約法との関係でみればこの労働者たる地位について合意の存在は介在しない、契約は要件でないということである。こうした理解は、いわゆる使用従属関係や合意による労働契約関係とタウトロギーのものではない。

　そして労組法3条の賃金「その他これに準ずる収入によって」生活するものは、自己の計算と責任によって経済主体として社会、経済的に存在するもの（者）ではない。相手方の事業の遂行に必要な労働力として恒常的に相手方の

組織に組み込まれる者は、その「労務の提供」の対価としての性質を有する収入を得ることになり、この収入（有償）がないとなれば、相手方の事業に組み込まれて恒常的に労働力の提供を行うことにならない、それは生活、生存が確保できないからである。そして筆者の結論は上記の二つの要件をもって労組法3条の労働者とする、すなわち「相手方の事業の遂行に必要不可欠な労働力として、常態として組織に組み込まれており、報酬が労務の対価である」者と理解することができる。

この判断については、労基法上の労働者の使用従属論とは別のものとして、むしろ切り離すべきものである。憲法28条と労組法が求める団結権の主体、担い手として使用者とその団体に対抗（応）する労働者の性格規定である。この労働者性を否定する事業者性について、ビクター・サービスエンジニアリング事件最判は特段の事情として整理したものであって、それが、「自らの独立した経営判断に基づいて、その業務内容を差配して収益管理を行う」ものである。そして確認することは、労働者性の要件、定義は上記に述べたものにつきるのであり、これに対する経済主体としての事業者でないことを持込む必要はない。労務供給者にこの特段の事情が該当するならば、その人は労組法上の労働者ではないという結論を導くことになるだけのことである。

すなわち労働者性の要件をA、事業者性の要件をBとするならば、Aの定義についてBでないことを入れる必要はなく、労働供給者XがBであるならば、Xは労組法上の労働者ではないことになる。

　参照
　豊川義明＝田端博邦＝毛塚勝利＝竹内（奥野）寿「座談会／労組法上の労働者性――最高裁三判決とこれからの課題」労働法律旬報1787号（2013年）6頁。

第4章　労働法上の使用者

一　労組法7条の使用者

　この章では、労働法上の使用者を検討するが取り上げる領域は二つである。
　一つは団結権保障関係における労組法7条の使用者概念であり、二つは労働条件保護法関係の労働契約における使用者の確定を「黙示の労働契約」論と法人格否認の法理からおこなうものである。この章のなかで、とり上げる判例としては、前者においては、筆者が担当した朝日放送事件、後者においては同じく担当した松下PDP事件そして法人格否認法理を展開する第一交通事件である。

1　使用者の分裂と統合

　筆者は労組法7条の使用者について、早くから問題関心を持ち、論稿を執筆してきたが、その対象は使用者が労働者の団結活動を嫌悪し、企業を倒産させ、他方で別企業を創出するといった偽装倒産における労働運動（時には親子会社の事案もあった）の使用者責任を追及する労働者の取り組みであった。その後1960年代後半から70年代にかけて民間放送産業や民間航空産業における事業場内下請企業における「社外工」（当時は、建設産業、造船産業と同様に、こうした呼称で呼ばれていた）、事業場内下請労働者の団結体（多くは本工組合からの組織化のなかで）が誕生し、社員との格差の是正のために使用者側に対して、団体交渉要求や施設内での組合活動が展開されてきた。
　こうした事業場内下請労働の団結活動に直面した民放各社は団体交渉に応じないばかりか、力関係の弱い処では下請企業との請負契約（業務委託とも）を解除するといった強硬手段を措ることもあった。この間の労働契約関係をめぐる事案として青森放送事件（青森地判昭53・2・14労判292号24頁）、近畿放送事件（京都地決昭51・5・10労経速915号25頁）、サガテレビ事件（福岡高判昭58・6・7労判410号29頁）をあげることができる。

朝日放送事件は、こうした労働運動と使用者側の対抗関係のなかで団体交渉権をめぐって、大阪地労委（当時）、中労委、東京地・高裁そして最高裁（一部支配介入につき差戻し東京高裁）と争われた事案である。この事案のなかで団体交渉事項として未解決のまま残された賃金（一時金）事項、「社員化」（＝直用化）といった地位事項は、現在においても派遣労働者の団体交渉事案において、派遣労働者側に酷い状況が続いている。

先ずはこの事案の経緯と朝日放送事件についての労働委員会と裁判所の判断内容について順次紹介する。そのうえで最判の意義と射程範囲を明らかにしたい。

2 事案の概要
(1) 経緯と下請労働者、活用の目的

派遣労働者が地区労組を結成したのは、1969年のことである。当時は社外工や事業場内下請労働者といわれていた人たちの多くは放送産業で働きたいという青年労働者たちであった。局の支配のもとで作られた大阪東通や全く別業種の場合もあったが、派遣労働者の採用担当企業としての関東電機、大東、阪神通信に形式だけ所属させられ、準キー局である朝日放送に常駐的に派遣されており、局の社員の指示を受け、社員の代替として労働を提供していたがその給与水準は局社員の3分の1前後であった。

彼らは準キー局の組合（朝日放送）の援助を受け、会社からの脱退工作と闘いながら、自分たちの賃上げ、社員に休憩室の設置等の要求を会社に対して行い、差別是正のための取組を行った。

(2) 要求事項

組合が派遣先である会社に対し、交渉を求めた事項を整理すれば、①賃上げ、夏期・年末一時金といった番組従事関係、②完全週休2日制の実施といった勤務時間、休日にかかわるもの、③勤務割といった番組従事関係、④配転撤回といった人事案件、⑤社員化要求といった雇用改善事項、⑥局による組合のスティ・イン（坐り込み）の排除、等である。

上記①から⑥の要求のうち、後述する通り中労委命令は③についてのみ派遣先会社の団交応諾義務を認めた。組合は、この命令が団交事項を制約している点において不満であったが、当時の裁判状況の厳しさのなかで、中労委命令を

擁護する立場にたって自らは行政（取消）訴訟を提起しなかった。最判により派遣労働者の団交事項について、より開放的な方向と展望が明らかにされたと考えている。

3　地労委命令の紹介と中労委命令批判
(1)　大阪地労委命令（昭53・5・26）の内容
　地労委は、組合員らが会社の番組制作に必要不可欠なものとして完全に作業秩序に組み込まれており、その遂行する業務は正社員のそれと一体化して行われていることを肯定して「組合員らの勤務内容等会社の関与する事項」について団交を拒否してはならない、とした。
　そして上記事項の具体的内容として、出退勤および休暇の管理を例示するとともに、「賃金額は提出される労務の内容（量と質）と切り離して決定されうるものではなく、本件の場合、労務の内容は、業務上の指揮監督、出退勤の管理が事実上会社によって行われていると判断される以上下請三社の決定しえるところではない。したがって、会社は組合員の労務の内容の決定を通じて、間接的に賃金額の決定に関与している」として、賃上げについても団交事項になるとした。結局地労委においては、先にあげた要求事項のうち④および⑤についてのみ、会社が関与する事項にあたらないとしたのである。

(2)　中労委命令（昭61・9・17）の内容
　中労委は1978年7月31日結審して以来、組合側の早期命令要求にもかかわらず命令を出そうとせず1985年6月の派遣法の成立と翌年7月の施行の2か月後である1986年9月17日に命令を出した。しかも地労委命令を制約する内容であった。
　命令は、下請会社は、事業主としての独立性を備え、名実ともに組合員らの雇用主であり、会社との間において下請契約を締結し、その履行として組合員らを会社に配属させていると言うべきであるから、下請会社が組合員らとの関係で労組法7条の使用者にあたることは明らかであるとした。しかし、本件は、実態的にみて下請会社が労働者供給を行っている事実を直視しないものであって、これを下請契約と認定したことは批判される。
　次に、会社もまた、組合員らのテレビ制作業務に関しては、本件組合員らを自己の従業員と同様に指揮・監督し、その就労に係る諸条件を実質的に決定し

てきたのであるから、それについては、会社が労組法7条の使用者にあたるとした。

そして、組合の要求事項中、賃上げ、一時金の支給、社員化、配転撤回等いわゆる労働条件に関する事項については、会社は団交に応じる義務はないとしたのである。中労委命令の特徴は、「労働条件」と「就労に係る諸条件」とを区別化し、前者について会社は「使用者」でなく、後者については「使用者」にあたるとした点である。

組合員らが正社員と一体となって同一の業務を行っている以上、「就労に係る諸条件」について会社が「使用者」にあたることは当然であり、むしろここで問題とされるべきは、地労委命令が団交事項として認めていた賃金、一時金に関わる事項を除外してしまった点である。中労委命令は請負という形式にとらわれて実態を見失ってしまったのである。

4 画期的な東京地判の内容と評価

(1) 東京地判（平2・7・19労判566号17頁）

東京地裁は「使用者」性について、不当労働行為制度の目的が、契約責任の追及にあるのではなく、団結権に対する侵害を排除して労働組合の組織、運営を擁護するところにあるとしたうえで、契約当事者の雇主に限定すべきではなく、上記制度の趣旨に照らして決定すべきであるとした。そして、本件での労働実態を検討したうえで、労務の提供過程で問題となる諸事項、すなわち勤務時間の割りふり、休憩、作業環境等は会社が実質的に決定しているから、これらの事項については「使用者」にあたるとして、中労委命令を維持した。

不当労働行為制度の趣旨から「使用者」概念を導くこの判決は説得力をもつものであった。

(2) 東京高判（平4・9・16労判624号64頁）での逆転敗訴

ところが、東京高裁は証人調べもせず、一転して中労委と補助参加していた組合側敗訴の逆転判決を言い渡した。

判決は、不当労働行為制度の趣旨に照らして「使用者」性を決するという点では原判決と別段意見を異にするものではないとしつつも、「このことは、雇用契約の有無という形式を初めから無視してよいことまで意味するものではない。物事を形式的に把えるだけでなく、実質的に把えるべきであるといっても、

労働関係の一方の当事者となるべき『使用者』とはどのような者を言うかを決定する判断の基準となるべきものであるから、客観的な基準としてできるだけわかりやすいものであること（多くの人が常識で判断できるようなものであること）が望ましい。…雇用主以外の者がこうした基本的な労働条件の決定自体に直接の影響力を及ぼしていると常識で判断することができるような場合に、初めてその者を使用者と認めることができる」とした。

　この判断の特質は、「常識」による判断という用語を持ち出して、結局のところ、雇用主以外の者が労組法上の「使用者」にあたるのは例外的なケースであるとした点にあった。上記のような判断が前提とされたため、各論は強引な論証となった。

　すなわち、番組制作の作業自体の具体的な進行に関する限り、実質的な指揮、監督権限は会社のディレクターが有していて、下請会社にはないことは認めながら、労務の提供自体を指揮命令して労働者に直接の支配力を及ぼすことと一定の目的を達成するために提供される労務の内容を指揮監督して統合する作用とは違うとし、ディレクターの指揮、監督は後者であるとした。さらに非常識にも下請会社の就業命令そのものが、ディレクターの指揮監督の下に番組制作作業が終了するまで労務を提供すべき命令を含んでいるものと見ることができるから、組合員らの労務の提供につき直接の支配力を有しているのは下請会社であると結論づけた。

　しかし、ディレクターの指揮、監督を統合作用などと評価するのは誤りである。既に述べたとおり、下請労働者は正社員の代替労働力として導入されたのであり、ディレクターの指示の下で、従来局の正社員がやっていた業務と全く同一の業務に従事しているのである。判決の論理でいけば、正社員自体もディレクターの統合作用のもとにあるにすぎないことになり労働者ではなくなってしまう。また、下請労働者が会社の組織に組み入れられているという側面も看過している。

　さらに、下請会社の就業命令がディレクターの指示のもとに作業せよという命令も含んでいるとしても、なぜそれによって下請会社が、下請労働者の労務の提供に「直接」の支配力を有していると言えるのであろうか。この点も論理矛盾となっているのである。

5 高裁判決を破棄した最三小判平7・2・28（民集49巻2号559頁）

(1) 最判の判旨

(a) 労組法7条の使用者の意義について

「一般に使用者とは労働契約上の雇用主をいうものであるが、同条が団結権の侵害に当たる一定の行為を不当労働行為として排除、是正して正常な労使関係を回復することを目的としていることに鑑みると、雇用主以外の事業主であっても、雇用主から労働者の派遣を受けて自己の業務に従事させ、その労働者の基本的な労働条件等について、雇用主と部分的とはいえ同視できる程度に現実的かつ具体的に支配、決定することができる地位にある場合には、その限りにおいて、上記事業主は同条の『使用者』に当たるものと解するのが相当である」。

(b) 請負三社について

「請負三社は、被上告人との別個独立の事業主体として、テレビ番組の制作業務につき被上告人との間の請負契約に基づき、その雇用する従業員を被上告人の下に派遣してその業務に従事させていたものであり」、「請負三社は、単に、ほぼ固定している一定の従業員のうちのだれをどの番組制作業務に従事させるかを決定していたにすぎないものである」。

(c) 会社について

「もとより、被上告人は上記従業員に対する関係で労働契約上の雇用主に当たるものではない。しかしながら、同記の事実関係によれば、被上告人は、請負三社から派遣される従業員が従事すべき業務の全般につき、編成日程表、台本及び制作進行表の作成を通じて、作業日時、作業時間、作業場所、作業内容等その細部に至るまで自ら決定した」。

(d) 派遣労働者について

「被上告人の下に派遣される請負三社の従業員は、このようにして決定されたことに従い、被上告人から支給ないし貸与される器材等を使用し、被上告人の作業秩序に組み込まれて被上告人の従業員と共に番組制作業務に従事していたこと、請負三社の従業員の作業の進行は作業時間帯の変更、作業時間帯の延長、休憩等の点についても、すべて被上告人の従業員であるディレクターの指揮監督下に置かれていたことが明らかである」。

(e) 結論

「これらの事実を総合すれば、被上告人は実質的にみて、請負三社から派遣される従業員の勤務時間の割り振り、労務提供の態様、作業環境等を決定していたのであり、上記従業員の基本的な労働条件等について、雇用主である請負三社と部分的とはいえ同視できる程度に現実的かつ具体的に支配、決定することができる地位にあったものというべきであるから、その限りにおいて、労働組合法7条にいう『使用者』に当たるものと解するのが相当である」。

(2) 朝日放送最判は、「労働条件支配力説」である

朝日放送最判は、労組法7条の使用者について上記のとおり判断したのであるが、この最判の理解について、学説では主には二つの見解が存在する（なお、最判当時、近似説は存在していない）。

第一の立場は、団結体に参加する労働者の労働条件等に対する影響力なり支配力がある者を使用者とするものであり、第二の立場は、第一の立場が無限定的であり、使用者の範囲が拡がると批判し、本来認められている労働契約上の使用者に準ずるものとしての使用者を措定する労働契約近似関係説である。この説は、朝日放送最判の判旨にある「雇用主と部分的とはいえ同視できる程度」の文言に注目し、団体交渉関係について「労働契約」基準を少し緩めた「近似」（接）説である。「近似」説の結論は、法人格否認が認められる事案に比しても狭いものであり、労働契約論と近似（接）する。しかし憲法28条の団交権は、団体交渉権を保障する、とあり、使用者を労働契約上の使用者に限定することはここからは導かれない。

また、労組法は使用者について、労基法と異なり、その定義、概念規定を置いていない。

そして労組法は、第6条（交渉権限）で労働組合が、「労働協約の締結その他の事項に関して」「使用者又はその団体」と交渉する権限があると規定するように、使用者団体との交渉権限を法定している。すなわち使用者のみならず使用者団体も団体交渉の相手方として法が予定している。

筆者は、港湾産業における港運業界の使用者団体である日本港運協会と全国港湾労働組合との産業別協定に早くから注目し、その紹介も行ってきたのであるが、使用者団体を相手とする交渉の基礎は社会経済的にみて、即ち実態からみて労働契約からの「近接」ではなく、むしろ港湾労働者の労働条件に対する

使用者団体の影響力の存在である。憲法、労働組合法そして法文上の内容、あり方からみても労働契約近似関係説は、労働契約説の亜流であり、団体交渉権の産業別領域への拡充を制約する解釈であり、むしろ研究者の団体交渉権を企業内に閉じ込める実践的立場の表明である。

最近では観光バスやトラックによる重大な交通事故が発生し、この原因が業界での競争による運転手の劣悪な労働条件とされて、国の行政指導が問題発生の企業にとどまらず当該業界全体に対して行われているのは、産業全体の条件、「体質」を改善、改革することの必要性があるからである。このような特定産業内の競争条件の規制、運賃はもとより労働のあり方は労働組合の産業別交渉の課題として、その正当性、相当性（筆者は「適切」という要件を措らない。適切性は相当性の一要素になろうが法の権利なり義務の要件に含めてはならない）を労働法からも肯定することができる。

こうして憲法28条、労組法7条における使用者は、使用者団体も含めたものであり、この場合の団体交渉事項に対応する使用者の要件は、「労働者の地位、その労働条件に対して影響を行使することができる地位にある者」とすることが正しい法の解釈である。

二　違法な労務供給関係における供給先と労働者との黙示の労働契約の成否──規範的解釈の妥当性

1　はじめに──課題の提示

(1)　法律解釈学と裁判

法科大学院における教育の内容が理論と実務の架橋であるとされ、理論は理論知であり、実務は実践知といわれている。そしてこの教育のなかでは、教材として判例や裁判例がよくとりあげられている。広い意味での法律学とはいかなる学問なのか筆者の手に余るものであるが、これを限定して法律（解釈）と裁判の関係については、法曹としての筆者の活動や法科大学院でのこの間の教育研究活動から課題提起ができるのではないかと考えている。法律解釈学も広く（人間）社会との関わりのなかで存在する以上（この点での研究者も社会参加を行っている）社会的成果物を常に社会に発信している。

日本の研究者が、ある外国の法律を分析研究するにしても、それはまた日本社会における法のあり方、法の解釈に還元され、日本社会に提示されることに

なる。このことがない外国法研究は、いわば象牙の塔の「学のための学」である。

外国法研究もまた法の普遍性や妥当性を探究し、これを日本社会に生かそうとする限りにおいて日本社会のものとなる。

さていうまでもなく裁判にとって、また司法（＝裁判の総体）にとって、法律の存在は必須のものである。裁判は事実に対する法の適用として行われるのであり、法の適用のない裁判、司法は存在しない。

この点において裁判、司法はいわゆる『法の支配』を具体的事案において実現する場である。『法の支配』は多義的に理解されているが、筆者はこれを「憲法（＝国の基本法）の支配」であり、日本社会における『法の支配』は憲法の自由と平等を中核とし人間の尊厳を基礎とする基本的人権の擁護を通して正義と社会的公正を実現するものと考えている。

法律解釈学と裁判との関係について、わが国の民法学の泰斗である我妻榮博士はその学問的営為の早い時期に次のように指摘されていた。「筆者は、自らの立場における、自らの要求によって、社会における一定の生活関係を法律的に処理すること、即ち最も廣い意味における裁判を以て法律の中心的職能となし、ここを出発点として、現時法律学の根本問題とせられる法律価値の問題や、法律と他の社会現象との関係や、いはゆる法律の解釈の問題等に向って、その考察を進めたいと考へるのである」[1]。

「また時代の変化と法律解釈の妥当性について現行法の體系なるものを、一面において、理論的に矛盾なき體系であり、しかも他面において、新しき要素を包含する余地を与へ得るやうに可動的なものとなさんがためには、如何にすればよいのであらうか。それは、結局、その體系の中に包含せらる概念と規則の意味内容を吟味し、時代の推移に伴って常に妥当な意味内容を与へ、その内容の硬化せざらんことに努めることである」[2]。同博士はこうした立場から現在も影響力をもつ生命力をもった我妻民法学の体系を確立されたのである。

(2) 司法制度改革審議会の意見書

また今次司法改革の重要な役割を担った司法制度改革審議会意見書（2001 年

---

1) 我妻榮「私法の方法論に関する一考察」同『近代法における債権の優越的地位〔オンデマンド版〕』（有斐閣、2003 年）483 頁。
2) 同上 554 頁。

6月）は、司法の役割について『法の支配』による「公共性の空間」であり、個人の尊重原理に直接つながるものとして以下のように取りまとめていた。「法の支配の理念に基づき、すべての当事者を対等の地位に置き、公平な第三者が適正かつ透明な手続により公正な法的ルール・原理に基づいて判断を示す司法部門が、政治部門と並んで、『公共性の空間』を支える柱とならなければならない」のであって「法の下ではいかなる者も平等、対等であるという法の支配の理念は、すべての国民を平等、対等の地位に置き、公平な第三者が適正な手続を経て公正かつ透明な法的ルール・原理に基づいて判断を示すという司法の在り方において最も顕著に現れていると言える。それは、ただ一人の声であっても、真摯に語られる正義の言葉には、真剣に耳が傾けられなければならず、そのことは、我々国民一人ひとりにとって、かけがえのない人生を懸命に生きる一個の人間としての尊厳と誇りに関わる問題であるという、憲法の最も基礎的原理である個人の尊重原理に直接つらなるものである」。

こうした見解（地）は、筆者にとっても理解できるものであり、これらの指摘は、なお法曹の法実践の方向をも示していると考える。

(3) 労働法の位置

さて労働法とはどのように定義されるかである。労働法は市民法との対比で社会法とされてきたが、この法も憲法秩序のなかに、すなわち『法の支配』の下に存在する。筆者の理解する労働法とは、雇用社会における『法の支配』の具体化であり、憲法 27・28 条を根本法規とする法の体系である。そして労働法の目的は労働者の人間としての尊厳と労使対等を実現することにより社会的責任を果たすことのできる持続可能な企業体を形成することにある。

当初、筆者は本章において労働法の基本的な概念である「労働契約」「労働協約」「争議行為」「労働組合」などについても課題を整理する予定をしていたのであるが、2009 年 12 月 18 日に筆者も代理人として参加していた「偽装請負」事案の最高裁第二小法廷（裁判長中川了滋、今井功、古田祐紀、竹内行夫）判決があり、むしろこれを素材にして上記の見地からこの判決の課題の提示を行うこととする。司法は、権利実現のために社会に開かれた公的な場であり、事実と法による対論が保障され、判決は社会常識に合致し、当事者も含め市民（社会）を納得させるものすなわち具体的妥当性をもたなければならない。[3]

今回、この松下 PDP 事件・最二小判平 21・12・18（民集 63 巻 10 号 2754 頁）

を素材に前述してきた法の解釈のあり方や裁判の納得性、具体的妥当性について検討する。

最二小判は、偽装請負事案について労務供給先と労働者との間で黙示の労働契約の成立を認定した初めての高裁判決を上告受理後、あまり日をおくことなく、これを破棄し自判したものである。以下においては、この批判的検討を行いたい。もとより筆者は当事者法曹として参加したのでこの検討を冷静かつ客観的なものとすることについて若干の危惧はあるが、できる限り大阪高裁判決の後に表明されてきた諸論稿も視野にいれてこの判決のもつ問題点を明らかにするものとしたいと考えている。

2　松下PDP事件・大阪高判平20・4・25労判960号5頁の紹介[4]
(1)　事案の概要

PDPパネル製造をしていた松下PDP（パナソニックプラズマディスプレイ社、以下Y社という）は、パスコ社（以下X社という）との間で業務請負契約を締結していた。労働者（以下Aという）はX社の従業員とし、Y社の工場に勤務していたが、その勤務形態はいわゆる偽装請負と目されるものであった。AおよびAが所属する労働組合はY社に直接雇用を求めて交渉を行い、労働局の指導もありY社はX社との業務請負契約を解消し、労働者派遣に切り替えることとした。その後、AはY社との間で期間工としての雇用契約に署名押印したが、Y社はAに対して雇用契約の終了を通知した。

これを受けて、AはY社に対し、A・Y間の黙示の労働契約の成立、雇止め無効等の確認および損害賠償を求めて訴えを提起した。第一審はAの請求を一部認容したので、AY双方が控訴した。

---

3)　我妻博士は「裁判がその具体的事件に妥当なる理想的判断たる要素をも包含すべきこと、即ち、裁判がいわゆる具体的妥当性をも有すべきことは、今日では、もはや改めて説くまでもないことであろう。（略）殊に、法律の原理が硬化せんとする現代の如きにおいては、その必要の益々大なるものがある。（略）重大な問題となることは、この具体的妥当性の要求を、法律の論理的構成を不可欠とする現代の裁判形式において、如何なる程度まで実現し得るか、換言すれば、法律の構成の要求と具体的妥当性の要求を、如何なる点に妥協せしむべきかの点である」（我妻・前掲注1）549頁）。

4)　同判決については労働法律旬報1682号（2008年）［特集］松下PDP事件・大阪高裁判決を読んで（川口美貴＝中野麻美＝野田進＝萬井隆令）があり筆者も示唆を受けた。
　　なお本稿の初出原稿脱稿後、最二小判に対して適確な問題点の指摘をされた宮里邦雄「偽装請負と黙示の雇用契約の成否──松下プラズマディスプレイ事件・最高裁第二小平21・12・18判決」月刊労委労協2010年2月号に接した。

(2) 大阪高判の判旨——A対X、X対Yの関係について
(a) 事実の認定
　判決はA対X、X対Yの関係について、以下の①から⑤の事実認定した。
　①Aが本件工場で作業に従事した平成16年1月当時、製造ラインには、松下電器や東レからの出向による従業員と、Xやアクティス等との間で雇用関係のあった者が従事しており、Yとの間で直接の雇用関係にある者はなかった。
　②YとXは、少なくとも平成14年4月1日以降、PDPの生産業務につき業務委託基本契約書を作成し、これに基づいて業務委託個別契約書を作成し、生産1台あたりの業務委託料を設定して、YがXにこれを支払い、同契約書上、XがYから設備、機械、器具等の貸与設備を借り受け、請負業務実施に伴う事務所として一部建物を賃借して、各賃借料を支払う旨規定していた（証拠略）。ただし、XのYからの設備の借り受け状況、業務委託料の支払状況等の実態は明らかでない。
　③AはX従業員による面接を受けて、平成16年1月20日同社との間で、契約期間を2か月間、更新あり、賃金1,350円、就業場所Y本件工場内X茨木事業所、従事する業務クリーン・ルーム内での製造・機械管理・運搬・材料補給などの諸業務、その他勤務日、休日、休暇、交通費等の労働条件を別紙1（略）のとおり定めて雇用契約を締結し、本件工場内において、X従業員に当初クリーン・ルームに案内され、その場でY従業員からPDP製造業務封着工程の作業に従事するよう指示された。
　④平成16年1月20日から平成17年7月20日まで封着工程（デバイス部門の一工程）に従事したところ、班長とよばれる工程管理者と、これを補佐する現場リーダーがいたが、いずれもX従業員ではなく、Y従業員であった。
　⑤作業は、Y従業員とX従業員、アクティス従業員が混在して共同で行っていた。ときおりY従業員、X従業員等が参加する勉強会が実施された。業務命令に基づくもので、残業代が支給された。Aは、封着工程に案内された<u>直後Y従業員から、作業でわからないことがあればリーダーに積極的に尋ねるよう告げられ、3日である程度覚えてもらわないと辞めてもらうと告げられた</u>。Aの封着工程での作業は指示を受けながらすることを要したが、Y従業員が直接指示し、X従業員（正社員）が指示していなかった。休日出勤については、X正社員が現場のX従業員（臨時社員）に出勤を要請して意思確認をした上で休日

出勤を指示したこともあったが、Y従業員が直接指示することもあった。Aの更衣室、休憩室は、Y従業員と同じ部屋であり、休憩時間はY従業員が指示した。

本件工場には、X正社員が常駐していたが、労働時間の管理等をそもそも行っていたか、具体的にどのような態様で行っていたかは必ずしも明らかでない。

(b) 法的評価

このような事実認定（実態評価）の上にたって、高裁判決はY・X間の契約書上の法形式は、業務委託契約とされ、PDP生産一台あたりの業務委託料が設定されているが、生産設備の借り受け状況、業務委託料の支払状況等の実態は何ら明らかでなく、「Xと臨時雇用契約書を作成してPDP製造業務封着工程に従事したAは、X正社員ではなくY従業員の指揮命令、指示を受けて、Y従業員と混在して共同して作業に従事するなどしていたものであり」、「Y・X間の契約は、XがAを他人であるYの指揮命令を受けてYのために労働を従事させる労働者供給契約というべきであり、A・X間の契約は、上記目的達成のための契約と認めることができる」と判示した。

(3) 大阪高判の判旨——A対Yの関係について

またAとYの関係の実態について原判決は以下のとおり認定した。(a)Aは、期間２か月、更新あり、賃金時給1,350円の前提で、本件工場でPDP製造封着工程の業務に労務を提供し、Yは、これを受けて、その従業員を通じてAに本件工場での同工程での作業につき直接指示して指揮、命令、監督して上記労務の提供を受け、Aは、Y従業員として混在して共同して作業に従事し、その更衣室、休憩室はY従業員と同じであり、同工程における就業期間が１年半に及び、その間に他の場所での就業をXから指示されたこともなく、休日出勤についてもY従業員が直接指示することがあり、本件工場にX正社員が常駐していたものの、作業についての指示をしておらず、労働時間の管理等を行っていたか不明であり、Yは、Aを直接指揮監督していたものとして、その間に事実上の使用従属関係があったと認めるのが相当であり、(b)AがXから給与等として受領する金員は、YがXに業務委託料として支払った金員からXの利益等を控除した額を基礎とするものであって、YはAが給与等の名目で受領する金員の額を実質的に決定する立場にあったといえる。（そして結論として）(c)「Yが、Aを直接指揮、命令監督して本件工場において作業せしめ、その採用、失職、

就業条件の決定、賃金支払等を実質的に行い、Aがこれに対応して上記工程での労務提供をしていたということができる」と認定した。

(4) 大阪高判の判旨——黙示の雇用契約（**本件雇用契約1**）の成否
(a) X・Y間の業務委託契約は強度の違法性を有する労働者供給契約

職業安定法4条7項（判決当時6項）は「労働者供給」を「供給契約に基づいて労働者を他人の指揮命令を受けて労働に従事させることをいい、労働者派遣法2条1号に規定する労働者派遣に該当するものを含まないものとする」と定義するから、労働者派遣法2条1号の「労働者派遣」の定義（自己の雇用する労働者を、当該雇用関係の下に、かつ、他人の指揮命令を受けて、当該他人のために労働に従事させることをいい、当該他人に対し当該労働者を当該他人に雇用させることを約してするものを含まないものとする）に該当し、同法に適合する就業形態は、職業安定法4条6項の定義する労働者供給に該当せず、同法44条に抵触しないものと解される。しかし、前記……の認定によれば、Y・X間の契約の契約書上の法形式は業務委託契約とされ、PDP生産1台あたりの業務委託料が設定され、生産設備の賃借が規定されたものであるが、設備の借り受け状況、業務委託料の支払状況等の実態は何ら明らかでなく、Xと臨時雇用契約書を作成してPDP製造業務封着工程に従事したAは、X正社員ではなくY従業員の指揮命令、指示を受けて、Y従業員と混在して共同して作業に従事するなどしていたものであり、Yにおいても上記契約が職業安定法施行規則4条1項所定の適法な派遣型請負業務足りうること若しくは労働者派遣法に適合する労働者派遣であることを何ら具体的に主張立証するものではないから、Y・X間の契約は、XがAを他人であるYの指揮命令を受けてYのために労働に従事させる労働者供給契約というべきであり、A・X間の契約は、上記目的達成のための契約と認めることができる。仮に、前者を労働者派遣契約、後者を派遣労働契約と見得るとしても、各契約がなされてAがPDP製造業務へ派遣された日である平成16年1月20日時点（平成15年改正前労働者派遣法下）においては、労働者派遣事業を、臨時的・一時的な労働力の迅速・的確な需給調整を図るための一般的なシステムとする一方、労働者に対する不当な支配や中間搾取等の危険が顕在化するおそれなどが認められる業務分野については労働者派遣事業を認めるべきでないとの労働者保護等の観点から、物の製造の業務への労働者派遣及び受入は一律に禁止され（同法附則4項、同法4条3項）その違反に対しては

1年以下の懲役又は100万円以下の罰金（同法附則6項）との派遣元事業者に対する刑事罰が課されるなどされていたものであって、各契約はそもそも同法に適合した労働者派遣足り得ないものである。そうすると、いずれにしろ、脱法的な労働者供給契約として、職業安定法44条及び中間搾取を禁じた労働基準法6条に違反し、強度の違法性を有し、公の秩序に反するものとして民法90条により無効というべきである。

(b) Y・X、A・Xの契約は民法90条により無効

特定製造業務への派遣事業は平成16年3月1日施行の労働者派遣法改正により禁止が解除されたから、Aが同月20日から期間2か月として改めて締結又は更新されたA・X間の契約に基づきY・X間の契約に従い稼働したことが同法上可能な労働者派遣と評価し得るとしても、派遣可能期間は1年とされ（同法40条の2第2項、附則5項）、原告の派遣は解禁後1年を経過した平成17年3月1日を超えて同年7月20日まで継続されていたから、少なくとも、Xにおいて、同法35条の2第1・2項に違反し、Yにおいて、同法40条の2第1項に加えて、大阪労働局が認定したとおり同法24条の2（派遣元事業主以外の労働者派遣事業を行う事業主からの労働者派遣の受入れの禁止）、同法26条（労働者派遣契約の内容等）に違反したほか、そもそも労働者派遣契約ないし派遣労働契約の締結にあたって遵守が求められる多くの手続規定を遵守、履践していないことが明らかである。そうすると、平成16年3月20日以降も、Yは上記違法状態（幾多の労働者派遣法違反）下でAを就業させることを認識していた若しくは容易に認識し得るものであったこと、平成17年4月27日にAが、就業状態が労働者派遣法等に違反していると認識して直接雇用を申し入れた後もAをして就業させたこと等を考慮すれば、Y・X間、A・X間の各契約は、契約当初の違法、無効を引き継ぎ、公の秩序に反するものとして民法90条により無効というべきである。したがって、Y・X間、A・X間の各契約は締結当初から無効である。

(c) 黙示の労働契約成立の要件とその認定

労働契約も他の私法上の契約と同様に当事者間の明示の合意によって締結されるばかりでなく、黙示の合意によっても成立し得るところ、労働契約の本質は使用者が労働者を指揮命令及び監督し、労働者が賃金の支払を受けて労務を提供することにあるから、黙示の合意により労働契約が成立したかどうかは当

該労務供給形態の具体的実態により両者間に事実上の使用従属関係、労務提供関係、賃金支払関係があるかどうか、この関係から両者間に客観的に推認される黙示の意思の合致があるかどうかによって判断するのが相当である。前記認定・説示によれば、Y・X間の契約、A・X間の契約がいずれも無効であるところ、Aは、期間2か月、更新あり、賃金時給1,350円の前提で、本件工場でPDP製造封着工程の業務に労務を提供し、Yは、これを受けて、その従業員を通じてAに本件工場での同工程での作業につき直接指示をして指揮、命令、監督して上記労務の提供を受け、Aは、Y従業員と混在して共同して作業に従事し、その更衣室、休憩室はY従業員と同じであり、同工程における就業期間が1年半に及び、その間に他の場所での就業をXから指示されたこともなく、休日出勤についてもY従業員が直接指示することがあり、本件工場にX正社員が常駐していたものの、作業についての指示をしておらず、労働時間の管理等を行っていたか不明であり、Yは、Aを直接指揮監督していたものとして、その間に事実上の使用従属関係があったと認めるのが相当であり、また、AがXから給与等として受領する金員は、YがXに業務委託料として支払った金員からXの利益等を控除した額を基礎とするものであって、Yが、Aが給与等の名目で受領する金員の額を実質的に決定する立場にあったといえるから、Yが、Aを直接指揮、命令監督して本件工揚において作業せしめ、その採用、失職、就業条件の決定、賃金支払等を実質的に行い、Aがこれに対応して上記工程での労務提供をしていたということができる。そうすると、無効である前記各契約にもかかわらず継続したA・Y間の上記実体関係を法的に根拠づけ得るのは、両者の使用従属関係、賃金支払関係、労務提供関係等の関係から客観的に推認されるA・Y間の労働契約のほかなく、両者の間には黙示の労働契約の成立が認められるというべきである。

(5) 大阪高判の判旨——要約

黙示の労働契約の成立についての上記高判を要約すれば、①職安法4条7項の「労働者供給」から除外される「労働者派遣」を、労働者派遣法に適合する就業形態に限定し、Y・X間の業務委託契約について、Yが適法な派遣型労請負業務もしくは労働者派遣法に適合する労働者派遣であることを何ら具体的に主張立証していないとして、Y・X間の契約が労働者供給契約であり、X・A間の契約は、上記目的達成のための契約であるとした。その上で、仮にこの三

者間の関係が、労働者派遣関係であると見得るとしても、AがYに派遣された時点では、製造業への労働者派遣が禁止されていることなどから、各契約がそもそも労働者派遣法に適合した労働者派遣足りえないとして、いずれにしても、脱法的な労働者供給契約として、職安法44条、中間搾取を禁じた労基法6条に違反し、強度の違法性を有するものとして、民法90条により無効とした。そして、製造業への労働者派遣事業解禁後についても、労働者派遣契約ないし派遣労働契約の締結にあたって遵守が求められる多くの手続規定を遵守、履践していないことは明らかであるなどとして、Y・X、A・X間の各契約が当初からの違法、無効を引き継ぎ、公の秩序に反するものとして無効と判断し、結論として、Y・X、A・X間の各契約が、当初から無効であると判断した。②確かに、職安法4条7項では、「労働者派遣法2条1号に規定する労働者派遣に該当するものを含まない」と規定するのみで、労働者供給から除外される「労働者派遣」についての限定はない。しかし、もともとは労働者供給として違法なものとされていたものから、その一部を労働者派遣として適法化した経緯、さらに、労働者派遣の枠組み（形式）に全く則っていないものなどは、労働者派遣事業としての法規制のもとにないことなどからすると、高判が、職安法4条7項の「労働者供給」から除外される「労働者派遣」を、労働者派遣法に適合する就業形態に限定したのは、正当な判断であった。そして、本件のような就労形態が、法律上許されるべきでない就労形態であることから、単なる行政取締法規違反ですませるのではなく、民法90条違反により私法上も無効としたことも正当な判断である。

　労働契約が黙示の合意によっても成立しうることはこれまでも認められてきたところであるが、その判断要素として供給元の独立性を問題にする裁判例も存在するが、高判は、それを問題とすることなく黙示の労働契約の成否を判断した。A・Y間の労働契約の成否が問題となっているのに、この種の違法な労働者供給の三面関係においてXの独立性を判断要素とするのは必ずしも適切とはいえず、高判の判断は正当なものであった。

　また、賃金支払関係についても、一審のように賃金を誰が支払ったかを問題にするのではなく、賃金の額を実質的に決定する立場を重視して判断を行った。労働契約の成立要件が、労務の提供とこれに対する対価の支払、ということからすれば、賃金が労働者に支払われている以上、誰がそれを支払ったかという

より、誰が対価の額を決定していたかということこそが重要であり、この点で、賃金額の決定者を重要とする高判の判断は適切なものであったといえる。

3　最二小判の判旨
(1) **偽装請負は、労働者派遣であり、違法派遣であって労働者供給ではない**
「請負契約においては、請負人は注文者に対して仕事完成義務を負うが、請負人に雇用されている労働者に対する具体的な作業の指揮命令は専ら請負人にゆだねられている。よって、請負人による労働者に対する指揮命令がなく、注文者がその場屋内において労働者に直接具体的な指揮命令をして作業を行わせているような場合には、たとえ請負人と注文者との間において請負契約という法形式が採られていたとしても、これを請負契約と評価することはできない。そして、上記の場合において、注文者と労働者との間に雇用契約が締結されていないのであれば、上記3者間の関係は、労働者派遣法2条1号にいう労働者派遣に該当すると解すべきである。

そして、このような労働者派遣も、それが労働者派遣である以上は、職業安定法4条6項にいう労働者供給に該当する余地はないものというべきである」。

(2) **違法派遣でも請負人（派遣元）との雇用契約は有効**
「（前記事実関係等によれば）、Aは、平成16年1月20日から同17年7月20日までの間、Xと雇用契約を締結し、これを前提としてXから本件工場に派遣され、Yの従業員から具体的な指揮命令を受けて封着工程における作業に従事していたというのであるから、XによってYに派遣されていた派遣労働者の地位にあったということができる。そして、Yは、上記派遣が労働者派遣として適法であることを何ら具体的に主張立証しないというのであるから、これは労働者派遣法の規定に違反していたといわざるを得ない。しかしながら、労働者派遣法の趣旨及びその取締法規としての性質、さらには派遣労働者を保護する必要性等にかんがみれば、仮に労働者派遣法に違反する労働者派遣が行われた場合においても、特段の事情のない限り、そのことだけによっては派遣労働者と派遣元との間の雇用契約が無効になることはないと解すべきである。そして、AとXとの間の雇用契約を無効と解すべき特段の事情はうかがわれないから、上記の間、両者間の雇用契約は有効に存在していたものと解すべきである」。

(3) 黙示の労働契約の否定

「(前記事実関係等によれば)、YはXによるAの採用に関与していたとは認められないというのであり、<u>AがXから支給を受けていた給与等の額をYが事実上決定していたといえるような事情もうかがわれず</u>、かえって、Xは、Aに<u>本件工場のデバイス部門から他の部門に移るよう打診するなど、配置を含むAの具体的な就業態様を一定の限度で決定し得る地位にあったものと認められる</u>のであって、前記事実関係等に現れたその他の事情を総合しても、平成17年7月20日までの間にYとAとの間において雇用契約関係が黙示的に成立していたものと評価することはできない。

したがって、YとAとの間の雇用契約は、本件契約書が取り交わされた同年8月19日以降に成立したものと認めるほかはない」。

(4) 有期契約の終了を認める

「(前記事実関係等によれば)、上記雇用契約の契約期間は原則として平成18年1月31日をもって満了するとの合意が成立していたものと認められる。しかるところ、期間の定めのある雇用契約があたかも期間の定めのない契約と実質的に異ならない状態で存在している場合、又は、労働者においてその期間満了後も雇用関係が継続されるものと期待することに、合理性が認められる場合には、当該雇用契約の雇止めは、客観的に合理的な理由を欠き社会通念上相当であると認められないときには許されない(最高裁昭和45年(オ)第1175号同49年7月22日第一小法廷判決・民集28巻5号927頁、最高裁昭和56年(オ)第225号同61年12月4日第一小法廷判決・裁判集民事149号209頁参照)。

しかしながら、前記事実関係等によれば、YとXとの間の雇用契約は一度も更新されていない上、上記契約の更新を拒絶する旨のYの意図はその締結前からA及び本件組合に対しても客観的に明らかにされていたということができる。そうすると、上記契約はあたかも期間の定めのない契約と実質的に異ならない状態で存在していたとはいえないことはもとより、Aにおいてその期間満了後も雇用関係が継続されるものと期待することに合理性が認められる場合にも当たらないものというべきである。

したがって、Yによる雇止めが許されないと解することはできず、YとAとの間の雇用契約は、平成18年1月31日をもって終了したものといわざるを得ない」。

(5) 不法行為の成立は認める

「前記事実関係等によれば、Yは、平成14年3月以降は行っていなかったリペア作業をあえてAのみに行わせたものであり、このことからすれば、大阪労働局への申告に対する報復等の動機によってAにこれを命じたものと推認するのが相当であるとした原審の判断は正当として是認することができる。これに加えて、前記事実関係等に照らすと、Aの雇止めに至るYの行為も、上記申告以降の事態の推移を全体としてみれば上記申告に起因する不利益な取扱いと評価せざるを得ないから、上記行為がAに対する不法行為に当たるとした原審の判断も、結論において是認することができる」。

なお、上記(1)～(3)の判断についてはほぼ同様の判断を初審・大阪地裁判平19・4・26（労判941号5頁）が既に行っていたものであり、これを誤りであるとして大阪高裁が取消したのである（以上下線は筆者）。

4 最二小判の批判的検討と課題

上記最二小判は法律審としての法律解釈において充分な論理を展開せず結論を先行させたものと評価できる。以下、検討する。

(1) 「偽装請負」事案に適用すべきは、職安法違反か、派遣法違反か——労働者派遣と職安法44条の労働者供給との関係

(a) 最二小判は、前提として「請負人による労働者に対する指揮命令がなく、注文者がその場屋内で労働者に具体的な指揮命令をして作業を行わせているような場合には、たとえ『請負契約』の法形式が採られていても、請負契約と評価することはできない」として、本件をいわゆる「偽装請負」事案とするが、「偽装請負」事案でも、「派遣法2条1号にいう労働者派遣に該当すべきである。そして、労働者派遣である以上は、職安法4条6項にいう労働者供給に該当する余地はない」とした。

その理由は、「注文者と労働者との間に雇用契約が締結されていない」からということのみであり、実質的な理由付けはなんらおこなっていない。

(b) ここで、職業安定法4条7項（判決当時6項）・44条と労働者派遣法2条1号について整理しておく。職業安定法4条7項は、「『労働者供給』とは、供給契約に基づいて労働者を他人の指揮命令を受けて労働に従事させることをいい、労働者派遣法2条1号に規定する労働者派遣に該当するものを含まないも

のとする」としている。さらに、職業安定法44条は、無許可・有料の労働者供給事業を禁止し、「何人も、次条に規定する場合を除くほか、労働者供給事業を行い、又はその労働者供給事業を行う者から供給される労働者を自らの指揮命令の下に労働させてはならない」としている。

　そして、職安法は、供給元のみならず、供給先に対しても、「1年以下の懲役または100万円以下の罰金」という刑罰を科し、無許可有料の職業紹介を刑罰で厳しく禁止している点である（職安法64条9号）。これに対して、労働者派遣法は違法派遣において派遣元のみ可罰としているに過ぎない（派遣法58条以下）。

　労働者派遣法2条1号は、「労働者派遣とは、自己の雇用する労働者を、当該雇用関係の下に、かつ、他人の指揮命令を受けて、当該他人のために労働に従事させること」としている。そこで最二小判は、職安法4条7項後半部分と派遣法2条1号との文言解釈（文理解釈と評価することもできない文言にだけ拠る）のみを行い形式的に判断し供給先を免責した。しかし、職安法と派遣法との成り立ちの経緯と偽装請負・違法派遣下の劣悪な労働者の実態を考えた場合、このような最二小判の文言解釈の合理性を説明することは論理的にも実質的にもおおよそ不可能である。

　(c)　職安法44条は、無許可・有料の労働者供給事業について厳しく刑罰をもって禁止してきた。その理由は、無許可・有料の労働者供給事業が行われれば、使用者と労働者との間に利潤追求を目的とする第三者が介在するため、①中間搾取が横行し、②労働条件の保障が不十分になり、③雇用が不安定になり、④使用者責任があいまいになる等の弊害が類型的に生ずるからである[5]。

(2) 労働者派遣と職安法44条の労働者供給との関係

　そして労働者派遣は実態において労働者供給とみられることから、1985年の労働者派遣法の制定に至るまで労働者供給を行う人材派遣業に対して監督行政は不充分ながらも供給元が雇用契約を締結した労働者を供給先に使用させてきた場合にこれを職安法44条に違反するものとして、これに対して直用化を求める行政指導を行ってきた。そして労働者派遣法が制定されたが当初対象業務を13業務としていたように、これは労働者派遣にふさわしい専門的な業務を派遣対象として一定の要件をクリアした派遣業者が労働者を雇用し、派遣先

---

[5] 菅野和夫『労働法〔第11版〕』（弘文堂、2016年）366頁ほか。

に使用させるというものであり、職安法44条違反の適用を排除する以上この労働者派遣は適法なものであるとすることは、法秩序全体の立場からして常識のことである。

すなわち上記のとおり職安法44条に違反する労働者供給は供給先と供給元がいずれも1年以下の懲役または100万円以下の罰金という刑罰が科せられるものであって、これは実質的にみた際に供給先も同様の非難がなされるべきと考えられてきたのである。そしてこの供給先の免責は適正な労働者派遣がなされている場合において適切妥当なものと立法者が結論づけたのは間違いではない。

そして労働者派遣における雇用契約とは何よりも派遣就業への同意（法32条）、すなわち自らが派遣労働者として、派遣先が転々と変更することを納得した雇用契約でなければならない。このことを前提として労働者派遣法2条は労働者派遣法の基本的な枠組みというか概念を提示したのである。それ故に派遣法のスキームは、派遣同意のもとでの元との雇用契約を前提として先と元との労働者派遣契約関係そして先と労働者の指揮命令関係の存在である。

(3) **違法派遣は「派遣法の枠組み」のなかでのみ存在する**

派遣法に違反する違法派遣としては派遣事業の許可、届出規制への違反、対象業務の規制違反、派遣期間制限規制への違反等が存在する。そして最も原則的に、かつ厳格に職安法の労働者供給と派遣の区別を行おうとする立場においては違法な派遣の全ての場合において職安法44条に違反するということになる。この場合には適法な労働者派遣（事業）のみが、職安法44条違反ではないとされる。私見は労働者供給のうち労働者派遣の方式、すなわち「派遣労働者（派遣に同意する）と供給元との雇用契約」があり、元と先の間には、派遣契

---

6) この点濱口桂一郎氏が「派遣」概念の価値中立性を指摘され「違法な労働者派遣」概念はないが〈違法な労働者供給派遣事業〉だけが存在すると主張されている（同「いわゆる偽装請負と黙示の雇用契約」NBL885号（2008年）13頁）がその本意は筆者にとって判りにくい。筆者の理解によれば、法律における概念はその法律の目的との関連において価値的である場合もそうでない場合もある。

刑法では過失も傷害も反規範的であり、価値的であるが「業務上」の業務は実体を表現するものであり価値的なものではない。労働者供給と派遣についていえば労働者供給は中立的にみえて、職安法44条による禁止からみて反価値的なものとして規定されている。職安法44条は「業」としての労働者供給を禁止しているが、これは立法政策としての結果であり、「業」でない労働者供給も反価値（規範）である。「派遣」については職安法44条の違法性を阻却させる適法な労働者供給事業を成立させるものであり、その前提として「派遣」概念を明示したのであって、「違法な派遣事業」はもちろん「違法な派遣」を業としておこなうものである。

約が結ばれていること、そして先と労働者との間に使用関係が存在するといった法形式が措られている場合において、派遣法上の諸規制違反が認められるときに違法派遣になると考えてきた[7]。労働者派遣の法形式をとらない請負や業務委託は、先企業が派遣法上の先の労基法・労働安全衛生法上の責任を免脱するための方針の下に選択された法形式であり、この場合に先企業を労働者供給の可罰性から解放する必要はないからでもある。

　違法派遣の形態の内、派遣期間制限（法40条の2～5）を超えて派遣している場合はどのように検討されるべきか。

　期間制限を超えたにもかかわらずなお労働者派遣が続く状態は違法であるとの評価は当然であるにしても元と労働者の雇用契約は、先と労働者の使用関係の存続の適法な根拠となるのか、である。派遣法上の制限を超えた派遣は違法であり、この違法な使用関係の既に過ぎた期間以上の継続ができないものである以上、期間を超えた違法な派遣のための手段となっている元と労働者との雇用契約はその目的において公序良俗に反し無効の評価を受けるといわざるを得ない。そうであるならば制限ある期間を超えた派遣の雇用契約は、実は形式であって違法性をもった事実上の支配関係として評価されるのであり、職安法44条の労働者供給になるのではないか、ということである。また派遣法の禁止する業務への派遣形式をとった派遣は、この派遣関係を継続する正当な根拠をもたない以上この雇用関係も同様に有効なものたり得ないのではないか、ということである。筆者は、違法派遣は派遣法の枠組による違法の是正が可能なものでなければならないと考える。それでは労働者派遣の形式をとった派遣禁止業務（現在は港湾運送業務、建設業務、警備業務の一部——法4条）への派遣事業と受入先の刑事罰をどのように考えるかである。派遣法59条はこれに違反した者について1年以下の懲役または100万円以下の罰金に処するとしており派遣法上は派遣先を可罰としていない以上この場合は派遣法を特別法とみて派遣先の刑事上の責任を問うことはできないと考える。

(4)　違法派遣は、民法90条に違反する——職安法44条ならびに違法派遣と公序違反

　(a)　私法も憲法を頂点とした法体系の中にあり、「法の支配」の規律が及ぶものである。そうである以上、取締法規に違反した場合に、二元論に立ったか

---

7)　拙稿「『派遣』労働者の派遣先企業に対する法的地位」季刊労働法214号（2006年）181頁。

らといって、行政目的の法規であるという理由だけを根拠に、違法・非難の程度を問うことなく私法的効力を問題としないのは妥当ではない。現実の問題としても、処罰しただけで私法上有効としてその結果の実現に国家（司法）が助力しては、処罰を恐れずに違反行為をする者もありうるから、行為の私法上の効力をも否認することがその行為の禁圧防止の目的からみて一層有効な場合が少なくない。その反面、行為の私法上の効果を否定すると、取引の安全を害するし、違法行為をしながら無効を主張して義務を免れようとすることは当事者の信義に反し、これを認めると当事者の公平を害することにもなりかねない。取締法規に違反する場合でも、①法規の趣旨・目的、②違反行為に対する社会的非難の程度、③違反行為を無効としたときに損ねる可能性のある取引の安全や当事者間の信義・公平などの諸要素を総合的に考慮して私法的効力の有無を判断すべきである[8][9]。

　職安法44条は、労働者の供給業者が労働者を事実上の支配下に置きつつ労働者・供給先間に介在して中間搾取を行ったり、強制労働を行わせるなどの弊害が生じやすく、また労働者に対する使用者としての責任の所在が明確でないことが多いので、これらの弊害を防止することで労働者を保護し、健全な労働市場の維持を図ろうとしたものである。戦後、しばらく労働者供給は職安法規則4条1項所定の例外事由を除いては全面的に禁止されていたものが、労働市場における需要側と供給側の要請により労働者派遣の形で徐々に解禁されていったものである（同法4条、44条）が、現在もなお偽装請負の本事案にみられるように立法目的は失われていない。労働者供給が許されるのはあくまで例外的にであって、派遣法上の要件を満たさない違法な派遣契約の社会的非難は小さいものではない。とりわけ、製造業は契約締結当時、派遣が禁止されていた業種であり、それにもかかわらず製造業に関して実質的には派遣の形態で偽装請負契約を締結することは社会的非難の程度は極めて大きいものといえよう。他方で、YとXは、違法な偽装請負の形態で労働者委託契約を締結しているから、これを無効とすることで信義公平を害することはない。また、労働者にし

---

8) 我妻榮『新訂　民法総則』（岩波書店、1965年）264頁。
9) 私法上違法とされた場合の効果について、ヨーロッパ契約法原則においても、①強行規定の目的、②誰を保護するための強行規定か、③違反への制裁が別途定められているか、④違反の重大性、⑤故意による強行規定違反か、⑥強行規定違反と契約との関連性が検討されている。オーレ・ランドーほか編／潮見佳男ほか訳『ヨーロッパ契約法原則Ⅰ・Ⅱ』（法律文化社、2006年）196頁。

てみれば、YとX間の本件業務委託契約の帰趨には関心はなく、Yとの間の雇用契約さえ認められれば何ら不利益はない。以上のように諸要素を検討すると、YとX間の業務委託契約は無効というべきである。

（b）なお、公法私法二元論を基礎とした公法私法相互依存説もある[10]。この説は行政取締法規といっても多種多様なものがあるのであって、法令の目的のなかには取引行為と密接な関係を有するものもある。取引秩序を維持したり、不当な不利益を受ける者を保護するという目的は私法にも共通しているのであり、これらの目的については目的実現の見地からは私法上の効果を否定すべき場合もあるはずである。公法と私法をすべてにおいて質的に異なるとして厳格に峻別するのではなく、両者が相互に支え合い、補強し合う領域があることを認めてもよいのではないかというものである。そして、この見解は、このような経済秩序を目的とする規律は私法公序を構成し（経済的公序）、それに違反する場合には当該違反行為の私法上の効果を否定すべきということになる。そして、このような経済的公序を形成する経済法令としては、個々の取引において当事者の利益を保護することを目的（の一つ）とする取引利益保護法令（同）、および取引の環境となる市場秩序の維持を目的とする取引秩序維持法令があるとされる[11]。職安法44条と派遣法の目的は、前述のごとく、労働者の供給業者による中間搾取や強制労働の弊害を防止することで労働者を保護し、健全な労働市場の維持を図るところにある。労使間には情報量や交渉力に圧倒的な差があり、とりわけ派遣労働者は正規雇用者に比べて身分保障に厚くないこともあって、類型的に不利な条件で契約を結ぶことになりがちである。それゆえ、労働者供給を原則的に禁止し、厳格な要件を満たした場合に限り派遣を認めるという規制を加えることは、（派遣）労働者の保護として必要なものである。本件業務委託契約において労働者・Aは一方当事者ではないが、同契約はAを会社の雇用契約下で供給元に就業させることを内容とするものであるからAは当事者に準ずるものといえる。また労務供給の三面関係の面からみれば、Aは当事者そのものである。この点において職安法44条と派遣法は個々の取引において当事者の利益を保護することを目的の一つにしているといえ、取引利益保護法令の要素があるといえる。また、健全な労働市場の維持を図るという目的からは、

---

10) 山本敬三『民法講義Ⅰ〔第3版〕』（有斐閣、2011年）259頁、262頁。
11) 同上236頁。

職安法44条ならびに派遣法に取引秩序維持法令の要素を確認できる。

以上からすると、職安法44条ならびに派遣法違反は経済的公序を形成する取締法規であってもその違反は公序良俗に反し、民法90条に基づき無効となる。

(5) **違法派遣と雇用契約——民法90条の適用**

最二小判は違法派遣である元と労働者の雇用契約は有効であり、それは「派遣法の趣旨、取締規定としての性格、労働者保護」のためであるとする。

派遣法の趣旨が違法派遣の場合を想定して、この場合も有効であると考えたのかどうかは、よく検討される必要がある。法の目的には「派遣労働者の就業に関する条件の整備等を図り、もって派遣労働者の雇用の安定その他福祉の増進に資する」とある。派遣労働者（本件でAは派遣労働者ではない。派遣労働者としての同意がなかったし、本人にその自覚もない）の「就業」は、主には派遣先での就業条件（法39～40条の2参照）といえるであろうし、「雇用の安定」も常用か登録かといった派遣元との関係のみならず、派遣法40条の3～40条の5に規定された派遣先との雇用の創設も実は雇用の安定である。しかも「派遣」労働者においても、この派遣先との雇用契約の成立をこそ期待するのが合理的な期待であると経験則からもいえる。そうであるならば最二小判が、「違法派遣と判断した」にもかかわらず、派遣元と労働者との雇用契約を特段の事情ない限り有効とする前提をとったことは初めに結論を優先させ、このことを前提にして派遣先との労働契約の認定に高いハードル（要件）を課したものと評価されるのであって、合理的・納得的な論理ではない。最二小判の判断はいわばアプリオリ（先験的）な、労働者と「元」との雇用契約有効論である。本件での違法派遣の実質が派遣禁止業務への労働者の派遣であるとするならば、この派遣は派遣法の予定しないものであるとともにこの禁止業務への派遣は、公序に反するものとして検討されることはないのであろうか。最二小判の論理は「雇用契約」の形式にのみ優先権を与えたものであって、「違法派遣」として禁止業務の下で使用されてきた派遣元との雇用契約は、実質において民法上の雇用契約概念からも隔たりをもつものになっているとの認識は生まれなかったのであろうか。筆者は、裁判官らが供給先免責の結論のみを先行させたのではないかと考えるのである。

5 最近の黙示の労働契約の成立が争われた裁判例
(1) 黙示の労働契約を認定した裁判例
(a) 安田病院事件（大阪高判平10・2・18労判745号7頁）

形式的には付添人紹介所と雇用関係にある者が、①採用時に派遣先病院に履歴書を提出して病院の事務職員の面接を受け、事務職員から報告を受けた病院経営者の判断によって採用され、採用に当たり紹介所の関与を受けていない事実。②病院で付添婦として勤務するについて、担当する患者を病院から指定され、出退勤を病院の設置したタイムカードによって病院職員から管理され、昼勤、夜勤の勤務する日を患者当人や紹介所の指定によらず病院の勤務表によって指定され、付添業務そのものを病院から指揮、命令されており、また、朝礼への参加、病院の清掃、夜警を病院から命じられ、病院から病院職員としての監督を受けており、③更に担当の患者が死亡した場合に付添料2日分を控除され、付添料を患者の病院に支払った額ではなく、④病院の定める月額20万円で支給され、安田病院から給料の支払を受けていた事実が認められる。

以上の事実から紹介所に雇用され病院に派遣された付添婦という形式がとられているものの、それは形式だけのものであり、紹介所が病院経営者から支配されているという関係にあるとして、両者の意思は、労働契約の締結と承諾をしていたものと解するのが相当として、結局両者の間には黙示の労働契約の成立が認められるとした。

(b) ナブテスコ事件（神戸地判平17・7・22労判901号21頁）

①勤務開始当初から、ナブコ社員である班長のみの指揮命令を受けていたこと。②ナブコ産業の部長も現場にいたが、朝のミーティングで一般的な話をしたにすぎないこと。③当日の業務指示書はナブコ産業の従業員から受け取っていたが、実際の作業ではナブコ班長から作業内容の変更が頻繁に指示されていたこと。④労働者が残業した場合でも代金は増額されず、増額分はナブコ産業が負担していたと主張するところ、このことは、ナブコ産業が本件委託契約において採算を度外視していたことを意味するのであるから、ナブコ産業がナブコから経済的に独立して派遣業を行っていなかったと評価される事情となる。⑤採用面接や実技試験においてナブコ産業の従業員が立ち会っていたが補助的なものである。⑥ナブコ産業からの労働者としては単独で、ナブコの正社員と同一の作業を渾然一体となって行っていたし、原告らの出勤簿はナブコが管理

し、残業についてもナブコの職場長の指示で行われていたこと、有給休暇の申請についても、ナブコの従業員と同じ用紙を使用してナブコの班長に提出していたことが認められるから、原告らの労務の提供は、ナブコ産業の請負業務ではなく、専らナブコに対して行われていたと評価することができる。以上6点などの検討によって黙示の労働契約が成立を認めた。

(c) センエイ事件（佐賀地判平9・3・28労判719号38頁）

この事案は職安法44条違反の事案であり、①請負代金は出来高だが、出来高は派遣元の従業員の賃金と直接関連するものであること。②その額は派遣先によって一方的に決定されていた。③従業員らに対する作業上の指揮命令および出退勤の管理等は派遣先が行っていた。④従業員らの配置や職場規律の適用等の労働条件の決定を派遣先が行っていた。⑤派遣元は派遣先の作業について実績はなく、他企業との間の労働者派遣の実績もなく、むしろ派遣先のみとの関係で設立された経緯があること。⑥派遣先と従業員との間の本件業務請負契約について契約書等の書類は何ら作成されていないこと。⑦出退勤時間や休暇の管理および現実の作業についても大部分が派遣先によって行われ、⑧タイムカードのゴム印部分を除いて、作業服等から従業員らを派遣先の従業員と外形的に区別することはできず、⑨職場規律および福利厚生面でも、基本的には、派遣先の従業員と区別されておらず、⑩作業に必要な材料、資材等も派遣元が提供するものではなかった。以上の点から、実質的にみて賃金を支払う者が派遣先であり、かつ、労務提供の相手方も派遣先であると評価することができるから、黙示の労働契約が成立したと認めた。

(2) 黙示の労働契約の成立を否定した裁判例

伊予銀スタッフサービス事件（高松高判平18・5・18労判921号33頁）判決は、独立した派遣会社との間で労働者が雇用契約が成立している場合であっても、黙示の労働契約が成立する場合があることを認め、その要件として「派遣労働者と派遣先との間に黙示の雇用契約が成立したといえるためには、単に両者の間に事実上の使用従属関係があるというだけではなく、諸般の事情に照らして、派遣労働者が派遣先の指揮命令のもとに派遣先に労務を供給する意思を有し、これに関し、派遣先がその対価として派遣労働者に賃金を支払う意思が推認され社会通念上、両者間で雇用契約を締結する意思表示の合致があったと評価できるに足りる特段の事情が存在することが必要である」と判断した上で「派遣

元が派遣労働者との間で派遣就業の同意を伴う雇用契約を締結している場合であっても、派遣元が企業としての実体を有せず、派遣先の組織の一部と化していたり、派遣先の賃金支払の代行機関となっていて、派遣元の実体が派遣先と一体と見られ、法人格否認の法理を適用しうる場合、若しくはそれに準ずるような場合には派遣先と派遣労働者との間で雇用契約が成立していると判断できる」とし、「被控訴人伊予銀スタッフサービス（ISS）が企業としての実体を有せず、被控訴人伊予銀行の組織の一部と化していたり、被控訴人伊予銀行の賃金支払の代行機関となっていて、被控訴人ISSの実体が被控訴人伊予銀行と一体と見られ、法人格否認の法理を適用しうる場合、若しくはそれに準ずるような場合と認められるか」を検討し、「被控訴人ISSは、派遣元として必要な人的物的組織を有し、適切な業務運営に努めており、独立した企業としての実体を有し、派遣労働者の採用や、派遣先、就業場所、派遣対象業務、派遣期間、賃金その他就業条件の決定、派遣労働者の雇用管理等について、被控訴人伊予銀行とは独立した法人として意思決定を行っており、被控訴人ISSは、被控訴人伊予銀行の第二人事部でもなければ、賃金支払代行機関でもない」との判断を示していた。

この他マイスタッフ（一橋出版）事件（東京高判平18・6・29労判921号5頁）では派遣元が形式的かつ名目的な存在でなく派遣先との関係においても派遣元としての独立した企業または使用者としての実質を有していること、労働者も自己が派遣元の派遣社員であることを認識し、派遣先に直接雇用されていたものでないと理解していたとして労働者と派遣先との黙示の労働契約の成立が否定されている。しかし確認されるべきはこの二つの事案は本件と異なりいずれも派遣法の枠組み、適用下にあった事案であるということである。

6 違法な労務供給三面関係と黙示の労働契約——規範的解釈論の妥当性

(1) 裁判における規範的解釈

いうまでもなく労働契約の成否をめぐる認定は、法律行為の解釈である。そして、法律行為の解釈の対象については、「表示主義」、「意思主義（その対象が内心の効果意思）」の対立はさておき、この法律行為解釈の性質については、「意味の発見」と「意味の持ち込み」と指摘され、この二つが明確に区別されてきた（穂積博士）。川島博士は、裁判所は事実の認定作業の他に「生じざるを

得ない当事者の意思の空白部分」につき「意思にもとづく」ものとして現実には法的価値判断を加え、規範を定立してきた、とされる[12]。

労務供給三面関係において今、焦点となっているのは、派遣先と労働者の労働契約の成否であり、この間には契約意思が表示されておらずむしろこれを派遣先が排除しているなかでの「意味の持ち込み」すなわち「合理的意思解釈」や「規範的解釈」である。この規範的解釈は法律規定上のいわゆる「規範条項（正当事由、過失客観的合理的理由などの一般条項）」の解釈とは異なるものである。

そして実は、「規範的解釈」は、現実には当事者の主観的な意思如何にかかわりなく行われ、解釈の名の下に行われる裁判官による契約上の権利義務を創造する作業である。そして学説が規範的解釈の一般基準として掲げるものは、①慣習、②任意規定、③信義則、④条理、である[13]。そして信義則については、例えば「信頼を与えたものは信頼を裏切る言動をしたことに対しては責任をとる」といった一方当事者の信頼の保護の必要性の原則を、また条理については「対等な主体間における法の理念たる正義または公平の体現を観念する概念である」とされる。そして、平井教授は的確にこれまでの伝統的な解釈の方法や基準についての限界が現代の契約における継続的かつ複雑な権利義務関係についての争いについては存在することを指摘される[14]。本事案のような新たな装いをもった現代的な三面（＝当事者）関係の違法な労務供給契約もこれまでの限界を超えて解釈される必要がある。

(2) **労務供給三面関係の実態評価**

この三面関係の特質は、労働者の会社への労務提供と会社の労働者への指揮命令、すなわち先企業と労働者との使用労働関係を成立させるために先企業と元企業の契約、そして元企業と労働者との契約が存在するというものである。すなわち元企業は先企業に労働者を「使用させる」ために、労働者と契約を結び、先企業は労働者を「使用する」ために元企業と契約を結ぶという関係である。そして労働者の「労働」がお金（委託金）の移動する原因・根拠であり、この労働があるからこそ先企業から元企業に委託代金が払われ、その委託代金によって（それに賄われて）、元企業から労働者への「給与」の支払がなされて

---

12) 川島武宜「法律行為」法学セミナー9号（1956年）12頁。
13) 川島武宜＝平井宜雄編『新版注釈民法(3)』（有斐閣、2003年）39頁、79-84頁〔平井宜雄〕。
14) 同上91頁。

いる。そしてこの関係は、1985年派遣法成立前では、職安法44条・労基法6条の禁止する労働者供給の三面関係であった。

　後述するとおり、労働者と先企業との関係には、労働契約の特質とされる「使用従属」関係が存在しており、元企業と労働者との間には「使用従属」関係は存在しない。しかも労働者と先企業との間の使用従属関係は、多くの場合、継続的かつ専属的なものであった。労働法においては「労働契約なければ労働がない」と言われてきたように、使用従属関係とされる労働関係において、労働者とこれに対して指揮命令を行う（労務提供）受領者との間には、労働契約の成立（存在）が原則とされてきた。常に労働者の労働の提供は契約の相手方である使用者に対してなされてきたのである（この原則は直用原則と言われる）。

　さて、先企業が社員や期間工によらずにこのような三面（角）関係によって労働者の労働力を利用する目的は、労働法上の使用者責任、とりわけ労基法や労働契約上の使用者としての責任を脱法、回避するとともに、社員と比較して低賃金の労働力を活用すること、生産調整によっていつでも製造現場での人員を調節できることにあったことは、今日では常識に属する事柄である。[15]

　そこで元企業と先企業との業務委託契約が職安法44条に違反する、もしくは違法派遣であり、この契約が民法90条により無効となるとした場合に二つの企業関係において検討されるべき二つの課題がある。その一つは、元企業と先企業との間の委託代金の法的評価と元企業の事業体としての法的評価である。二つは元企業との労働者の雇用契約の評価である。

　それでは労務供給の三面関係において先企業と労働者との労働関係（これも使用関係を中心とする労働関係が成立しているとみる点において異論はないと思われる）に対して規範的解釈の立場からどのように法的評価を行うかである。この三面関係の目的は先企業が労働者の労働力を利用するためにあることは異論がない。そして先企業は労働者に対して指揮命令を行い労働者はこれを受け入れて労務提供を行ってきたのである。そして元企業と先企業との業務委託契約は、既に論じてきたとおり職安法44条に違反するものであり、また仮に職安法44条違反でなく違法派遣の場合も民法90条により無効となるものであった。このような三面関係のなかで、労働者の先企業に対する労務の提供とこれに対する先企業の指揮命令の存在があり、これが専属的・継続的なものであるという

15）朝日新聞特別報道チーム『偽装請負――格差社会の労働現場』（朝日新書、2007年）114頁。

関係が事実上の関係にすぎず、法的保護の対象とならず、「元」と「先」との間の業務委託契約の無効なり解約により関係が解消されることになるのか、が焦点である。

　この点について具体的妥当な判断を得るためには規範的解釈が考慮されねばならない。

(3) 派遣元の独立性（＝独立した事業体）および委託代金の法的評価

　これまでの裁判例においても学説においても元の独立性が存在することは先との労働契約を認定する阻害要因であった。しかしこの独立性は労務供給における関係性においてのものであり、企業体自体のものではない。この点について規範的解釈から検討すると一つは元企業と先企業の法的関係如何になる。この関係が法的にみて無効なものであるならば先企業は委託関係の存在をもって労働者の使用関係を根拠付けられないことになる。つぎに労働者の使用関係と委託代金の支払関係をどのように評価するかである。それは委託代金の労務の対償性と先企業の支払意思の問題である。支払意思は元企業に対してはあるが、労働者に対してはないのではないかということである。確かに行為に表われた形式上の評価はそうであろう。しかし労務供給の三面関係では払われた代金の労務対償的性格の認識は先企業に存在することは経験則からみても肯定できる。すなわち「労働者の労働がなければ委託代金の支払はない」という点においてである。もちろんこのなかには元企業が一定の利益をそこから取り出すことも前提にされている。

(4) 派遣元と労働者との雇用契約の効力

　業務委託契約が職安法44条違反や違法派遣と評価される場合に元企業と労働者との雇用契約の効力をどう考えるかである。結論を先に述べるならば、つとに萬井教授が指摘されたとおり原則的には無効であり例外的に労働者が元企業との雇用関係の存在を望む場合にはこれを有効とするべきである。それは公

---

16) 手塚和彰「業務請負契約終了を理由とする派遣先企業の雇止めの効力を否定し、派遣先企業との労働契約の成立を認めた事件――ナブテスコ（ナコブ西神工場）事件」ジュリスト1321号（2006年）239頁。このなかで同教授は派遣先企業の独自性があるか否かは、派遣元企業の経営基盤の確立とともに（労働契約成立認定の）決定的要件でなくなったとされる（243頁）。

17) 萬井隆令「偽装請負における業者従業員と発注元との労働契約の成立について」労働法律旬報1694号（2009年）17頁。同様に二つの労働契約の成立を示唆されるのは、和田肇「受入会社と社外労働者との間の労働契約の成否」名古屋大学法政論集228号（2008年）313頁。

序良俗に反する無効な労働者供給の手段としての元企業と労働者の雇用契約を有効とすることは無効な労働者供給の継続につながりかねないし、無効な目的のための手段としての雇用契約を有効とするのは法的な常識、条理に反するからである。しかし労働者側がこれに対して使用者としての雇用契約上の責任追及を行う意思を選択する場合には、元企業がこの契約の無効を主張することは信義則なり禁反言の法理により許されないと考えるのが納得できる結論である。雇用契約の形式を自らつくった元企業にその責任を負わすことは外観責任法理とも一致する。

しかし労働者がこの有効性を主張せず先企業との雇用契約の成立を主張するときに先企業が元企業との労働契約の有効性を根拠として労働契約関係の成立を否定することは労働者の意思と保護に反するものであるといわねばならない。労務供給下の労働者にとって、先企業との使用関係を継続する選択肢は肯定されていてよいし、労働契約関係において使用関係こそが最も大切なものであるといってもよいからである。

(5) 黙示の意思合致をどのように考えるか

(a) 規範的解釈の必要性

この検討に際しては、平井宜雄教授が規範的解釈につき[18][19]「本来的解釈(すなわち、合意の推尋)」という形をとりながら、またはその形もとらないで、解釈の名の下に行われる裁判官による規範を定立する作業、つまり現実には契約当事者の意思如何にかかわりなく行われる契約上の権利義務を創造する作業である」[20]とされ、前述した信義則または条理の具体的基準として「合意の内容(条

---

[18] 山口浩一郎教授が「明示」と「黙示」の意思表示についてコメントされている(労働判例981号(2009年)2頁)が、明示の形式が違法であれば実態に適した黙示の契約が認定されるのは当然であり(例えば使用貸借を偽装した賃貸借)、また本件事案は派遣元と労働者の雇用契約(明示のもの)が公序違反として無効とされたなかで供給先との間で黙示の労働契約を認定することは司法判断として可能であるし、この場合に「明示」と「黙示」の意思表示について優劣や先後関係を論ずるのは意味のないことである。

引用された司法研修所編集『増補民事訴訟における要件事実・第1巻』(法曹会、1985年)42頁は、要件事実に関する解説書であり「司法修習生及び修習修了後間もない比較的若い法曹の参考に供するため」(同書「はしがき」)のものであり、現実の裁判における規範的解釈の展開(例えば前記注釈民法にも指摘されている代物弁済契約における清算義務の肯定(最判昭42・11・16))も含めて)を制約するものでなく、この解説自体が検討の対象である。

[19] いうまでもなく規範的解釈は法律効果の発生要件としての過失や正当事由といった規範的評価に関する一般的、抽象的概念いわゆる一般条項についての解釈ではない。

[20] 『新版注釈民法(3)』79頁〔平井宜雄〕。

項）がそのまま実現されたときに両当事者間の得るであろう利益を比較し、その間に利益の著しい不均衡がある場合には、当該内容はそのままでは効果を生じないと解釈すべきであり、均衡回復するために他方当事者間に権利を与え、または義務もしくは権利の行使につき制約が課されるべきである」と主張されるのは参考に値する。すなわち労務供給における三面関係において、合法的な枠組みが破られて違法な供給関係が存在する場合に、この使用関係について法的保護を与えずに三面関係を終了させることが条理や信義側からみて許されるのか、である。

すなわち使用された労働者は先企業での使用関係の継続を希望しているにもかかわらず、違法な労務供給を行った一般的には不安定な元企業との雇用契約関係に固定され、違法な労務供給を受けてきた先企業は当初の脱法的な意図（解雇権濫用規制の回避、労基法上の使用者責任や派遣法上の先企業の責任、44条〜47条の2）を容易に実現することになる結果を法規範のスクリーンにかける必要がある。

(b) 先企業と労働者の使用関係の法的保護としての黙示の労働契約の認定

このように考察してきた結果、焦点は労働者の先企業の使用関係を規範的解釈の下に法的保護に値するものと考えるかどうかである。そして法的保護に値するとした場合にそれは労働契約上の地位としてまでのものか、である。[22]

そしてこの課題への接近、アプローチは一般的なものではなく、具体的なものであって、違法な労務供給の三面下における先企業と労働者の使用関係の法的保護の検討である。[23]

---

21) 同上86-87頁。

22) イギリス控訴院も就労者と派遣先の間に黙示の雇用契約の成立を認める判決を出している（岩永昌晃「海外判例レポート」労働判例930号（2007年）96頁）。この点イギリスにおいては、派遣元と就労者の間は、派遣元が継続的な相互の義務（派遣元が仕事を与え就労者がそれを行う）がないこと、派遣先からの指揮命令をうけることと派遣元との雇用契約の本質を欠くので雇用契約ではない特殊な契約関係とされていること、また控訴院はDacas事件とMcucat事件で三者関係による労務提供において、就労先と派遣先とのfi6に黙示の労働契約の成立を認めたが、その後、James V London Bor-ough of Greenwich事件において、この黙示の労働契約認定の必要性は三者間の取り決めの偽装が明らかになった場合、契約書面が実態を反映しなくなったために当該関係を説明するには必要であると判断したのは興味深い（以上は岩永昌晃「イギリスにおける被用者概念の新たな展開」（『イギリス労働法の新展開』（成文堂、2009年）84頁による）。

23) 第三者労働力の利用における使用者義務の検討を通じて、「黙示の労働契約」論を規範的契約解釈として明確に打ちだされるのは毛塚勝利教授である（『偽装請負、違法派遣と受入企業の雇用責任」労働判例966号（2008年）5頁）。

労務供給三面関係は、その実質において先企業の労働力需要に対して、元企業が労働力を調達して先企業にこれを提供するという独特の労務提供関係が実質であることは、異論はない。労働者派遣は「雇用」と「使用」の分離といわれてきたが、社会、経済的な実質は「労働力の提供と使用」が本体、中核であり、適合的な派遣事業者が派遣法上の規制要件をクリアすることにより労働市場に合法的に参加できるという制度であるから、「雇用と使用の分離」という特別な労務提供形式を派遣元企業に法規制を課して初めて労働者の保護がはかられるというものである。

　「三面」から「二面」関係（元企業と先企業との離れた関係が法的評価において先企業が使用者として一本化する）への転換は、労働者の保護を最もよく確保できること、「使用」関係を継続してきた先企業にとって過重な負担（賃金、労働条件には変化はないこと）ではないこと、また労基法、労働契約上の使用者責任は脱法的な企図に法的な規制がかかったものにすぎないと考えればこのような労務提供三面関係において、元企業においても先企業においても職安法や派遣法上の違法性が存在する場合であって、この本体、中核である先企業との労務提供関係の継続を労働者が望む場合には、脱法的であった先企業に対して使用者として責任を素直に認めることは、実は「労働契約なければ労働がない」との直用原則や社会的公正の実現といった常識にも合致すると評価できる。

　既にみてきたように先企業の元企業への委託代金支払と、元企業から労働者への賃金支払は、その選択した法形式が無効である以上、金員の実質的な移転と労務への対償性から、先企業が元企業を介して労働者に支払ったものと法的に評価できること、指揮命令の存在の他に必要な勤務管理なども先企業が行っていると評価できること（使用従属関係の肯定）を踏まえて、労働契約としての意思合致をどのように考えるかである。労働契約は「労働者が使用者に使用されて労働し、使用者がこれに対して賃金を支払うことについて、労働者及び使用者が合意することによって成立する」（労契法6条）と規定されている。労働者が先企業の使用者責任を選択する意思が存在する場合には、労働契約の合意である労働者の先企業に使用され労働する意思を肯定し、法的にみて先企業が「これに対して賃金を支払う」意思があると評価し、先企業と労働者の間に労働契約の合意があるとの認定を規範的解釈として行うことが具体的妥当性をもつものであるし、法的評価としても誤まりでない。この場合において元企業の

独立性等を否定（消極評価）要件とすることは、むしろ先企業の法の免脱なり回避を助長するものとなるだけであろう[24]。

三　法人格否認法理と労働契約責任の所在（帰属）と効果について

1　この法理が否認するもの

　法人格否認の法理については、主には親子会社における親会社の子会社労働者の労働組合に対する組合の嫌悪による子会社の倒産にともなう解雇事件について、早い時期から争われてきた（嚆矢として川岸工業事件・仙台地決昭45・3・26判時588号38頁）。法人格否認による雇用契約の承継先については、親会社に対する労働契約上地位の責任を肯定する佐野第一交通事件・大阪高判平19・10・26（労判975号50頁）（最一小決平20・5・1で上告棄却・不受理で確立）と、親会社が別に承継企業を創り出した以上、その子会社への労働契約の承継を認める大阪地堺支判平18・5・31（判タ1252号223頁）が存在する。後者の立場を支持する有力な学説の根拠は、法人格否認の法理は「法人格を濫用した主体に制裁を課すための法理というより、正義、衡平の観点から別子会社が実質的に同一の業務を承継したなかで法人格の違いによる法的責任が遮断されるのを許さず妥当な解決を図る法理である」からとするのである[25]。

　しかし法人格否認を行った親会社が行為の結果を引き受けず、新たに親会社が創出した別子会社が妥当性を根拠に何故に親会社の行為責任を負う（引き受ける）のであろうか。倒産子会社と同一の業態にあるからそこに契約責任があるのが妥当というのであろうか。そもそも法人格否認の法理は、正義衡平を実現する法の一般原則の一適用であり、まずは行為者とその責任を負う者を一致させることが正義の観念に合致するのであり、それは行為（者）と責任の一致

---

[24]　筆者は派遣法制定前の時代に事業場内下請労働者と供給先との労働契約の成否について使用者責任の脱法と契約の規範的意思解釈を軸に論じたことがある（拙稿「派遣労働者の実態と労働契約関係」労働法学会誌59号（1982年）68頁）。
　なお2010年3月国会に政府より「労働者派遣法」の改正案が提案された。この要綱には「労働契約申込みみなし制度の創設」（十九）が含まれており提供先の主観的要件の存在、同一の労働条件となっており期間が除かれていないことなど、実効性に不充分な面がみられるが、この法律改正（2012年3月28日成立の法40条の6〜8）により今後は最二小判の結果は是正されることになるという点において最二小判は司法の「限界」を示し立法上の解決を促したと評価されることになる。
[25]　荒木尚志『労働法〔第3版〕』（有斐閣、2016年）66頁。

である。本件では親会社の第一交通も同一の業態を営業しているのであるから、別子会社が第一交通の子会社であるからといって親会社の責任を引き受けるとの結果は、正義の観念に合致しない。例えば、仮に親会社が同時に二つの子会社を創り出した場合では、有力説はどちらに契約責任を取らせるのが妥当であるとするのであろうか（元の事業所に近接した子会社になるのか）。また法人格否認の下につくられた別の会社は経済的な基盤もすこぶる危うい状態にある場合もあり、親会社が「不当な目的」なくして再び倒産させることもある。後者の場合では労働者は、別子会社という「泥舟」となりうる子会社に契約上の地位を移され、それと運命をともにすることになる。また子会社が真実解散ともなれば、再び親会社の責任を労働者が求めることは法律的に著しく困難である。そして親会社が再び別子会社倒産の不当労働行為をしたのだから今後は親会社が契約上の責任を負うことを認めればよいというのでは、あまりにもその場限りの論との評価を免れない。

　やはり法人格否認の法理の根本である行為者に法的責任を取らせることが正当な解釈であり判断である。この点に関して、二つの子会社間の実質的同一性をもって子会社への労働契約の承継を肯定する見解もある。これは親子型ではない不当労働行為等による偽装倒産の型の責任肯定の根拠と共通（延長線上）する考え方と思われるが、親子型にこれを持込むのは、全体の労働関係を対象にしたものといえないこと、そしていずれにせよ親子型第二子会社の場合に共通する批判となるが、別子会社は親会社に支配されているが、別企業の「採用の自由」に対する制約規制をどう考えているのかについて法理上の弱点を抱え込むのではあるまいか。これらの点について第一交通産業事件の前記大阪高判と同様に、法人格否認の法理が法人の背後にある実体を捉えて、正義・衡平の観念から、背後者に対する法的責任の追及を可能にする側面を否定できないところ、親会社は法人格を濫用し、それによる利益を図ろうとする直接の当事者である。親会社が責任を負担すべきと考えるのが自然である。

　これが適用される以上、会社との関係がより稀薄な第二子会社にまで法理を適用する必要はないし、第二子会社との関係でも法人格の濫用を認められないとしても正義・衡平の理念にもとるとは考えがたい、としている。この判断は、社会的にも法的にみてもリーガルなバランスを持ったものであり、法人格否認の法理の予定している法律関係論に合致したものであり、筆者は判旨を支持す

る。

2　「支配」と「目的」の二要件相関論および効果相対論について

「支配」と「目的」の二要件について、これを判定者が認定するについて、これを相関的に検討することができるとの見解がある。

筆者はこの学説の提示が企図するものは、理解できるのであるが賛同しがたい。

何故かといえば、「支配」のないところに「目的」があっても、この目的は実現できず、「支配」があっても「目的」がなければ、法人格否認法理の適用はないと言わざるを得ないからである。法人格の否認法理はいずれにせよ親会社というか、支配会社における目的とそれを子会社の倒産によって実現できる条件（支配）の存在によって実現された子会社労働者の解雇という不公正な結果を、背後にある親会社に負わせるものであるから、事実認定上の問題を除けば、親会社の「支配」と「目的」の二要件自体は、いわば相関関係でなく並立して存在することが必要である。

問題は、裁判例や一部の学説にある「法人格否認の法理」の帰結である法律効果について、契約上の地位の引き受け（承継）を認めずに、賃金しかも過去の未払給与のみに限定して、後は不法行為として効果、責任を認める場合があるとの「責任範囲、効果限定」論である[26]。

第一交通産業事件でも認められた、親会社代表者への不法行為法上の損害賠償責任の肯定や損害の範囲についての相対論なり限定責任論は成り立ちうると筆者は考えるが、法人格否認の法理の帰結である法的効果に親会社への労働契約上の使用者責任が消滅したり、賃金請求権だけに限定されるのは、法理として一貫しないし、誤っている。これを限定するには新たな法律要件（特別の事情も含めて）が肯定されなければならない。

法人格否認の法理は例外としての救済法理であるが、権利濫用法理（民法1条3項）の労使関係法における適用であり、本来適用される場合には親子会社の法人としての異別性が否認され、特定の事案において子会社と親会社を同一視することにあるからである[27]。すなわち子会社の法人格が特定の関係において

---

26)　土田道夫『労働契約法〔第2版〕』（有斐閣、2016年）72頁参照。
27)　江頭憲治郎『株式会社法〔第6版〕』（有斐閣、2015年）41頁参照。

（労働契約関係）否定され、「支配」と「目的」により子会社と一体化・同一視された親会社が子会社に対して労働者が有していた私法上の地位と、これに伴う権利を全体として引き受ける（承継する）のが、法人格否認の法理の適用の予定することである。

　前述の第一交通産業事件において、大阪高裁判決が、労働者が法人格の濫用の程度が顕著かつ明白であるとして子会社解散後の継続的・包括的な責任を追及することができると判示したことは、本件が偽装解散であることから子会社の労働者の責任追及意思内容のあり様を肯定して判示したものであるが、このことをもって濫用法理の適用要件として「顕著かつ明白」が付加されるものと解してはならない。例えば菅野教授は、子会社の法人格の全くの形骸化と親会社の組合壊滅目的の「明白な濫用」を要件とするが、いずれも厳格すぎるものである。[28]

---

28) 菅野・前掲注5) 181頁。

第2編　労働契約法上の課題

第1章　「懲戒」再考
――懲戒における事実と法

1　はじめに――本章の問題意識
(1)　法の原理からの考察

　この論稿はテーマを懲戒権論ではなく、「『懲戒』再考」としたことでも理解されるように、わが国の労使関係における懲戒自体を根本に戻って基本法、法の原理から、その法的規制を検討するものである。懲戒権論についての諸学説については、すでに籾井常喜「懲戒権論」[1]に詳細に分析、整理されている。この論説のなかで懲戒権論の前提条件とされた「懲戒制度の特質について」[2]として書かれた懲戒制度の「目的」を超えた非合理的な効果を抑制する方向での理論的対応が要求されること、その実効を期するためには立法的解決以外にはないことを見定めておく必要がある、と結論づけられたことにも留意しておきたい。日本社会における懲戒の実際を、労働判例を対象にしながら、また日本における戦前の懲戒処分の内容、日本民法における親子間の懲戒権規定の制定経緯、戦前の労使関係の評価、労基法制定経緯等、ならびに現代における諸外国との比較法的概観（とくに懲戒がいかなる行為を対象としているかに留意する）をしながら「人間の尊厳」「平等」という法の原理と基本権、労働契約論、労働保護法から懲戒制度について法的規制を論じる。

---

1)　籾井常喜「懲戒権論」籾井常喜編『戦後労働法学説史』（労働旬報社、1996年）808頁以下。なお同「懲戒権の本質と根拠」本多淳亮先生還暦記念『労働契約の研究』（法律文化社、1986年）317頁も参照。
2)　籾井・前掲注1)「懲戒権論」855頁以下。

とりわけ、「懲戒」に関する議論において共同作業論と労働基準法の規定の存在を前提にして、法の原理からの考察が「立ち止まっている」ことを指摘したい。

労働関係における懲戒は、日本社会における懲戒処分の実際、それは学校教育、親子関係、弁護士会をはじめとする士業（税理士、司法書士、行政書士）の法律などにも関連しており、本章は懲戒を現在の労働法の領域だけでなく市民社会、また戦前の労使関係像との関連においても考察したい。また本章は、筆者からの問題の提起であり、わが国での公務員も含めて労働判例の検討、諸外国の労働関係における懲戒の実態と法的規制からも接近する今後の論稿に期待し、つなげていきたいと考えている。

わが国の労働判例（裁判）における懲戒事例（案）について筆者も一定関与はしてきたのであるが、これらの判例（裁判）としての法の形成に参加した一人の法曹として懲戒権自体の存在根拠も含め、懲戒権限を法の原理から根本的に批判し、問題提起をする点において不充分であったことを反省する。日本社会において、懲戒制度を暗黙に肯定する社会意識が存在すると、筆者は考えるのであるが、その意識はどこからくるのか、を含めて論をすすめる。

労働法学（法理）における懲戒論に関する論稿は、かなりの数に上っており、戦後、労働法学の中心課題の一つであった。そして現在は、論じ尽された観もある。学説の整理、分析の詳細は後述するが、本章の主題を明確にするために、これまでの議論の特徴を整理、分析しておく。

従来の法理が、企業による懲戒に対して法的コントロールをかけて懲戒処分の恣意性なり濫用に対して批判的な立場をとってきたことはいうまでもない。しかし、企業の場における現実の懲戒の存在、そして企業秩序なり共同作業秩序維持のためには懲戒処分が必要であるという前提認識がなかったであろうか。そして以前の論稿[3]においても指摘したが、いわゆる従属労働論とりわけ人的従属における使用者の指揮命令権とその違反に対する現実の制裁も「やむなし」との認識にあったものと推認される。もちろん、「従属労働」を克服する労働法として懲戒権限への根本的な批判（とくに懲戒解雇違法論）の立場も存在した。[4]

---

3) 拙稿「「労組法上の労働者」概念および「団結権保障関係」論――偽装受託者と東京高裁判決」労働法律旬報1734号（2010年）24頁。

4) 早い時期の学説として山中康雄「解雇の自由とその制限」季刊労働法17号（1955年）1頁、峯村光郎「懲戒権の法的根拠」季刊労働法18号（1955年）1頁。

もう一つは、労働基準法における 89 条 9 号、同 91 条の規定の存在と根拠性である。労基法が労働者保護法であり、企業に対する就業規則による規制もそのなかにあるということへの顧慮である。この点については、末弘厳太郎の就業規則論（社会自立法規説）[5]の影響もあると、筆者はみている。

しかし後述するような公務員法における懲戒処分の実態と濫用性も含めて、日本企業社会における企業の懲戒を憲法規範（基本権）そしてさらに基本権の底にある法の原理としての「人間の尊厳」や「平等」原則から再考することが必要であると考えている。

(2) 懲戒権限そのものの違法性

最近においても、筆者が担当した民間大企業、地方自治体、国、私立大学の領域における事案において、民間企業、公務を問わず使用者からなされる一方的な懲戒処分と、そしてこれを受けた労働者の「人間の尊厳」に対する強い打撃、侵害、そして将来の仕事も含めた大きな損害を改めて強く認識した。

また、かつて筆者が担当した関西電力事件最高裁判決[6]や配転拒否による懲戒解雇を争った東亜ペイント事件最高裁判決[7]も含めて、日本の企業社会における懲戒処分の適正さの担保の必要性の論議のレベルを超える懲戒の機能と目的について、そして懲戒処分そのものへの根本的な再検討を行う必要があることをこれらの事件からも率直に感じてきた。

振り返ってみれば、かつては、組合活動に対する企業の応答の主要な一つが、懲戒処分（たとえば国鉄分割民営化に際しての民営化反対のリボン着用等への処分は、顕著な事例である）であり、組合活動に従事する者にとって、企業からの懲戒処分は、自主的、対抗的な組合活動をしたことの「証し」であるとの意識も 1970 年代後半までは、なお存在していた。そして筆者が弁護団の一員として担当した前掲関西電力事件において、社宅へのビラ配布への会社の譴責処分の無効について少数派の正当な組合活動に対して、懲戒処分は許されないとの主張は行ったが、根本にある懲戒処分そのものの違法性についての検討・主張はできていなかった。前掲東亜ペイント事件においても、原告の少数派組合の活動に対する不当労働行為としての配転命令の無効と配転拒否を理由とする懲戒

---

5) 末弘厳太郎「従業規則の法律的性質」法学協会雑誌 41 巻 6 号（1923 年）1 頁など。
6) 関西電力事件・最一小判昭 58・9・8 労判 415 号 29 頁。
7) 東亜ペイント事件・最二小判昭 61・7・14 労判 477 号 6 頁。

解雇の無効の主張は行ったのであるが、懲戒ということ自体の違法性にまで当事者の主張は及んでいなかった。それは事案(性格)に則した中心的なテーマ・本質がともに少数派の組合活動に対する不当労働行為であったことに帰着するのであるが、実はこれらの時代において企業の懲戒権そのものが裁判事案で問題にされること、俎上にのぼらなかったことの背景と根拠が存在したとみることが正しい。

　まさに、そのことの検討・分析こそが本章のテーマの一つである。使用者が経営権、人事権を根拠とする経営上の措置や業務命令権限の行使に対して、労働者が団結権を行使して対抗することの使用者側の応答が、業務命令違反を理由とする懲戒処分(実はもっとも過酷な解雇処分が争訟では多かったが)であることは、前提的に置かれていた側面があり、このことが「従属労働」論や労働者の団結活動の必要性と正当性の根拠にもなっていたと筆者なりに認識する。もちろん労働者とその団結がこうした懲戒処分の不当性、違法性につき、強い規範的確信を抱いていたことは間違いないのであるが、この規範的な意識も率直にいって懲戒権限そのものの違法性までには突き当たっていなかったのである(たとえば前掲関西電力事件における上告理由)。

2　日本の労使関係における懲戒処分の過去と現在
(1)　戦前からの連続と社会意識
　日本労使関係における懲戒処分は、戦前の懲戒処分を当然とした労使関係から連続して維持されてきたものであり、市民社会において、これを肯定する社会意識がいまも存在する。このことが、懲戒処分による「人間の尊厳」や名誉感情、そして人格侵害による苦悩、呻吟を押しつぶしてきたというのが筆者の一つの結論である。
(2)　戦前の労使関係像と懲戒処分
　日本の原初的な資本主義生産導入の時期における懲戒処分の実態とこれへの批判的法的分析については、すでに秀れた考察がある[8]。

　本稿では筆者の問題意識によって戦前の労使関係像の変遷とともに工場法下の就業規則に提示された懲戒処分の対象事由を紹介するとともに、民法規定にある親子関係における懲戒権とその根拠について論を進める。

---
[8]　花見忠『労使関係における懲戒権の研究』(勁草書房、1959年)。

隅谷三喜男によれば、1912（明治45）年1月の東京市電の大争議の発生頃から労使関係をめぐる新たな論議、「主従関係論」から家族的な上下関係論が起こり、1912年以降の争議の活発化のもとで、主従関係を基底とする工場法体制を乗りこえる運動を展開した。これに対して治安警察法で工場法体制を補完すること、また工場法体制自体も主従関係の上下関係は治警法に純化しながら共同体的関係は家族主義と結びついた工場法に分化した、という。[9]

　田村譲は戦前の労働組合法をめぐる二つの流れ、一つは1920（大正9）年の社会立法としての内務省案、他方は産業政策治安立法としての農商務省案である。これらの存在にもかかわらず資本家は、後者の立法化にも反対し、「家族主義的美風」という美名のもとで半封建的、全人格支配的労資関係を維持しようとした。その流れのなかで示された資本家団体の力は、労働組合の解体によってファシズム体制確立の要因となった、と批判する。[10]

　これらの先行研究からも認識されるのは、戦前の労使関係が半封建的な「主従」関係から家族主義的な人格的支配関係への変化を特質としたこと、そしてこのもとでの懲戒制度と処分の実態が存在したということである。

(3) 懲戒処分と工場法下の就業規則

　就業規則は工場法にも取り込まれることになる。周知のように工場法は戦前期において「進歩的」内務官僚によって主に欧州における法制を参考にしながらも日本の工場運営の実態を基礎にして策定されたものであり、産業団体の一部には強い反対論もあったのである。この工場法施行令には、制裁とりわけ懲戒解雇事由として、当時なにが挙げられていたのかを知る資料として社会局長官から府県長官への通知（大正15・12・13発労71号）がある。この通知のなかで制裁として種類とその規制として譴責、減給または過怠金、出勤停止（7日を限度）があげられ、ついで懲戒解雇については、これを不当に広く認めないとしたうえで、以下の内容（即時解雇（無手当）を認めることとして）を規定する。

　①氏名又ハ経歴ヲ詐リ其ノ他詐術ヲ用ヒテ雇傭セラシタルトキ
　②工場ノ物品ヲ窃カニ持出シ又ハ持出サムトシタルトキ

---

9) 隅谷三喜男「第一章　工場法体制と労使関係」隅谷三喜男編著『日本労使関係史論』（東京大学出版会、1977年）40頁、なお同書で中西洋は、主従的家族主義（日露戦後）から労使協調主義（第一次世界大戦後）への転移を指摘する（中西洋「第二章　第一次大戦前後の労資関係──三菱神戸造船所の争議史を中心として」同書121頁）。
10) 田村譲『日本労働法史論』（御茶ノ水書房、1984年）318頁。

③営業上ノ秘密ヲ漏洩シ又ハ曝露シタルトキ
　④暴行ヲ敢テシ又ハ不法ニ強迫ヲ為シタルトキ
　⑤故意ニ工場ノ設備又ハ器具ヲ破壊シ工場ニ損害ヲ加ヘタルトキ
　⑥故意ニ工場ノ秩序ヲ乱シ又ハ工業主ニ損害ヲ蒙ラシメタルトキ
　⑦故意ニ危害予防ニ関スル規則又ハ指揮命令ニ違反シタルトキ
　⑧数回制裁ヲ加フルモ尚改悛ノ見込ナキトキ
　⑨正富ノ理由ナクシテ無断欠勤十四日以上ニ及ビタルトキ
　⑩其ノ他職工ノ責ニ帰スベキ事由ニ依リ已ムテ得サルトキ

　これらの事由をみれば、現在の就業規則制裁事由との相似、というよりほぼ同一類型であることを理解できるとともに、これらの事由が戦後においても懲戒解雇事由として企業に引き継がれていると評価できる。そして筆者の問題意識は、懲戒処分の実態とこれらの事由がなにゆえ懲戒処分の対象となるのか、である。

　すなわちこれらの懲戒事由は、民法上の雇用契約上、契約の地位なり履行の不適格な理（事）由として契約の解除事由とする方法もあるのであるが、これらを制裁（懲戒）制度として取り込んだのはなぜなのかということである。そしてこの解答は、前述した戦前の労使関係における家父長的な特質にみることができるのではなかろうか。

　この解答への接近として、旧民法（ボアソナード民法）から明治民法制定における親子の懲戒権をめぐる立法論争と学説を振り返ってみたい。

(4) 親権と懲戒権

　小口恵己子は、懲戒権を性格づけるうえで律令法思想および儒教的孝道思想が決定的な役割を果たし、親権は総体的な支配権となって教令権と懲戒権を中心に構成された。[11]（江戸）幕府法による親の子に対する私的刑罰権は、家族あるいは家の名誉を守る方法として許可されたこと、徳川時代は古代から一貫した懲戒権の性格と機能を強化し、明治期に継承した、とされる。

　利谷信義は、旧民法第一草案における懲戒権が教育の手段として位置づけられたが、政府部内の反対意見を容れて親権の及ぶ範囲を子一般（独立の生計を立てない限り）に拡大したし、懲戒権は「支配権」として特徴づけ[12]、有地亨は、懲戒権は「家長権を保障するものとしての特色が濃い」とし、戦前の懲戒権に

---

11) 小口恵己子『親の懲戒権はいかに形成されたか』（日本経済評論社、2009 年）。
12) 利谷信義「旧法制下における体罰事件」『教育判例百選』（1973 年）116-118 頁。

ついて家制度と学校制度はヒエラルキー的に構成され、権力、服従関係によって支配され、懲戒権はそのような家父長制秩序を維持する手段に用いられた、とする[13]。

これらに対し広井多鶴子は、教育の手段としての明治民法における懲戒権の近代的性格を指摘するが、近代法モデルとしてのフランス民法の比較研究の必要性を指摘しているとされる[14]。そして小口は、結論として、現行民法における懲戒権規定は、明治民法制定時の司法判断を無批判に引き継ぎ、それは私的懲罰権と体罰を法的に正当化していると述べる。そして純粋に「子の利益の保護」の視点（子の権利を中核とする）からみれば、懲戒権を親の権利として法律上承認すべきではないとしていること[15]は、筆者の意見にも合致する。

3 「懲戒」とは
(1) 「懲戒」の定義と関連する事柄の整理

労使関係における懲戒の定義を確認しておくことが共通の理解のために必要である。労働法のなかに懲戒規定をもつフランスの労働法典によれば、懲戒とは「使用者が非行と考える労働者の行動ののちに、使用者が行う口頭注意以外のあらゆる措置をいい、労働者の出勤、職務、職歴または報酬に即座に影響を及ぼすものであるか否かを問わないものとする」（労働法典 L122－40）と規定されている[16]。毛塚勝利は、わが国の懲戒制度について「労働者が企業にとって反価値的な行為をなしたことを理由とする、使用者の労働者に対する不利益の賦課＝責任追及の体系としてあることを意味する」、「協業的秩序の維持の必要性が懲戒制度をもたらす現実的契機であることは疑いのないことである」と分析している[17]。民法における親子間の懲戒権については「親権者による子の監護教育上から見ての子の非行、過誤を矯正善導するために、その身体または精神に苦痛を加える制裁であり、一種の私的な懲罰手段である」と解説されている[18]。戦後の民法においては、懲戒は親子関係の存続（継続）を前提として目的を教育的なものであり、身体または精神への苦痛を与える私的な制裁手段と理解することができる。このことは、労使関係における懲戒の目的如何との関連にお

---

13) 有地亨「親の懲戒権と教師の懲戒権」季刊教育法 27 号（1978 年）82-90 頁。
14) 小口・前掲注 11) 1-9 頁。
15) 小口・前掲注 11) 330 頁。
16) 山﨑文夫『フランス労働法論』（総合労働研究所、1997 年）146 頁。

いても非常に興味深い。

筆者は、労使関係における懲戒の定義について「使用者が企業（体）にとって非違行為と考える労働者の行為に対して、労務指示権の範囲を超えて、自力救済として行う不利益な措置の全体をいう」と整理する。ここで「労務指揮権の範囲を超えて」としたのは、後述する懲戒の機能、目的との関連において労務指揮権の範囲如何が考察の対象となるからである。また懲戒の目的、機能はその根拠とは別に論じられる必要があること、懲戒解雇と解雇に至るまでの懲戒処分は、やはり懲戒処分という共通の基盤の上にたつものとして考える必要があると認識している。また民法の「雇用」の条文には懲戒に関する規定がないこと、労務供給契約の一つである委任契約も受任者と委任者との人格的性格をもつと評価できるが、委任者には受任者の非違行為への懲戒、制裁権はなく、解約と損害賠償だけである点についても留意しておきたい。

(2) 懲戒処分の存在目的と機能

前述した親子関係における懲戒は、現在の社会意識においては親の子への支配ではなく、教育であるということは大方の理解であり、子への支配としての懲戒は正当なものとして肯定されず社会から批判を受けることになる。親子関係について最近、ヨーロッパでは子に対する親の権利ではなく、親の義務として見直す考え方が強くなっているともいわれている（たとえばドイツ基本法6条2項は、子の養育、教育は、自然的権利であり、かつ第一次的な義務である、とする）。

さて、現代日本の労使関係における懲戒はどうであろうか。筆者は労働者へ

---

17) 毛塚勝利「懲戒の機能と懲戒解雇承認の規範的契機――盛誠吾「懲戒解雇の法理」の問題提起をうけて」日本労働協会雑誌277号（1982年）21頁。毛塚は、私見として、「仮に「共同作業秩序」の維持の必要性が認められるにせよ、使用者がかかる「秩序」の維持主体であるかぎり、使用者は損害賠償の請求によって間接的に、解約の自由を行使することによってより直截に「秩序」を維持できる以上、かかる「共同作業秩序」維持の必要性、「秩序」維持によって確保せんとする法益の重要性を語るだけでは、市民法上一般になしうる措置を超えて新たな手段が承認されるべきとする契機を語ったことにはならない。問題はあくまでかかる秩序維持の必要性があるにせよ、なにゆえそのために市民法上一般にとりうる措置を超えて新たな手段が承認されるか、にあるからである」。「結局、「共同作業秩序」にかかわる法益の重要性にではなく、その法益を確保する手段の合理性、すなわち、使用者の「解約の自由」の不合理性に、懲戒権承認の規範的契機があるとみざるをえないであろう。……解約にいたらぬ不利益措置を承認することによって、「解約の自由」の不合理性を排除することを期待しているからだといわざるをえない」としたうえで、「懲戒権は、「解約の自由」の制約を求める労働法理念に適合するがゆえに承認される規範的契機をもつと同時に、それに適合する限りにおいてのみ規範的契機を語りうるにすぎない」とする（21-22頁）。
18) 於保不二雄＝中川淳編『新版注釈民法(25)親族(5)』（有斐閣、2004年）108頁。

の教育ではなく、支配が主たる目的、機能であり、日本の企業社会における使用者の労働者人格への支配と労働者の使用者、企業への従属と評価できる。企業の場において争われた懲戒事案（裁判を中心として）をみても懲戒処分は納得性を欠き、適正手続も充分でない。そして懲戒解雇の現実においては、労働者は自己責任の「極み」として、この処分を背負い、企業は非違行為の背景、原因となる組織における問題、課題を組織内に閉じ込め、問題をあいまいにすることも多く、不始末を起こした労働者を企業外に放逐し、企業の名誉を守るのである。

　このような懲戒処分は、労働契約における法的主体の自由や平等性、そして労働基準法における「対等決定原則」や「人間的な労働条件」の原則を形骸化し骨抜きにしている。そして懲戒解雇を受けた労働者は人間としての尊厳を否定された苦痛を回復されぬまま、流動化する労働市場のなかで負のスパイラルに落ち込んでいくのである。このような分析評価に対しては、懲戒処分の負の一側面に過ぎないのであり、この懲戒により日本企業は企業体としての純粋性を守り社会に貢献してきたとの強い意見もある。企業内で行われる、企業の担い手である労働者の人間の尊厳を否定する「刀」（「最後の手段」といわれているが「伝家の宝刀を抜く」などとつい最近までいわれたのである）は、企業の内・外にも同様の機能を持つようになっているとみるのが社会学的にみて正しい。

　かつて、筆者は国鉄時代からのJRの日勤教育に対して「懲罰的労働関係」と批判したが[19]、最近JR西日本のこの労務方針が安全運行との関係で変化改革に動き出したことを肯定的に評価したい。それは「ヒューマン・エラー」に対して懲罰でのぞむことは、「ヒューマン・エラー」を自己責任の枠内に押し込んでしまい、避けることのできない過失による交通事故の発生を回避するため、安全運行を生命とする鉄道事業の根幹を守ろうとする取組みであり、懲罰による労使関係、実は労働者の労働のあり方を使用者側の一方的な意思との従属によって確保することが最善の方法であるとの従来の労務人事方針を転換、改革することに踏み出すことになると思うからである。この際の報道にもあるように[20]、故意によるエラーや大きな事故につながった場合の措置はどうするのかと

---

19) 拙稿「労働者の人格権擁護の課題──『命令・服従』の日本的労使関係からの脱却」労働法律旬報1613号（2005年）4頁以下。本書第2編第6章二、190頁。
20) 毎日新聞2015年12月4日付夕刊。

いったことが課題の一つになると筆者も考えるが、故意は運転関係者としての不適格として対応すること、事故発生につながった「ヒューマン・エラー」に対しては、その結果によって責任、措置に差を設けることには合理性があるものと考える他ない。

いずれにしても現在の労使関係における懲戒処分の目的と機能が使用者の労働者人格への支配と強い結びつきを持っていることは、否定できない。

4 「懲戒」に対する法的規制の検討
(1) 戦後労基法制定過程と制裁規定

戦後労働基準法の制定過程は『日本立法資料全集』[21]により知ることができる。

これによれば政府は昭和21年7月22日に労務法制審議委員会（第1回総会）を開いて「労働法保護に関する法律案（仮称）」の立案を依頼し、その構成は「学識経験者」9名、「事業主側」8名、「労働者ないし政党側」7名、「政党側」5名とされ、同委員会は法案起案にあたる小委員会（労使および中立の委員4名）を設け、委員長には末弘厳太郎博士が選任された。[22]

準備期の最終段階の二つの草案（第四次案、昭和21年6月3日、第六次案、同年8月6日）の冒頭に要旨が添付、綴じ込みされており、就業規則に定める罰則規定の最高限を制限する原則（第四次案では労働基準法草案の要旨の24、同25）が規定されていた。第四次案の「第八章　就業規則の作成並びに届出の義務」[23]の項の欄外には、「各国立法例」のなかに、

　　　日本（大正15・12□□）
　　①、減給過怠金　一回の過失に対し一日賃金の半額、総額に於て三日分（已むを得ざる場合五日）
　　②、出勤停止七日
　　③、懲戒解雇の例
　　（略）
　　制裁の種類
　　①、譴責、②、出勤停止、③、減給、④、降格、⑤、即時解雇が摘示されている。[24]

---

21) 渡辺章編集代表『日本立法資料全集51 労働基準法（昭和22年）(1)』（信山社、1996年）、『同52 (2)』（1998年）。
22) 渡辺・前掲注21) 51(1)39頁。
23) 渡辺・前掲注21) 51(1)41-42頁。

また、第五次案修正案には「制裁規定の制限　第八十六条」の欄外注記として「制裁は社会通念上認められるもの」との記載がある。[25]

昭和21年5月28日、吉本広作労政局労働保護課長がGHQに対して行った第三次案（5月13日）への解説（英語）資料によれば、

> 第七十六（条制裁規定の制限）［八十五条］　一般に就業規則では、四種類の制裁が定められている。それらは（重いほうから順に）、即時解雇、減給、出勤停止、譴責である。たとえば1934年の兵庫県では、以下のとおりであった。
>
> 即時解雇　488件
>
> 減給　1,032件
>
> 出勤停止　47件
>
> 譴責　1,095件
>
> 即時解雇は、本草案の第17条（解雇予告——筆者注）によって制限された。減給は最も数が多く、かつ労働者にとって過酷な制裁である……。ほとんどの事業主が一回の制裁として3日分の減給を行っており、その総額に対する制限はない。そこで、本条を設けることにした。出勤停止はそれほど例が多くないし、また労働者はその間、休むことができる（もちろん無給となるが）。譴責は、労働者にとってさほど過酷でない。

と整理されている。[26]「第八章　就業規則」「三　表彰および制裁」について、「草案では、これらの種類と程度を明記するよう要求している。」[27]との記載がある（第三次案では、第72条は、「表彰及び制裁の定め【が】あるときは其の種類及び程度に関する事項」とある）。[28]

また「吉本氏による短い注釈」は、第六次案の労務法制審議会とその小委員会の議論メモであるが、「第八十五条（制裁規定の制限）　末弘博士と他の数名の委員が、職務上の失敗に対して行われる控除は本条の対象外にせよと主張したが、採用されなかった。いちいち民法の損害賠償を適用するよりも、制裁を行うほうが、労働者、使用者の双方にとって便利である。」との記載がある。[29]

昭和21年7月22日の労務法制審議会第1回総会では、労政局長からの労働

---

24)　渡辺・前掲注21）51⑴233頁。

25)　渡辺・前掲注21）51⑴269頁。

26)　渡辺・前掲注21）52⑵23-24頁。

27)　渡辺・前掲注21）52⑵23頁。

28)　渡辺・前掲注21）52⑵212頁。

29)　渡辺・前掲注21）52⑵45頁。

組合および使用者団体への質問書が出されたことへの説明が、寺本労働保護課長からなされ、就業規則については、「現在の工場法の施行規則では、就業規則を定めてをります。しかしその効力についてはなにも規定がありません。就業規則は職場内の規則でありまして、ある場合には労働者の参加が認められてをることもあるし、団体協約で定められることもあるのでありますが、いまの法規では、就業規則についての労働者の参加についてはなにもきめてをりません。制定手続としては、労働者を参加させるかどうか。またその規則内容、規定の内容について処罰などで即時解雇、それから罰俸、出勤停止、譴責などといふ内容が規定されてをりますが、それについて法律で制限を加へるかどうかといふやうな問題があります。最小限の制度（限）を加へていくかどうかといふやうな問題がありますので、それを問題にしてお尋ねしてをるわけであります。」と報告されている[30]。

そして8月2日（第4回小委員会）では86条について、

> 末弘　減給の制裁の場合製糸工場の不出来の減給はどうなる
> 　　　　おしゃかはどうする
> 課長（桂）　製糸は減給ではない（こゝの問題でない）。おしゃかの場合処罰と制裁は別としたい
> 末弘（桂）　賃金的なもの（おしゃか）も含んでゐるから減給の意義をはっきりする
> ◎減給の点を研究
> 志賀　86条は不要ではないか

との議論がなされている[31]。そして第六次草案をめぐる公聴会（『労働基準法草案に対する公聴会意見摘録』厚生省昭和21年9月）での労使の意見では、

> 労働者側　「おしゃかの罰金」が入るなら労働者の負担があまりにも大きい、削除せよ（金属）／減給の制裁を廃止せよ（進駐軍）／繊維は出勤停止が多い、出勤停止は減給になるが本条は入るか（「入らない」との応答メモもあり）（繊維）

とのやりとりが記録されている[32]。

これらの資料から少なくとも理解されるのは、労基法制定過程においても、

---

30) 渡辺・前掲注21) 52(2)453頁。
31) 渡辺・前掲注21) 52(2)501頁。
32) 渡辺・前掲注21) 52(2)143頁。

工場法時代における就業規則の制裁処分内容に対してもっとも過酷なものであったとされる減給については、労基法によって制限することにはなったが、志賀委員（共産党）の86条不要との意見がみられるほかには、制裁規定の必要性自体の立法的な検討はなされなかったこと（労働側からは戦前からの制裁内容に対する警戒が一部でていたにせよ）である。このことは戦前における懲戒の種類や程度の実態について、改正当時の社会通念（意識）において減給処分の過酷さを労働基準法によって制限することにはなったものの、それ以外の即時解雇（予告手当を除いて）、出勤停止、譴責などについては、法による規制がそれほど必要とは認識されていないこと、懲戒処分における即時解雇に対しては、解雇予告制度で対応することで足りると考えられていたと思われる。いずれにせよ労基法制定過程において懲戒制度について根本的検討はなされていないと判断することは誤りではない。

(2) 懲戒処分の根拠

「懲戒」を論じるに当たって、焦点の一つであり、最大のテーマが懲戒処分の根拠である。懲戒処分の根拠について従来の学説や判例は、おおむね企業の秩序維持を根拠にしてきた。この秩序は資本主義下の生産（経営）における集団的作業秩序の維持を基盤にするが、企業の名誉毀損、信用失墜といった就業規則上の懲戒事由との対応（照）関係で、作業秩序とは別に、企業体という組織の名誉、信用が企業外での労働者の私生活上の行為（たとえばデモ等、政治活動による逮捕とマスコミによる公表や関電ビラ配布事件など）による企業体の社会的な損害も対象に付加されている。そして後述する法的根拠の検討にも関係するが、「作業秩序」論による懲戒権の制約が「就業規則」論により、また裁判例によっていとも簡単に垣根を乗りこえられてしまうのは、企業体そのものが「作業秩序の全体系」であることと、企業体が共同体として社会のなかに位置づけられており、日本社会での「企業」としての共同体への名誉侵害からは守らなければならないという社会の支配的な意識の存在に「抵抗」できていないからである。

(3) 「懲戒」に対する学界の議論――懲戒権法理（学説）

学説の多くは、懲戒処分を法規範や労働契約に取り込み、労使関係において懲戒処分権限を法的に許容してきた[33]。もちろん、懲戒解雇は違法であるとの有力な学説も存在する[34]。学説では懲戒解雇に至らない懲戒処分については、共同

作業秩序違反の制裁を契約法上の手段（解雇と損害賠償）では不十分であり、譴責、減給、出勤停止などの制度が必要であるとされたり、共同作業秩序の維持、確保の必要性があり、それは労使双方にあって一定の客観的性格がみられるし、「迅速な秩序回復」が組織にとって必要であり、そのため効果的対処措置（懲戒処分）を行うことが法的に許容されるとの意見もある[35]。共同作業秩序維持と懲戒処分は不可分とはいわずとも強く結び付けられているのである。そこで焦点となる共同作業の秩序維持確保というテーマに接近したい。

　原則に戻って民法における債権法の分野の一つである雇用において、人の行為を求める契約として約束した行為が（完全もしくは不完全に）履行されない場合に、それを履行していない人格主体に対して、市民法（民法「雇用」には、懲戒権限の条項はない）である債権法の違反への効果措置を超えた人格的屈辱や名誉を侵害すると理解される私的制裁が一方的に科せられることが法的な合理性において肯定できるのかである。これを結論として肯定する意見は、作業秩序維持のために懲戒は必要なもの（処分）であるとの暗黙の前提があるのではないかと筆者には思われる。また労働者の懲戒処分の同意の範囲あるいは限界は、

33）　菅野和夫は、「懲戒処分は、企業秩序違反者に対し使用者が労働契約上行いうる通常の手段（普通解雇、配転、賠償損害請求、一時金・昇給・昇格の低査定など）とは別個の特別の制裁罰であって、契約関係における特別の根拠を必要とすると考えられる。すなわち、使用者はこのような特別の制裁罰を実施したければ、その事由と手段とを就業規則において明記し、契約関係の規範として樹立することを要する」（同『労働法〔第11版〕』（弘文堂、2016年）660頁）とする。

34）　西谷敏は、「使用者が行う懲戒が法的現象となり、使用者に懲戒権があるとされる根拠は、労基法が89条1項9号で制裁に関する事項を就業規則の相対的必要記載事項とし、しかも93条において就業規則に法規範的効力を付与したことに求める他ないと考える」としたうえで、「懲戒制度を実質的に正当化し得るためには」、「第一は、共同作業を円滑に進めるための秩序・規律の必要性は、労働者の規範意識においても是認される」、「第二は、その際の制裁手段として、解雇と損害賠償という契約法上予定されている手段では不十分である」から、「作業秩序違反に対する、解雇の程度にいたらない制裁手段として、譴責、減給、出勤停止などの制度が必要となる」とする。そこで懲戒の限界について、「第一に、懲戒は共同作業のために必要な秩序を維持するためにのみ是認せられる制度で……秩序違反とは関係のない契約違反を対象とするものではないし、また、共同作業の必要性を超えた企業秩序なるもの……を維持することを目的とするものではない、……第二に、懲戒は法律上使用者の懲戒権の行使として構成されるにせよ、使用者は固有の意味における懲戒権を付与されると考えるべきではなく、……経営の規範意識によって拘束される」として、「懲戒というものが、作業秩序違反に対する契約法上の責任追及手段の不十分性を補うという点に、その法的効力が承認される実質的根拠の一つがあるとするならば、懲戒解雇という制度が認められるべきか否かはきわめて疑わしい。なぜなら、重大な規律違反を犯したが故に、もはや当該労働者を経営から排除する以外に秩序回復の方法はないと考える場合、通常解雇が十分にその機能を果し得るからである」として、「通常解雇と区別された懲戒解雇なる制度は法的には容認されるべきでないと考えられる」とする（同「懲戒処分」片岡曻他著『新労働基準法論』（法律文化社、1982年）515-516頁、518-519頁）。

自己の人格的利益の処分可能性の内にあるとの制約的な意見においてもこのことは同様であり、懲戒処分は、同意しかも就業規則による包括的同意によって法的には許容されるのである。筆者は作業秩序維持のためには懲戒処分ではない、他に充分かつ相当な方法があり、そのことは労務指示権の範囲内において、使用者の行為によって充分に効果があり、措置ができると考えており、この措置が有効に機能しない場合には労働契約における労務提供履行についての質、適格を欠くものとして、普通解雇とすることによって共同作業秩序は維持できると考える。そしてこの考えは必要悪として懲戒処分を労基法89条9号等の規定をもって先験的に適法化するとの観念、立場に立たないからであるし、また言葉の言い換えでない労使関係の実情をふまえた実質的な性質（格）によるものでもある。

---

35) 土田道夫は、労働契約は、組織に組み込まれ、共同作業に従事することによって有意義に展開されるので、企業秩序の維持が重要となる、企業秩序の維持（労働者の責任追及手段）を解雇と損害賠償に限定することは、企業運営の面からも、労働者の利益保護の面からも妥当性を欠くので、懲戒処分が承認される、しかし労働契約上当然に認められる責任追及手段でないので、これを認めるには労使の合意や就業規則によって労働契約となることを要するとする（同『労働契約法』（有斐閣、2008年）422頁）。

　三井正信は、結論としては、適法性を認めざるを得ない。その根拠は、共同作業秩序の維持、確保の必要性にある。労使双方に必要性があり、一定の客観的性格がみられる。侵害には「迅速な秩序回復」が組織にとって必要となる。その為必要な効果的対処措置、つまり懲戒処分を行うことが法的に許容される（同『基本労働法Ⅰ』（成文堂、2012年）155頁以下）。

　鈴木隆は、懲戒制度が現行法秩序の下で承認される契機は、懲戒がもたらす不利益を承認することを通じて使用者による「解約の自由」がもつ決果的不利益の回避を期待するところにある。拘束の契機は、法的承認が直ちに拘束の対象にはならない。拘束の契機は、労働者自身の合意しか考えられない（同「企業の懲戒、制裁」『講座21世紀の労働法第6巻　労働者の人格と平等』（有斐閣、2000年）146頁）。

36) 盛誠吾は、懲戒処分が、「以下のような種々の実際的な機能と効果を伴うに至る」として、「第一に、懲戒処分は、……労働者の一定の行為義務違反に対する威嚇、報復、矯正などの刑事罰類似の目的を伴う一種の私的刑罰として機能し、……第二に、……一般法上の措置の要件が満たされない場合にも使用者による責任追及を可能とし（補充的機能）、……制裁を科すものである点において、一種の自力救済としての機能すら有する」と指摘したうえで、人格的利益侵害の「違法評価を免れうるための契機が存在するとすれば、それはやはりここでも労使間の合意に求めるほかはないと考える。すなわち、懲戒処分が法的に許容されるためには、使用者がそのための労働契約上の権能を有することに加えて、さらにそれらを懲戒として行使しうることについて労使間に事前の合意が存在し、しかもそれが現行法秩序の下で許容される範囲内のものであること、わけてもそれが労働者の同意に基づく自己の人格的利益の処分可能性の限界内のものであることが必用である」。「そのような合意は、実際には就業規則の懲戒条項を媒介とした懲戒手段および懲戒事由についての包括的合意としてなされ、またなされざるをえない」とする（同「懲戒処分」『現代労働法講座10　労働契約・就業規則』（総合労働研究所、1982年）235-236頁）。

債権契約において、不完全な履行なり不履行がある場合、その履行を求める催告はできるし注意もできる。そして作業秩序の協働者や施設への危険な侵害に対しては相当な対応として除去、すなわち作業ラインからの一時的な排除もできる。そしてこの一時的な排除による賃金請求権の存否は、民法536条の危険負担の問題であって、懲戒としての出勤停止処分の効果ではない。そして処遇上の（不利益をともなわない）再三の注意の効果がない場合は、使用者による労働者のその職場からの異動は、人事権の行使として、すなわち職場の配置権で充分に可能である。異動先の職場での同種非違行為発生によって求めた労働能力の質が得られないとの判断がなされる場合には最後の手段としての普通解雇もありうる。もちろんこの解雇には客観的合理性と社会的相当性が必要である。戒告、減給そして休職といった懲戒処分は作業秩序回復措置には不要である。懲戒処分は債権法上許容できない人格的利益の侵害である。

このような懲戒処分を違法とする考え方は、懲戒処分に対する法原理からの検討、要請から導かれる。

(4) 諸外国における懲戒制度と法規制

ドイツ、フランス、イギリス、アメリカの懲戒制度についての紹介として、概観できるのは、労働政策研究・研修機構から出されている『諸外国の労働契約法制[37]』である。比較法的にみて、筆者がこれからの必要な作業して考えるのは、それぞれの国における懲戒処分の実態（対象となる事実（由））と、労使関係における懲戒処分の現実の機能、役割そして法の原則なり基本権からみて、懲戒処分について考察されている学説内容等である。

前述した筆者の問題意識との関連でこれを見ると、ドイツでは事業所組織法にもとづく事業所委員会の共同決定事項としての制裁手段（罰則規定）としては、訓告、譴責、制裁金等があり、解雇（日本でいう「懲戒解雇」）や賃金グループ格付けの低下は許容されない。これらの事業所罰と労働契約上の義務違反による制裁とは区別されており、労働契約および労務指揮権は、事業所罰を科す法的根拠とはならない。労働契約上の制裁としては、警告、違約罰、解雇があると整理されている[38]。

フランスでは、法的根拠について契約的解釈から破棄院が契約上のものでは

---

37) 荒木尚志＝山川隆一＝労働政策研究・研修機構編『諸外国の労働契約法制』（2006年）。
38) 荒木ほか・前掲注37）132頁〔皆川宏之＝橋本陽子執筆〕。

なく、企業主に固有の権限があるとの制度的解釈をとり、1928年の立法改革により司法的コントロールをかけることにより、濫用から労働者の保護をはかれるようになったこと。非行の事実を知った時から2か月以内に懲戒手続を開始しなければならないこと。戒告、出勤停止、配転、降格等懲戒の程度が重い場合には、懲戒手続も複雑になるが、これが通常の手続である。非行内容から出勤を即時に停止することが正当な場合、使用者は処分確定するまでの間、仮の出勤停止（保全的出勤停止措置）を言い渡せる[39]。

イギリスでは、懲戒処分の根拠は経営特権と雇用契約に求められ、前者のものには裁量によるボーナス不支給等があり、後者には制裁金、停職、降格等がある。そして労使双方が法定解雇、懲戒手続に従うことが法律上義務づけられている。処分類型としては、譴責、罰金、減給（書面による合意が要件）、停職（明示の契約条項や就業規則、労協慣行により契約内容となっていること）、降格、配転、そして解雇である[40]。

アメリカでは労働協約による規制と、差別禁止法による間接規制であり、契約法的な規制はない。懲戒事由として、暴行行為、窃盗は、即時解雇、それ以外の非違行為については、①口頭注意、②書面による警告、③休職、を経て最終的に解雇になる、とされている[41]。

以上からみれば懲戒制度は一様ではないが、アメリカを除いては、法的コントロール（規制）が日本よりは強い（司法手続も含め）ものがあるが、前述した「実態と機能」、「判例」「法理」などがさらにそれぞれの国毎に解明される必要があると考える。

まとめ——法の原理と懲戒処分

これまで見てきたように労使関係における懲戒制度とその実態が日本社会の戦前からの社会意識に支えられ、これを包含した「法」として残存しているなかで懲戒制度への根本的な批判は基本的人権規定と憲法の人権保障の基底にある法の原理からなされる必要がある。筆者は法の原理として「法の支配」の下にある「人間の尊厳」（個人の尊重とは異なるもの）、「平等」、「自由」、「連帯」、

---

39) 荒木ほか・前掲注37) 252頁〔奥田香子執筆〕。
40) 荒木ほか・前掲注37) 320、335頁〔有田謙司執筆〕。
41) 荒木ほか・前掲注37) 398頁〔池添弘邦執筆〕。

「社会的公正」の5項目を考えるのであるが、人類の歴史以来現代社会においても類としての人間社会の存在の条件は、一人の人間が社会関係のなかで誕生し、その生を終えるまで、またその生を子どもたちにバトンタッチをしていくことも含めて、人としての社会は進化の過程からも前記の5項目を維持、継続の基本としてきたと認識するからである。

懲戒処分の目的が労働者への教育効果とするならば、労働の提供の完全な、あるいは適正な履行確保のための代替手段・方法はほかにもある。それゆえ懲戒処分の現実の目的・機能そして懲戒処分の強固な存在は、やはり使用者の労働者に対する支配にあるとみるのが正解である。そうである以上、いま一度労働法の理念なり目的、そして憲法における基本的人権の保障さらには法の原理から労使関係における法的主体間において不平等であり、対等性を持つことがない一方的な懲戒処分を検討することが必要であると思われる。

それは懲戒処分が特別の制裁罰であり、常に処分を受けた労働者への人格的利益を侵害し、名誉を毀損するものであるとの理解、認識の延長線上に存在したものである。対等の平等な市民間の債権契約としての労働契約関係に、使用者が一方的に労働者に対して制裁を行うことは、人間の尊厳と平等を基本原理とする憲法の人権保障に反し、法の原理からこれを法的に許容することはできないということの確認であった。

それは契約の不履行への債権法上の措置とは異なる特別の制裁罰を契約し、合意内容に取り込むことはできないということであり、経済的従属のもとで成立する労働契約関係であることによる対等合意でない、という場面とは別の性格のものである。

このことは、対等な当事者関係において成立する町内会等の自治・共同体においても、町内会の約束事（たとえば定例行事への不参加）なり、規約違反（たとえば自治会費を納めないなど）に対して、自治会が役員への立候補を制限することや最終の局面では除籍（会員からの排除）ということがあっても、私的制裁（罰）である懲戒処分は行うことは予想されていないのである（戦前においては「村八分」といわれるような人格の自由への侵害も存在したが、今ではこの不法行為該当性は社会の共通認識となっていることからも理解される）。

筆者は「法の正義」について、司法における法の形成過程に参加するなかで「人間の尊厳」、「平等」、「自由」、「連帯」、「社会的公正」を法の原理的な価値

として考えてきたのであるが、その中核は「人間の尊厳」である。そしてその「尊厳」を確立、確保するために、人間としての尊厳のあり様、存在形態として、「自由」と「平等」な人間関係を措定する。そして自由であるためには、平等な人間相互の関係が必要であり、連帯（博愛）、すなわち人間同士による共同関係のあり方は不即不離の関係である。筆者は、こうした原理は、実は人類の生存の条件として歴史的に共通の理念として確認されてきたものであること、相互に関連し合いながら、密接不可分であったし、人間としての存在そのものからくると考えている[42]。個人の尊重は市民法的自立の自由であるが、人間の尊厳は連帯的であり、すべての人が平等であることを確認することにつながると考えている。

　こうした「人間の尊厳」を擁護する社会は、社会のなかに「公正」を実現する営みをも継続するのである。「法の正義」は、社会全体の「正義」と関連し、重なっているし、裁判における正当性の実現もその過程でもあり、個々の事案からみれば、目標でもある。このように「法の正義」からみて、労使関係における懲戒処分は、その目的と根拠、内容（効果）において、「自由」と「平等」原則に違背し、労働者の「人間の尊厳」を明白に侵害するものである。懲戒は企業体もしくはその代表であり、執行機関である使用者が持つ、労働者への支配力の行使であり、債権債務関係である労働契約関係（市民法上の雇用契約上も）を超えた裸の実力の行使である。この支配力、実力の行使を労働条件保護法である労働基準法と労働契約法（労基法18条の2の労働契約法への取り込みからも保護法であることは肯定される）における対等であるべき労働契約の内容に取り込むことは市民法原理からも肯定することはできないのである。そして懲戒処分を労働契約内容とすることは、とうてい「法の支配」のもとでの法の許容するものではないと筆者は確信している。企業が「懲罰的労使関係」論をすみやかに脱却して「水平的（フラット）な」労使関係を確立し、継続可能な社会の基本単位として存在することを期待したい。

---

42) 共通の問題意識をもつ論稿として、内藤淳「人間本性論を回避して人権を語り得るか——進化心理学的人権論の可能性」井上達夫編『講座人権論の再定位5　人権論の再構築』（法律文化社、2010年）135頁。

第2章　表現の自由、組合活動権と懲戒権限

一　関西電力（譴責処分）事件の今日における検討

1　事案と一・二審判決の紹介
(1)　事案の概要

関電（尼崎第二発電所）に勤務する労働者（高馬士郎氏）が1969（昭44）年元旦に、「1969年を、力を合せ素晴らしい年に！」と題するビラ約350枚を尼崎地区の社宅に配布したところ、その内容が、会社を中傷、誹謗し従業員に動揺を与えて企業秩序を乱すものとして会社が同年1月末日に労働者に譴責処分を行ったものである。ビラの内容の趣旨は、新年にあたって関電の労働条件の劣悪な状態を訴えるとともに安保条約の改訂を迎える1970年がどんな年になるのか、を同僚にアピールするためのものであった。

配布した労働者らは関電労働組合内のかつての電産時代の産業別運動をすすめてきた従業員らの影響を受けた人たちであり、このビラは組合役員の経歴もあるが少数派の組合活動としての性格をもっていた。

(2)　一・二審判決の紹介

一審判決（神戸地尼崎支判部昭49・2・8労判199号50頁）は、慰謝料は認めなかったが、譴責処分を無効とした。その理由はビラの内部に一部事実との相異があり、全体として会社を中傷・誹謗しているものがあるが、ビラ配布の対象が従業員とその家族であり、このビラによって悪影響や不信感をもつことはない、ビラの表現方法にある程度、誇張にわたり激烈になっても原告の学歴、職歴、地位、組合役員などの経歴を考慮すればやむを得ない、原告は資格、昇給の面で劣った処遇をうけており、職場の行事からも除外されており、このことの不満や疑問に、会社は納得いく措置を講じず、これを解消すべき配慮を怠っていることは、ビラ配布の遠因であり、会社にも一斑の責任があり、就業規則の「特に不都合な行為ではない」とした。

これに対し、原審（大阪高判昭53・6・29労判302号58頁）は、神戸地裁判決

を取り消して、この処分を適法とするため、労働者は労働契約において付随義務として、労働者が企業の内外を問わず使用者の利益を不当に侵害してはならないのはもちろん、不当に侵害する恐れのある行為を慎むべき忠実義務を負う、とした。

労働契約として労働者が「忠実義務」を一般的に負うとの高裁判断は、従来の裁判例には例がなかった。最高裁判決は、労働者側の上告を棄却する判断を行ったが、忠実義務論の採用はしなかった。しかし、労働者のビラ配布の組合活動性についてこれを認めなかった。

2　最一小判の判断と批判

(1)　判旨（最一小判昭58・9・8労判415号29頁）

①労働者は、労働契約を締結して雇用されることによって、使用者に対して労務提供義務を負うとともに、企業秩序を遵守すべき義務を負い、使用者は、広く企業秩序を維持し、もって企業の円滑な運営を図るために、その雇用する労働者の企業秩序違反行為を理由として、当該労働者に対し、一種の制裁罰である懲戒を課することができる。

②職場外でされた職務遂行に関係のない労働者の行為であっても、企業の円滑な運営に支障を来すおそれがあるなど企業秩序に関係を有するものもあるのであるから、使用者は、企業秩序の維持確保のために、そのような行為をも規制の対象とし、これを理由として労働者に懲戒を課することも許されるのであり（最高裁昭和45年(オ)第1196号同49年2月28日第一小法廷判決・民集28巻1号66頁参照）、右（上記のこと）のような場合を除き、労働者は、その職場外における職務遂行に関係のない行為について、使用者による規制を受けるべきいわれはないものと解するのが相当である。

③本件についてみるのに、右（上記）ビラの内容が大部分事実に基づかず、又は事実を誇張歪曲して被上告会社を非難攻撃し、全体としてこれを中傷誹謗するものであり、右（上記）ビラの配布により労働者の会社に対する不信感を醸成して企業秩序を乱し、又はそのおそれがあったものとした原審の認定判断は、原判決挙示証拠関係に照らし、是認することができないではなく、その過程に所論の違法があるものとすることはできない。

④上告人の右（上記）ビラ配布行為が思想の表現の面を有するからといって、

これに対し懲戒を課することに公序良俗違反の違法があるということはできず、また上告人による右（上記）行為をもって労働組合の正当な行為とすることはできないというべきである。」として労働者からの上告を棄却した。

(2) 批判

この判断は、以下四点において事実の認定評価および法の解釈を誤まったものである。

第一に、企業秩序維持のため懲戒権限を肯定する場合においても、本件ビラ配布が会社の秩序を現実かつ具体的に乱したものでなければ、秩序維持を前提とする懲戒権限は発動できないものと解釈すべきである。本件ビラ内容は、会社の労働者、労働条件に対する批判や非難を含んでいるとしても、このようなレベル、内容をもって企業秩序の現実的侵害を肯定することは困難である。会社もまた反論の自由を有しており、例えば社報や職場会において、このようなビラ内容への反論は充分にできる。このビラ内容の配布が企業秩序を侵害したと認定するためには労働の場というか、労務提供の場（企業施設）と関わりのない労働者の表現行為そのものが会社施策への批判、非難である以上は、会社の秩序を乱すという抽象的、観念的な、そして会社への批判は、労働者にとっていかなる場合にも許されないとする法理に行き着かざるを得ないのである。

第二は、本件ビラ配布の活動を労働組合の正当な行為とすることもできない、と判断したことである。この上告審段階では、既に会社の原告ら少数派グループの人権侵害行為の違法性をめぐって神戸地裁において訴訟が継続しており（上告審は人格権に対する尊重を判断した最三小判平7・9・5労判680号28頁）、また本件一・二審を通じて（もちろん上告審としても）労働者らの組合内少数派としての組合活動性（高馬氏の組合経歴もある）は、認定され肯定されなければならなかった。

原審はこの点について「組合員の活動が正当なものといい得るためには、それにつき組合の明示もしくは黙示の承認があり、または承認があるとみることが労働常識上是認され、使用者にこれを受忍させることが労使対等の原則上、妥当と認められることを要するところ、組合はビラの配布を認めていないから正当な組合活動とは認め得ない」と判断し、当時も今日からみても誤った判示をしていたのである。

この当時の労使関係の展開のなかで、組合執行部多数派の活動に対して、対

抗的にまた会社労務方針に対して強い批判をしていた少数派の組合活動への規制を会社が組合多数派に代行して行ったものと評価できる側面も存在した、というのが実態であるとみることができる事案でもあった。この組合活動性の否定については、上告審判決を掲載した判例時報（1094号121頁）、判例タイムズ（510号97頁）も紹介部分において批判的に紹介している。

筆者の理解する限り、現在の法解釈上組合多数派（執行部）の承諾を得ないでなされた少数派の組合活動（ビラ配布など）が、組合民主主義の視点から正当な組合活動として法的保護は受けるとするのが多数の学説が肯定するところと考えられる。

この点において大阪高裁は、誤った法律解釈をしたし、最高裁も前述判旨において共通の誤りを犯したのである。

第三に懲戒権限の根拠として、判断は「労働者は、労働契約を締結し、雇用されることによって、使用者に対して労務提供義務を負うとともに企業秩序を遵守すべき義務を負い」、使用者は「一種の制裁罰である懲戒を課することができる」と判示したことの法解釈の誤りである。

労働契約は、労働者と使用者の債権契約関係であり、労働者と使用者はいずれも法的主体として対等かつ平等な立場にたつ契約関係である。労務提供は使用者の指示の下に行われる。いわゆる他人決定下にある労働の履行であるが、使用者に対する労働者側の信義則上の義務からは非対等な、人格的屈辱を伴う制裁罰としての懲戒を市民法上ましてや対等な関係をめざす労基法上から導き出すことはできない。この理解、立場からは労基法89条9号の制裁が懲戒処分を予定しているものとして、立法として削除される必要がある（同91条の減給は別途の検討とする）。集団作業や企業組織的統一の要請を肯定することによっても市民法が予定する債務不履行に対する対応措置以上となる制裁罰は「人間の尊厳」という法の理念にも反するものとして法的に許容されない。

この論点については、本書第2編第1章を参照されたい。

第四は、ビラ配布という表現の自由の行使に対する規制は、必要最小限度の制約でなければならず、具体的に企業の利益を侵害する「明白かつ現在の危険」の基準が求められるにも関わらず、前述のとおり「配布行為が思想表現の面を有しても」懲戒処分は公序良俗に反しないとしてビラ配布の表現の自由を歪小化させ、懲戒処分を「公序」の枠内に入れて処分を有効とした点は、憲法

上の人権としての表現の自由に対する配慮をみることができない。

本件事案が少数派の組合活動としてのビラ配布である以上、この配布に対して会社が、これを嫌悪し、将来において同じ活動が行われないように懲戒処分でのぞむことは、法の正義、法の支配の立場からは肯定できない。

このことは、組合活動に対する懲戒処分一般に共通するが、このような会社の対応には団結活動に対する報復的な、むしろ7条3号に違背する支配介入の企図を否定することは労使関係の実態からみても困難であると言わざるを得ないと考えられる。

<small>参照文献
角田邦重＝小牧英夫＝村山晃＝豊川義明＝速水二郎＝三木谷英男「座談会／労使関係における労働者の人格価値の擁護をめざして——関西電力思想差別事件・大阪高裁判決から（平3・9・24）」労働法律旬報1279・1280号（1992年1月25日）27-46頁。</small>

二　企業批判（告発）本の正当性を認めた三和銀行事件

1　本件事案の概要と特徴

都市銀行である三和銀行（現UFJ銀行）に雇用されていた原告ら19名が、組合内少数派として活動してきたが、これに対して会社より差別を受けたとして企業に対し不当差別人事の是正に関する要求を出していた。これに関わる各原告らの手記の執筆、寄稿を月刊『銀行マン』編集部がテーマ毎に整理し、『トップ銀行のわれら闇犯罪を照らす、告発する銀行マン19人と家族たち』として、平成4年7月出版した（本はB6判307頁）。これに対し会社は、この本が会社を誹謗・中傷するものであり、そのなかには虚偽もしくは事実を著しく歪曲した表現が含まれ、会社の名誉信用を毀損した等として、就業規則に基づき原告らを平成5年2月28日に戒告処分した。これらの戒告処分の無効と慰謝料請求を求めたことに対する判決が、三和銀行事件・大阪地判平12・4・17（労判790号44頁、松本哲泓・川畑公美・和田健各裁判官）である。判決は会社の戒告処分を無効としたが慰謝料請求は認めなかった。

本件事案の特徴としては、企業批判の形態としてこれまではビラが中心であったが、本件では1冊となった単行本であり、市販されていること、また会社が原告の19名のそれぞれに対し、問題としてとりあげた箇所がかなりの部分（217項目）となることである。処分対象事実の多さも注目される。またこの処

分は、原告らが会社の賃金等処遇上の差別の是正を求める活動のなかでなされたものであるが、実は平成5年2月6日に原告らの一部が実名でテレビに出演し、会社のサービス残業の実態を告発したことに対する報復的な性格をもった処分であることも含め、原告らの会社の労基法等に違反する労働実態への内部告発の正当性が争点となっていた。

2 裁判における立証上の工夫

　労働者個人（組合内少数派の活動家）の言論活動の自由については、過去に関西電力事件（高馬事件）で社宅に配布したビラの内容につき「大部分事実に基づかず、または事実を誇張歪曲して会社を非難攻撃し、全体としてこれを中傷誹謗するもの」であり、この配布が「企業秩序を乱すおそれがあった」として、大阪高裁判決（昭53・6・29）を是認する最一小判昭56・9・8（労判415号29頁）が存在していた。

　原告らの長い期間にわたる少数派としての組合活動と、これに対する会社の嫌悪と不当労働行為が存在するにしても、原告らの体験的な事実と、この評価、会社の労務政策への原告らの鋭角的な批判が全体として正当性を持つと判断されるのか、そして原告らの表現内容の逐一が事実と異ならないと評価できるのか、極めて困難なテーマであった。また問題であるとして指摘された事実と評価（部分）の個別、具体的な立証活動になれば、10年以上の長期裁判も予想された。

　弁護団としては、対象となった行為を分析類型化すること、これと会社の労務施策の不当性を結びつけ、この施策への批判としての組合活動性を明らかにすることにした。

3 判決の内容および判断の方法
(1) 本書の内容についての全体的評価

　判決は、本書の内容について「概していえば、被告における経営姿勢や人事政策、労務政策を批判し、原告らに対し、思想または性による昇級、昇格、配転等において差別や嫌がらせが行われ、また、サービス残業が強いられているなどと記載するものである。そして、その批判が前述のグループまたは組合内少数派の立場からの記述であることは、一読して明らかである」とした。つづ

いて被告の経営理念、労務政策および人事制度の今般にわたってその概要を整理し、そのなかで時間外勤務の項では原告らのサービス残業是正についての労基署への申立や昇格、進級と人事考課の項では原告らの内13名が中級業務試験で2科目以上合格していないことを認定している。

(2) 懲戒権濫用の要件

判決は、就業規則の解釈等として「懲戒処分が労働者に不利益を課するものであることからすれば、これを無限定に拡大して解釈することは許されないが、懲戒規定が企業秩序を維持するために設けられるもので、必ずしも明文の規定を必要としないことに鑑みれば、懲戒規定ゆえ当然に限定・厳格解釈が要求されるとまではいえず、個別的な就業規則において、社会通念に従い、合理的に解釈すればよいというべきである」とした上で、本件図書の出版は、就業規則に該当するとし、判決は本件懲戒権濫用の要件について「形式的には懲戒事由に該当するとしても主として労働条件の改善等を目的とする出版物については、当該記載が真実である場合、真実と信じる相当の理由がある場合、あるいは労働者の使用者に対する批判行為として正当な行為と評価されるものについてまで、これを懲戒の対象とするのは相当でなく、かかる事由が認められる場合には、これを懲戒処分の対象とすることは懲戒権の濫用となる」とした。

(3) 内容の具体的評価

つづいて判旨は、本件出版物（内容）の検討（総論）として①原告らに対する思想等の差別の項において、原告らの少数派としての活動、低資格、低賃金について年功賃金的運用のなかで、低い理由につき会社から原告らに納得する理由が示されておらず、原告らのグループが揃って低ければ原告らが差別だと信じたとしても、これには相当の理由がある、とした。

また②経営理念、批判の項では、会社の経営理念は、金融自由化に対応すべき経営理念であるが、労働者がこれらの理念との関わりで労働強化に反対したり、労働条件の維持改善を主張することは、使用者に対する正当な批判行為である、とした。つづいて③労務施策への批判、サービス残業の指摘、男女差別の記載についても同様に正当な批判とした。不当配転については、原告らの具体的な活動と関連性が一般的に否定できない時期（遠い過去のこと、筆者）のものについては、これを不当な異動であるとして信じたとしても相当の理由があるとした。その上で全体的考察として、各原告の問題となった部分のうち、原

告の主張の事実が認められない箇所、不当配属（6件）について「右転勤についてまで同様にいい得るだけの根拠はないのであるが、他に差別を受けていると信じる相当な理由がある以上は、この部分でやや根拠不十分のまま記載したからといって、被告においても昇給や昇格において、差別があるかのような印象を与えている訳であるから、右記載を懲戒処分の対象とすることは、処分の相当性を欠くものといわなければならない」とした。また結婚、妊娠、出産後の勤務への嫌がらせについて「結婚をしても勤務を続けるものの少ない職場環境のなかで、女性は家庭を守るべきであるという役割分担の思想を持った上司や同僚が多くいたことは想像に難くなく、職場環境が妊産婦に対する配慮が行き届いていたとはいえないし、前述のとおり、被告の経営姿勢を批判するグループに所属していたのであるから、被害感情を強く持ったとしてもやむを得ない」とした。

(4) 結論

こうして判決は結論として、経営姿勢や諸制度への原告らの批判の表現には不当な部分があるが、問題となる部分は、217項目の1割程度であるから、懲戒処分が戒告という最も軽いものであっても、懲戒事由とされた部分の大半が事実であり、または、この記載には相当の理由があること。ユニオンショップのもとで少数派としての活動のほかにはないこと、出版の目的が原告らを含む従業員の労働条件の改善を目的としていることを総合考慮すれば、懲戒処分の相当性を欠き濫用であるとした。

4　判決の評価

判決は肯定的に評価できる。その第一は、企業社会における労働者の企業批判の自由を肯定したことであり、前記関西電力事件判決にあった表現活動において一部事実と異なる内容に対する厳しい評価ではなく、企業内において差別された労働者の心情と情報制約のもとでの表現活動に理解を示したことである。このことは、後述する内部告発における労働者の告発内容の真実性の評価、あてはめにも影響を与えることになった。

第二は、第一とも関連するが、原告らの表現活動の位置づけを歴史的に、また労使関係の展開から大局的に把握、認識するという立場にたったことである。

こうした判断手法が一部の批判された「過ぎた」表現（評価）への理解とな

った。第三は、ビラといった「一過性」のものでない市販された書籍としての表現方法と手段について相当性あるものとしたことである。企業内の関係から市民社会に公開された書籍は、大きな宣伝力をもつのであるが、この表現手段の肯定は、企業内労使関係も社会的な批判に曝されることの条件を確実にしたといえよう。

5　内部告発の正当性の要件化、そして批判の自由の確立にむけて

　企業内労働関係における労働者の労働条件向上のための批判活動、表現の自由を正当とする司法判断は、使用者である企業活動が社会の公共的な利益を侵害する場合に、労働者が企業内部から社会に通報することの正当性をも肯定することにつながっていく。実はこの「つながり」は、企業に対する労働者個人の自律的精神の成長、発展と逆に企業内労働組合の企業規制力、批判力の弱体化という事情によるものである。労働組合の社会力（社会全体への関心と影響力のことである─筆者の造語）の弱体化は、確実に進行しつつある一方、集団法というか企業団結からの保護から外された労働者個人は、憲法上の表現の自由を行使して、自己の働く場における社会的公正や正義を擁護しようとして、立ち上がったのである。

　こうした内部告発（通報）事案に対し、判例は告発内容の真実性、公益目的、手段の相当性といった要件を定立することになる。しかしこの要件のもとでも一番の問題は、事実に対する裁判官の確かな眼の必要性であり、後述するアワーズ事件での大阪地裁判決のように、事実とその評価を誤ってしまえば、いとも簡単に労働者のホイッスラー（公益通報者として笛を吹く人）としての社会的役割は否定されてしまう。この点、後述するいずみ市民生協事件での大阪地裁堺支部判決は、肯定することができる。

6　本判決の判例としての位置と事実評価の適切性

　本判決は、労働者の待遇改善と差別是正を求める表現活動について肯定評価を行ったものであり、同じような性格をもっていた関西電力事件・最一小判昭58・9・8（労判415号29頁）の否定評価を覆すものであった。

　関西電力事件の上告審に弁護団として参加していた筆者は、労働者の表現の自由について時代の流れのなかで、新たな前進を確保することができたものと

評価している。企業のコンプライアンスやコーポレートガバナンスが社会的に重要性を増し、その必要性が強調されている現代社会において、その企業に所属する主要な構成体である従業員の企業に対する自律性、精神的独立性と批判の自由は、何よりも保証されることが求められている。そして、こうした企業批判の自由とその公益性について、内部告発をめぐる裁判は、共通の価値を擁護するものである。この点、内部告発の正当性の基準について、例えばいずみ市民生協事件・大阪地裁堺支判平成15・6・18（労判855号22頁、高田泰治・竹添明夫・三井大有裁判官）では、「いわゆる内部告発においては、これが虚偽事実により占められているなど、その内容が不当である場合には、内部告発の対象となった組織体等の名誉、信用等に大きな打撃を与える危険性がある一方、これが真実を含む場合には、そうした組織体等の運営方法等の改善の契機ともなりうるものであること、内部告発を行う者の人格権ないしは、人格的利益や表現の自由等との調整の必要も存することなどからすれば、内部告発の内容の根幹的部分が真実ないしは内部告発者において真実と信じるについて相当な理由があるか、内部告発の目的が公益性を有するか、内部告発の内容自体の当該組織体等にとっての重要性、内部告発の手段・方法の相当性等を総合的に考慮して、当該内部告発が正当と認められた場合には、当該組織体等としては、内部告発者に対し、当該内部告発により、仮に名誉、信用等を毀損されたとしても、これを理由として懲戒解雇をすることは許されないものと解するのが相当である」としている。これらの内部告発事案においても、告発内容の真実性もしくは、真実と信じるについての相当な理由がある場合の表現の自由の正当性判断は、三和銀行事件における労働者らの差別是正のための告発活動、表現の自由の確保と共通項をもつものといえる。そして、内部告発事案で裁判官の判断が誤りとなるのは、実は要件論ではなく、事実の認定とその評価にある。このことを端的に示したのがアワーズ（アドベンチャーワールド）事件・大阪地判平17・4・27（労判897号26頁）である。判決は、テレビによって報道された内容への原告のコメントの一部を取り出し、告発の根幹部分（象に虐待がなされた）の真実性を救済の外にほうり出したのである。裁判官において事案の基本をみること、バランスを養うことの大切さが求められている。

7　裁判を担った原告団のこと

　裁判と司法をとりまく社会的な条件のなかで、力及ばず勝訴できない事案もある。この裁判での労働側勝訴の大きな要因は、原告団の長期にわたる献身的な労働条件改善にむけての組合活動、そして不当な差別は許さないとの人間の尊厳をかけた決意と行動であった。弁護団は、原告団のエネルギーに後押しされて、また励まされて活動を行うことができた。原告らの勇気と誇りそして献身、そして個性が背景にある。

　なお本事件は、別途大阪府労働委員会に申し立てした賃金差別事件とともに労働側が勝利的な解決をした（注、本事件についての解説として城塚健之「労働者による使用者批判の自由」労働法律旬報 1485 号 14 頁がある）。

第3章 配転と出向

1 争われる背景

　配転・出向をめぐる紛争が、労使の自主的な交渉や当事者間では解決がつかず、裁判事案になる。以下、裁判として配転・出向が争われる条件、背景について整理する。

　第一は、企業側の合理化政策である配転・出向に対して、企業別労働組合が充分にチェック機能を果たさないなかで、労働者が個人として、いわば「裸になって」法を武器にして対決せざるを得なくなっているということである。配転・出向について労働組合の抑制機能の喪失は、労使協調の民間大経営をはじめとして、使用者に対決しているが少数派となり、力不足となった組合にもあてはまる。こうした力関係のなかでは、労働協約上の協議条項ですら形骸化し、生かされていない。

　第二は、配転・出向裁判の当事者である労働者が、従来の多くのケースが企業なり職場のなかで（組合内少数派も含め）団結の中心として頑張っている人たちであったということである。筆者自身の経験でも、労働委員会での不当労働行為事件を除いて、裁判事案となった配転・出向の8割方が、こうした事例である。このことは、裁判にはならなかった多数の不当な配転・出向が背景にあることをも推測させるに十分である。

　第三に、企業の配転・出向についての無制約ともいえる「裁量範囲」の拡大のなかで、配転・出向の命令を受けた労働者にとって、配転・出向先の労働の種類・態様・場所は、相当数において受け入れ難いものであり、契約意思にも反するものとなっていることである。このことは、反面において、労働者のなかで、それまで従事してきた業務への「思い入れ」、「誇り」そして「やり甲斐がある」といった意識が、定着していることも示していると思われる。

　以上に述べた条件・背景のなかで、裁判が争われるので、1960年から1970年代においては裁判の労使の攻防の真の争点は、配転・出向命令の不当労働行為性（労組法7条1号・3号違反）および配転・出向が思想・信条による差別かどうかであり、こうして配転・出向の必要性、合理性の存否が焦点となる。そ

して裁判官の多くが、労組法7条、労基法3条といった強行法規違反の判断をできる限り回避する一般的傾向（彼らは労働関係を市民法からみる）のなかで、労働側としては、経営側の配転・出向についての説明が団交における労働組合に対しても、また当該労働者に対しても、充分になされなかったうえ、経営側内部の資料も労働者の手に入らないなかで、使用者側の配転・出向の必要性や合理性を打破するために、多大の苦労と努力が傾注される。こうして弁護側の立証・反証が成功した場合において、判例の多くは、配転権限の「濫用」論によって、労働側を救済しており、このことが学者による判例分析（判決理由を中心とするもの）において、配転命令の効力が独立して争いの対象となる特徴があるといわれる一つの根拠となっている。

一面、労働側の主張・立証においても、配転事件において、職種・勤務場所について明確な合意ある場合を除いて労働契約としての中味・内容を深める作業・努力において、不充分なことはなかったかどうかが検討されねばならない。

さて、企業より組合活動や思想・信条を理由に配転・出向命令を受けた当該労働者にとっては、その配転・出向が彼の組合活動を使用者が嫌悪して行ったものであり、新たな勤務先も意思に反するものであるということであるから、配転による職種変更なり勤務場所変更が、何としても許せないとする意識と、団結の主体的な担い手としての自分だからこそ、この配転・出向攻撃があるのだとの認識は、一体となっており、このことが個人にとって負担が大きい長期の裁判を支える動機なり、エネルギーの中心になっている。ここでは労働者は、自らの人間としての尊厳を賭けて裁判運動を進めている。こうして配転・出向裁判で企業内労働組合の支援がないなかでも、職場や地域のなかで「守る会」や「支援共闘会議」を組織し、粘り強く職場復帰を求めて運動がすすめられている今日の状況は、確実に労働者個人の権利意識が前進している反映であると思われる。

2 法理の整理
(1) 配転

次に配転・出向をめぐる法理論について考察する。周知のように、配転については、大別すれば、包括的合意説、労働契約説、配転命令権否認説の三つに分類されてきた。判例の立場は、包括的合意説と労働契約説にわかれるが、筆

者の経験では、労働契約説にたつ判例は、多くの場合労働者側を勝訴させている。一方、包括的合意説にたつ判例でも人事権濫用の有無が問題になるが、濫用を認める事例は少ない、という印象である。

　包括的合意説では、労働契約は「労働の種類、態様、場所が明示的にまたは黙示的に合意されない限り、配転に関する処分権を一般的に使用者にゆだねるという内容をもった契約」であるとされ、それは配転をめぐる労使間の意思と実態（現実）に、労働契約説よりも合致していると主張される。

　包括的合意説が、配転権限を労働契約合意の下においたことにより、裁判において使用者の配転権限の制約、人事権濫用の抑止への途を開いた歴史的な意義を評価するものの、今日の、労働者の契約意思の確立と使用者による配転権限の恣意的な運用の規制のためには、労働契約説による労働権の具体化、内実化、そして「人間の尊厳」の理念に裏づけられた新たな再構成が求められていると思われる。なお包括的合意説が指摘している労働の種類・態様・場所についての「黙示的合意」があるとみられる場合も実際上はよくあるし、また契約の意思解釈によってこのことが肯定されるならば、正しく解決される争訟も多いと思われる。

　一方、労働契約説は、労働契約によって約定された労働の種類ないし範囲内においてのみ使用者の配転命令の効力があり、約定のない場合に使用者がこれまでと異なる労働の提供を命じうるためには、改めて労働者の同意が必要である、というものであるが、就業規則などによって契約締結の際に、あらかじめ明示ないし黙示の一般同意を与えている場合は、同意は必要でないとする説が主張されるように、労働契約の内容が、無限定に解釈される場合には、労働契約説といったところで、配転権限の濫用を、契約意思でチェックすることにはならない。

　それでは、労働契約と配転をどうみるか、であるが、実態的にみて労働契約において労働の種類・態様・場所が特定される場合が多いのか、それとも少ないのか、についての判断は困難であり、この点は個々の具体的事例（実態）のなかで検討される必要があると考える。そして争訟となった（なる、といった方が正確かもしれないが）ケースでは、労働の種類・態様・場所について労働契約上の特定がなされていた、とみるべき場合がかなりの割合になっているといえるし、判決の結論は別にして、労働者の職務・職種なり勤務地の「特定あり」

との契約意思には、相応の根拠がある。

　採用時における職務内容・場所の特定についても、応募する労働者は、労働者としての経済的従属の立場にはあるが、企業の側の採用条件について、自主的に判断を行う人格の主体として、企業の側の示した採用条件についての判断を行っている。観点をかえていうならば、現に問題となっている配転先の職務内容なり勤務場所への変更が、採用時に企業側から具体的に説明されていたならば、労働者はその企業との労働契約を結ばなかったであろう、ということである（配転・出向が争訟となる条件・背景の第三で指摘したことでもある）。

　そして、この企業の示した採用条件は、明示の場合もあるし黙示の場合もある。さらに、労働契約の労働の種類・態様・勤務場所の特定は採用時に限定されていないが、むしろ今日では、採用後の労働関係の継続のなかで黙示的に特定がなされたとみるべき場合を重視する必要もある。採用時に使用者が労基法15条（同則5条）の労働条件（特に「従事すべき業務」）明示義務に違反して、明示しなかった場合に、使用者が採用後において、労働者を配置した職場によって、労働の種類・態様・場所に特定したものと認めることができる場合も充分ありうると思われる。そこで労働契約の職務内容・場所の特定の有無についての一般基準としては、労働契約締結の際の事情、その産業内あるいは企業内の慣行（この中身は当該職務が職種として確立、規範化されているかどうかの視点からのものであって配転裁判事例の多寡は別問題である）、特定職種に従事している期間等によって判断することになる。

　さて、配転についての労働協約・就業規則の規定と労働契約の関係についてであるが、労働協約において職務の内容を明確に決めたうえで、職務の変更、職種変更について労働者の同意が必要であるとするような労働者保護からみて、進んだ協約はわが国では、あまりみられない。後述の出向条項と同じく、就業規則で、使用者は「業務上必要な時は、職場・職種の変更・転職等の異動を行う」旨の条項をおくのが大勢である。この条項をもって、使用者が配転について包括的権限を取得しているとみることは、労働者の実際、意思・意識から乖離することになるし、それこそ「包括的合意」の擬制を行うことになりかねない。結局のところ、労働の種類・態様・場所といった労働契約の基本的要素について労働契約において合意がなされた場合は、労働者の個別的同意に代えて労働協約・就業規則による契約の変更は許されないと解することが、契約意思

に合致し、また労働者の労働権をも具体的に保障するものとして支持されるべきである。現在では労働契約法7条ただし書の適用となる。これらの点について、配転を無効とした労働契約説にたつ従来の判例の考え方も検討に値する。一例をあげると「職務内容の変更は労働契約の内容変更であるから、予め予定された範囲を超える程度の著しい職務内容の変更は、一方的な命令によってなしえないのであり、就業規則に『業務の都合により職場・職種の変更を命ずることがある。従業員は会社の認める正当な理由がなければ拒否しえない』旨の規定が存したからといって、従業員が無制限に職務の変更を予め承諾し、会社側に一方的な職種の変更権を与えたものと解するのは相当でなく、配転命令には自ら一定の限界があり、合理的な範囲を超える著しい職務内容の変更には労働者の同意が必要である」とする。（東亜石油事件・東京地判昭44・6・28労民集20巻3号614頁）。

こうした契約意思を重視する方向は、労働契約法による合意原則の重視、労働契約説の契約意思の解釈論を深めることにもなるが、何よりも、労働者の契約意識・権利意識を強める側面での役割も評価できると思われる。

(2) 出向

出向については、出向先企業への労務指揮権の移動とそのことについての労働者の同意が問題である。出向命令権の根拠については、労働契約のほかに就業規則・労働協約をどうみるかが焦点となる。現在、合理化のなかで、企業の系列化、関連会社化、別会社化が大規模に進行している。こうしたなかで、企業側からは「出向の配転化」ともいえる主張が盛んに出され、判例のなかにも、そうした傾向が現われてきている。こうした主張なり判例で欠落しているのは、企業間格差、親子会社、中心企業周辺企業という企業実態のなかで、技術習得などの例外的な企業規模内容の「下」から「上」への出向を除いて、たいていは「上」から「下」への出向であり、出向先が高齢者の退職先の職場であったり、なしくずし解雇の手段といわれているのも、こうした実態を反映している。争訟として出向が問題となってくるのも、こうした出向が行われているからである。確かに近代的企業において出向元における労働の種類・態様と出向先におけるそれとが、労務提供の具体的な場においては変更のない場合が多いと思われる。

しかしながら、この労務指揮権の態様において変更のないことをもって、出

向と配転を同列に論じることは根本的な誤りであることはいうまでもない。なぜなら出向の基本問題は、労働者が誰との間で契約を結んだのかという債権契約の最も基本的な内容の変更であり、市民法の継続的債権契約としての「雇用」契約上、権利義務の一身専属性は強行規定と解釈されるからである。労働契約論からみても、特定の使用者と労働者との人格的結合は、否定できないし、何よりも、労働者の生存権、労働権の具体的保障の費任を負っている特定された使用者の地位（労働者からみれば権利主張の相手方）を使用者が労働者の個別・具体的同意なくして専権的に他に移転し自らの責任を免れようとすることは許されない。この理は、在籍出向の場合もあてはまる。

さて、以上にのべたような出向の法的性格のなかで就業規則なり労働協約上の規定はどう考えるべきか。ここでも一般的に論じるのではなく、具体的・実態的にみることが必要である。

すなわち問題となった（なる）規定は労働協約であるが、出向について、「当該労働者の同意を必要とする」としたものはなく、就業規用とほぼ同一のレベルで、「業務の必要により出向を命ずることができる」といったものである。この問題を端的に形式化にするならば、就業規則や労働協約において、「出向については、労働者の同意がなくとも企業は出向させることができる」とした場合の規定と労働契約あるいは民法625条との検討になる。これまでのべてきたことから明らかなように、こうした就業規則、労働協約の出向における個別労働者の意思を排除、否定する規定は、公序良俗に反するものであるから無効とされるか、出向という労働の一身専属性にかかわる労働条件については就業規則はいうまでもなく、労働協約によっても規制できないものであり、仮に定めたとしても協約自治の範囲、合理的範囲を越えたものとして効力がないといわねばならない。

3　東亜ペイント最判を論じる──判例法理として意義の喪失

東亜ペイント（吉田）事件最判は、1986年7月4日であるが、本章は、この最判を現時点において捉え直し、すでに裁判史的には過去のものとなりつつありながら、なおかつ下級審なり労働現場では、配転の人事権の一方的な実施として企業の旧い経営感覚の下で現実的な問題紛争が発生している状況を踏まえて、法の原理から、原審の判断と最判の逆転の原因をも提示する。

(1) 東亜ペイント事件の概要と紛争の法的性格

東亜ペイント事件には、実は二つの事件（本件配転と長期出張）が併行してあり、いずれも事案の性格は労使協調路線をとる企業内組合での少数派である青年労働者の組合活動を嫌悪した会社の不当労働行為が争われたものである（事案を分析した中島正雄『労使紛争と法』有斐閣、1995年、29頁がある）。

最判事案となった吉田事件は、1974年1月の懲戒解雇事件、その翌年2月の藤原事件は、会社が大阪工場の技術者藤原を静岡営業所のセールス・エンジニアとして長期出張命令を拒否したとして、同年8月に懲戒解雇した事案である。組合民主化を求めるグループとして活動していた労働者たちに対して東亜ペイントの親会社である古河工業から派遣されてきた労務担当者は、強硬な組合活動規制方針の具体化として吉田、藤原二人の人事異動と、その後の懲戒処分を主導した。

1997年8月24日、吉田事件で大阪地裁は権利濫用で労働側勝訴の仮処分決定、1979年11月14日、藤原事件では、大阪地裁は業務上の必要性には払拭しがたい疑問があり、この命令は藤原（支部青年婦人部長）の活発な組合活動による大阪工場支部一般組合員に対する影響力を封じる意図があったとして、不当労働行為により無効とした。

一方、後述するが吉田事件・大阪地判昭57・10・25（労判399号43頁）、同大阪高判昭59・8・21（労判477号15頁）は、業務上の必要性の程度は低く、吉田が被る不利益との比較較量を行い、いずれも配転命令を濫用無効とした。

吉田事件に関与した裁判官らは事案の性格と配転命令の真実の目的を心証には持ちながらも濫用論という上級審で破られにくい判断枠組みを使用したのである。二つの事案において配転・出張命令を受けた労働者は、この時期になぜ自分なのかについて会社の不当な意図を見て撤回をめざしたが、自主解決ができず裁判に及んだのである。一方会社は、彼を選択した合理性・必要性を主張・立証することになり、その異動が不当労働行為でないと反論したのである。こうした裁判の展開のなかで大阪高裁判決の判示の一部のみを取り上げて、最二小判昭61・7・14（労判477号6頁）は「余人をもっては容易に替え難いといった高度の必要性に限定するのは相当でな」く、労働力の適正配置、業務の能率増進、労働者の能力開発、勤労意欲の高揚、業務運営の円滑化など企業の合理的運営に寄与する点が認められれば業務上の必要性があるとした上で、本件

では名古屋のK主任の後任として適当な者を転勤させる必要があったので吉田（営業主任）を転勤させるのは優に業務上の必要性はあるし、彼の家族状況は「通常甘受すべき程度」のものとして本件配転命令は、権利の濫用ではないとした。この判断は従来の配転裁判事例における権利濫用論の枠組みを変え、濫用無効の判断余地を著しく制約したものである。

(2) 不公正な権利濫用論

最判は、「権利の濫用」という言葉を使用しているが、この提示した枠組みは、いわゆる権利濫用論ではない。従来の配転事件における濫用論は、使用者の配転の必要性と労働者の配転による不利益性を客観的かつ合理的に（すなわち司法審査として）比較衡量するという基本的な枠組み、スキームを持っていた。しかも、その配転の必要性については、当該労働者をその勤務に異動させるだけの必要性があるのか、労働者の不利益については、単身赴任となる場合や、家庭生活上の種々の事情（家族の介護など）、そしてこれの不当労働行為という団結上の不利益も含めて比較衡量がなされてきた。

筆者の担当した他の配転事件においても、配転が労働者の組合活動を使用者が嫌悪することによって行われたものも多くあり（松村組事件、大阪豊島事件、全日空尾崎事件など）、こうした事案においては、使用者が当該労働者を配転する必要性があるのか、その（必要性についての）客観的合理的な根拠を事案から使用者に問いかける形で、裁判が展開するのが実情であった。

配転命令を受けた労働者が配転辞令を拒否してまでも（懲戒解雇を受ける覚悟で）、その無効を求めて裁判に立ち上がるのは、赴任先に他の人ではなく、なぜ自分が行かなければならないのか、それは、自分の思想信条なり組合活動が故であり、これに闘わず配転命令に従っていくことは、自らの人生、「人間としての尊厳」を放棄することになるという確信と決意にあったのである。通常、他の労働者と同様（差別なく）になされた人事異動（配転）が裁判になったケースを、筆者は知らない。

東亜ペイント事件において、高裁（原審）が吉田氏配転を「余人をもって代えがたい必要性がない」から配転権限が濫用であると判断したのも、この事案が、当時の東亜ペイント労働組合（当時の同盟系）内の少数派であった吉田氏の組合活動と思想信条を理由とする配転事案であるとの実態（実質）が、紛争の基本にある、と実は下級審が判断していたからである。これに対し最判は、

使用者側の業務上の必要性を「企業の合理的運営」という広範な経営なり、人事の裁量範囲に取り替えるとともに、労働者側の不利益性については、そのハードルを上げ、その要件を厳格なものとした。すなわち「通常甘受すべき程度を著しく超える」不利益なものでなければならないとして、労働者の家庭生活上単身赴任は、通常甘受すべきもののなかに取り込んだのである。最高裁は、本件事案の実態、本質が不当労働行為としての配転であることを二審までの証拠によって判断し、自判できるにもかかわらず、濫用要件のなかに「不当な動機、目的のある場合」という新たな要件を入れ、大阪高裁に差し戻したのである。しかし不当な動機・目的、取りわけて本件のような不当労働行為の場合は、人事権濫用ではなく、労組法7条1・3号違反として、強行法規に反する無効になるものであって、差戻しについては、濫用と強行法規違反に分けて、審理を尽くすよう差し戻すべきであったがこれをしなかった。補足していえば、最判の判旨による「企業の合理的運営に寄与することがない」業務上の必要性のない場合といった事情は、現実の配転紛争事案では極めて稀なものになってしまうであろう。

以上みてきたように最判は、従来の配転紛争裁判事案における企業の配転権限濫用論とは、異質なものであって、利益衡量論の基準を不公平に労働側に酷しくしたものであって、筆者にいわせれば「歪曲された」濫用要件論と評価できる。

この最判が、1986年という時期に上告棄却でなく突如出された背景には、1986年11月28日に成立する国鉄改革法に前後する国と企業の人事流動化策の新たな展開に呼応する司法官僚層の企図、思惑をみることができるのではあるまいか。この最判の前後の国鉄における「職場規律の是正」による労使慣行破棄、職員管理調書作成（1986年4月）から、人材活用センターの1,010か所設置（1986年7月1日）等の展開には、この最判が国鉄当局に「自信」を与えた側面があり、また、このことは国鉄労使関係にとどまることはなかったのである。このことを最判以降の配転裁判事件からもみることができる（帝国臓器事件・東京高判平8・5・29労判694号29頁、同事件最二小判平11・9・17労判768号16頁、川重工業事件・大阪高判昭58・4・26労判411号64頁など）。

なお、従来の配転事件における濫用法理の一般的な枠組みは、本件事案の初審判決である大阪地判昭57・10・25（労判399号43頁、後藤勇・千徳輝夫・小宮山

茂樹）のつぎの判旨に見ることができるので紹介しておきたい。

「被告会社が原告を名古屋営業所に転勤させる<u>必要性がそれ程強くなく、原告に代え、他の従業員を名古屋営業所に転勤させることも可能であったのに対し</u>、原告が名古屋営業所に転勤した場合には、その<u>母親、妻、子供と別居を余儀なくされ、相当の犠牲を強いられること</u>、さらには、原告は、昭和40年4月に被告会社に入社して以来、訴外株式会社ヤマイチ商店に出向した外、被告会社の神戸営業所に転勤し、かつ、<u>神戸営業所に転勤してから本件転勤命令が出された昭和48年10月までに2年4か月しか経過していないこと</u>等に照らして考えると、原告には、<u>神戸営業所から名古屋営業所への転勤を命じた本件転勤命令を拒絶する正当な理由があったもの</u>と認めるのが相当であって、これに反する（証拠略）は、たやすく信用できず、他に前記認定を覆すに足りる証拠はない。してみれば、原告が名古屋営業所への転勤を拒絶しているのに、敢て、名古屋営業所への転勤を命じた本件転勤命令は、被告会社において、その人事権を濫用した権利の濫用であって、無効というべきである」（下線は筆者）。すなわち、原告を転勤させる業務上の必要性は強いものでないこと、他の人でも可能であったこと、別居に伴う不利益（相当の犠牲）が濫用の根拠である。そして、原告への異動のこれまでの経緯を判断して、原告が転勤命令を拒絶する正当な理由があったと認めたのである。初審の丁寧な認定とは異なり、控訴審判決は、雑な粗っぽいものであると評価できるものであり、これを要約すると、転勤命令の業務上の必要性を認めた上で、名古屋営業所の営業上の成績も、他の営業所の成績も、（製品の）供給不足や景気の低落によるものであり、（転出した）K主任の後任には被控訴人をおいて他に適切な者がいなかったと認めることはできない（ただし、当裁判所はいわゆるローテーション人事が直ちに不当と考えた訳ではない）、という、中途半端な判断を行っていたのである。

(3) **配転権限濫用の新たな基準の提示——客観的合理性と社会的相当性**

東亜ペイント最判によって歪められた配転権限の濫用基準に対して筆者は、正当な濫用基準について次のように考える。

労働契約によって使用者が労働者を使用するための労務指示権は使用者に対して付与される。労働者に対する使用者の指示権は、通常の労務指示の範囲内にある限り適法である。

しかし、労務指示権としての配転権限の行使も濫用となる場合がある。配転

が使用者の不当な動機、目的によるとされる場合(例えば使用者への批判的意見の表明や内部告発への報復)は、この最判の「不当な動機、目的」の要件に拠るまでもなく濫用である。

　筆者は、濫用として争われる配転の多くが、配転によって労働者が蒙むる不利益が大きい場合や、降格なり懲罰的な配転事例のあることを念頭に「懲戒」と「解雇」についての労働契約法上の濫用の基準である「客観的合理性と社会的相当性」の二つを配転権限濫用についての新たな判断基準として提示する。この基準によれば、業務上の必要性が肯定される場合においてもその特定の時点、特定の場面において労働者を配転するにつき、その配転に客観的合理性があるか、そして社会的相当性があるといえるかが司法審査において判断されることになる。そしてこの基準は、実は東亜ペイント最判前の配転事案の裁判において労働側と使用者側の実質的な争点であったものである。また労働契約法(労働契約の原則)3条3項の「仕事と生活調和」への配慮、同4項の「信義に従い誠実に」配転権限を行使すること、同4条(労働契約の内容の理解の促進)1項からして、配転について使用者は「よく説明し、話し合い、労働者の理解を深めるように」しなければならないことも労働契約法による要請であって、これに反した配転権限の行使は濫用ではなく労働契約法の各該当条項に違反するものとして私法上無効となると筆者は考える。

　労働契約法が憲法27条2項の労働条件保護に関する法律であること、そして労働契約法の私法的効力(これらの点は労働契約法の成立の経緯のなかで判例法理の法律による基準化であるとされたこと、労基法18条の2として解雇濫用規制条項の労働契約法16条への取り込みからしても肯定できる)によれば、使用者の配転権限行使の適法性の枠組み要件は以上のように解釈するべきである。

4　法理の検討——新たな立法の下で
(1)　個別(都度)同意説と労働契約法

　裁判として争われるのは、配転による不利益が大きく労働者の意思に反する場合である。

　使用者の配転権限は、労務指示権の行使であって、指示権は労働契約における労務提供内容の合意に基づく。それ故、この合意内の勤務場所の変更や労務の変更は、合意による労務指示権の範囲内のものであって、通常のものであり、

これを法的な形成権として理解するのは誤りである。この配転を形成権として、使用者の一方的な意思表示としての効力を付与する必要もない。合意された労務の履行への指示にすぎない。合意範囲を超えた配転は、契約変更の申入れである。

そして焦点は、労働者が配転に同意できないとする配転による労働者の家庭生活や労働生活上の不利益が大きい場合の法律的検討である。

筆者が早い時期（1981年）に配転、出向について執筆した際[1]、労基法15条によって明示された業務の範囲外となる業務の変更や勤務地の異動は元々の労働契約上の合意に含まれないのであり、こうした配転については、労働者のその都度の同意が必要であるとの認識にたったものであった。その後の立法（改正）として育児介護休業法26条や雇用機会均等法7条（同則2条2号関係）における「住居の移転を伴う配置転換に応じることができる」ことや、「異なる事業場に配置転換された経験」（同則2条3号）を要件とすることが、性別を理由とする差別となるおそれがある措置とされたことにみられるように新たな立法（改正）は、それぞれの立法目的のもとに配転について厳しい制限（家庭条件と性差別）を設けるようになってきた。そして制定された労働契約法3条3項は「労使契約の原則」として「労働契約は、労働者及び使用者が仕事と生活の調和にも配慮しつつ締結し、又は変更すべきものとする」との規定を設けた。

労働契約締結の際と労働条件の変更（合意の有無を問わない）において「仕事と生活の調和」は労使双方において「配慮するべき」ことが規定されたのである。

この規定内容からみて、前述した東亜ペイント最判の単身赴任配転濫用の枠組みは、労契法3条3項に違反するものとなったことは間違いないといえるのではないか。すなわち夫婦別居となる単身赴任配転を労働者にとって一律に「通常甘受すべきもの」とする判旨は、仕事と生活の調和の理念から著しくかけ離れたものであり、労契法3条3項によって、単身赴任を伴う配転は、原則として仕事と生活の調和を損なうものと解釈できるからである。単身赴任は夫婦共同生活、そして子の家庭生活を仕事によって侵害する（単身赴任から発生する離婚事件も相当数ある）。早い時期であるが単身赴任の問題点、その影響と対策について労働大臣官房政策調査部編の報告書が出されており[2]、中長期の課題

---

[1] 拙稿「配転・出向をめぐる問題点」法律時報53巻3号（1986年）38頁。

として女性の社会参加、老親の介護の増加の下で、転勤を不可欠とするような企業システム、学校教育システム、住宅事情など個人では解決できない問題が全て家族へのあり方にしわ寄せされている現状と矛盾のなかで特異解として単身赴任が選択されており、対応策が今後の課題であるとしていた。[3]

労契法3条3項は、こうした企業社会の日本的な異常性（家庭より仕事。単身赴任に応じない者へは、報復としての懲戒解雇や不利益な処遇を与える。これは企業の利益に自らの人生を捧げよ、との滅私奉公の思想と結びついている）を人間の尊厳の回復のために是正しようとする規定と評価してよい。

(2) 個別（都度）合意説について

ここで論じるのは前述したとおり、配転による労働者への不利益が大きく労働者が配転に対して同意、納得できないとする事案（ケース）に対して、労働契約内容についての正しい法解釈はなにか、というテーマである。

使用者が就業規則によって包括して、配転について合意していると主張し、その配転条項が、例えば「使用者は、業務上必要に応じ、労働者に対し配転を命じることができる」というものであったとすれば、どうであろうか。この条項は労契法7条にいう「合理的な労働条件」といえるであろうか。

このような包括配転条項は、労契法1条の「自主的な交渉の下」の合意の成立ではなく、同3条の「対等の立場における合意」としての客観的な担保を欠くものとして、また労基法2条の対等決定原則、労基法15条（同則5条）の「明示」原則に違背する、少なくともその趣旨に反するものとして「合理的」な就業規則条項とは評価できない。[4]

それでは、先程の条項のあとに続けて「ただし労働者に正当な事由があればこれを拒むことができる」とあれば「合理的」なものといえるであろうか。この場合においては、正当な事由、判断は労働者側の事情を基本にするとの司法判断を前提にしても、筆者は包括配転条項自体の合理性が否定されるべきと判断するので、その例外（ただし書）によって全体としての配転条項への合理性を肯定することはできないと考えている。

配転をめぐる法解釈上の課題について、さらに二つの点を指摘したい。一つ

---

2) 『転勤と単身赴任』（1991年2月）。
3) 同書64頁。
4) 同旨、名古道功「人事異動」『労働契約と法』（旬報社、2011年）215頁。

は労働者側の配転拒否の事（理）由が、組合活動や思想信条など基本的人権や労働者の「人間の尊厳」を根拠にする場合や、「ワーク・ライフ・バランス」に関わる事由にある場合においても、使用者が配転拒否に対して懲戒処分を行うことが常態である。配転拒否を企業秩序維持からみて看過できず、これに懲戒処分で対応するべきであるとの労使関係観（論）がその基本（礎）にある。しかし司法判断において、前述したような配転の必要性に対し、労働者側の事由が法的にみて正当な内容を持つ場合はもとより、また労働者の主張する事由が「理由の競合」において充分でないとされる場合においても、これらを懲戒処分の対象とすることには慎重でなければならないし、懲戒処分の正当性には配転拒否をしたことと、別個の根拠が必要であると筆者は考えている。

　もう一つは、労働者の私生活上のプライバシー論である。[5]

　このテーマは、使用者の健康配慮義務の履行のあり方（相関関係）と共通の問題である。筆者はセンシティブ情報を除いて、労働者の生活上の事情の開示と使用者の配慮義務との対応（相関）関係は、否定できないと考えている。そして使用者との事前の協議、話合いのなかでは開示できなかったものが、司法審査のなかで開示されることはあり得る。しかし、その際にはこのことが抽象的にせよ事前協議のなかで、使用者側が労働者に求めたならば、労働者側は概括的な事情までは提示せざるを得ないと現時点では考えている。いずれにせよ人格権（利益）の領域問題ではある。

　(3)　出向論

　最も焦点となる出向義務の根拠につき、労働協約・就業規則の出向条項と出向先労働条件の労働者利益への配慮、整備で足りるとする見解があるが、[6]これは現実の出向関係の実態をみないものであり、労働者の現実の具体的な意思からかけ離れたものである。また民法625条1項の規定に反するものであり、かつこの規定の存在意味を無にするものである。そして今では労働契約法の合意原則にも合致しない。

　企業の配転とは異なり、出向は中途採用、新規採用を問わず、労働者は出向元会社であるからこそ就職を決め、採用後は継続して元会社に労務提供をし、

---

5)　和田肇「業務命令と家庭生活」『講座21世紀の労働法7巻』（有斐閣、2000年）220頁参照。
6)　土田道夫『労働契約法〔第2版〕』（有斐閣、2016年）389頁、下井隆史『労働基準法〔第4版〕』（有斐閣、2007年）437-438頁など。

元会社との労働関係を形成してきた。民法625条1項の労務給付の一身専属性は、近代法、現代法を通じての市民法の原則でもある。

　この原則を利益衡量的解釈によって形骸化にする前記の学説は、不平等な労働関係において労働者の実質的に自由な意思を確保しようとする労働基準法や労働組合法そして労働契約法の目的、趣旨、諸規定から離れるものであって、こうした結論は、法からは導き出されない。これを現時点において肯定するのは「出向の配転化」などに始まる企業実務への追従となりかねない。

　この点においてJR東海出向事件・大阪地決昭62・11・30（労判507号22頁）について評価をしておきたい。

　この事案は、国鉄改革法により旧国鉄からJR東海に「採用」された労働者がJR採用に際して、出向条項も含む就業規定を提示されており、この出向条項に基づく出向辞令の有効性が問題になった事案である。

　合意原則からみて、まず分割民営化のなかでJRに採用される労働者が、労働者の経済的従属、契約締結上の不平等からみてこのような広範な企業名だけの出向条項を提示されて、これに対してこの出向条項は反対であるといえるのか、である。また国鉄とJRが実質的同一性があるから、これまで国鉄にない出向条項であるから労働者は拒否できるはずだというとするならば、それも労使関係の実態にある力関係の差を誤認するものであり、認識不足である。

　第二にこのように提示された多くの企業体における労働条件（職務内容ないし職種、そして労働時間）が明示されていない（労基法15条、同則5条）なかで、しかも充分な説明、理解もない状態の下で、JRと労働者との間にこれらの出向先への出向を合意したといえるのかである。

　この出向先は、国鉄の鉄道事業の下請企業や鉄道周辺事業の約30社であって、企業が特定しているから出向すること自体は労働者は同意していたのだと評価するのは、観念的な抽象論の範囲内での合意論であり、「具体的合意」とはいえないのではないか。当事者法曹にとっては、裁判は結論（主文）が最も大切であって、この出向命令が結論において無効とされれば労働者はJRを解雇されたり、退職に追い込まれることは回避できるし、提訴したことに満足を得ることになる一方、裁判官は、三審制の下でキャリア裁判官の意識として、上級審においても破棄されにくい「安定」的論旨を選択しがちである（一種の忖度である）。これらの結果が、この事案の仮処分決定であった。決定は出向の

業務上の必要性を肯定した上で職種変更、夜勤業務であることの不利益性、人選基準の合理性への重大な疑問を認めて出向を濫用と判断したのである。

　なお、労働契約法（2012年施行）は、14条に出向に関する規定を設けている。この規定は文理上も明らかであるが、使用者が労働契約によって労働者に対する合意によって出向権限を持つ場合を前提としている。

　この場合において出向命令の濫用は、法文上その必要性、対象労働者の選定に係る事情その他の事情に照らして判断されることになる。ここでの必要性は、当該出向自体の必要性であって、当該労働者を出向対象者としてなぜ選択したのかについての客観的合理性と相当性（選択基準とその運用の合理性と相当性）が、この要件検討の対象となると解釈するべきである。それは配転命令一般と比較しても出向は、使用者である当事者の変更であり、民法からみても仮に同意のない場合には、有効性の根拠がないものであって多くの場合、常態として労働者にとって予想外の事態の発生であるからである。

参照文献
奥田香子「配転」労働法の争点（有斐閣、2014年）54頁。
労働法律旬報1662号（2007年）6頁以下「配転問題の今日的課題」所収の諸論稿。
両角道代「『仕事と家庭の分離』と『仕事と家庭の調和』――労働法における2つの規範と配転法理」菅野古稀『労働法学の展望』（有斐閣、2013年）441頁。
片岡曻「配転・単身赴任の実情と配転命令の限界」『労働法理論の継承と発展』（有斐閣、2001年）174頁は、筆者も参加した弁護団が川崎重工業事件・大阪高判昭58・4・26労判411号64頁において鑑定意見書として、深く慎重かつ丁寧にかかれたものに補筆されたものであるが、ここでは単身赴任は原則として労働者個別の同意を要する、とされている。
関戸一考「東亜ペイント事件」宮里邦雄先生弁護士活動50周年記念『労働者の権利――軌跡と展望』（旬報社、2015年）330頁。

第4章　整理解雇法理の発展のために
　　　——公正から平等へ

1　これまでの法理の整理
(1)　課題の所在
　整理解雇は多くの裁判例があり、判例法理としては、その信義則違背ないし権利濫用要件として、大村野上整理解雇事件（長崎地大村支判昭50・12・24判時813号98頁）での四要件論がリードしてきたものである。周知のとおりこの四要件とは、(1)整理解雇がなければ企業の維持存続が危殆に瀕する程度にさし迫った必要性。(2)配転、一時職休、希望退職者の募集等、解雇によらず余剰労働力を吸収する努力。(3)整理基準およびそれに基づく人選の仕方（運用）の客観性・合理性。(4)労働組合ないし労働者への説明、納得の努力、である。(1)は整理解雇の必要性、(2)は解雇回避努力、(3)は手続基準と運用の相当性、(4)は誠実な交渉義務である。
　裁判例が整理解雇について、このような四要件を立てたのは、整理解雇が懲戒解雇なり普通解雇と性格の違うもの、すなわち「場」の相異があることを共通の認識としていたからである。
　それは整理解雇が、専ら企業側の事情によって惹起されるものであること、その他面において労働者側には解雇について責任がないことであり、また多くの場合、整理解雇の対象者が一人ではない（一人整理解雇は、むしろ整理解雇に名を借りた普通解雇である）相当な人員数（大量的性格）になるからである。もちろん、大村野上事件判決も指摘するように整理解雇も（整理）解雇規制法の不在のなかでは、権利濫用法理の具体化であったし、現在の労働契約法では同16条の適用問題である。
　実は裁判においても問題の焦点は、整理解雇の必要性とその客観的合理性、そして手続にも関連する社会的相当性である。そして整理解雇の必要性は、企業側の経営責任も視野に入れた人員削減の必要性があって、さらに整理解雇の必要性があるとの二段階で審査されることが正しい判断方法である。整理解雇が労働者には責任ない（「無責性」）場面において専ら会社の経営領域で発生し

ており、その判断から出てくる人員削減そのものの必要性なり、合理的客観的な根拠が問われるからである。人員整理の必要性と解雇の必要性は、先ずは数値的な顔のない余剰人員算出がなされ、その人員削減にむけての企業の人事策があり、最終的には顔をもつ特定された労働者への解雇の必要性へと二段階の判断が必要である。

(2) 整理解雇の概念

現実の企業社会のなかで、整理解雇として行われている実状をふまえると、一定の類型化はできても整理解雇の概念を一つに特定、明示化することは困難がある、と筆者は考えている。

このことは整理解雇の必要性についての判断内容にも関わるのであるが、筆者は整理解雇とは「専ら企業の側の事情による、労働者に責任のないもので、(企業によって行われる)相当数の労働者の解雇」とする。人員削減の必要性についての企業側の事情は、様々なバリエーションがあるが、「経営危機」型と「合理的運営」型の二つの類型を念頭においている。整理解雇事案がどちらに該当するか、またその折衷型もありうるが、人員削減の必要性による最後の手段としての解雇の有効性についての司法判断は、後者の方が厳しくなるのはやむをえないであろう。

(3) 人員削減の必要性と司法審査のあり方

裁判事案において当事者間の主張・立証の攻防を大局的にみた場合、当該人員削減の必要性の有無とその程度、そのあらわれ方といった必要性をめぐる「論点」こそが大きな焦点である。このことは裁判所の判断内容(判旨)において結論的に必要性の肯定がなされ、また司法判断がこの点において慎重であるべき(すなわち経営側の責任範囲の問題として)とした場合においても、実は解雇を無効とするその他の要件の判断に相当な影響を与え密接に関わる重要な要件である。学説のなかには、これを経営判断として、司法判断から除いて聖域化するなど、この点の理解が不適切なものがあるが、これは判決として書かれたもののみを分析対象にしているからでもある。

(4) 人員削減の必要性と解雇の必要性の時的関係——切り離しと時間的推移

人員削減の必要性は実は人件費の削減であったり、また会社再建計画の当初の段階において、数値的に算出されたりするものであるから、解雇の局面における解雇の必要性とは、必ず一致するものではない。例えば、後述する東洋酸

素事件において一地域の一部門の閉鎖が整理解雇の原因、理由となっても、その当該部門の構成員のみが対象となると考えることは、会社が一つの事業体として全社的に人や施設を運営し、差配していることからすれば正しくない。

それ故に人員削減の必要性の判断内容と解雇の必要性とは、その時間の経過のなかで諸々の人員削減の効果を経た上で解雇時点での解雇の必要性を検討するという二段階で、判断するべきものと筆者は考える。

この点につき、原告（申請人）全員につき整理解雇を無効とした名村造船整理解雇事件（大阪地判昭56・5・8判時1018号122頁）においては、「整理解雇の必要性があると認められるためには企業が客観的にみて厳しい経営危機に陥りそれまでに解雇回避の手段が十分採られたにもかかわらず、解雇の時点においてなお人員が余剰となり、その余剰人員を解雇することが企業の存続上必要やむをえないという事情の存することが必要であると解せられる」と指摘する。

また、整理解雇の要件については「整理解雇が有効とされるためには、次の要件を必要とすると解すべきである。すなわち、先ず第一に企業が客観的にみて厳しい経営危機に陥り、解雇回避のため相当の手段を講じたにもかかわらずなおかつ解雇による人員削減が必要やむを得なかったと認められること、第二に被解雇者の選定基準が合理的であって、その具体的な運用も客観的かつ公平に行われたこと、第三に解雇に至る過程において従業員またはその組織する労働組合と十分協議を尽くしたことの各要件を充足することを要し、右要件を欠く場合には、その整理解雇は信義則に違背し、ないしは解雇権濫用として無効のものと解すべきである」と判示する。

ここでは濫用法理とともに信義則違背の観念が裁判官の判断にあることを留意したい。

(5) **解雇回避措置の位置と重要性**

解雇の必要性と解雇回避措置は、相関関係にある。ここでは当該企業において、解雇を回避する措置がとられたかどうか、その措置は適切かつ相当であり、妥当なものであったのかが問われる。ここには解雇が「最後の手段」であるとの社会意識と法理に共通の理解が存在する。わが国では、失業者の社会保障も不充分であり、他企業なり他産業への移動も国や企業の職業訓練制度が不在のなかで、欧州と比較して、一層解雇が「最後の手段」であることが肯定される。解雇前の希望退職が全社的に行われたかどうか、解雇対象者の他職場への配転

の可能性の存否（企業に配転権限のある場合や解雇対象者が職種や仮に勤務地が特定されていても、転換や変更に応じる余地の検討も含めて）、など当該企業の規模や業種のなかで様々な解雇の回避措置がなされ、それが尽きた場合において相当数の人員について解雇の必要性が肯定される。ここでは「顔のない」すなわち特定されていない解雇人員数の肯定である。

(6) 基準と運用

解雇基準については、客観的合理性があるものでなければならないのであるが、実は社会意識や企業貢献度の尺度のあり方も含めて個別具体的な段階ではこの基準の合理性の判断はむずかしいものがある。一見合理的にみえても実はこの基準自体が少数派の組合活動家を解雇対象者とするために作成されることもあるからである。例えば前記名村造船所事件における少数派の活動家を狙った出向拒否基準について裁判所の判断は以下のとおりである。

「本件指名解雇基準(イ)、(ヘ)、(ト)各項は基準としての合理性を持ち得ると解せられ、しかも申請人らは右各項のいずれかに該当している。しかしながら、整理解雇が認められるためには被解雇者が合理的な基準に基づいて選定されたことだけでは足らず、さらにその基準が公平かつ客観的に運用されていなければならない。しかも基準の運用に際して、運用者である企業が基準以外の要素とりわけ被解雇者の労働組合での活動歴、思想信条を考慮したものでないことが要求されると解される。そして企業が基準以外の要素を考慮することによって被解雇者を選定したと認められる場合は、たとえ基準自体に合理性があり、被解雇者がその基準に該当していたとしても、基準の運用が合理的であるとは認められず、結局当該整理解雇はその効力を否定されると解さざるを得ない」。

法的には、労契法16条の客観的合理性の要件と同性質のものとして考えることになるであろう。当該解雇の基準が他の労働者との関係において、平等、公正かつ妥当なものかどうかもこの判断の一つと考えてよい。

(7) 説明、協議を尽くしたこと

この要件は、実は労契法の「労働契約の内容の理解の促進」（第4条）の規定化もふまえ、また手続上の正義（『デュープロセス』）や信義誠実義務の履行の新たな視点として一層留意されなければならない。

人員削減の必要性や解雇回避措置について、会社からは具体的な資料が提示された上で、実質的な協議、話合いが解雇当事者との間でなされなければなら

ない。資料の開示と充分な協議、話合いなくして理解促進、納得はなく、このことを労契法としての規定化もあり整理解雇の有効性を判断する要件とすることには、今日では異論はないと考える。そして協議、話合いであるから結論ありきではなく、解雇の撤回やその縮小も含めた合意にむけて、誠実な交渉が使用者には求められる。

(8) **整理解雇と強行法規（労組法7条、労基法3条・4条など）違反の関係**
　会社の整理解雇が強行法規には違反した場合は無効となる。記述した要件（要素）との関連でこのことを焦点化すれば会社が解雇について、四要件（要素）を全て満たしたと判断される場合においても、この解雇が例えば労組法7条違反や思想信条を理由にしてなされたと判断される場合には解雇無効となる。
　このことの主張・立証の責任は労働者側が負担するのであるが、整理解雇の四要件（要素）と不当労働行為判断とは異なるものであるとの理解が必要である。整理解雇事案において、こうした強行法（規）に違反する解雇は、多くの場合において、これまで検討してきた要件（要素）のいずれか（場合によってはその全て）を欠くことになると考えられるが要件としては別異である。不当労働行為の該当性判断における理由の競合（実は動機が競合しているものではない）の一場面でもあるが、このことを案外裁判官は正確に理解しているわけではない。

(9) **要件・要素について**
　筆者は実務家として要件・要素について（1998年頃からの東京地裁での）ナショナル・ウエストミンスター銀行事件（第1次～第3次・東京地裁）以降、要件・要素が議論された際、つとに四要件か四要素か、また総合考慮論なのかといった「枠組み」で議論することの誤りというか、不適切を指摘してきた。それは事件にはそれぞれの特性があるということに止まらず、裁判所が特定の事件で過去に定立した整理解雇権濫用についての要件・要素を所与の前提として、自己の担当する事件へのあてはめを行うに相違ないという法曹の思考方法の安易さと形式判断への傾斜を危惧したからである。もちろん、整理解雇事案において、幾多の裁判例のなかで確立してきた四要件のそれぞれの内容は、労契法16条の一類型としての整理解雇事案における具体的な判断（定）、審査基準として有効かつ相当なものとして肯定的に評価しており、これが判旨のなかにおいて四要素として整理されることがあっても、問題は中味の具体的検討であっ

て、四要素という呼称の問題ではないと考えている。もちろん「要件」から「要素」への判断方法が裁判官の事案評価においてそれぞれの内容の審査基準自体を薄めることには反対であるし、「事案であるからとしてこれを総合考慮のなかから」必要でないものとすることにも反対である。

2　平等原則の適用

上記(4)〜(7)に関連し、また整理解雇基準にも関係する問題について著名な東洋酵素事件と筆者の担当したエミレーツ事件（大阪地判平 29・10・23 労旬 1908 号 57 頁）を素材にしながら人員削減の必要性と整理解雇基準との関連とその切り離しについて、平等原則の適用の観点から、筆者の問題提起をする。

(1)　東洋酵素事件

(a)　事案の概要

東洋酸素事件は、会社のアセチレン部門の閉鎖にともない、アセチレン部門に所属していた労働者（課長を除く）47 名の労働者を会社が整理解雇したので、その解雇の有効性が争われたものである。

東京地裁は、この解雇について解雇回避努力もなく手続も社会通念上首肯できないと判断し、これを無効とした（東京地判昭 51・4・19 労判 255 号 58 頁）のであるが、会社の控訴をうけた東京高裁は、逆転して控訴を理由あるものとして解雇を有効としたものである（東京高判昭 54・10・29 労民集 30 巻 5 号 1002 頁）。

筆者が取り上げる論点は、アセチレン部門の閉鎖に伴うアセチレン部門所属の労働者を対象として、整理解雇を行うことが、果たして整理解雇という事案の実質（態）からみて、法的にみて妥当なもの、客観的合理性あるものとして肯定できるのかである。このことを検討するためにこの点に関する二判決の判旨を必要な範囲で紹介する。

(b)　地裁判旨

債務者がアセチレン部門を閉鎖するに至ったことは、債務者会社の事業の経営上一応やむをえないものであったということができる。

①そこで、次に、債務者がアセチレン部門を閉鎖するのに伴い同部門の従業員全員を解雇したことが、債務者会社の事業の経営上やむをえないものであったか否かについて検討する。およそ事業の経営者がその経営上やむをえない理由により特定の事業部門を閉鎖しなければならないときでも、同部門に勤務し

ている従業員の解雇は最小限に止めるのが望ましいことはいうまでもないから、債務者がアセチレン部門を閉鎖するに当たっても、まず、同部門の従業員を債務者会社の他の事業部門に配置転換するとか、同部門の従業員ないし債務者会社全体の従業員の中から希望退職者を募集するとかの方法を講じることにより、同部門の従業員の解雇をできるだけ回避するように努めるべきであったのであり、もし右のような方法を講じることが可能であったのにかかわらず、それをすることなく、同部門の従業員全員を解雇したものであるとすれば、その解雇はいまだ事業の経営上やむをえないものであったとはいえないものと解すべきである。

②さらに、その解雇の手続自体が社会通念上首肯すべきものであったか否かについて考察する。(中略)債務者会社の行ったアセチレン部門の閉鎖及びそれに伴う従業員の解雇手続の進め方は、あまりにも自己防衛本位で、従業員の立場や都合を考えない唐突かつ性急なものであったと評価されてもやむをえないであろう。(中略)とくに本件においては、債務者がアセチレン部門を附鎖(ママ)したこと自体は事業の経営上一応やむをえないものであったということができるものの、債務者が、昭和38年から同45年に至るまでの長期間アセチレン部門の赤字経営を続け、結局、同部門を閉鎖してその従業員全員を整理せざるをえない羽目に陥ったことについては、それらの従業員に対して事業の経営者としての責任を免れることはできないというべきであるから、そのような責任のある債務者は、仮に労働協約や就業規則上の従業員の解雇同意約款等がなかったとしても、アセチレン部門を閉鎖するに当たり、事前に、かつ、相当の時間をかけて、同部門の従業員ないしその所属する組合と誠意を尽くして交渉し、もって従業員の整理問題を円満に解決するよう努力すべき信義則上の義務をも負っていたものと解すべきであるが、債務者はこのような信義則上の義務を十分に果たしていないものといわなければならない。(中略)そうすると、債務者のなしたアセチレン部門の従業員の解雇の手続自体も、いまだ社会通念上首肯すべきものであったと解することはできない。

(c) 高裁判旨

①会社の採算上多年マイナスの要因となっているアセチレン部門を閉鎖するに至ったことは、企業の運営上やむをえない必要があり、かつ合理的な措置であったものといわざるを得ない。

②控訴人会社がアセチレン部門を廃止した結果、全企業的に見て、過剰人員が生じたか及び上記部門の従業員を控訴人会社の他部門に配置転換する余地があったかどうかについて検討する。(中略) 被控訴人らを含むその余の従業員46名はすべて工場現場の作業に従事するいわゆる現業職であったことが明らかであるから、被控訴人ら現業職に属する従業員を他部門に配置転換するとすれば、その対象となるべき職種は、現業職及びこれと類似の職種である特務職に限られるのが相当ということができる。他部門においては現業職及び特務職は当時過員であり、近い将来欠員が生ずる見込みはない状態にあった。右のように、他部門において労働力の需要がなく、また、近い将来右需要の生ずることも期待し得ない事情にあった以上、アセチレン部門の閉鎖により全企業的に見ても右部門の従業員は剰員となったことが明らかであるといわなければならない。

③控訴人会社は前記のとおり既に企業全体に過剰人員を擁していたのであるが、そのうちから控訴人会社が具体的な解雇対象者として被控訴人らを含むアセチレン部門の従業員（管理職たる課長1名を除く）47名全員を選定したことは、一定の客観的基準に基づく選定であり、その基準も合理性を欠くものではないと認められる。けだし、アセチレン部門は他部門とは独立した事業部門であり、これを全面的に廃止したことにより企業全体としての過員数が一層増加するに至ったのであつて…当時としては相当な理由があつたということができるからである」——上記①、②、③は筆者の加筆したものである。

東洋酵素事件において結論を分けたのは、アセチレン部門に所属する労働者47名を特定し、余剰人員とすることについての判断、評価である。

地裁判決は、この47名の配転なり、会社全体の従業員からの希望退職の募集を行うべきであり、これが可能であるのにしなかったのであるから、その解雇は事業経営上やむを得ないものとはいえないとした。これに対して高裁判決は、全体での希望退職については言及せず、他部門の現業職および特務職も過員であり、将来欠員の見込みはない状態であるからアスチレン部門の従業員は剰員となった。このことはアセチレン部門が独立した事業部門であるから、一定の客観的合理性をもった基準であり、対象者選択も当時としては相当な理由がある、というのである。

(2) エミレーツ事件

(a) 事案の概要

　エミレーツ航空（以下「会社」という）はアラブ首長国連邦（UAE）のドバイを本拠とし、長期にわたり連続して黒字を計上している世界的巨大企業である。日本支社の西日本支店・予約発券課（以下「本件課」という）は日本におけるコールセンター業務を担っていた。

　2013年1月、パワハラ問題および残業代未払問題（以下「労働条件問題」という）を契機に本件課に在籍する3名の従業員が航空労組連絡会航空一般労働組合スカイネットワーク大阪支部に加入し、分会（以下「組合」という）を結成し、同年2月以降、労働条件問題を議題として会社と団交を行った。

　会社は、経営合理化策の一環と称して、同年5月、中国・広州コールセンターに日本語デスクを開設し、本件課宛の電話が広州に転送されるようになった。組合は、業務量減少に伴うリストラの危惧を持ち、会社に問いただしたが、会社は「雇用は保障され、配転もない」旨回答した。

　同年6月の団交で、労働条件問題の解決に向けて一定の前進が見られたが、同年8月から会社は組合に対する立場を変え、同年11月に久しぶりに開催された団交で、同年6月の団交の到達点を無視するに至った。そのため、組合はビラまきをするなど抗議を強めた。

　2014年3月になっても労働条件問題は未解決のままであったので、組合は引き続き会社の責任を追及した。

　その矢先の同年5月、会社は、組合との事前協議もないまま、突然本件課を含む3部署の廃止を発表し、同部署在籍の従業員13名（組合員3名を含む）に対し、①5か月分の給与相当額を割増退職金とする希望退職、②全世界の空きポジションへの異動、③日本支社内に新設する3ポジションへの異動という三つの選択肢を提示した。新設ポジションへの応募期間は2日、希望退職の応募期間は2週間であった。

　組合はただちに会社に団交申入れを行い、団交が開催されるまでの間、提示内容を凍結するよう求めたが、会社は無視し、本来の応募期間経過後に初めて団交が開かれた。

　組合は労使協議による解決を求めたが、会社は応じず、組合員以外の従業員は新設ポジションに異動したり、希望退職に応じた。組合員3名が残されたが、

会社はなんら解雇回避措置を講じることなく、同年6月、本件課等の廃止を強行するとともに、従事すべき業務がなくなったとして、ただちに組合員3名に自宅待機を命じ、同年9月に解雇した。

　そこで、組合は、本件自宅待機命令および本件解雇が組合員を職場から排除することを目的とした不当労働行為であるとして、大阪府労働委員会に救済申立（①解雇撤回および原職復帰および賃金相当額の支払、②陳謝文の手交および掲示）を行うとともに、3名（以下「原告ら」ともいう）は、整理解雇の要件を欠き解雇が無効であるとして、大阪地方裁判所に提訴した。

　(b)　大阪地裁判決（平29・10・23）の内容

　大阪地裁判決は、原告らの主張をほぼ全面的に認め、①原告らが労働契約上の権利を有する地位にあること、②判決確定の日まで毎月25日限り、それぞれに支払われていた賃金の支払、③平成26年度分の冬の賞与、平成27年度分の夏冬の賞与の支払、④平成27年度、平成28年度のプロフィットシェア（利益連動型賞与）の支払を認めた。

　この点、原告らは、不当労働行為の主張もしていたが、同判決は判断を避け、主として、整理解雇の有効性を判断する四要件（要素）である、(a)人員削減の必要性、(b)解雇回避努力義務の履行の有無、(c)人選の合理性、(d)本件解雇に係る手続の相当性の各事情を総合的に考慮したうえで、本件解雇は、客観的かつ合理的な理由を欠き、社会通念上相当であるとは認められないとして、本件解雇を無効と判断したものである。その内容は、おおむね次のとおりである。

　①人員削減の必要性について

　同判決は、経営合理化のための解雇であっても、人員削減の必要性がまったく存在しなかったとまでは認め難いとしつつ、財務状況は解雇に至るまで26期連続で黒字であり、会社の経営は安定的なものであったこと、本件解雇後においてもプロフィットシェアの支給や大規模な広告宣伝活動を行っていること等に鑑みれば、本件解雇当時、会社において、人員の削減を行う必要性や緊急性が高かったとは認められないとした。

　この点に関して、会社は、日本路線は巨額の赤字を出していた状況下であったと主張していたが、同判決は、会社の経営判断はドバイにおける本社が全世界的な視野に立ったうえで、各事業部門等に行っていること、日本支社では独立採算制が採用されていたものではないことを理由に、人員削減の必要性判断

は、全社的に判断すべきとした。

②解雇回避努力義務の履行の有無について

会社は、本件解雇前に、(i)5か月分の割増退職金の支払、その後はこれを1年分の割増退職金の支払、(ii)会社の欠員ポジションへの異動の応募、(iii)3名分の営業ポジションの新設、その後の1名分の貨物関連業務のポジションの新設などを提案しており、一定の解雇回避に向けた措置を講じているといえると評価しつつ、(i)については、早期退職の割増退職金の額として5か月分ないし1年分というものが十分なものであるとは評価できないこと、(ii)については、具体的なポジションを提示するというものではなく、本件解雇に伴う条件提示とは見受けられないこと、(iii)については、対象者と比して被告が用意したポジションは、その数が相当に少ないものと言わざるをえないとした。

③人選の合理性について

被告は、原告ら3名を含む予約発券課等の廃止に伴う13名の対象者に対して、同様の条件提示を行っており、最終的にはいずれの条件提示にも応じることのなかった原告らを一律に解雇しているので、本件解雇の人選については、全体として著しく不合理なものとまでは評価できないとした。

④本件解雇に係る手続の相当性について

被告は、本件解雇前に本件組合等と4回の団体交渉および1回の非公式協議を行っており、同交渉等において、当初の提示案からさらに原告らに譲歩した案を提示していることなどの事情に照らすと、本件解雇に係る手続が不相当であったとは認められないとした。

⑤結論

人選の合理性および手続の相当性については問題があるとはいえないものの、人員削減の必要性の程度は低いというべきであるうえ、本件は高度な回避義務を果たす必要があったにもかかわらず、十分な解雇回避努力がなされているとはいえないといわざるをえない、と判示した。

(c) 大阪府労委命令の内容（平28・10・11労旬1908号68頁）

命令は、組合の主張をほぼ全面的に認め、①解雇がなかったものとして取り扱うとともに就労させるまでの間、就労していれば得られたであろう賃金相当額の支払、②謝罪文の手交（掲示は認めなかった）を命じた。その内容はおおむね次のとおりである。

①争点の設定

本件自宅待機命令および本件解雇は比較的短期間の間に行われており、また、いずれも本件課の廃止に伴い、3名が会社内において就業する業務が存在しないことを理由としており、同じ事象を理由として行われているから、これらの措置は本件課の廃止に伴って行われた一連のものである。

そして、これらの措置が3名にとって不利益取扱いに該当することは明らかであるところ、これらが「組合員であるが故」に行われたものであるかどうかが問題である。

②本件自宅待機命令および本件解雇の理由

本件課等の廃止は会社の経営判断事項であるが、会社が巨額の黒字を計上している（本件解雇まで連続26期黒字、直近の決算における純利益は約1,020億円）ことに鑑み、3名に従事する職務がないとして人員整理をただちに行う必要があったか疑問が残る。

③本件自宅待機命令および本件解雇の対象者の選定

過去に名古屋空港支店を廃止した際には日本支社全体で希望退職を募集したのに今回はそうしなかったのは不自然であること、3つの新設ポジションへの応募締切りが2日以内と短期で、6月にこの問題で初めての団交が開かれた時点ではすでに異動者を決定しており拙速であったこと、本件自宅待機命令および本件解雇の対象が組合員のみであったことからすると、これらの対象者の選定の合理性に疑問を抱かざるをえない。

④本件自宅待機命令および本件解雇に至る手続

(a)で述べた事実からすれば会社が解雇回避措置を尽くしたとは言いがたい。

本件課等の廃止発表から自宅待機命令までの間、組合が団交開催まで会社提示の保留、会社提示の修正（新設ポジション応募のやり直しや日本支社全体の希望退職募集等）等を求めても会社は応じず、組合文書に回答しないまま自宅待機命令を発した。

自宅待機命令から解雇までの間、会社は解雇までに1回の団交と1回の非公式折衝を行い、非公式折衝では新たな提案もしたものの、同提案は3名がただちに合意することはできない内容であり、その後組合の団交申入れに対応していないことからすると、十分協議を尽くしたとは言えない。

⑤労使関係

本件課等の廃止に至るまでの間は、労働条件問題が解決せず、組合がビラを配布したりするなど対立関係にあった。

本件課等の廃止発表から自宅待機命令までの間は、会社は過去にリストラや解雇はないと説明してきたにもかかわらず、本件課等の廃止発表後に行われた団交内容はその経緯を無視したものであり、労働条件問題も未解決で、対立関係は継続していた。

自宅待機命令から解雇までの間は、団交申入れを無視したまま解雇しており、組合を軽視したものと言える。

⑥結論

以上のような事実を考慮すれば、会社は、本件課廃止を口実として、本件自宅待機命令および本件解雇に及んだものとみることができ、「組合員であるが故」の不利益取扱いであるから労組法7条1号に該当するとともに、会社から組合員を駆逐することによって、会社への組合活動による影響力を減じさせるものでもあるから、組合に対する支配介入であり労組法7条3号に該当する。と判断しており、「人選の合理性」と「解雇に至る手続」については地裁判断とは全て異なっている。ここで筆者が検討するのは、整理解雇事案についての四要件（要素）の内、整理解雇の人選の合理性についての判断が相違したことの検討である。

上述したとおり地裁判決は専ら予約発券課等の廃止に伴う13名の対象者に限定したうえで、会社の提示した条件が同一であることからこれに応じなかった原告らを一律に解雇しているので全体として著しく不合理なものと評価できないとするのであるが、命令は過去の名古屋支店廃止に際して、会社の全社員対象に希望退職を募集したのに比べて不自然であり、自宅待機命令解雇の対象が組合員のみであることにつき、人選の合理性に疑問があるとしている。

中国広州へのコールセンター移転に伴う日本における予約発券業務の廃止が肯定される場合において、予約発券業務に従事した者だけを対象に希望退職募集を行い特定した上で応じない者には配転先がないのでこの者たちを解雇対象とすることは、客観的な合理性なり、公正さを欠くと評価できるのではないかという点である。会社は職位毎に専門的な知識や業務上の経験が必要であり、配転は自ずと限定されると主張するが、原告らは職種を限定して雇用されたも

のではない。

会社の就業規則（配転および異動）の条項において「社員をある職務または場所から別の職務または場所に移動させることについて合理的な裁量権を行使できる」とし、職務の移動を労働契約内容としている。

そうであれば職務の転換を少なくとも日本支社規模で検討することができるのであり、これができるにもかかわらず配転先がないから解雇対象者にするというのは、本件事案での予約コールセンターの広州移転が会社の合理化策のなかで行われたものであるから、その合理化策の不利益をたまたまその時期に予約発券課に所属していた人達を対象にしてのみ与えることは従業員間の平等取扱いの原則に反するものであり、公正でないと判断することが求められていた。

(3) 平等原則の適用

筆者が提示したいのは、整理解雇における平等原則の適用である。

すなわち整理解雇における人員削減の必要性は、実は整理解雇の対象となった人員数である。そして企業は多くの場合、最も安易な方法というか形態で、また不当労働行為等の不当な動機・目的で整理解雇に及ぶのであって、余剰人員の削減の対象、すなわち整理解雇対象者は余剰人員となったとされる部門や事業所、場合によっては特定の部署（例えば部なり課）である。それだから解雇回避努力は当該対象となった部門なり部署に所属していた人達に対する解雇回避努力にもなってしまう。しかし上述の東洋酸素東京地裁判決の判断にもあるように、余剰人員というのは、全社的な規模のもとに検討されなければ、従業員間に平等はない。それは労働者がたまたまその部門、部署に所属していたからであるし、時間的にみれば整理解雇対象部門（例えばアセチレン部門）は、かつては高収益をあげていたかもしれないし、また、元々低収益であったとしても、その事業全体の部門のなかでアセチレン部門の存在、存続の必要性のなかで事業活動が展開していたものである。

すなわち、整理解雇の対象となった職場にその時点で所属していた労働者には全く責任がなく、その事業部門の部署閉鎖なり縮小、撤退は会社の経営判断なのであるから、この判断からでてきた特定部門、部署における余剰人員対策は、会社の他の部門も含めた全従業員が平等の位置にある。それ故に企業とすれば特定部門などの閉鎖による人員の過剰は、全社で引き受けなければならないし、これをやらずして解雇の対象をその部門等に特定集中することは平等原

則、比例原則（会社の余剰を特定の労働者に集中する点において）に違背するということになる。解雇回避努力を尽くしたかどうか、そして整理解雇基準の客観的合理性は、このような平等原則の視点から、これを法理としても検討することが必要なのである。

(注)　整理解雇について数多くの判例を分類し分析した奥野寿＝原昌登「整理解雇裁判例の分析」神林龍編著『解雇規制の法と経済』（日本評論社、2008年）117頁、学説を歴史的に整理した上で課題を明らかにした深谷信夫「整理解雇法理の論点」西谷古稀『労働法と現代法の理論(上)』（日本評論社、2013年）483頁、整理解雇において人事制度と解雇の双方から客観的に分析アプローチした村中孝史「人事制度の多様化と解雇の必要性判断」季刊労働法196号（2001年）30頁等を紹介しておきたい。

　なお、高橋賢司は解雇基準について、信義則上、社会的に保護に値する者（中高年、疾病者、障害者、勤務成績不良者、労働条件引下げ拒否者、外国人など）への解雇は、配慮、保護すべき義務と平等取扱い義務に反すると主張する（同『解雇の研究』（法律文化社、2011年）253頁）が、それぞれの対象者類型（化）とその保護義務の法的根拠について一層の検討が必要と思われる。

　なお早い時期に整理解雇判例の整理と法理の検討を行ったものとして北海道大学労働判例研究会「整理解雇、判例法理の総合的検討(上)(下)」労働法律旬報1501号4頁、1502号6頁（2001年）がある。部門閉鎖の労働者を解雇対象者とすることについて、國武英生は、労働者間の公平な取扱いが要請される（同(下)41頁）とする。また道幸哲也は、過程論の視点から、（部門の）労働者に対し、使用者が配転の「申し出」をする必要を求める。それは労働者全体に対する公正、公平処遇からであるとする（同(下)53頁）。

第5章　賃金差別と賃金請求権

1　差別是正請求権の法的根拠――労働契約と賃金請求権の構造

　法律上禁止された差別（性、組合活動、思想信条など）が賃金などの処遇（査定、昇進、昇格）上において使用者からなされた場合に、労働者が差別を是正する内容をどのような根拠により請求できるのか。このためには労働契約についての構造的な理解（認識）が基本となる。

　第二に法律が禁止した行為を使用者が行った場合、法律がその行為を禁止するに止まらず、違反の効果（サンクション）として法律に従った行為（是正）を使用者に求めると考えるかである。

(1)　労働の非独立的、他人決定的性格

(a)　他人決定の労働契約

　雇用契約は、労働者が使用者の「労働に従事する」ことと、これに対して使用者が「報酬を与える」ことの約束によって成立するとされ、労働の具体的な提供、実現（具体的労働）は使用者の指示と不可分に結合されている。使用者は労働者の労働力（労働する能力）を契約に従う限り、その指示の下にいかようにも使用することができる。[1] このことは労働の成果のあり方が、使用者の指示、決定如何によること、すなわち労働は医師の診療行為や弁護士の代理行為といった委任行為（裁量制と独立性）と異なり非独立性、他人決定性を本質的な内容とする。請負の結果債務と比較して、労働の手段債務を指摘する意見があるが、[2] それは非独立性、他人決定性を本質的内容とし、これを媒介しての手段債務なのである。そこで労働の成果は、使用者の指示（どこに位置づけ、どう労働させたか）に基本的に規定されるものであり、労働者が不充分な仕事しかで

---

[1]　片岡曻『団結と労働契約の研究』（有斐閣、1969年）226頁。中窪裕也「労働契約の意義と構造」野田進＝菊池高志＝中窪裕也編『講座21世紀の労働法4』（有斐閣、2000年）10頁。我妻榮『債権各論中巻2』（岩波書店、1960年）531頁。この点、ドイツのマンフレート・レーヴィッシュは、労務給付の非独立性として「仕事を『与える』のは労働する者ではなく、労働を受け取る者である。それは労働を受け取る者の仕事なのである。労働者は労務給付にあたっては、労働を受け取る者の指示に従うのである」と明確に説いている（西谷敏ほか訳『現代ドイツ労働法』（法律文化社、1995年）2頁）。

[2]　安西愈「人事考課・査定」労働法の争点〔第3版〕（有斐閣、2004年）203頁。

きないとされる場合においても使用者が適切な指示、指導（教育、研修など）をしたかどうかも検討の対象にならざるを得ない。

(b) 労働契約内容としての量と質

上記に述べた労働契約の特質を前提として、労働契約上、合意され、予定される労働力の量と質はどう考えればよいか。労働契約において労働力の質と量が特定されている場合には労働者はこの契約内容によって提供した成果に対応する賃金をうけとることになる（この典型は純粋な出来高払契約が考えられるし、成果主義賃金も一部は入ってくる）。

労働の量と質が予め合意されていない一般の場合には、現在の日本社会における労働者の労働能力（多様性、個別性があるにせよ）の質は、平均的なものであることが労働契約の内容になっているとみる他ない（民法401条1項）。それは、高卒や大学卒の新規採用において初任給が共通化される採用の実態に顕れている。採用した労働者が使用者側の予想に反して、よく働いた場合や逆に不充分な労働をした場合においても人事考課による処遇上の格差制度が労働協約、就業規則、労働契約により合意されていない限りは使用者が賃金を一方的にプラスしマイナスにすることは、労働契約に違反することにならざるを得ない。

(2) **法律違反の効果と請求権そして是正義務の確認訴訟**

賃金上の処遇が法律に違反したと評価される場合に、その効果は私法上の請求権としてどう構成されるかである。労働基準法について時代的に早い解釈として、例えば労基法4条違反の賃金処遇に対しては、これを是正する賃金請求権が肯定できるとされていた[3]。しかし今では、賃金請求権と構成されるものと構成されないものに概ね分けて論議されている。

それは、禁止に違反した行為が法的に無効となる結果、それが是正されることが、いかなる法律上の根拠によってなされるのかが別途検討される必要があると認識されてきたからに他ならない[4]。

そして、元の状態に戻す場合の法的構成は複雑ではない。例えば法に違反した解雇や降格を考えれば理解しやすい。解雇なり降格を無効にすれば、従前の正常な状態は元々使用者の行為、意思によって存在していたからである。これ

---

3) 片岡昇ほか『新労働基準法論』（法律文化社、1982年）403頁〔萬井隆令〕。
4) 野田進「昇給・昇格請求権」前掲・労働法の争点〔第3版〕199頁以下およびこれに引用された論稿参照。

に対して、女性が男性に比較して職位上低位に置かれており、これが労基法4条に違反するとした場合、男性と同じ職位に女性を取り扱うことを私法上の請求権として認めるには、労働契約上に根拠を求められるか、またその場合の根拠は何によるのか（信義則や合理的意思解釈）、労働協約や就業規則に根拠を求められるのかが問題となってくる。いずれの場合も使用者の積極的な是正行為がないなかで、是正が法の目的に合致する以上可能な限り私法上の請求権が構成されなければならない[5]。この点において、筆者は労働協約や就業規則の規定に根拠があると認められる場合には、これらの規定から労働契約の内容とし、これらの規定がない場合にも労働契約の意思解釈を通じて労働契約上の請求権と構成することが労働契約（当事者間の合意）を基礎とする労働関係論からみても適切であると考えている。そして、賃金なり昇格についての（履行）請求権が認められない場合においては、使用者が法違反を続けることは全体の法秩序からみて許されないとする現代の法条件のもとで、労働関係の特質である継続性と前述の労働の使用者決定性からみて、使用者は法違反の状態（行為）を是正する他ない。すなわち法的にみれば是正義務を課せられることになるのであって司法救済において裁判所は使用者にこうした是正義務あること、すなわち労働者が是正を求める地位にあることの「確認の訴え」を認容することができるとともにこの是正義務違反が継続する限りにおいては不法行為による損害賠償請求を認めることになると考えている。

(3) 査定、人事考課と賃金請求権

(a) 労働条件としての賃金査定、考課

賃金上の差別（昇給、昇格）事案において明確にされる必要があるのは、人事考課や査定といった使用者の評価が労働者の待遇や労働条件にリンクせずに使用者の「内なる領域」限りで保持され存在している場合と、これが賃金、資格制度とリンクし、これと結合している場合とを分けて考えなければならないことである。

賃金上の処遇に直接結びついた査定、人事考課の結果は、労働条件性を持たざるを得ないのであり、労基法2条、同15条の法的要請の対象および労組法

---

[5] 林和彦教授は、賃金平等取扱義務、賃金差別是正義務から未払賃金請求権を構成する、とされる（「賃金の決定基準」金子征史＝清水敏＝盛誠吾編『講座21世紀の労働法第5巻』（有斐閣、2000年）81頁）。

7条2号の団体交渉対象にならざるを得ない。このことは使用者の公正査定義務の存否とは別異のものであり賃金制度に直結した査定、人事考課の内容は、労働法的にみて労働条件そのものを評価できるということである。

(b) 相対評価としての賃金査定と賃金請求権

賃金制度として人事考課、査定が存在する場合に、この評価は絶対評価として存在し得るか。賃金原資が制約されない場合は別にして、賃金原資に制約を設ける限りは全員が同じ格付けとなることは抽象論としては存在しても、労働者間に格差をつける以上は資格の格付けも含めて相対評価にならざるを得ない。この場合に使用者において標準（者）を想定する場合もあるが、仮にそうでない場合においても全体分布（同期入社や同一職務などの同等性をもつ集団）のなかで平均なり中位という格付けは必ず存在することになる。

そして、賃金制度としての人事考課、査定制度は、客観的合理的な運用がなされるべきであり労働が客観的に資格基準を充足している場合に、使用者がこれを誤って低い資格に格付けをするならば、労働者が使用者に対し、正しい上位の資格への格付けを労働契約上請求できると解すべきである。

それは使用者が誤った人事考課、査定をしたときは、労働条件としての賃金制度上それを是正することの結果が（制度導入に際して、また導入時の制度の周知により）労働契約内容になっていると考えることが、その制度の本来の客観性の担保なり制度の導入と運用に対する労基法2条の要請そして労働関係規制における労働契約の主要な位置からみて正しいと思われる。この点労契法4条の適用も肯定される。

2　賃金差別の立証――証拠偏在下の労働者の立証方法と使用者の反証の合理性

(1) 前提としての使用者の説明義務

上記にみた賃金差別事案における構造の理解からいえば、労働者が自分の考課が平均なり、中位よりも低いと判断した場合、労働者は使用者に対しその理由、根拠の説明を求めることができる（労契法4条）。それは、低い評価であることの根拠、理由は評定側である使用者にしかわからないからである。現在では労契法4条もその根拠となる。

そうである以上使用者は労働者が平均、中位に比べて格差があると主張、立

証したならば使用者はその根拠を主張、反証し、その正当性を立証しなければならない。このことの確認が法違反の賃金差別事案における立証責任を検討する場合の前提であり、民事訴訟法2条にいう裁判所の「公正」な民事訴訟の追行といえる。

(2) 立証と反証

(a) 大量観察方法

1960年代後半から70年代にかけて当時のナショナルセンター（総評と同盟）の対立があり、単位組合の事実上の分裂ケースが特徴的に見られた。そして一企業内に労使協調的組合と労使対立的組合が併存するなかで、使用者が労使協調的組合とその組合員の存在を積極的に肯定するとともに対立的組合の弱体化をはかるという事態が生まれてきた。この場合に争点となったのが賃金差別、賃上げや一時金についての前提条件、差し違え条件による差別事案であった。ここでは、個々の組合員に対する差別と集団としての差別が一体的に行われている場合が多く（その端的な手法が差し違え条件による差別事件である）、労働側からの労働委員会への不当労働行為救済申立は、組合が当事者となって差別された賃金額を組合員に支払うよう労組法7条1号・3号の申立を行うものであった。これは組合が個々の組合員の差別是正というよりも組合全体に対する会社の敵視政策の顕われとしての組合への不当労働行為として、全体としての是正を求めることが事案の実態に合致すると判断したことでもある。

この種の事案について周知のとおり最高裁は紅屋商事事件（最二小判昭61・1・24労判467号6頁）において、労働委員会が採用してきた「大量観察方式」による立証（認定）方法を是認して会社の上告を棄却した。

大量観察方式は、申立人組合所属の組合員グループと他組合（非組合員も含める場合もあるが）所属の組合員グループとの考課における格差を大量（集団）的に観察することにより認定し、この格差が申立人組合に対する弱体化策に基づいていることを申立人側が立証すればこの格差が不当労働行為によるものと推認される。これに対し使用者が、格差が合理性あるものとの反証に成功しない限り、不当労働行為が認定されるというものである。[6]

---

[6] 紅屋商事事件はその後のリーディング・ケースとなったが、実はこの判断は判旨の前段において「他組合結成前の昭和49年度、夏季、冬季の一時金の各考課が後に結成された組合に参加した者との間にほとんど差がなかった」こと、公然化した後において「勤務成績が比較して劣悪になったことを窺わせる事情はない」との判断を行っていた点には留意が必要である。

そして大量観察方式による判断は、この種の不当労働行為事案の特質（組合全体への差別）に合致した判定方法であり、査定資料の偏在と立証の困難性を避けるための衡平な判定方法として肯定される。

(b) 個別立証と反証の合理性

組合員個人に対する不利益取扱い（労組法7条1号）の是正が求められる事案では、労働者は自分への処遇、措置が平均、中位より低位にあり（格差の存在）その格差が不当労働行為によることの立証を行うことになる。

この場合において、当該労働者が平均、中位の措置を受けた者と比較して能力、勤務成績が同等なり劣らないことを立証しなければならないかである。また使用者側の個別反証の合理性、相当性をどう考えるかが課題である。

この二つのテーマを提示する格好の事例の判断として中労委〔オリエンタルモーター〕事件（東京地判平14・4・24労判831号43頁、同・東京高判平15・12・17労判868号20頁）がある。

判決は、年功序列的に行われている人事考課では、特段の事情ない限り「同等」と推認できること、能力主義的に行われる場合には、能力勤務実績の資料は使用者が保有しているのでこれを使用者が明らかにしない限り労働側の立証に困難が伴うことが否定できないから、当該組合員が「自己の把握しうる限り」具体的根拠をあげて非組合員と能力、実績が劣らないことを立証すれば「同等」と推認できるので使用者から低評価の事由が個別、具体的に明らかにされない場合（人事評価において不可欠な他の従業員と具体的な比較分布上の位置づけについて個別的な立証がないこと、この賃金制度は相対評価制であるから他の従業員との比較における低評価、処遇等の反証が必要）には一貫した組合敵視政策と相まって合理的な理由を欠く差別的取扱いであるとした。こうした判断手法は、上述してきた私の見解と概ね一致する。

なお、労組法7条1号の個別立証と反証の考え方は、思想信条による差別にも共通する。男女差別については、性別集団を前提とするので大量観察方式が立証方法としては、適切、相当なものといえよう。

----

7) 思想信条差別事件について「公平の観点」から平均的な従業員を想定し、これとの比較対象でたりるとした東京電力〔長野〕事件・長野地判平6・3・31労判660号73頁、差別意思による人事考課（査定）が行われ、その結果として同期同学歴の標準者との間に処遇格差があるとの主張で足りるとした同電力〔山科〕事件・甲府地判平5・12・22労判651号33頁など。

(3) 文書提出・物件提出命令

これらの賃金差別事件では、査定資料や賃金資格分布状況の資料が、使用者側に専ら存在しており証拠の偏在が顕著である。そこで差別を主張する労働者（集団）が救済を求めた場合に、主には他者（集団）との格差の存在の立証のために使用者側の手元にある賃金関係資料につき文書提出命令の申立を行うことになる。現民訴法施行以降賃金台帳については積極判断がなされている。

ここでは法220条4号の文書の該当性として争われ賃金台帳の同号ロの「職業の秘密」性、同号ハの「自己使用文書」性が否定されている。[8]

労働者に関する職員考課表の提出を認めたものとして商工組合中央金庫事件・大阪地決平10・12・24（同35頁）、同・大阪高決平11・3・31があり、同考課表は被査定者への公開を前提としていること、昇給昇格の要件と密接に結びついていることから法220条3号後段の文書に該当するとされた。なお改正労組法施行（2005年1月1日）後の組合差別事件で一時金査定につき人事考課表の物件提出命令申立（労組法27条の7第1項2号）に対し、埼玉県労委が2005年6月28日「これによらなければ不当査定、支給の事実の有無を認定することが困難」として非組合員も含めた全教員の勤務表定表（一次から三次）を命じた（智香寺学園事件・埼玉県労委平成17年〔物件〕第1号事件）のに対し、中労委が同年9月21日にこれを全部取消するという事案がある（中労委平成17年〔審査〕第一号）。

中労委の判断は上記要件につき、該当物件が要証事実の認定につき「他に的確な方法を見いだし難いものであるという意味で高度の必要性が認められる場合」でなければならず、他の証拠より的確であるとか有効な証拠の可能性だけでは要件に該らないとした。

---

[8] 住友生命保険事件・大阪地決平11・1・11労判760号33頁、高砂建設事件・浦和地川越支決平11・1・19労判760号32頁、京ガス事件・京都地決平11・3・1労判760号30頁。男女差別事件での賃金台帳、労働者名簿、会社の「人事情報」の内、資格歴、研修歴につき提出を認めた藤沢薬品工業（文提）事件・大阪地決平16・11・12労判887号70頁参照。なお就業規則の不利益変更による賃金請求事案であるが社団法人の法人税確定申告書の「所得の金額の計算に関する明細書」「退職金給与引当金の損金算入に関する明細書」「役員報酬手当等及び人件費の内訳書」が、外部の者へ開示を予定していること、社団法人が赤字経費を自ら積極的に主張、立証していることなどから公開につき双方の不利益を比較軽量しても開示によって所持者に看過しがたい不利益が生じないので法220条4号ニの文書でないとされた事例がある（全日本検数協会事件・神戸地決平16・1・14労判868号5頁）。

審理の経過からみれば中労委の判断は一時金格差のあることは認められ、その合理性の存否が主張立証の対象になるなかで考課表によらなければ合理性ないし不当労働行為の判断に必要な事実認定ができないわけでないというのであろうが、従来の労働委員会、差別事案についての立証の実務からいえば、法文上からは一応の判断であるとしても、労組法改正の際の国会審議での政府側答弁（2004年10月29日）と対比して、中労委が労組法改正の趣旨に及び腰になり、折角の条文を労組法22条と同様「伝家の宝刀」としてしまい込む運用を定着させることになることを危惧する。

団結権を擁護することを役割とする（労組法19条の2第2項）専門委員会としての労働委員会には、それまでの司法判断（格差そのものの存在の立証についての文書提出の必要性と民訴法220条の原則公開的性格）との相異があるにしてもこの種事案の特質に応じた積極的な判断が求められていよう。

3 賃金差別の救済
(1) 昇格・昇進請求権、そして「是正義務」の確認の訴え

職能資格制度における昇格差別については、昇格という使用者の行為がない以上昇格請求権を認めることはできないという考え方もあるが、使用者の行為が必要なのは考課査定による賃金差別でも同様である。昇格が役職位に対応する制度であってもその格付け自体は純粋に賃金制度（例えば課長待遇職、部長待遇職の存在）であるならば1で述べたとおり労働契約の内容として昇格請求権を認めてよいと思われる。性差別の裁判例でこれを否定する裁判例（商工組合中央金庫事件・大阪地判平12・11・20労判797号15頁、住友生命保険事件・大阪地判平13・6・27労判809号5頁など）があるが、肯定例もある（芝信用金庫事件・東京地判平8・11・27労判704号21頁、東京高判平12・12・22労判796号5頁）。

芝信用金庫事件について東京高裁判決が性的差別の「根本的是正措置」と紛争の抜本的解決のためには、昇格が高度な経営判断に属する面があるとしても、昇格した地位の確認の利益があると判断したことの射程範囲は大きい[9]。

役職位としての昇進請求権については、役職位という組織体制という制約と賃金処遇にとどまらない側面があり、昇格に比べてこれを認めるには困難があ

---

[9] 高裁判決にも影響を与えたと考えられる西谷敏「賃金、昇格差別の救済法理」季刊労働法193号（2000年）103頁参照。

るが、昇進しないことが法の禁止する不法な差別に当たるものであり、労働者が同等の能力成績をもっていたものと評価される場合には、少なくとも労働者が使用者に対し是正義務（特定の年次において昇進させる義務）の確認の訴えを司法上求めることができると考えるべきである（国鉄乗車証についての団交を求める法的地位の確認請求を認めた国鉄事件・東京高判昭62・1・27労判489号13頁と同様）。この場合の根拠法規は雇用機会均等法6条となる。

(2) 損害賠償請求の内容としての慰謝料

思想信条を理由とする差別是正の裁判において、裁判所が不法行為を認め慰謝料のみを認めたり（東京電力（群馬）事件・前橋地判平5・8・24労判635号22頁など）、賃金差額相当の損害額と慰謝料を割合的に認める事例（同《千葉》事件・千葉地判平成・5・23労判661号22頁、同《神奈川》事件・横浜地判平6・11・15労判667号25頁）さらに賃金差別全部を認めた事例（中部電力事件・名古屋地判平8・3・13労判706号95頁、同（山梨）事件・甲府地判平5・12・22労判651号33頁）がある。こうした判断の岐かれは、会社の思想信条の差別意思に対する裁判所の評価、格差が思想差別によるものとしての立証の成功度合いおよび裁判官の心証形成の程度に規定されたものである。

割合的認定は、民訴法248条の先取りであったが、不法行為論からいえば、交通事故の損害の認定につき本人の素因を考慮した割合的認定と共通の判断手法と共通するものである。むしろ問題の焦点は損害全体の回復が充全のものと評価できるのかである。この点において慰謝料のみの判断は多くの場合充分なものではない。

(3) 行政救済の方法

賃金差別に対する救済命令としては、大量観察方式による立証の場合には間接的是正命令（新たな是正につき協議や再査定を命じる）も存在するが、個別救済を求め個別立証がなされる場合は、直接的是正命令が適しているが、使用者に職能資格格付け、職位について同年、同期入社者に遅れないように取り扱う旨の命令（朝日火災海上事件・中労委平10・1・21労判746号95頁、東京地判平13・8・30労判816号27頁）等もある。結論的にいえば前述の昇進・昇格についての積極的な司法判断の影響が労働委員命令の裁量性を一層尊重する方向に働くか

---

10) 同一の職種にある性別による差別につき、使用者の是正義務を認めこれに違反する不法行為の成立を認めた裁判例として、塩野義製薬（男女差別）事件・大阪地判平11・7・28労判770号81頁。

どうかである。役職上の昇進命令も含めて不昇進・不昇格が不当労働行為と判断される場合には、当該労使関係における賃金、資格、人事処遇の実態を踏まえた上での工夫ある直接的是正命令が発せられることが労働委員会の専門性の発揮と迅速な団結侵害の排除といった労働委員会制度の趣旨目的に合致するであろう[12]。

4　今後の課題

今後の課題についても、上述したなかに盛り込んでいるが、使用者の公正査定義務の存否、同一（価値）労働同一賃金原則との関連、是正義務確認の訴訟についてのさらなる検討と具体化などが課題としてあり、また裁判所、労働委員会がこの種差別事案についてその実態を踏まえかつ迅速な救済をどうはかるか、とりわけて労組法改正による労働委員会の改革がすすむかどうかなどである。

---

11) 中労委（朝日火災海上事件保険）事件・東京地判平13・8・30労判816号27頁。なおこの判例解説につき、唐津博「人事考課における不当労働行為とその救済方法」労働判例825号（2002年）5頁がある。
12) 道幸哲也『不当労働行為法理の基本構造』（北大図書刊行会、2002年）50頁参照。

第6章　人格権

一　人間の尊厳を擁護した関西電力人権訴訟

1　提訴

　関電人権裁判の神戸地裁への提訴は 1971（昭和 46）年 12 月 8 日であり、第一審の神戸地裁判決は 1984（昭和 59）年 5 月 18 日である。

　第一審判決を紹介したある法律雑誌は「電力会社が 70 年安保改定時の騒乱状態を予測し、企業防衛の立場から共産党員等の従業員を監視し、孤立化させるなどした行為が不法行為と認められた事例」としている。しかし、このリードの前半部分は、会社の裁判上の主張であり、事実ではない。事実は関西電力、東京電力、中部電力といった独占的な立場を法律によって保護された公益企業体が、それぞれの企業内で少数派となって活動していた旧電産系の流れを受け継いできた人たちが 60 年安保闘争を経て次第に影響力を伸ばしてきたことに対し、これらの活動家層の影響力を断ち切り、企業外に排除しようとして系統的かつ計画的に進行させた特殊対策の人権侵害性が裁判所によって違法なものとして判断されたのである。

2　本件事案の概要

　会社による共産党員である原告ら X_1 〜 X_4 らに対する監視、孤立化等が存在したのか、存在したとしてそれは 70 年安保改定にむけての電力会社の企業防衛策として正当、相当なものといえるのか、が大きな枠組みの争点であり、具体的には会社が、1965（昭和 40）年頃から社内の共産党ないし、その同調者らのグループを「不健全分子」として調査、監視し、職場での孤立化方針のもと、1968（昭和 43）年にはいくつかの営業所において管理者を集めた労務管理懇談会を開催し、調査、監視、孤立化施策の実施状況を報告し、X_1 らへの監視、孤立化等を進めた。具体的な行為は、原告らに対し、職場の内外での監視、尾行、同僚には接触しないようとの指示したこと。X_2 には上司が私物の入っ

たロッカーを無断で開け、X_2の上着ポケットから民青手帳を取り出して、内容を撮影した。X_3、X_4については職制がかかってくる電話の相手方と電話内容のチェックをするなどした。X_1らは1971（昭和46）年になり、会社の内部資料が法律事務所に送られてきたのを見て、初めて、これらの個別、具体的な施策を知ることとなった。そこでX_1らが会社のX_1らに対する監視、孤立化策の実施が、X_1らの思想信条の自由、名誉および人格を著しく傷つけたものとして、会社に対し慰謝料各自280万円および謝罪文の掲示、掲載を求めて1971（昭和46）年12月8日神戸地裁に提訴したのである。

3　時代背景そして会社の特殊対策──なぜ提訴したのか

戦後いち早く結成された電産は、レッド・パージと9分割完全民営化のなかで企業毎の労使関係の確立によって9電力毎の企業別労働組合に解体、吸収されるが、60年安保闘争が、会社で働く青年労働者を中心に自主的な労働組合活動を回復させた。こうした左派活動家の組合役員への台頭に対して会社が秘密裡に「反共特殊対策」を全社的に実行に移していった。こうした活動の一つとして前述した1968年6月に神戸支店で労務管理懇談会が、支店労務課長主催で開かれ、管内の支店、各営業所の役付従業員を集めて、原告ら4名に対する特殊対策としての職場からの孤立化策の実施内容が報告されたのである。そしてこの労務管理懇談会報告書が、郵送者不明のまま原告ら代理人事務所に郵送されてきて、原告らが自らに対する孤立化策の全容の一端を知ることとなった。これまでも左派グループは、1969年正月の社宅ビラ配布への懲戒処分反対運動、I氏転向強要事件、資格制度裁判などを取り組んでいたのであるが、原告らは、このマル秘文書に書かれた内容の、あまりにも露骨かつ執拗な思想信条を理由とする人権無視の孤立化策の実行に対して、これを座視することは労働運動の前進のみならず、人間としての尊厳は守れないと判断し、自らの生き方、人間性をかけて裁判提訴に踏み切ったのである。

4　特殊対策の概要

会社の進めた1960年代の特殊対策は、電産時代の組合運動を継承していた共産党員やその支援者に対する職場からの孤立化策、そして企業外への排除策であった。60年安保闘争を境にして関電においても労働組合運動の活性化が

進み、いわゆる「左派」の人たちが組合役員に選出されるようになった。特殊対策は1962年頃から具体化されているが、この対策は二つの柱が、予防措置として労働者の思想を企業主義に取り組むための教育活動などであり、対抗措置は企業外排除を最終目標として極秘的に特殊対策者を除いて職場内での警戒的環境を作る。二つ目は労組役員選挙への介入であり、投票筆跡の分析も含めて誰が誰を支持するのかを調査し対応する、というものであった。

この対策のなかでは、共産党員である従業員は「マル特者」といわれ、一人一人の労働者は「個体」とされこの個体を管理するものとされた。

こうした特殊対策は、東京電力や中部電力においても、時期を同じくして各経営者によって遂行された。その意味は電産解体にむけた戦後のレッド・パージ（1950年8月26日）と共通の性格をもったものである。レッド・パージは電力関係では2,137名であり、関西電力は362名といわれている（電産十日会調べによる）。

ただ、特殊対策は占領軍のような強権的な支配の下で公然となされたものではなく、職場のなかで非公然、しかし、陰湿かつ系統的になされたものである。

会社が「弱い」とみた労働者には思想の転向強要が行われ、そのなかでは自殺者も出たという。転向した者には戦前時代の特高警察さながら、仲間を裏切り、名前を「吐かせる」ことまで行われたのである。

このような思想の「善導」や思想への攻撃は、1960年代から1970年代における電力職場の状況を暗いものにし、物言えない職場に変えていったのである。

5　裁判運動の展開——運動の社会化

裁判運動も司法において法の形成を求めるものであるから社会的なものとなる。この人権裁判支援運動は、前史として関西電力ビラ配布（懲戒処分）事件（70年を迎え差別撤回にむけて頑張ろうというビラを関電社宅に配布したとして懲戒処分を受けた事件）についての裁判運動等の、大企業内での少数派の組合活動や昇格差別事件の運動の経験を抜きにしては存在しない。

企業内において労働者の人権侵害があった場合に企業外の世論を味方にして、司法の場で事実と法に基づいて権利と正義を実現する少数派グループの息の長い、粘り強い運動が継続して存在したことである。大阪高裁での審理においては、7年間35回の法廷傍聴、そして判決日には個人署名が7万3,000筆集まっ

ていた。全国の法律家200名余りのアピールの裁判所への提出、裁判所のビラ配布も月2回の合計182回、延べ参加者1,941名という社会的な取り組みであった。会社の上告により最高裁に移ってからは、1993年10月28日には「関西最高裁人権闘争を勝利させる全国対策会議」が結成され、東京を中心にする活動が展開され、ビラ配布29回、最高裁要請活動27回、そして個人署名5万3千筆、団体署名4千9百筆、学者・著名人295名の要請署名が取り組まれた。93年4月には、関電、中電、東電の各争議団の呼びかけで「日本の職場における人権侵害を国際世論に訴える実行委員会」が結成され、四次にわたり国連人権委員会への要請団の派遣がなされた。94年12月には自由権規約委員会の専門委員エリザベス・エバット氏を招請した国際シンポジウムが、東京、名古屋、京都、大阪で開催された。こうした裁判所を包む市民社会での世論形成が行われ、画期的な最高裁判決が95年9月5日にだされたのである[1]。

6 裁判での争点と主張・立証の工夫

争点は大きくいって三つであった。第一は会社の特殊対策が70年安保改定を迎えて発電所施設防衛など企業防衛上のものなのか、第二にマル秘文書に書かれた内容は、事実なのか（この点、会社は机上演習であり、これらは事実ではないと争った）、第三に神戸支店で行われた労務管理懇談会に提示された内容が、会社全体の方針として会社自身が責任を負うのか、であった。

行為の個々の違法性については、会社が特殊対策の対象者を監視すること自体が違法性をもつかどうか。

そしてマル秘文書については、会社は、これは不法に窃取されたものであって、違法収集証拠であるとして、証拠の排除を求めた。また原本が存在するはずであるから「写し」として証拠提出するのも不当であると主張した。この論争、対立の結果、一審裁判所は、これらの点についての判断を判決で示すという見解を示すなか、マル秘文書は検証物として、すなわち文字を文章として「読み聞け」しながら尋問するという展開となった。大阪高裁では会社側から林良平教授（京大、民法）の意見書が提出されたが、その趣旨は、原告らに対

---

[1] これらの運動については、速水二郎「私たちはこうして高裁全面勝訴をもぎとった」労働法律旬報1279+80号（1992年）56頁、松井繁明＝関西電力人権裁判争議団『思想の自由は奪えない――関西人権裁判闘争の記録』（新日本出版社、1996年）参照。

する不法行為の一つ一つが証明されない限りは会社の不法行為責任はないというものであり、原告らが自ら確認し得なかった会社の監視、孤立化等の立証レベルを事実上高いレベルに挙げるとともに、不法行為を各個バラバラに分解させたなかで、具体的な差別（不利益）のない限りは不法行為ではない、として、会社の責任を免脱しようというものであった。弁護団は神戸地裁、大阪高裁を通じて、片岡昇、故本多淳亮、萬井隆令、西谷敏、大沼邦博、吉村良一ら各教授に弁護団との研究会にそれこそ手弁当で参加して戴いて、この事案にふさわしい不法行為論を模索してきた。

　こうした討論を経た上で、会社の監視、孤立化策に対して、会社が「原告らの思想信条の自由を侵害する」とともに、原告ら労働者が同じ職場の仲間と自由に交流し、討論できる、また活動できることの自由を、会社は侵害してはならないものとして、「原告らの職場における自由な人間関係の形成を阻害した」ものとして違法性の主張を構成した。林意見書に対しては、労働法研究者に意見書を書いてもらうべく当時、中央観光バス事件で論文を執筆しておられた中央大学の角田邦重教授に連絡をし、意見書執筆について快諾を得ることができた。この意見書は、地裁よりも一層会社の労務施策を厳しく批判した大阪高裁判決に反映されたと評価できる。この意見書で、同教授は「最後にもしこれらの一連の行為（一審認定の）を評して、精神的人格価値との侵害にあたらないというならば、およそ企業という社会のなかで、一般の市民社会で認められている人格的価値の保護を語る余地はなくなってしまうであろう」と締め括られている。[2] この言葉は現在においても重い意味をもっている。

7　最高裁判決の内容と意義

　大阪高裁判決（1991（平成3）・9・24）から4年たった1995（平成7）年9月5日、最高裁第三小法廷（労判680号28頁、千種秀夫・園部逸夫・加部恒雄・大野正男・尾崎行信各裁判官）は、会社の上告を棄却した。新聞各紙も、このことを大きく報じた。社会の関心の大きさを反映したものである。判決は、被上告人らが「現実には企業秩序を破壊し、混乱させるなどのおそれがあるとは認められないにもかかわらず、被上告人らが共産党員又はその同調者であることのみを理由とし、その職制等を通じて、職場の内外で被上告人らを継続的に監視する

---

[2] 　角田邦重『労働者人格権の法理』（中央大学出版会、2014年）175頁。

体制を採った上、…職場で孤立化させるなどした…、更にその過程で被上告人 X_1 及び同 X_2 については退社後同人らを尾行したり、特に被上告人 X_2 については、ロッカーを無断で開けて私物である「民青手帳」を写真に撮影したりした…これらの行為は、被上告人らの職場における<u>自由な人間関係を形成する自由を不当に侵害する</u>とともに、その名誉を毀損するものであり、X_3 らに対する行為は、その<u>プライバシーを侵害する</u>ものでもあって、同人らの<u>人格的利益を侵害する</u>ものというべく、これら<u>一連の行為が上告人の会社としての方針</u>に基づいて行われたというのであるから、上告人の被上告人らに対する<u>不法行為</u>と言わざるを得ないと判断した（以上下線は筆者）。

　第一に、この判決は「全ての職場に憲法の風を」という、判りやすい、しかし当時の思想の自由を抑圧する大企業の職場を改革するという原告らの強い願いに、最高裁判断として初めて正面から向き合った、勇気ある判決と評価できる。初審（牧山市治・柴谷晃・山崎果各裁判官）および原判決（大久保敏雄・妹尾圭策・中野信也各裁判官）が認定した行為について、原告（被控訴人）らの「<u>思想信条の自由を侵害し</u>」、職場における自由な人間関係の形成を阻害するものと判示していた部分から、「思想信条の自由を侵害し」が抜けていることをどう評価するのか、という意見はあり得る。筆者は原告ら4名に対する会社の監視、孤立化策は、会社が原告ら4名を確信ある共産党員とみて、直接的な転向強要を行わず、周囲からの孤立化策をとったという実態のなかで、企業による思想の自由の侵害を事案のもとで人格的自由、利益というより広い範囲、枠組みのなかに落とし込んだものと評価する。[3]

　この判決は、プライバシー保護も含め人格の自由をめぐるその後の諸判決の基礎となった。

　第二に、この判決は関電ビラ事件最高裁判決（最一小判昭58・9・8労判415号29頁）が前提とした事実認定が不充分なものであり、このビラ判決の判例法理としての妥当性を今では喪失させているという重要な意義をもつ。

　ビラ懲戒処分の最一小判は少数派のビラ配布について「上告人による右行為をもって労働組合の正当な行為とすることもできないというべきである」と評価していた。

　本件最高裁判決の事実認定（組合内の少数派に対する会社の対抗方針と実行）か

---

[3] 結論において同旨、角田邦重・労働判例688号（1996年）6頁。

らすれば、誰もが容易に理解し、経験的に推認できることは、このビラ配布事件は、会社が自社の社宅内に少数派が配布したビラに対して少数派の活動規制のために懲戒処分をおこなったこと、すなわち会社が、多数派の育成強化のために支配介入の不当労働行為を行ったという事実である。この重要な事実の認定と評価の欠如により、最高裁ビラ事件判決は、最高裁判決としての通用性を喪失したものといわざるを得ない。

　第三に、この判決は（一審、二審も含めて）、現実に東京電力、中部電力、そしてこれに続く思想信条を理由とする賃金資格制度上の差別撤廃を求める、各地の裁判事案に大きな影響を与えた。この関電における反共特殊対策は、実態において全国の電力会社でほぼ共通した内容で推進したものであったことと、最高裁による大企業である関電への批判、断罪は、地方・高等裁判所の裁判官に事実の認定と法の支配についての勇気と確信を与えた。関電相手の賃金差別事件では原告側労働者らは、大阪地裁での和解でほぼ全面的な勝利となった。

8　賃金その他、処遇上の差別の是正——会社との合意（2009（平成21）年12月8日）

　二つの関電事案（ビラ配布処分裁判、人権裁判）に続く賃金差別裁判は、会社を包囲する大きな運動のなか、大阪では大阪地裁での和解により、関電は憲法、法律と基本的人権を尊重する労務施策をとること、会社の在籍従業員（これには原告でなかった人たちも含めて）を他の従業員と同様に公正、公平に評価、処遇することを約束し、資格賃金などの処遇を見直すとし、大きな差別是正の前進を獲得した。東京電力では、賃金差別是正裁判は、1993年8月から1995年11月の間、前橋、甲府、長野、千葉、横浜の各地裁でそれぞれ勝訴判決を得るとともに東京地裁・東京高裁の裁判運動を軸にして1995年12月に全面解決の合意と翌年1月に裁判での基準を上回って差別を是正させた。

9　未来につなぐものはなにか

　関西電力そして東電、中電に働く労働者がマル特者（すなわち特殊対策の対象者）として企業からの非道な人格侵害に抗して、思想の自由と差別是正のために立ち上がったのは、まさしく労働者一人一人が「人間としての尊厳」を擁護するためであった。そして労働者たちは大企業のなかで使用者に対して憲法と

人格が守られること、思想を理由として差別は許されないことを確認させ現実に是正させた。
　これを歴史的にみれば、1950年の2,137名レッド・パージによる大量解雇（翌年国家管理の下にあった日本発送電を9分割し9の地域配電会社と一本化の上、完全民営化）にもかかわらず、電産の運動を引き継いだ労働者が60年安保の後の労働運動の前進に対する会社の反共労務施策を、裁判運動を軸に職場からはね返し、この労務施策を事実上廃止に追い込んだのである。
　そしてこの人権運動は、労働者としての思想の自由と「人格形成の自由」、すなわち他の労働者との自由な交流による連帯を実現する運動であり、これに勝訴したことは原告ら労働者の生きた時代を人権の抑圧から人権と「人間の尊厳」を取り戻す「時」としたことである。そしてこの「時」は決して過去ではなく、いま（現在）に続く労働者の人間の尊厳実現に幾重もの道をつけているのである。そしてこの運動は最高裁判決という個別事案でありながらも司法を介しての法の形成を確保したものであり、日本の労働者全体の権利運動の到達点として確認できるものである。
　そして関電では、争議解決後も退職者を中心に「電力労働近畿センター」を設立（現在も活動を継続している）し、現役の労働者としても2005年には「サービス残業の廃止」のため労基署を活用した結果、関電では会社は退去2年間の残業代23億円の支払を全労働者に行った。機関誌の発行、原発廃止の運動（市民への訴え）もすすめている。

　　（付記）
　1）　人権裁判の大阪高裁判決の紹介と意義については、自由法曹団編『憲法判例をつくる』（日本評論社、1998年）83頁〔村山晃執筆〕がある。

二　人間の尊厳と人格権保障の「領域」

1　人格権保障の根拠としての人間の尊厳

　人の生命、身体、精神、自由、名誉、氏名、貞操、信用などの人格的利益が財産的利益とともに他人の侵害から保護されなければならない。こうした法的保護の対象となる人格的利益を総称して、人格権といわれる。[4]

生命、身体が人格的利益に入るのは、生命の侵害や身体の侵害なり拘束が、人としての人格の自律、自由、主体性を奪うからである。なぜ法の世界において人格の自律や自由が保護されるのか、その根拠はなになのかも問わなければならない。憲法規定からみれば13条の個人の尊重があげられる。判例も13条が個人の尊重と人格価値の尊重を宣言したものである、とする（最大判昭23・3・24裁判所時報9号8頁）。しかし個人の尊重も「法の正義」の根本にある「人間の尊厳」によって根拠付けられるものである。これから論じようとする人格（利益）権も人間の尊厳に根拠と基礎をもつのである。すなわち人間の尊厳の擁護のもとに人格権の保護はある。

このことについてドイツ連邦共和国基本法は、第一に人間の尊厳の不可侵性とこれに対する国家の尊重、保護義務を明言し、第二に人格の自由と人身の自由を保障する規定を置いている。第2条は「何人も他人の権利を侵害せず、かつ憲法的秩序または道徳に違反しない限り、自らの人格の自由な発展を求める権利を有する」と規定している。

ドイツの憲法学者[5]によれば、一般的人格権は、連邦憲法裁判所により1条1項と結びついた2条1項から導かれ具体化されている。一般的人格権は一般的行為と同様、それは特定の生活領域に限定されず、あらゆる生活領域に関連しているし、人間の尊厳と同様に個人の主体性を保護するものであると指摘している[6]。「自らの人格の自由な発展を求める」との文言は、関西電力事件・最三小判平7・9・5労判680号28頁の「職場における自由な人間関係を形成する自由」とも共通する部分があるが、後者の方が具体的に他者との関係性で人格権をみていると評価できる。

2　労働者の人格的利益保護の必要性

労働関係において労働者の人格権の法的保護が重要なものとして認識されるようになったのは早い時期でない。それは、労働過程における使用者の労働支配、労務指揮権のなかに労働力の担い手である労働者の意思と人格が包摂され

---

4)　『法律学小辞典第4版・補訂版』（有斐閣、2008年）参照。
5)　ポート・ピエロート＝ベルンハルト・シェリンクほか著／永田秀樹ほか訳『現代ドイツ基本権〔第2版〕』（法律文化社、2019年）。
6)　同書125頁、なお一般的人格権の主体の発展様式として、自己決定、自己保全、自己叙述の3点が整理されている126頁。

てきたからである。また戦前において企業一家といわれた日本の精神的な風土は、戦後は企業別組合といった閉鎖的な性格をもった団結体を一般的にしたこともあり、市民社会から隔離された企業風土を特色とし、企業の考え方と異なった思想を持つ者に対しては、これを企業外に排除するとの強い力が働いてきた。こうした事態のなかで、労働者が使用者による人格的利益の侵害を不法行為として提訴する事件が現れてくる。判例として早い時期にあるのが、職場での退職目的の共同絶交の不法行為性が争われた中央観光バス事件（大阪地判昭55・3・26労判339号27頁）である。判決は、退職勧告書の作成と交付が労働者に退職を強要し、退職しない限り労働者の自由および名誉を侵害することを告知したものであり、精神的苦痛を与えたものとして会社に慰謝料の支払を命じた。この判決は、少数組合の団結権を否認する会社の労働施策と一体になったものであることも認めたが、不当労働行為における原状回復にとどまらない組合員の人格的利益の保護を図ったものである。この判決に刺激されながら、学説からも労働者の人格権侵害をわが国の労働関係のあり方、労働法のなかに位置づけ、その内容を構成する努力も現れるようになった[7]。

　さて、中央観光事件にみられた共同絶交は、実は大企業の職場の中にも存在していた。会社が特定の思想信条を有していた者を危険人物として企業外に排除しようとして、職場の内外において監視するとともに他の従業員を近づけないような孤立化方策の労務方針があり、この違法性が争われたのが関西電力事件である。この最高裁判決の後には、電力会社における思想信条を理由とする賃金差別事件が全国的に提訴されるようにもなったが、当時の電力大企業における労務管理と労働者の人格の自由の緊張対抗関係が背景にあった。これらの裁判例として思想信条による賃金差別の是正を求めた東京電力（山梨）事件・甲府地判平5・12・22（労判651号33頁）、同（千葉）事件・千葉地判平6・5・23（労判661号22頁）など6事件がある。

3　労働社会における人格権の法的構成の重層性

(1)　基本権から

　それでは労働社会において労働者の企業からの人格権保障の法的構成はどの

---

[7] 角田邦重「労使関係における労働者の人格的利益の保護(1)(2)完」労働判例354号（1981年）4頁、同355号4頁。

ように整理するのか、である。労働の場にも憲法上の基本権保障は今では当然に及ぶのであるから、まずは憲法上の基本権、市民的自由の保障が存在する。法の下の平等原則（同14条）も尊重される。思想の自由（同19条）、集会・結社・言論の自由（同21条）、職業選択の自由（同22条）などが市民として企業との間においても直接、間接の適用は別にして少なくとも憲法の公序として確保されるべきである。ついで労働者は、憲法27条、同28条の権利主体として存在する。憲法27条1項は労働者の勤労権として、同2項は労働条件保護法の諸法律のなかで、同28条は労働者を団結の主体として労働三権の保障をしており、労働者はそれぞれ企業に対して、その保障、保護を求めることになる。このなかで労働者の人格権保護は、一人の労働者が市民として、そして労働者としてそれぞれの法的保護のなかに存在する主体であることに基づいて行われる。例えば組合活動としてのバッヂやプレート、リボン着用の法的保護は、市民としての表現の自由の保障とともに団結権保障としても保護されることになるし、内部告発や企業活動への批判活動は、表現の自由とともに組合活動の正当性の保障といった二つの方向から併存して保護されると解釈されるのが正しい。

それは実態というか、行為の実質が二つの側面からそれぞれの法律上の保護の対象となる価値をもっているからであって、これに優先関係をつけることは司法判断も法律解釈学もおこなってはならない。いずれの側からも併存して判断されるべきである。

(2) 労働法からみた法的構成

労働者の人格的利益の保護に関する労働法上の諸規定を検討してみると、労働基準法上の労働憲章と呼ばれる一連の規定が該当する。均等待遇、強制労働の禁止、中間搾取の排除、公民権の行使、契約期間の限定、労働条件の明示、賠償予定の禁止、前借金の禁止、強制労働の禁止等は、労働関係における前近代的な弊害を排除して、労働者の自由と平等（差別禁止）を保障するためのものであり、「自由と平等」の保障によって、「労働者の人たるに値する生活」と「人間の尊厳」を確保しようとするものである。そして「労働者の人たるに値する生活」は、労働生活を中心としながら退職時等の証明についてブラックリストの禁止（労基法22条4項）や事業の付属宿舎での労働者の私生活の自由の侵害を禁止している。こうした規定は、労働者の人身の自由にとどまらず人間

の尊厳を擁護しようとするものであって、労働関係における人格的利益を保護するものである。

さて、これらの人格的利益の保護は、市民法上の人格の保護と共通するものであるが、保障の必要性は労働関係の継続的性格や人的性格からみて、より一層高いといわなければならない。

すなわち、労働者は労働契約を結ぶ法的主体としては、企業と対等のものであるが、労働者の経済的社会的劣位の状態が契約締結の際にも、その後の労働過程において基底にあるなかで、企業との対等性を確保することが極めて困難なことである。それ故に労働条件保護法である労基法2条1項、労契法3条1項において、労働条件の決定が対等決定であることが、法律的に要請されることになる、にもかかわらず現実の労働関係の展開のなかで企業のもつ人事権限、秩序維持のための管理権限と労働者の人格権とが衝突する場面が多く存在する。それは労働者の労働力の提供に対する使用者の使用権限（業務指示）が、労働者の人格と不可分の知的、精神作用によって、現実化、具体化されるからに他ならない。

そこで使用者が労働者に求める労働の内容は、労働契約の範囲にせよ使用者の指示が労働者の人格を介して具体化されることになるので、使用者は労働者の人格的側面（意思）のあり方に強い関心をもち、これに影響力を与えようとしてきた。このなかでの労働者の人格の自由なり人格的諸利益と使用者の権限との対抗関係が法的紛争になってきたのである。

(3) **労働者の個人情報とプライバシー保護**

個人に関する情報は、情報公開法制や個人情報保護法制では、原則不開示になったり、適正に取り扱われるべき保護の対象である。そして個人の情報の収集や利用により個人の権利、利益が侵害されるのを防ぐため個人情報保護という考え方が定着しつつある。ここにおいて、プライバシー権の保護は、自己情報の全体をコントロールする権利であると認識される。労働関係においても、原則としては個人情報保護の必要とその権利性（個人情報保護法における保護はいうまでもない）は確認されるべきであるが、企業が労働者を採用する際の資料、労働条件決定のための資料、さらには例えば労働安全衛生法上の義務の履行として、個人情報を収集し管理する必要性も現に存在する。こうしたなかにおいて労働の場における個人情報保護のあり方は、F社乙事業部事件にみられ

るように使用者側の情報収集管理等の必要性、情報の内容と秘匿の理由および使用者側の知る手段の相当性などによって判断されることになるが、その中心は人格権の保護とこれを侵害するだけの企業としての客観的合理性の存在と相当な方法である。また労働者保護のための安全配慮義務の判例上の展開は、健康配慮義務として具体化されてきたが、ここでは労働者の健康情報や病状（歴も含めて）についての（個人としての）プライバシー保護が提起されてきている（HIV 感染者解雇事件など）。

使用者の配慮義務は労働者の健康状況の把握を前提にせざるを得ないとするならば、この場面におけるプライバシー保護は了解されたものとして後退することになる（愛知県教育委員会事件など）と考えられるのかが電電公社帯広局事件、京セラ事件など医師選択の自由との関係も含めこれからの課題である。筆者としては、プライバシー保護を肯定した上で、個別の健康情報が開示されない場合は使用者の配慮義務の縮減を是とする。

(4) 懲罰的労使関係を脱却し水平な労使関係を構築する

2005 年 4 月 25 日福知山脱線事故から 11 年 8 か月経過した 2017 年 12 月 11 日に発生した JR 西日本の新幹線のぞみの台車亀裂事故における安全軽視の状況は、JR における労働関係のあり方およびその安全体制については、底が抜けたと言わざるを得ない迄の問題性を明らかにした。

新聞報道で明らかになっている事実関係は次の通りである。

のぞみ 34 号は、小倉駅を出た午後 1 時 50 分頃、博多発東京行きの乗務員が異臭に気付き、岡山駅でこのために乗り込んだ保守担当 3 名が異音を確認し、東京の JR の輸送指令に次の駅での点検停車を提案したが、指令はそのまま運行を続けさせた。新大阪駅で JR 東海の乗務員に代わり交代し、JR 東海の運輸指令の異臭の確認指示により京都駅過ぎに異臭を報告、名古屋駅で停車し、床下点検で亀裂と油漏れがみつかったという。

亀裂は底面の 16 センチ、側面の 14 センチであり、大事故につながる破断寸前状態であったという。[8]

この間、乗務員らは異音や振動など 30 件の異常に気付いていたという。

この台車亀裂のままの JR 西日本の安全軽視について福知山事故で娘を亡くした藤崎光子氏は JR 西日本の安全軽視は当時と変わっていないのではないか、

---

8) 朝日新聞同年 12 月 20 日付。

「運行第一」「ダイヤを乱すな」が全てである、と話されている。

　公共交通機関を担う JR 西日本が 10 年 8 か月前の大事故から本当の教訓を学んでいないことが明らかになったととともに、2017 年に日産、スバル、神戸製鉄所、三菱マテリアル、東レと、次々と発生した品質検査上の偽装、データー改ざんにより、日本企業の「物づくり」において社会が要求した品質を維持するという価値意識が喪失していることも窺われる。これらのことは、現在の経営者たちの短期的な利潤追求主義や、経営陣や企業活動への批判を企業内外で許さない姿勢、そして違法な行為を自浄できない企業体質が一般的なものになっていることと深く関係する。

　上命下服の悪しき「官僚」主義に企業が触ばれていることに対して強い危機意識を市民社会全体のものにすることが必要である。

　そのためには労働関係秩序の民主化、水平化が必要である。このことを国鉄分割民営化前後の労使関係で司法上の紛争となっていた研修事例を取り上げ、JR 西日本の福知山事故の発生の背景にあった日勤教育の人格権侵害の態様が裁判事例となったものから検討するとともに人間の尊厳とは相容れない「命令への服従」、すなわち上命下服的な指揮命令関係、非近代的な労使関係から日本企業が脱却し、水平、フラットな企業組織となることを提示したい。

(5) **二つの最高裁の判断と人格権を擁護した下級審判断**

　周知の通り、国鉄時代と JR 時代を通して国労バッヂや国労マーク入りベルトを着用して就労した国労組合員に対する、特定の作業への従事命令の不法行為性（該当性）が争われた対照的な二つの最高裁判例が存在する。

(a)　国鉄鹿児島自動車営業所事件

　一つは、国鉄鹿児島自動車営業所事件（最二小判平 5・6・11 労判 63 号 10 頁）である。この判決は、組合バッヂの取り外し命令を拒否した旧国鉄職員に対し、10 日間にわたり 1 人で 1 日中営業所内（1,200 平方メートル）に積もった桜島の火山灰の除去作業を命じたことが、同人に著しい精神的・肉体的苦痛を及ぼすものであり、業務命令権の濫用にあたるとして、慰謝料 10 万円の支払を命じた二審判決（福岡高宮崎支判平元・9・18 労判 582 号（一審も同じ結論））を最高裁が取り消したものである。

　一、二審はいずれも、就業時間中の組合バッヂ着用行為は職務専念義務に違反し、その離脱命令は合理性があり、降灰作業は「労働契約上の付随義務」の

範囲であるが、「肉体的、精神的苦痛を伴う作業を懲罰的に行わせる」のは、業務命令権の濫用であり違法とした。ところが最高裁第二小法廷（木崎良平・藤島昭・中島敏次郎・大西勝也）は、「降灰作業は、職場環境上必要な作業であり、社会通念上相当な程度を超える過酷な業務ではないし、労働者がバッチ着用のまま点呼執行業務に就くという違反行為を行おうとしたことから、職場管理上やむを得ない措置であり、労働者に殊更に不利益を課する違法、不当な目的でなされたものでない」また、管理職が他の職員が水を渡そうとするのを制止したのも、「その職務等からして違法、不当なものと考えられない」とした。

はたしてこれは正しい判断であろうか。地域特性からして降灰除去作業の必要性は肯定されよう。しかし、7月の暑いさなかに水も飲ませず、たった1人で広い構内を降灰除去作業に従事させるのは、みせしめであるばかりでなく、国労バッチ着用への対抗行為〔業務命令〕としての社会的相当性を認めることはあまりにも企業秩序を優先させるものであり、逆に労働者の人格的価値と人間の尊厳を否定する判断とは言えまいか。裁判官は人間としての想像力をはたらかせ鹿児島の暑い夏の現場に「身」を置いて、会社の行為の違法性を判断すべきであったと思われる。

(b) JR東日本（本荘保線区）事件

もう一つは、JR東日本（木荘保線区）事件（最二小判平・8・2・28労判690号12頁）である。

一審判決（秋田地判平2・12・14労判690号23頁）、二審判決（仙台高秋田支判平4・12・25労判690号13頁）はともに慰謝料請求を認容した（各25万円）。そして最高裁第二小法廷（根岸重治・大西勝也・河合伸一・福田博）は、東日本旅客鉄道（株）と職制の上告を棄却し、原審の判断は是認することができるとしたが、その判断内容は示されていない。この事案は、国労マーク入りベルトを着用して就労した組合員に対し会社が取り外しを命じたところ、労働者がこれに反発したため、始業時から午後4時半頃まで就業規則の書き写し等を命じ、翌日午前中も腹痛を訴えるまで続けさせたことにつき、労働者が会社と職制を相手に、教育訓練としては妥当でない違法な業務命令であるとして慰謝料請求を求めたものである。

原審は就業規則の書き写しについて、「成人した社会人が自発的意思に基づかずに本来の業務を離れて、全文142条もある就業規則を一字一句の間違いも

ないよう書き写すことは時間的制限がないとしてもそれ自体肉体的、精神的苦痛を伴うものと推測するに難くない」、「本件ベルト着用は、就業規則に違反しないか、一部の規定に抵触するにしても、極めて軽微であるにも拘らず、本件教育訓練の主たる目的である就業規則の全文書き写しは合理的理由がなく」、「人格を傷つけ、健康状態への配慮を怠った（湯茶の禁止や腹痛を訴え病院に行くことを求めても応じなかったこと）」ものであり就業時間中、これが事務室内で長時間にわたり行われたなどの事情からみれば、「見せしめをかねた懲罰的なものと推認せざるを得ない」し、「その目的も具体的態様も違法なものである」とした（武藤冬士己・木下秀樹・佐藤明裁判官）。

　下級審の判断は、旧国鉄なりJRの組合活動を理由とする懲罰としての業務命令に対しては、これが精神的、肉体的苦痛を伴う作業であり、見せしめをかねた実は懲罰のための作業であることを非難した。本来からみてこのような体罰的な作業は、労働契約関係の対等関係からは導きだすことはできないにもかかわらずバッヂ着用のまま点呼執行業務についた違反行為に対して職務管理上やむを得ない措置（降灰除去作業）であるとする前記最二小判の判断には、懲罰による上命下服の労使関係を積極的に肯定する思想が窮われるのである。

　(c)　懲罰的日勤教育の源流
　① 「人材活用センター」とJR不採用問題
　　懲罰的な日勤教育や、前述の二つの最高裁判決をも含め、国鉄、JRによる労働者の思想の自由の抑圧とそれによる権威主義的、専制的な職場秩序確立のターニングポイントは、国鉄の分割、民営化政策、さらにこれと不可分一体の「人材活用センター」から始まるJR不採用問題であったと筆者は考える。分割、民営化に対する国労粗合員らを「余剰人員」として従来の鉄道業務から切り離し、この人たちを収容するための「人材活用センター」が全国各地に作られた。しかし、「人材活用」とは名ばかりで、実際に与えられたのは「草むしり」や「清掃」をはじめ不要不急の仕事だった。そして「分割民営化に賛成する」こと、「国労を脱退する」ことが意識改革の具作的内容として追求され、組合活動や「分割、民営化に反対する」ワッペン、リボンの着用を理由とする懲戒処分等が、JR採用に際しての重要な資料である職員管理調書による選別の対象行為となった。つまり、国労に所属する労働者が国鉄の経営方針に反対するという思想自体が許されないこと、企業から排序すべきこととされていっ

たのである。しかしこうした「分割、民営化に反対する」労働者の思想、JRの経営方針に対抗する思想の存在こそが「力のある柔軟な会社」であり、企業体の社会的責任を本当の意味で果たすための大切な条件であることを、経営者側において認識すべきである。

②国鉄時代から引き継がれた労務政策

JR福知山線脱線事故で問題になった懲罰的日勤教育によって、国鉄時代にみられた労働者の精神的自由と人間の尊厳を侵害する労務政策が、JRにも引き継がれていることが明らかになった。例えば2000（平成12）年8月に実施された吹田工場内での懲罰的、報復的な作業命令がそれである。訴状によると、原告らが吹田工場内において、規則に従い踏切を横断しようとしたところ総務科長である被告Kは、誤解から原告らに横断中止を求めた。原告らが気づかずに続けたことから、被告Kは原告らに対し理不尽な業務命令（炎天下1メートル四方の白線内から出ることなく安全確認をさせる）を課した。

さらに被告西日本旅客鉄道株式会社は、原告の一人があまりの暑さから、また抗議のために温度を計るべく、本来は破棄される予定であった温度計を用いたことを理由に、「職務上の規律を乱した」として訓告処分を与えた。

一審大阪地裁判決（平13・12・26労判858号163頁）は、工場内の踏切における指差確認の徹底のための定点観測実施の必要性を認めて、本件作業は総務科長の私怨を晴らす目的からなされた目的ではないとはしたが、以下のように述べた。

「本件作業は、最高気温が摂氏34度から37度という真夏の炎天下で、日除けのない約1メートル四方の白線枠内に立って、終日踏切横断者の指差確認状況を監視、注意するというものであって、1時間に5分という休憩時間が与えられ、随時、トイレに行ったり、水を取りにいく等が可能であったとはいえ、著しく過酷なもので、労働者の健康に対する配慮を欠いたものであったと言わざるを得ない。本作業が、従前吹田工場内で行われていた定点監視作業とは、監視時間等の点でその内容を異にするものであること、原告らが従事した本件作業の実施については、本来京都支社に報告されるべきものであるにも関わらず実績は報告されていないこと（《証拠略》）、同年8月7日以降18日までは、二つの職場が本件作業を担当することになり、また終日担当することもなくなったこと（《証拠略》）を併せ考慮すれば、原告らに対する本件作業は、その内

容等において使用者の裁量権を逸脱する違法なものであったといわざるをえない」とした（裁判長松本哲泓・川畑公美・西森みゆき）。また原・被告双方の控訴をうけた大阪高裁判決（平15・3・27労判858号15頁）もほぼ同様の判断を行ったが、その判示のなかで、JR西日本が前記鹿児島自動車営業所事件の最高裁判決を引用して、本件作業が適法であると主張したことに対し、同判決と本件とは事案を異にしており、同列には論じられないとした（裁判長竹原修一・小野洋一・黒野功久）。

福知山脱線事故とJRの企業体等を問われたジャーナリストの広田研二氏は「安全性軽視の企業体質は、現場労働者や下請業者への人権侵害と表裏一体となって形成されてきた。世間から叩かれたら改めるといった対処療法では、根本的な改善などできるわけがない」、「JR西日本は、上位下達の完成体である軍隊組織をめざしたのかもしれない」と批判されている。[9]

(6) 「命令・服従」の業務命令論からの脱却
(a) 権威的・専制的業務命令観と判例・学説
前記の鹿児島自動車営業所事件にみられる権威的・専制的な業務命令観は、労働関係の特質として「従属労働」（特に人的従属）論をとる学説とも「親和性」を持ち、労働契約における会社の指示は業務指示権ではなく、業務命令権であるとの理解も一般的である。

しかし、労働者人格の自律性と労働契約における使用者（企業）との対等関係の確立は、労基法2条1項、労契法3条1項の規定とともに法的な要請となっている。そしてこのことが、労働関係、とりわけ労務の提供過程、労務遂行関係、そして労働関係全体にわたって、現在では明確に主張されなければならない。すなわち、労働関係は「命令と服従」、「支配と従属」といった人格的な従属関係を脱却し、労働者が自由な人格の主体として、企業との関係で精神的な自由と批判の自由が保障され、人間の尊厳が確保され保障されるものへと変革される必要がある。労働関係における「法の支配」は、労働関係に正義と対等な関係をしっかりと根づかせることを内容としなければならない。

このような新たな「対等」の労働関係の確立のためには、従来の秩序維持的で強権的な労働関係を擁護する判例法理を克服しなければならない。例をあげれば、大成観光事件・最高裁第三小法廷判決（昭57・4・13労判383号19頁）や

---

9) 広田研二「JR西日本がめざした民営化路線」労働法律旬報1613号（2005年）20頁。

国労札幌運転区事件・最高裁第三小法廷判決（昭54・10・30労判329号12頁）などがそれにあたる。そして、こうした判例の思考方法と共通する学説にも留意が必要である。例えば、リボン戦術やバッチ着用の就労について、これは使用者の指揮命令に従ったものではなく、労務給付の履行の仕方が使用者の命じた仕方と異なるものであり、それは債務の本旨に従ったものではないという考え方である。[10] 労働契約における労務の提供は、債権関係としての当事者は人格からみて対等な関係にあり、客観的な労務の履行内容と関係のない、労働者の精神的自由や批判の自由を抑圧・規制する使用者の労務提供内容については、それこそ違法・不当なものとして排除される必要があろう。

(b)　関西電力事件最高裁判決の今日的意義

このように問題を整理してみたとき、労働者の企業・職場における人格の自由と人格権を擁護した関西電力事件最高裁判決（最三小判平7・9・5労判680号28頁）が再評価されてよいと思われる。

この事件は、電力産業における思想差別事件（賃金）の先行例であったが、会社が労使協調路線をとる組合の少数派（かつての電産派）であった共産党員やその支持者に対し、マル特者という呼称のもとに会社の組織を通じて職場内での孤立化と排除を図り、差別的に継続的監視を行った事件である。

判決は、①会社は、原告らにおいて現実には企業秩序を破壊し混乱させるなどのおそれがあるとは認められないにもかかわらず、原告らが共産党員またはその同調者であることのみを理由とし、その職制などを通じて、職場の内外で原告らを継続的に監視する態様を採った、②原告らが極左分子であるとか、会社の経営方針に非協力的な者であるなどとその思想を非難して、原告らとの接触、交際をしないよう他の従業員に働きかけ、種々の方法を用いて原告らを職場で孤立させるなどした、③さらにその過程のなかで、X_1およびX_2については、退社後同人らを尾行したりし、特にX_2については、ロッカーを無断で開けて私物である「民青手帳」を写真に撮影したりした、との事実認定の上に立って「これらの行為は、原告ら職場における自由な人間関係を形成する自由を不当に侵害するとともに、その名誉を毀損するものであり、またX_1に対する行為は、そのプライバシーを侵害するものであって、同人らの人格的利益を侵害するものというべく、これら一連の行為が会社としての方針に基づいて行わ

---

10)　山口浩一郎『労働組合法〔第2版〕』（有斐閣、1996年）30頁。

れたというのであるから、それらは、それぞれ会社の各原告らに対する不法行為を構成するものといわざるを得ない」と述べた。そして前記①〜③において会社が、会社の経営方針に非協力的な者であるなどと労働者の思想を非難し、孤立させたことについては、労働者が職場において自由な人間関係を形成する自由を不当に侵害するものと断じた。これは、会社が労働者の思想自体を非難したり、これを理由として不利益を与えることが、労働者同士の自由な人間関係の形成を阻害すると述べたものであり、働く者の人間としての交流や連帯を法において尊重するものであり、今日のJR職場等における労務方針の転換を迫るものと筆者は理解している。

第3編　労働基本権をめぐる課題

第1章　組合活動権

1　組合活動権

　組合活動権とは、組合活動を行う権利のことである。組合活動には様々な行為とそれが展開される場面がある。組合活動は、労働者と労働組合が労働者の経済的、社会的地位の向上を目指して行う集団的活動である。労働組合が労働者の数を結集し、要求をとりまとめ、使用者と交渉し、要求が満たされない場合には、要求実現のため争議行為を核とする団体行動をおこなうことは、憲法と労組法の予定するものであり、これらのための諸活動＝団体行動（争議行為を除く）が組合活動である。具体的にいえば会議、集会、宣伝活動、交渉、示威活動などである。

　労組法が、労働組合の民主性を要件としたり、労働協約締結における組合意思の民主的形成を問題にするまでもなく組合活動は、組合員の主体的参加を基礎に十分な意見交流による要求の確立、そして誠実な交渉による合意、交渉が実らない場合には、争議行為などによる団体行動により要求の実現を目指すというアクティブかつダイナミックなものである。法がこうした組合活動の権利性を認めたことは、これらの活動が企業と社会からみても、法律上肯定されるべきもの、すなわち消極的（マイナス）価値ではなく、積極的（プラス）価値のものであることの確認が必要である。

2　組合活動の場

　組合活動が展開される場面は、時間と空間からみて勤務時間と企業施設のそ

れぞれについて、内外の領域が存在する。これまでの裁判事例を整理すると、実に多面的また多様な組合活動が存在しているが、日本社会の労使関係において、組合活動と企業の権利が強く衝突するのは、いうまでもなく勤務時間内で、かつ施設内でおこなわれる組合活動である。

3 二つの法的価値、法益の衝突の検討

(1) 法益衝突の場面

多くの判例を通して問題とされるのは、組合活動と企業施設および組合活動と労働義務との関係である。組合活動の正当性としても議論されてきた。この場面における行為関係は、労働組合の行為が存在し、これに対して使用者が制止を求めるなどその活動を認めないという関係である。その静止によって活動ができなかったり、使用者の制止に反してなされた行為にたいして、就業規則や業務命令違反で行為者に不利益が加えられるということになる。

この制度、規制や不利益処分などの効力をめぐり法的紛争が発生する。

(2) 検討

この検討については、組合活動の正当性と処分の適法性が一体として、連動して論じられる場合があるが、まずは整理が必要である。すなわち組合活動の正当性がない場合でも処分の適法性がない、つまり違法・無効がありうる。この処分が支配介入や人事権濫用とされる場面があるからである。またいうまでもなく、使用者が個別に組合活動を承認したり、組合活動について労働協約が締結されていて、その枠内での組合活動については問題が発生しない。

その意味では、使用者が承認しない組合活動についての正当性なり、権利性が問題の焦点である。そして使用者がなぜ承認しないのかについて、その根拠を検討すると、施設管理権なり労働契約にもとづく労務指示権が存在する。こうして施設管理権なり労務指示権と団結権との関連をどうみるかということになる。使用者のこれらの権限行使の背景にある労働組合への嫌悪なり敵視の方針は、別途、不当労働行為の判断で問題になる。

4 組合活動権尊重義務論

(1) 組合活動権

筆者が、組合活動の正当性という問題設定でなく、組合活動権として課題を

設定する理由・根拠の一つは、組合活動権は、憲法28条の団体行動権の具体的保障であるからである。

もう一つは、わが国の団結権の主体である労働組合の組織形態が、戦後は企業毎に企業内団結体を基本にして結成され、活動を展開することによって組合活動権の行使される場は企業施設を中心として行われることとなったことにより、日本における憲法28条の団体行動が企業施設の利用や就業時間内の組合活動として労務指示権との間で衝突を起こすことが通常かつ一般的であり、会社の施設管理権や労務指示権との関連で組合活動権としての権利性を明確にするためである。すなわち憲法28条の団体行動権の法認は、わが国の労働組合の組織のあり方が一つの会社の従業員を基礎にしていることを現実として、すなわちこの条件の下では、団体行動権に照応する使用者側の義務を団結権尊重義務と整理できるからである。

(2) **団結権尊重義務**

労働三権のそれぞれに基づく労働者・労働組合の権利（行使）に対して使用者はこれを積極的に承認しなければならず、侵害は許されない。このことは組合活動に対する懲戒処分や損害賠償の対象にすることはできないという免責的効果と、これに対する使用者の行為を違法・無効とする公序設定効果として一般的に理解されている。問題は企業内団結体が会社施設の利用を求めたことに対して会社がこれを拒否したり、また就業時間中の組合専従者の組合活動や就業時間前後のビラ配布活動、また就業時間中のリボン闘争や腕章着用闘争に対して懲戒処分や賃金カット、就業禁止措置を行った場合に、このような対抗、衝突問題をどのように評価するか、である。これを原則的に法構造的にみると、施設管理権は会社の所有権か占有権（ビルの賃貸借など）に基づくものであり、憲法上は財産権保障の枠内にある。

そして、会社という組織は人（労働者）と物的施設やノウハウといったものによって構成され存在する。この場における人は、労働者であり、市民でもあるから、憲法規範秩序からみても、施設内においても憲法28条をはじめとする基本的人権の担い手、主体である。

そして使用者は、団結権を保障し、尊重する義務を負うので[1]、法的人格とし

---

1) 団結権尊重義務については拙稿・野田進＝豊川義明編『判例チャートから学ぶ労働法』（法律文化社、2011年）274頁を参照。

ての使用者の、企業の労働者の基本権行使に対する侵害行為は違法となる。もちろん、労働者と使用者との間において明示的にせよ黙示的にせよ団結権や人権の行使の仕方を合意によって制約することは可能である。しかしこの合意は、基本権保障を前提とし、その枠内にある合理的かつ適正なものでなければならない。このような理解は、判例のいわゆる組合活動についての「許諾説」とは逆の考えであって原則と例外が逆転するのである。

こうした考え方は、これまでの受忍義務説や違法性阻却論とも異なるものである。すなわち憲法秩序の下での基本権保障が市民社会に存在する会社という事業体にも及んでいることを出発点として、労働基本権保障に適合した企業所有権なり施設権のあり方から問題解決に接近しようとするものである。

企業内における組合活動権の保障、団結権尊重義務が使用者にあることを第一義的なものとして確認し、組合として「必要かつ相当（「適切」ではない）」な組合活動については、これを使用者が権利として尊重することを労働関係の基本にするというものである。いうならば「正当権利説」である。

相当性の要件は、組合活動の内容と態様を企業の枠を超えて社会的なレベルで評価しようというものである[2]。

ここでは所有権や施設管理権限は組合活動権に劣後する法的価値である。それ故に組合が求めた施設の利用が必要かつ相当なものである限り、使用者は利用させる、すなわち供与義務を負う。それは団結権尊重、保障関係論の帰結である。

違法性阻却論は、労働組合法上の「正当な」という文言に捉われたものであるが、何よりも憲法秩序である労働基本権保障の具体的場面において、むしろ労働基本権の行使が本来的に権利の行使であり、社会的にみても相当な場合は、企業施設という財産権等より優越的な価値を保持していることへの認識が不足していると思われる。

---

[2] 名古道功によればドイツの連邦労働裁判所の1995年11月14日判決は、基本法9条3項の保障は団結の維持と存続の確保に不可欠である活動に限定されず、団結に特有の行為形態（ここでは組合員勧誘活動）も含むとし（同『ドイツ労働法の変容』（日本評論社、2018年）269頁）、2007年6月19日判決は、支援ストについて呼びかけた組合の協約締結に有利なように支援ストがその協約締結に影響を及ぼす場合には原則として9条3項の保障の範囲内にあること、他のストと同様その正当性は、相当性の原則によるとした（同書276-277頁）。これらの判決の法理と帰結は、筆者の団結権保障の効果についての見解と共通である。

(3) 労務指示権

　組合活動権尊重義務論は、これまでの学説における施設利用との関係のみならず、労務指示権との関係においても適用される。就業時間中のリボンやプレート、腕章着用といった通常の労務提供に具体的に支障をもたらさない組合活動については、労働組合の組合活動として使用者にこれを尊重する義務を負わせることになる。使用者はこの組合活動を排斥（除）する労務指示権はもたない（効力は及ばない）。これらの活動に対する使用者の介入は組合活動権を侵害するとともに団結権尊重義務に違反するものとして無効である。労組法7条適用からみれば、原則として労組法7条3号に違反する。

　これまで便宜供与という類型、領域のなかで論じられてきた労働時間中の団体交渉の給与の支給、組合事務所供与や掲示板の貸与、組合費のチェック・オフ、組合員の在籍専従制なども改めて使用者の団結権尊重義務との関連で検討することが求められている。なお組合事務所、チェック・オフについてはそれぞれ別の章で取り上げる。

5　団結権尊重義務と企業施設利用権

　ここでは使用者の団結権尊重義務の肯定の上にたって、組合活動権と企業の施設利用との衝突関係を具体的に考察する。

　この点での学説や判例の整理については浜村彰の深められた論稿がある[3]。

　筆者としては、施設利用との関係について、以下の前提を確認した上で問題を分析したい。

　第一は、憲法28条は日本社会における基本法であるから、日本社会における労働者の団結の現実のあり方である企業内団結の団結権を保障するものであり、すなわち就業時間外や施設外の団結権の行使（自由の領域）の場面ではなく使用者の施設内における団結権の保障と尊重の内容範囲を検討することである。

　第二は団結活動の内容ごとの尊重義務のあり方であって一時的なビラ配布から継続的な掲示板の使用、さらには組合事務所の設置といった団結活動の類型による検討である。

---

3)　浜村彰「第2章　総説」西谷敏ほか編『新基本法コンメンタール労働組合法』（日本評論社、2011年）53頁。

第三は、組合事務所や掲示板の設置につき、企業施設側に客観的にみて、余裕のスペースがある場合を検討する。

　第四は、個別、具体的な場所や時間が特定しているなかでの検討である。例えば集会については日時（就業時間外）、場所（例えば食堂、施設内広場）が特定していることである。この点において組合事務所の新たな供与問題は、別途の考察が必要であるから後述する。

　第五には、使用者の不当労働行為該当性は除くことである。それはこの問題が不当労働行為として評価される場合の要件が異なるからである。ただしこのことは支配介入の不当労働行為が別に存在することを否定する趣旨ではない。

　このような前提を置いたのは問題の性格を簡潔、純粋化して法理を明確にするためである。

　以上を前提として、使用者の団結権承認義務と組合の施設利用を考察する。組合の利用権限を否定する論は、例えば憲法28条の団結権保障から施設の利用権限を引き出すことは困難であり、それは団結権の中に企業施設に対する排他的な支配権能（物権的請求権）まで含まれているとは理解しがたい、とする。[4]

　こうした論拠への筆者の率直な批判は、この論は、憲法28条の団結権保障（秩序）としての労使関係の具体的な場におけるあり方から問題を見ていないこと、そして団結権保障と施設利用の法的検討について、市民法上の物権や債権といった請求権なり権利義務論に捉われている点にある。

　筆者は、憲法28条の団結権保障は、労働組合法という法律の目的であること（同法1条）を確認するとともに特定の場における労働組合の施設利用権について、団結活動上の必要性があり使用者側の施設利用拒否に合理性がない場合（前述の前提）において、憲法、労組法によって使用者に課せられた団結尊重義務の履行内容として最小限の必要かつ、社会的にみて相当な範囲において、特定された個別、具体的な場所（施設）の供与義務を肯定するものである。

　このような法的論理は、安全配慮義務の履行請求権を肯定する論理とも共通している。それは市民法が予定する排他的な物権的請求権ではない。企業施設も憲法上の基本権を擁護する秩序（憲法規範秩序）のなかにあり、絶対的な所有権、占有権の対象ではないこと、労使関係において不法行為による過去的な一回毎の損害の回復では、労使関係の継続性と団結権の動態的な展開からみて、

---

4)　浜村・前掲注3) 64頁。

法の適用としても「間尺に合わない」ものであることから、団結権の価値を市民法上の所有権、占有権に優越したものとして、特定の場において(例えば、夜間の使用されていない食堂の組合の大会のための利用)使用者に法的な施設供与義務を課することができるとの法理は、現行法上も成立しうる。

使用者の供与義務は、債権法や合意にもとづくものではないし、民法上の物権法上(例えば地上権や物権化された賃借権)のものではない。使用者の供与義務は憲法28条と労組法の規制を受けた団結権保障関係(義務の履行)の内に存在する。

この義務の履行は一時的、間欠的、部分的なものであり、継続的、全面的なものではない。また、こうした考え方にたった上で、この供与義務を請求権関係ではなく、地位にすることもありうる。国鉄乗車証についてその団交事項性を肯定した上で、使用者が応諾する地位にあることを認めた最三小判(平3・4・23労判589号6頁)と共通して、使用者が組合に対し施設を供与する義務の地位にあることの確認請求を肯定するとの立場も一つの考え方として成り立つであろう。

6 団結権尊重義務と組合事務所の供与

(1) はじめに

組合活動としてのビラ貼りと会社施設との関係について国鉄札幌運転区事件最三小判(昭54・10・30民集33巻6号647頁)は、企業秩序論から企業内団結体が施設を利用する「権限」や使用者がこれを受忍する義務はないとして組合活動を使用者の許可の下においた。学説の多くはこの判決を批判してきた。労働組合の行う組合活動に使用者の許諾が必要であるとするならば、団結活動の内容、方法、態様は原則として使用者の意思の下におかれることになる。許諾説の立場に立つ限りは組合事務所を供与しないこと、また供与してからの供与継続拒否も筆者の意見とは異なるが、法的には問題になりにくいことにもなる。供与した後の継続拒否がその明渡しについて合理性ない限り、原則として不当労働行為になるとの意見は、学説上は多数説であると筆者は理解しているが、元々許可したことも使用者の自由な判断によるものであるならば、一旦与えたものをなしにすることも法的には問題がないとの裁判所の判断も卑俗にいえば論理が一貫している側面もあり、大阪市における組合事務所の継続使用の不許

可事案（取消請求）において、大阪高裁（平27・6・26判時2278号32頁）はこのようなレベルの判断を行い、最高裁（平29・2・1）は組合からの上告受理申立と上告申立を不受理と上告棄却とした（大阪市役所組合事務所事案）。そしてこの組合事務所の供与をめぐる問題は企業内組合が使用者と協調している限りは紛争はないのであるが、対立関係になった場合には、これまでも民間企業の労使関係においても数多くの組合事務所明渡事案が存在した。

(2) 組合事務所供与義務の肯定の場面

こうして団結権尊重義務と組合事務所の供与問題は、再び法の原則から問題を分析することが必要となっている。ここでも筆者は、5に前述したような前提のもとでこの課題について検討する。

確認されるべきことは、企業内団結体は、多くの中小企業での場合、組合員の数が少なく財政規模が小さく事務所を企業施設とは別に賃借することは大きな財政負担になることである。そして何よりも企業内に働く労働者が組合の構成員であるから組合の意思形成や活動の方針決定の場所は職場の中にあることが一番適切かつ必要なことである。社会的相当性もある。

また休憩時間中に組合員が組合事務所に自由に出入りできることも組合の団結強化にとって大切なことである。そして組合活動が旺盛なこと、すなわち団結体への参加というか、結集の強さは、組合民主主義（労組法上も要件となっている）の保障である。労働者の労働条件について労働法の理念である使用者との対等共同決定も組合事務所を中心とする団結活動が施設内において展開されることによって担保され、実質化される。

そこで組合事務所として適切な相当な空きスペースが施設内に存在していることを前提にしてではあるが、組合がこの場所を組合事務所として供与されたい旨、会社に団体交渉で申し入れたとする。会社がこれを供与したならば、トラブルは発生しないし、労使双方にとってこの状態はむしろ法の支配やコンプライアンスからみて積極的に肯定されるものである。

さて、会社が団体交渉でこの供与をなさず、その理由、根拠において労働組合や従業員を納得させるに足る根拠を示せていない状況下において、会社に対して組合が法的に供与を求め得る関係、すなわち請求できる地位にあるかどうかである。

この点、労働組合法は最小限の組合事務所の供与は、労組法の禁止する経費

援助でない、としている（同法2条2号但書）。この規定は戦後改革（民主化）により戦後一斉に組織された労働組合が企業内団結体であり、組合が使用者に対し企業内に組合事務所の設置を要求し、使用者もこれを供与してきた実態（使用者には組合は会社の運営にとっても役立つものであり、これを企業内に取り込んでおく思惑もあった）をふまえている。

　企業内団結体にとっては、企業施設内における組合事務所の供与を受けることは団体活動の結果というか成果であり、支配介入としての経費援助とは全く異なる実態を備えていたのである。このことは存籍専従制度も同様の過程と性格を持っており、当初は専従者の給与も会社が負担するというのが実態であった。

　なお、組合事務所の供与を「便宜供与」という言葉、概念のもとに包摂するのは正しくないといわねばならない。

　現に空きスペースがある、また空きスペースは業務に支障なく会社が提供できるにもかかわらず会社が組合事務所を供与しないことは法的にどのように評価されるべきであろうか。

　筆者は多くの学説と同じく「許諾説」でないが、もし許諾説に立たないとすれば、使用者が組合事務所の場所を供与しないことは、組合事務所の必要性、供与の社会的相当性からみるならば、具体的に団結権を尊重する義務に反するか、もしくはそれに背を向けた反憲法価値的な対応と言えるのではなかろうか。そして労働組合法が団結権を擁護することを目的（同法1条）にしていることからすれば労組法が「経理上援助ではない」（2条2号但書）、「支配介入ではない」（7条3号ただし書）として、明示的に摘示した組合事務所の供与を使用者の組合に対する団結権の擁護尊重義務履行の一つとして、わが国の労働組合の団結権の特殊性（企業内に基盤をおく）を踏まえて肯定できると思われる。この義務のあり方は、前述した条件の下において、会社は組合からの具体的な事務所の供与要求に対して、原則としてこれに応じる義務があるとの内容である。供与義務の内容としては、事務所は特定された最小限の広さのものであり、またその供与義務は、永続的なものではない、期限のない供与（利用）関係に過ぎないのである。このように考えることは、企業内団結体である組合の活動の拠点としての意義をもつ組合事務所は施設内にこれに照応する空きスペースが存在する限り、使用者の憲法と労組法上の団結権尊重義務の履行として組合に供与されるものであると法的に評価できるからである。

第2章　団体交渉権論の転回
　　──企業内正規労働者中心から企業、産業の労働者全体の待遇、
　　　地位の向上と平等、連帯を実現する団体交渉権の確立

1　はじめに

　ここで検討するのは、企業別正社員を中心とする団体交渉権論の狭さとその制約を取り払い、憲法28条の団体交渉権から再度労組法上の交渉権、とりわけて団交応諾義務における使用者の「処分権限論」の誤りを指摘し、平等と連帯を軸とする労働組合の社会的、経済的役割にふさわしい団体交渉権のあり方を憲法基準とその秩序から考察するものである。産業別団体交渉権の確立や労働組合の労働者間の平等にむけての団体交渉権の正当性などを論じる。
　さらに労働三権のなかで団体交渉権の位置、団体交渉権と共同決定についても検討を加える。

2　労働委員会命令、司法救済の実情と労組法の「限定解釈論」批判

　今日の労働委員会の実務、司法救済の現状においては、実践的には憲法28条の団体交渉権は労組法上の団体交渉権と等置され、労組法上の団体交渉権は企業内組合を中心とする団体交渉権として正社員中心の労働条件事項に限定されているといっても過言ではない。
　しかし、労組法上においても労働組合の組織のあり方には企業内団結という制限はないし、労組法6条は労働組合（代表者等）が使用者のみならず使用者の団体との交渉権限を有すると明示している。使用者団体との交渉権限は少なくとも労働組合の産業別交渉さらには全国的な労働組合の全国的な経済団体を使用者の団体として交渉する権限を含意している。これは戦前・戦後における産業別労働組合の組織と運動の存在と実態にも照応する。そして労働組合法が労働組合について、労働条件の維持改善にとどまらず、（労働者の）経済的地位の向上を図ることを主たる目的とする「団体又はその連合団体をいう」（労組法2条）とされていること、すなわちいわば労働条件中心主義ではなく、労働者の経済的地位の向上（例えば最低賃金1,500円要求をはじめ年金制度、介護制度改

革などの制度要求）という目的のために、（連合体もつくりながら）運動することが労働組合活動であるとしていることである。

　これらの労働組合の社会的制度的要求や運動に対向し対応するのが「使用者」であり、「使用者団体」であるならば個別使用者の要求事項についての交渉事項は、当該使用者が使用者団体に対して、または国（関係省庁含めて）に対して影響を与えることができる事項そしてそのような地位、立場にあるかどうかが応諾義務の基準になるべきである。

　これによって企業内団結体が非組合員の初任給の賃金ダウンについて団体交渉を求めた国・中労委（根岸病院・初任給引下げ団交拒否）事件・東京高判平19・7・31（労判 946 号 58 頁）の狭溢な応諾義務の肯定（非組合員の労働条件も将来にわたり組合員の労働条件等に影響を及ぼす関わりがある）から後述する企業内における派遣労働者の導入や非組合員のパートやアルバイト労働者の待遇改善要求にも改めて交渉権の光が与えられる。それは労働組合の労働者間（非組合員であるにせよ）の平等実現をめざす組合活動としての団体交渉権についての必要かつ正当な理解である。

3　産業別交渉権の実情

　戦後における産業別交渉の実態（情）をしることができるものとして幾つかの産業での交渉を紹介する『企業の枠を超えた賃金の交渉』（杉村文人編著、旬報社、2013 年）がある。ここでは私鉄、金属機械（石川県）、繊維産業、海運業等の産業別交渉が取り上げられているが、結論として、欧州では業種、規模に関わりなく産業全体の賃金の平準化を目指しているのに対して、日本は実体として賃上げに関する擬似的な産業別交渉であったこと、企業別組合から産業別組合への移行を目指す「産業別組合化論」は、私鉄総連と全国ビールで 1960 年代に構想されたが有名無実化した、と評価されている。そして韓国での 1997 年経済危機以降の経済格差拡大のなかで大企業の正規職組織労働者の運動の限界が明らかとなり、2006 年 6 月現代自動車を含む金属連盟傘下の 13 労組が産別転換したことについて、企業別組合の定着度には日韓には大きな差がないなかで、これは経済状況の違いと企業別組合の限界に対する認識の差の違いではないかとされた上で、日本でも高度成長期に登場した産業別組合化論が今後も重要な研究課題であるとされている。

4 港湾における産別交渉と協定事項

ここでは港湾産業における全国港湾（全国港湾労働組合連合会）と社団法人日本港運協会との中央・地方における産業別交渉について紹介しておきたい。筆者の理解では、全国港湾（港湾運送業に存在する企業別労働組合を中心とする連合体）の労働者の労働のあり様は、実は船会社と荷主の港湾利用のあり方に強く規定されており、大局としてみれば港湾労働そのものが、各職種の派遣労働的な特質をもっており、真の使用者は船主・荷主なり船主協会や荷主「協会」とみることもできるのであるが（このことは「全国港湾（労働組合組織）」においても認識されており、港湾年金制度確立においてもこうした船主・船会社の判断が大きな影響力を持ったとおもわれる）、現在の産業別交渉相手は、港湾運送事業を行う業界団体である日本港運協会である。これらの産業別労働組合連合と使用者団体との交渉権が労働組合法に基づくものであることが確認され、交渉単位は中央と主要な港の対応組織である。協約の適用は、特別の定めのない限り、港湾で働く全ての労働者に適用され、各地区ならびに業種、企業の労働協約はこの産別決定を下回ってはならない。協約事項は、雇用保障、賃金（標準賃金、RORO般）、安全、衛生、職業訓練、福利厚生、さらには港湾年金制度に関する協定などである。ここでの労組上の産別協定は、労働組合と使用者団体のものであるが、使用者団体はこれらの協約事項について処分権限をもつものではなく、影響力を持つのである。組合からの要求に対応して、使用者団体のなかでの討議、協議を経て、使用者団体として協議した上で妥結し協約となっている。

5 産業別交渉権と企業内交渉権を統合する交渉権法理の提示
(1) 義務的団交事項論の再考

産業別交渉権展開の歴史を振り返り、現在も課題を抱えながらも継続されている全日本海員組合や全国港湾の交渉の実態を踏まえ、労働組合法も使用者団体を交渉当事者として規定している以上、わが国の労働組合の交渉権について、義務的団体交渉事項の範囲における使用者側の「処分可能事項」論、「解決権限」論による限定・制約を超えることが求められている。使用者団体の団交応諾義務について、従来の判例学説が前提とする企業内的団体交渉権論は、再検討され、転回される必要がある。

(2) 企業内団体交渉の制約を超えて

　実は、これまでの企業内団体交渉の紛争の多くが使用者側の労働組合法への遵法の不足、労働組合という団結体への嫌悪・排除のもとで、団交拒否は実は団結権（組合）自体の否認であり、これが不当労働行為として労働委員会に申立がなされ、このなかで使用者側の誠実交渉義務を肯定するについて、使用者の処分権限なり解決可能事項論などが登場したのである。現在は、非正規の増大と正規との不平等の拡大、労働者階層全体の窮乏化、内需拡大による経済の再生、急激な産業構造の転換（「AI」を含めて）、委託・請負による非労働者施策の展開といった日本社会の社会・経済的閉塞状況を打破するためにも労働者とその団結体の要求運動を対企業内にとどまらず産業団体や国・自治体にむけたものにすること、そして市民社会が労働者の団結運動に共感し、これらの運動を支援から共同運動となるような団体交渉権の行使と実践そして法理が求められている。

(3) 労働者の地位待遇に影響を及ぼす地位にある使用者団体

　それでは憲法28条の団体交渉権、労組法上の団体交渉権をどのような内容として把握すればよいのか、である。

　団体交渉権とは労働者の地位向上実現のために交渉する権利（労組法1条）であり、その権利の相手方は交渉要求に対応する個別企業のみならず、産業別使用者団体、そして、場合によっては国なり地方自治体である。要求運動の内容によって、各地方そして中央の経済団体も相手になるであろう。それは各経済団体が労働者の地位・待遇のあり様に現実の影響力を行使することができるし、また持っているからである。

　団体交渉を求められた相手方は、その要求について処分権限なり解決権限がない場合であっても関連する産業団体、使用者団体も含めて「当該要求に対して影響力を及ぼすことができる地位」にあるならば交渉義務を肯定することができる。使用者として、また使用者団体としても国や地方自治体に対して法律や条例の制定、行政上の措置を求めることが社会的にみて必要であり相当である場合には、まずは団体交渉の席に着くことが誠実交渉義務として肯定される。このような団体対交渉権の把握は、労働組合の連帯（同情）スト論にも新たな視点を与えることになる。

6 対等共同決定論の提起

1970年代から80年代にかけて新聞業界の労働組合の連合体である新聞労連は、使用者の労働条件の一方的切り下げや、かつての鉛版を使っていた印刷職場での鉛中毒や腰痛の発症に対する安全闘争のなかで、使用者と労働組合との間での労働条件交渉による労使共同決定原則を主張し、解雇や配転そして企業閉鎖についても労働組合との事前協議や同意条項を協定化してきた。

筆者は、憲法28条そして労組法上の団体交渉権と使用者の交渉権尊重義務（応諾義務）からの当然の帰結として確認される共同決定を集団法理のなかに明確に位置づけるべきと考える。それは労働契約法や労働条件保護法による法規制原理として明示されている労働条件対等原則と共通のものであり、「人間の尊厳」の理念によって肯定される。

このような労働条件決定における労使共同決定は、労働者集団としての民主的な合意形成による要求に支えられており、対等決定は労働基準法による労働条件保護条項によっても支えられているのであり、集団法と個別保護法の全体としての労働法の原理として対等共同原則を提起するものである。

なお補足的に言及すると、団体交渉事項としての賃金について、これまでの労働法の教科書では「賃金」は「労働の対価」であるとの経済的・交換的な面からの把握が通用していたが、労働条件保護法の原則をふまえれば、賃金は、「人間らしい生活の必要を充たす」賃金、「平等そして公正な」賃金であることが、賃金要求の属性、内容になるべきであろう。

（注）　同書において、海運業の労使関係がとりあげられており、戦前・戦後を通じて産業別単一組織である全日本海員組合と船主団体との産別交渉の歴史が整理されているが、ここでも1980年代以降幾つかの統一交渉グループが崩壊し、個別化が進んでいること、統一交渉を成立させる条件として「業態、規模、収益性が均一な企業が担当数存在すること」と「組合の独占力を背景とした組織力と交渉力」が重要な条件であると指摘されている（同書213頁）。

第3章　団結契約論の提示

1　はじめに

　これまで集団的労働関係（団結権保障関係）においては、使用者と労働組合との関係が中心であり、労働者と労働組合との関係については、ユニオン・ショップ協定や、チェック・オフ協定など組合員の組合からの脱退問題から検討されてきたことが多い。しかしながら労働組合の特定政党支持と、組合員たる労働者の思想信条の自由の問題、組合員に対する統制処分問題、さらには再登録（一つの組合が組合員に対して改めて加入の意思の確認を求める）問題など組合と組合員の関係をめぐる問題も裁判例としては相当数存在してきた。これらの事案においても、労働組合と労働者との組合加入に始まる両者の関係を団結契約とした上で、一人一人の組合員の側から労働組合との関係を法律的に解明する理論作業はなされなかった。労働者が労働組合に加入した労働関係では、あとは労働組合と会社との集団的な関係が中心となるからである。しかし労働協約の規範的効力についての協約自治の範囲、制限をめぐる問題をみても、組合員個人から労働協約をみることが必要になっている。

　そこで以下において団結契約（論）を提示するとともに、団結契約上の幾つかの問題を整理する。

　この団結契約は、憲法28条の労働者の団結権保障が基礎にあるものであって、この契約内容は、労働者個人の団結権保障の存在と内容による。

2　団結契約の内容

　団結契約は、労働者が労働組合に加入するに際して、労働者と労働組合が合意する契約であって、諾成契約である。労働者は労働組合の綱領と規約を承認し、組合に加入する。加入は労働者個人としての団結権の行使であり、自由な意思決定である。組合への加入は、憲法28条の団結体である労働組合への参加行為であり、参加した組合員は、綱領・規約の承認によって、これらを守ることの義務を負うとともに組合活動への均等な参加権をもつ。

　そして憲法28条は、勤労者個人の労働基本権自体を保障しているから、参

加したとはいえ労働者個人も労働三権の主体として存在している。

　組合員が網領や規約に違反したときは、団結契約上の不履行責任を負うのであるが、この場合には合意した規約の内容に従って規律違反の統制上の処分を受ける。規律違反に対する処分の内容としては、組合員としての活動の停止（役員立候補の制限）、役員の権利停止、除籍（名）がある。この場合の処分については、団結契約における労働者と労働組合との関係が団結権保障をした具体化としての合意のなかにあるものとして合理的かつ相当性をもったものでなければならないし、デュープロセス（＝手続保障）が求められる。

　脱退は、組合員の脱退する自由によってなされるものであり、所定の手続（例えば書面による届け出）を必要とするが、執行委員会や組合代議員会などの承認を要件にしてはならない。こうした承認要件は第一義的には消極的団結権を侵害し無効である。所定の手続を済ませれば脱退の効力はただちに発生する。使用者は組合員から脱退した旨の通知を受ければこのことを組合に確認し、手続上の問題がなければ組合費のチェック・オフをとりやめることになる。

　組合に参加しているなかで執行部や多数の組合員との間で活動方針について意見が対立する場合は、少数意見を尊重した上での組合内の民主的な手続によって解決される（組合民主主義の要請）。組合民主主義は団結契約の基準である。組合員としての組合活動（行為）が、各団結契約上の盟約としての網領や規約そして決定（大会など）に違反するということがない限りは、組合からは規律違反の処分は許されないと解する他ない。

　そのような問題も含めて組合の民主的運営のなかで克服できよう。

　組合運営の全体にわたって組合員の参与と均等取扱いはもとより、思想の自由（政党支持の自由も含め）など基本的人権は保障される（労組法にも規定がある。同法5条2項3・4号）。

3　複数組合への加入の自由

　労働者は団結する自由を持ち、一つの組合だけでなく複数の組合に加入することができる。それぞれの企業内での組合だけでなく、地域での組合、産業別組織など労働者が加入しようとする組合に参加することはそれぞれの団結契約からみて労働者の組合加入・選択の自由の範囲内であるとして問題がない。仮に加入した組合がそれ以外の組合加入を禁止する規約をもっていたとするなら

ば、その規約条項は労働者の団結の自由を制約するものとして無効となる。

　問題となり得るのは、加入した組合同士が企業内において、産業内等において活動方針上対立している場合があることをどう考えるかである。

　組合員としての組合活動（行為）が、各団結契約上の盟約としての綱領や規約に違反するということがない限りは、組合からは規律違反の処分は許されないと解する他ない。

4　加入・脱退の自由と団結強制について

　組合が規約において例えば企業内の従業員は全員組合に加入しなければならないと明文化していても加入しない労働者にはこの規約条項は何らの効果ももたない。組合自らの宣言としての性格のものである。しかし組合が企業との間でユニオン・ショップ協定を締結していた場合は、当該企業内での非組合員たる地位の継続は、企業に所属する限りは事実上も法的にも著しく困難になる。

　しかし、労働者に組合の加入の自由、また脱退の自由を憲法上の団結権として保障する限りにおいて、これに制約を加えるユニオン・ショップ協定は、無効と考えざるを得ない。それは加入する自由という積極的な団結権は、加入しない自由もまた自由権として予定するからである。労働者が組合を脱退して、他組合に加入する場合や新組合を結成する場合と非組合員として留まる場合とで、ユニオン・ショップ協定にもとづく解釈について、法律上の効果を異なるものと判断するのは、団結の自由と団結しない自由が、ともに憲法上の価値として同一であることを見誤ったものである。

5　統制処分（措置）と団結契約

　労働者が組合加入するとその労働者は労働組合の団結自治の下に参加することになる。

　労働組合は使用者との関係で独立性をもっているとともに一人一人の自主的な労働者の組合活動参加を前提にするが、組合員による団結への侵害（組合の団結秩序への侵害）に対して対抗措置を行うことができる。これは団結契約のなかに（統制処分を含んだ）規約の承諾が存在するからである。統制処分の規定がない場合には、統制処分はできないと解する。そして統制処分は企業の懲戒処分のような人格侮辱や上命下服のものであってはならない。自治組織における

組合と組合員との間の対等な関係を前提にするものであり、いわば規律違反への措置である。ここでもデュープロセスを組み込んだ手続が必要である。統制措置の内容として法的に許容されると筆者が考えるのは、組合活動への参加の一定期間の停止（役員権の停止もありうる）と除籍（名）であろう。

6　協約自治の範囲・限界と団結契約

　労働者はその団結権にもとづいて組合に加入する。労働者と組合との団結契約の内容は組合の綱領・規約を礎に、それぞれの時期における組合大会での決議、方針によって決まる。組合は組合員の利益の増進なり、労働者の地位向上のために活動する。そしてこれがなされている限りにおいては、協約自治の範囲、限界問題は発生しない。協約自治の範囲、限界が問題となるのは組合員が労働者として固有に持っている範囲の権利について、労働組合がこれを協約内容として制約したり、規制する場合である。

　この問題を団結契約の内容との関係で整理をすれば、組合員が固有に持つ権利と自由については、組合員が組合との関係でこれを制限されまたは喪失するといったことは、団結契約の内容とはなっていない。本来的に団結契約はこうした内容を含んでいないものであるから、組合の会社に対する団体交渉権限行使の対象としていないという理解になる。これが当該組合員による組合との団結契約の解釈である。こうして、出向問題や個人としての時間外労働義務といった個々の労働者の権利や自由に属し、また関わる固有の問題は、団結契約という組合と組合員個人の団結権保障の内容には、入っていないということになる。

7　組合分裂の要件について

　組合分裂の要件について検討する判例として、名古屋ダイハツ労組事件（最一小判昭49・9・30判時760号91頁）、ネッスル日本労組（神戸地判昭62・4・28労判496号41頁、大阪高判平元・6・14労判557号77頁）がある。いずれも単位組合の分裂事案である。

　最一小判、大阪高判ともに組合分裂の要件を「（内部対立により）その統一的な存続、活動が極めて高度かつ永続的に困難」としており、法的分裂の要件のハードルはかなり高いものがある。このような考え方は、戦後の歴史的に形成

された企業内にせよ団結体そのもの（保護）への強い期待がある。周知のように分裂問題の法的問題の中心は、労働組合の同一性をめぐって組合費納入義務なり、組合事務所や組合財産の帰属（取り（払い）戻し請求）である。

筆者は労働組合の分裂という社会的現象を積極的に肯定する立場ではない。それは民間においても公務員組合においても使用者からの強い働きかけなり勧奨のなかで、闘争的であったり、自立的な組合からのインフォーマル組織を中心とするいわゆる分裂現象、大量脱退と新組合の結成、もしくは多数となったメンバーによる大会決議による組合の従来の上部団体からの脱退と別上部団体への加入の下での少数派の取り残された位置の状態を間近にみてきたことにもよる。

しかし単位組合ではなく産業別連合体の労働組合が元々構成してきた組合の総意により網領と同一レベルのものとして確認してきた組合運動上の原則をめぐり根本的な対立が発生し、この対立状態の回復が著しく困難となり、従前の一つの組合として統一的な運営や活動ができない状態に立ち至って、複数の団結体に分離した場合にはこれを法的分裂と評価してよいと考える。

ナショナルセンターをめぐる1980年から90年代にかけての産業別組織等の分裂にはこれらの要件をもって法的な分裂を認めることができよう。単位組合の場合においても、例えば労使協調的な組合と対立的な組合という二つの団結体が分離して結成され、元の一つの組合として統一的な運営活動ができない状態となれば法律上の分裂を認められる。こうした法的分裂を認める場合の基準は、当初の組合の結成とその存続における基本的方針、すなわち組合の基本的なあり方についての対立と変更によって別個複数の団結体が誕生し、ともに元の統一的な活動が復元できないとの実態の認定である。

分裂をめぐる紛争において従来の議論は労働組合の集団性や上部団体の方針の変更との関連、会社のインフォーマル組織育成と組合の団結への介入など、様々な要素を含みながらも既成の団結体に重きを置くことから硬直すぎるものがあった。

単位組合組織では個々の組合員、連合体組織では個別単位組合の自主的かつ主体的な団結意思を基本に団結基準への考え方を基本にして、自主的な組合（員）の団結契約によって、法律上の分裂要件を再度検討し、それぞれの団結基準なり団結意思に対応する組合費や組合財政等の帰属について、公正かつ妥当な結論が導かれることが重要である。

第 4 章　組合旗等の掲出と施設管理権

一　組合旗・懸垂幕等の掲出

1　はじめに——問題の限定

　組合活動と施設管理権が「衝突」する一場面として組合旗・赤旗・懸垂幕・横断幕等の掲出が問題となる。会社施設を利用しての旗・幕の掲出については施設内におけるビラ貼り問題と共通する点も多い。ここでは、組合旗・懸垂幕等の掲出について裁判所・労働委員会で争われたケースを手がかりに組合活動と施設管理権との関わりを検討する。検討の対象としては、この種の施設利用に関する労働協約も慣行も成立していない場合に、使用者の承認なくして、あるいは禁止に反してなされた組合旗・懸垂幕の掲出に際して生じる問題に限定して、施設管理権との関わりをみていくことにする。またこの種の施設利用に対して使用者が実力で撤去行為に及ぶことも多い。この場合の適法性の要件についても検討する。

　判例の流れをみるならば、従来、施設管理権と労働基本権行使の調和をはかるという傾向が定着していたが、1973（昭和 48）年以降、労働基本権に対する施設管理権の優位を認める判例が目立つようになってきている。またこうした判例の論理と共通する学説もあらわれており、こうした状況は従来の支配的な学説における「受忍義務」論についても新たな検討を求められてきた。

---

1)　三井化学事件・福岡高判昭 34・11・12 労民集 10 巻 6 号 1114 頁、全電通東海地本事件・名古屋地判昭 38・9・28 判時 359 号 67 頁、東京厚生年金病院事件・東京地判昭 41・9・20 労民集 17 巻 5 号 1134 頁。東京新聞争議事件・東京地判昭 44・10・18 労民集 20 巻 5 号 346 頁等がこの理を明確にのべている。
2)　日本ナショナル金銭登録機事件・横浜地判昭 48・2・9 労判 172 号 24 頁。動労甲府支部事件・東京地判昭 50・7・17 労判 229 号 35 頁。日本 NCR 事件・東京高判昭 52・7・14 労判 281 号 58 頁。

2 判例・命令にみる組合旗・懸垂幕等の掲出をめぐる問題点
(1) 組合旗等の掲出

この問題については、まず、国労の組合員が1970（昭和45）年春闘の態勢強化のために、駅構内空地、庁舎のうえに組合旗を掲揚したこと、および当局の実力撤去を妨害したことが懲戒処分（戒告）の理由とされ、それが争われた国労大阪事件（大阪地判昭49・5・31判時754号92頁）がある。判決は、企業内組合の形態をとる以上、組合が企業施設をある程度まで利用することはやむを得ないし、使用者も受忍すべき必要のある場合が存在するとしたうえで、組合旗の掲揚は「組合員の団結を維持、高揚するための基本的な手段である」から「掲揚の目的、態様、本数、場所および掲揚によって使用者の受ける支障の程度等の具体的事情を総合勘案」して正当性の判断を行うべきであるとし、本事案においては、掲揚の場所からして「執務上、列車運行上格段支障あるいは妨害を生じうる状況になく、また乗降客に対し、とくにめざわりとなる状況もなかった」。組合旗も「1本であり（早朝に掲出したが）夕刻には撤去されていること、建物に損傷もない」ことから、掲示板以外に掲示物の掲出を禁止する部内規程には抵触するとはいえ、正当な組合活動の範囲内であると判断して、掲出を理由とする処分を無効とした。ただ、有形力を行使した撤去妨害行為は行過ぎがあるとして、それについては処分を有効とした。

また、国鉄当局による、組合員の組合事務所への立入禁止、組合旗・赤旗の撤去に対し、動力車労組が損害賠償を請求した動労千葉地本事件（千葉地判昭49・7・15判時754号101頁）では、判決は、企業別組合にあっては「日常的な組合活動は使用者の施設の一部を利用してなされ、これにより、組合の団結権が支えられているのであるから、右の組合活動を不可能にさせるような（施設管理権の）行使は特段の合理的理由ない限り許されない」としたうえで、組合旗は「組合員の連帯を深め団結心を強める機能を有し、これを掲揚することによって同時に組合活動（団結行動）の本拠の存在を示すものであり千葉支部（動労千葉地本内）が組合事務所の前にこれを掲揚することは、原則として組合活動上自由であり、被告（国鉄当局）としても合理的理由がない限り、原告支部の承諾なくして撤去することは許されない」とした。

組合旗ではないが、春闘中の争議手段として課内の天井に貼布された赤旗を職制が実力で撤去した際のトラブルが懲戒解雇の事由として争われた日本電子

事件(東京地八王子支判昭47・12・9労判167号35頁)では、「赤旗掲揚貼布は、赤旗の大きさ、文字内容、掲揚、貼布の場所方法等を勘案のうえ、会社の業務運営に実質上の阻害をどの程度与えるかを判断してその正当性を判断すべきである。右業務阻害が軽微の場合は、管理権を理由にこれを規制することはできないものとするのが相当」と述べて、本件での赤旗掲出を正当な組合活動とした。また仮処分事件で組合旗を実力で撤去してはならないとした決定もある。

組合旗をめぐる労働委員会命令としては、古くは会社が実力で組合事務所前に掲揚された組合旗を取り外し門外へ出した行為が支配介入とされた例がある。また、春闘時、会社正門前に掲揚された5本の組合旗を会社が外して金庫に保管したことが争われた丸善ミシン事件では、命令は、「争議に際して、相当数の組合旗や立看板等をたてることは組合活動上不可欠の手段」であり「組合の行動が客観的にみて相当と認められる範囲内であれば、仮に会社が営業上の損失を蒙ったとしても受忍すべき」であるとしたうえで、本件旗の掲揚が「他の多くの労使紛争の事例にくらべ特異なものといえず、相当の範囲を逸脱しているとは認めがた」く、会社の旗撤去は施設管理権のみを絶対視したもので支配介入にあたるとした。同じく春闘中の病院職員通用口での1本の組合旗掲揚は、争議中の組合の最も基本的な活動であるとして、これを撤去しようとして破損させた病院当局の行為を支配介入とした例があるとともに、施設管理権の侵害を前提に撤去行為を支配介入でないとした例も存在する。

(2) 懸垂幕の掲出

順天堂大学病院事件(東京地判昭40・11・10労民集16巻6号909頁)では、争議行為(ピケを含む)の指導、実行を理由に組合三役の内2人が懲戒解雇されたのであるが、その際、違法な争議行為の内容としては、病院正面に組合・支援団体の赤旗十数本を林立させたこと、病院研究室のある建物屋上に組合員が

---

3) なお、前中製作所事件・東京地決昭42・12・16労民集18巻2号175頁では、異常に長大な旗等を用い、建物を毀損し電線に抵触するような形態についてのみ、赤旗の掲出は不当であるとしている。
4) 国労大阪組合旗掲出妨害事件・神戸地決昭46・5・29労旬802号71頁。
5) 天田製作所事件・埼玉地労委昭35・3・17命令集第22=23集73頁、中労委昭36・5・8命令集第24=25集375頁。
6) 丸善ミシン事件・大阪地労委昭48・1・23命令集49集36頁。
7) 長浜赤十字病院事件・滋賀地労委昭49・3・22命令集53集197頁。
8) 松頼荘事件・千葉地労委昭39・3・24命令集30=31集56頁。

無断に立入って赤旗2本を掲揚したこと、ならびに賃上げ、団交等の要求を記載した数本の懸垂幕を道路に面して掲出したことがあげられていた。裁判所は以下のとおり述べて、その違法性を否定した。

「被申請人（大学当局）は外部団体の赤旗の林立は医院がこれらの団体に占拠されているとの印象を与えると主張するが、本件における当該状況と常識とに照らして、にわかに首肯できない。（中略）また垂幕の懸垂が被申請人の施設管理権を害するものであることは明らかであるが、本件の場合それが被申請人の反対宣伝に対する有効な対抗手段である点と、被申請人の建物施設の使用、保安に格別大きな支障を与える性質のものでない点とを比照すれば、これを違法な争議方法というに足りない」。

また、懸垂幕の掲出をめぐって労使間にトラブルが起り、それを原因として懲戒免職処分がなされたものとして全労働事件がある。これは、1955（昭和30）年の年末闘争に際して、全労働（労働省の組合）が庁舎にかけていた懸垂幕を当局側の職員が撤去したことに対し、組合員らが組合事務所で当該職員に抗議をした際、職員に対し全治5日間の傷害を与えたとして刑事訴追とともに懲戒免職処分にされたものである。人事院の判定は、処分者の主張するような、全治5日間を要する傷害を負わせたという事実を認めるに足りる証拠はないとしたうえで、懲戒免職を減給処分に修正したが、懸垂幕については、「庁舎管理の責任を負う当局の許可を得なければならないのは当然であって、当局に無断でまたは制止を無視して懸垂幕を掲出することは、正当な組合活動とは認められない」とした。[9]

これに対して、岡山鉄道管理局事件（岡山地判昭36・6・23労旬別冊424号15頁以下）では、1958（昭和33）年の昇給不均衡是正の組合要求に対し、当局が団交拒否を続けたので、これに対する抗議行動として世論に訴えるため非番者や公休者数十名が庁舎屋上より3本の懸垂幕を垂らす目的で庁舎屋上に滞留したことが建造物侵入罪に問われたものである。判決は、屋上での滞留は懸垂幕の懸垂という世論に対する訴えのためのものであるとし、また、世論への訴えも団体交渉における組合の立場を強化するという意味で、経済的地位の向上を目的とするものとして理解できるとしたうえで、「管理局側の許可なく、懸垂幕を懸垂したことが、その内部規律に違反している点は別として、組合側の争

---

9) 労働法律旬報別冊412号（1961年）3頁以下。

議行為以外の態様による団体行動の重要性、そこでの懸垂幕により世論に訴えるという行動の意義・企業内組合であるという事情などから考えると、懸垂それ自体をあながち不当とはいいがたい」としている。もっとも、管理局側の撤去要求に組合が応じないときは当局が自ら撤去することも支障はない、とした。

以上のように、幕の懸垂という同一の態様の組合活動について、判決・判定の態度はわかれている。もちろん、刑事事件の判決と懲戒処分に関する人事院の判定では性格が異なるのはいうまでもないが、それにしても人事院判定は結論を述べているにすぎないのに対し、岡山鉄道管理局事件判決は詳細な論理を展開しており、当局の自力救済を認めた部分を除いて、団体行動権の理解において優れているといえるであろう。

いずれにせよ、これまでみてきた判例・命令の判断のなかに、以下において検討しようとする問題点が明確に示されていると思われる。すなわち、組合旗・懸垂幕の掲出行為の権利性ないし組合活動の正当性と、承認・不許可といった使用者側の意思との関連の問題、さらには承認なくして、あるいは意思に反して掲出された懸垂幕に対する使用者側の撤去等の「対抗」手段をめぐる問題がそれであり、以下では、これらの問題が含む理論的な論点について検討をすすめることとする。

3 懸垂幕等の掲出と施設管理権
(1) 懸垂幕等掲出の法的性格
(a) 問題の背景

組合旗なり懸垂幕の団結活動上の位置についていえば、それは、旗の掲揚が一般に持っている意味（たとえばオリンピックにおける国旗、会社における社旗等）と同様、組合の存在と組合活動を展開していることの（つまり団結の）象徴であるとともに、闘争時においては、争議行為の前段的な行為として、また争議行為の一付随手段として、組合への団結を訴え、団結力を誇示し組合要求に対する使用者の不誠実な対応に抗議をする団結意思を表現するものとして機能している。また、懸垂幕はその表現内容が組合員にむけられる場合もあるが、通常は第三者である市民層にむけて、組合の要求の正当性なり会社の不当性を訴え、世論を喚起するための組合の宣伝活動の一環として行われている。

これまでの判例や命令にも明らかなように、組合旗の掲揚、懸垂幕の掲出と

いういずれの方法も団結活動にとって必要かつ基本的な手段であることはいうまでもない。わが国の労働者の団結体が企業単位に組織され超企業的に労働市場を統制する力を持たない条件のなかで、労働者の労働権を確保し、人間的な生存を求める労働組合の運動は、基本的には個別企業の使用者との対抗関係、力関係のなかで事実上展開されてきたし、またされざるを得なかった。しかしながら、今日の国家独占資本主義といわれる体制のなかで、国と独占資本が展開する経済政策、社会政策（労働政策）や資本主義的合理化の諸施策の進行は、労働者の団結活動が企業体を基礎（核）にしながらも地域的・産業的団結へと発展強化する方向を必然化するとともに、その要求においても多面的となり、活動領域をも拡大せざるを得なくしている。こうした情勢は、企業内団結体が地域的な住民──その圧倒的な部分が労働者、勤労者階層であるが──と連帯して国民的な共通の課題をめぐる新たな運動を生み出し発展させる必然性を示している。そして、このような活動を展開するための一形態として懸垂幕や横断幕による組合活動が今後一層重視されることが予想されるのである。

　こうした企業内団結体の企業外にむかっての活動の展開は、個々の資本にとってはもちろん、国家独占資本主義体制全体にとっても好ましいものではない。そこで企業内団結体の弱体化、職場における団結活動の展開への規制は一層強化されることになる。今日の職場における団結活動と使用者の施設管理権との緊張・拮抗関係は、基本的には職場の専制的支配をめざす使用者の団結否認の態度に由来するが、組合旗・懸垂幕の掲出をめぐる問題についてはさらに、運動が企業外に発展することを望まない使用者側の意図が背景にあると考えられるのである。

　ところで、このような施設管理権と団結活動の対抗関係をいかに理解し、それにいかなる法的解決を与えるべきかについては、憲法規範に立ち戻って考察する必要がある。とくに、財産権と労働基本権の関係、さらに企業施設それ自

---

10) 戦後の企業別組合の定着については、沼田稲次郎「企業別組合と労働法上の団結像」沼田著作集第3巻『団結権論』（労働旬報社、1976年）77頁以下参照。
11) たとえば自治労大阪府本部衛都連（当時）が1978年2月に実施した春闘要求アンケートによれば労働者の要求の順位は①大幅賃上げ56.1%、②時短・週休2日制45.7%、③減税38.1%、④高物価インフレ35.0%、⑤医療、社会保障32.6%となっている（ただし「1万6,000余名からの複数回答による）「衛都連」機関紙1978年2月27日付。
12) 片岡曻「労働基本権と市民的自由」日本労働法学会誌47号（1976年）20頁。

体の性格などが再検討される必要があるであろう。ここでは、組合旗や懸垂幕の掲出を念頭に置きながら、これらの一般的問題にも考察を及ぼすこととする。

(b) 法理論的特徴

これまでのべてきたように懸垂幕等の掲出は、ビラ貼りが施設を利用しての対内的な従業員、組合員にむけての訴えであるのに対して、基本的には対外的、一般市民にむけての訴えである。このことは使用者にすれば、企業のイメージ上好ましくないし、労使関係が安定していないことを第三者に知られたくない、争議をする組合がある企業とは思われたくないなどの判断からも、いきおい懸垂幕等の掲出を規制することになる。その際に使用者が主張する根拠は、「建物の美観・効用の毀損」、「企業の信用を失う」、「業務への支障」といったことである。しかしながら、懸垂幕に表現された内容が、虚偽の事実を含んでいたり、あるいは激烈な調子にわたるならばともかく、建物の美観・効用を損なうかどうかについてはビラ貼りの場合と異なった判断が必要である。すなわち、ビラ貼りは、建物の表面（壁面）に直接掲示物を貼りつけるので、貼りつけられたビラが建物自体（壁面）についての美観の評価と一体的に判断されがちであるのに対して、懸垂幕は建物に吊されているだけであり、屋上にもうけられるアドバルーンによる宣伝方法と同様に、建物の壁面には直接何らの変化も与えていないのであり、第三者からみても建物とは別個の物として評価されるのが通常である。使用者側にしても懸垂幕の掲出は建物の高さと壁面が空間的にのみ利用されたといいうるにすぎないからである。

こうしたことは、懸垂幕の掲出による宣伝方法が組合固有の責任の範囲内にあるものとして第三者から評価される性格のものであることを意味している。しかも懸垂幕はいつでも簡単に取り外しができるうえ、建物に何らの損傷も与えないのが通常である。また業務の支障という点についていえば、懸垂幕が、建物の窓を全面的に覆う形態で吊されて室内の採光を妨げるような場合や、壁面を企業の側もまた特別に営業のために利用している場合は別として、それ以外には懸垂幕等の掲出が直ちに業務に支障を及ぼすことは考えられない。

それでは、企業の信用を傷つけるから許されないとの主張はどうであろうか。確かに顧客、取引先あるいは親会社のなかには労働組合を嫌悪しそうした赤旗や懸垂幕を掲出する組合のある企業に種々の圧力をかける場合もあり得るであろう。あるいは労使関係が安定していないと判断され、企業の取引に影響を与

えることもあり得る。しかしながら、労働組合の団結活動・団結権そのものに対する否定的な評価を根拠とする信用の毀損が仮にあったにしても、このような意味での「信用」は今日の憲法秩序のもとでは使用者の正当な利益として擁護することはできないのであって、これを根拠にすることもまた成り立たないと思われる。

そうとするならば、結局のところ懸垂幕等の掲出をめぐる紛争の法的性格も、施設をそうした団結活動に利用する場合に使用者の承認が必要か否か、承認なき限り懸垂幕等の掲出はできないのかという施設管理権と組合活動についての一般的な問題に帰着すると考えられる。そこでつぎに組合活動と施設管理権との関連について検討を加えることとする。

(2) 組合活動権と施設管理権

組合活動権と施設管理権の関係についての早い時期の学説は「受忍義務」説、すなわち使用者の施設管理権は憲法上の団結権保障により一定の制約を受け、使用者は一定の範囲内では組合の施設利用を受忍すべき義務を負うというものである。[13] 今日に至るまでの判例・命令の多くも、団結権と施設管理権の法益衡量を軸に企業内団結の施設利用の必要性に充分な考慮を払ってきた。これに対し前述の注2)であげた判決および一部の学説は、使用者の禁止に反し、あるいは承認なくして組合活動として施設を利用することは施設管理権の侵害であり、原則として違法である。そして当該施設利用が団体行動権の適法な行使であるときに限って違法性が阻却される[14]、あるいは前述の日本NCR事件判決と同じく、組合活動は原則として就業時間外に施設外においてなされるべきであり、この原則に違反する限りは違法な組合活動である[15]、と説くのである。その根拠として、憲法28条の労働基本権保障は施設管理権に対する外的制約を明記していないし、団結権の内容が施設管理権の内容より不明確であること、あるいは、組合活動は使用者に対して「自立し、かつ対抗して」なされるべきも

---

13) 籾井常喜『経営秩序と組合活動』（総合労働研究所、1965年）190頁以下、本多淳亮『業務命令 施設管理権と組合活動』（労働法学出版、1964年）184頁以下、峯村光郎『経営秩序と団結活動』（総合労働研究所、1965年）164頁、青木宗也『労使の言論・政治・文化活動』（総合労働研究所、1970年）49頁以下、外尾健一『労働団体法』（筑摩書房、1975年）319頁以下、角田邦重「組合活動の権利と正当性」季刊労働法別冊第4号『労働組合法』（1979年）14頁以下、片岡昇「団結権と施設管理権」民商法雑誌第78巻臨時増刊号(4)（1978年）347頁以下。
14) 小西國友「ビラの貼布と施設管理権」季刊労働法95号（1975年）30頁以下。
15) 下井隆史「労働組合のビラ貼り活動と民事上の責任」判例タイムズ326号（1975年）34頁。

のであり、施設利用を当初から予定するのは自己矛盾であること等があげられる。しかしながら、こうした考え方は、日本の企業内に限定された団結権の条件に考慮することなく、団結権と施設管理権の「衝突」の場において社会権として法認された労働基本権の性格や今日における所有権制約の内容を充分に検討することなく、結果的には所有権の絶対性、無制約性を前提に団結権の歴史的に形成されてきた過程と内容を無視し、組合活動としての施設利用を原則として違法とみることによって企業内における団結活動を一切排除することにつながる。そして、適法な団体行動権の行使である場合のみ違法性が阻却される[16]、とされていることについていえば、組合活動の施設利用の違法性を前提とする限り、施設利用は、例外的にのみ適法性が肯定される結果になろう。

　上にのべたような「違法性阻却」説の問題点を明らかにし組合活動と施設管理権との関連について正しい理解を持つためには、団結権と財産権との関係について検討を加えることが必要であろう。

　まず団結権についてみるならば、団結権を保障した憲法28条は、労働者の団結活動が歴史的にも対使用者との間で展開されてきたものであることから、法律の規定をまたずとも私人間に効力を持つ規定であるとするのが通説である[17]。そして団結権法認の意義は労働者が「人間の尊厳」[18]にふさわしい生存を確保することにあり、労働者は団結権の行使によってのみ使用者との間で契約の実質的自由と平等[19]、労使対等決定[20]を実現できるということであった。かくして団結権は労働者の「人間としての尊厳」にふさわしい生存および自由・平等[21]を実現する法的価値を担うものとして憲法上の根源的な「侵すことのできない永久の

---

16) 小西・前掲注14) 39頁。
17) 宮澤俊義『憲法Ⅱ』（有斐閣、1959年）416頁。小林直樹『憲法講義上』（東京大学出版会、1967年）432頁以下、芦部信喜「私人間における基本的人権の保障」東京大学社会科学研究所編『基本的人権1』（東京大学出版会、1968年）277頁。石井照久『労働法総論』（有斐閣、1959年）318頁。片岡曻『労働法講義』（有信堂、1957年）66頁。外尾健一『労働団体法』（筑摩書房、1975年）11頁以下。
18) 沼田稲次郎「憲法における人権体系と人間の尊厳」沼田著作集第7巻『労働権保障法論』（労働旬報社、1976年）109頁以下。
19) 小林・前掲注17) 432頁。
20) 片岡曻「争議・組合活動と労使対等原則」季刊労働法103号（1977年）4頁以下は、違法性阻却説の立場から受忍義務説への疑問とした上で、労働者の団結権等と使用者の施設管理権との関係につき、憲法28条は施設管理権に外的制約を加えるものでなく、また団結権等の内容は施設管理権より不確定的であるから外的制約を肯定できない、との意見がある（小西國友「ビラの貼付と使用者の施設管理権」季刊労働法95号（1975年）30頁）。

権利」(憲法11条)として存在している。

　一方、施設管理権は所有権の一権能であるから、施設管理権の内容は所有権の内容に帰着する。ところで現代の所有権については、民法学説においてその社会性が強調され絶対性の緩和が指摘されている[23]。そして憲法12条・13条・29条2項を受ける民法1条の規定は所有権も含め私権の社会的制約を明確にしたものといえる[24]。民法1条は同法1条の2とともに1947(昭和22)年の民法一部改正により新たに挿入されたものであるが、1項の「私権ハ公共ノ福祉ニ遵フ」(2004年改正前)とは「私権の内容及び行使はこれ〔公共の福祉〕と調和を保つべきであり、従ってこれに違反する範囲においては、私権としての効力を認められない[25]」と理解されている。そして公共の福祉が「人権相互のあいだの矛盾─衝突を調整する原理としての実質的公平の原理[26]」とされる以上は、私権の内容はそのおかれている具体的・個別的な社会関係のなかで実質的に判断されることになる。これを労使関係についてみると、法的な主体としての企業体が利潤追求を目的として設立・運営されるなかで企業施設はいうまでもなく所有権の客体として存在し企業目的に従って維持・運用されている。しかしながら企業施設は機械と同じくそれ自体で利潤を生むのでなく労働者の労働力と結合してはじめて企業目的を実現できるのである(企業は人的・物的な有機的結合体である)。こうした企業体の実態を労働者からみるならば、企業施設は労働者の労働生活がおこなわれ社会生活の大半の時間が過される場であるとともに、労働権の具体的確保と団結活動を展開し人間的な生存を実現する場ともなっている。

　こうした企業体と労働者団結の関連について鋭い洞察を示した判決として、会社解散決議が憲法、労組法に違反し、公序良俗に反するとして無効とした太

---

21) 労働基本権と市民的自由の関係については、渡辺洋三「現代資本主義と基本的人権」東大社研編・前掲注17) 242頁、片岡曻『現代資本主義と労働法の動態』(労働旬報社、1977年) 61頁以下。
22) 本多・前掲注13) 20頁参照。
23) 我妻榮『物権法』(岩波書店、1952年) 6頁参照。舟橋諄一『物権法』(有斐閣、1960年) 342頁以下においても「独占段階以降の資本主義では制限が一般化され、常態化され」、「所有権観念自体が公共の福祉に適合する限りにおいてのみ成立しうる」とされている。
24) 今村成和「財産権の保障」清宮四郎=佐藤功編『憲法講座2』(有斐閣、1963年) 81頁以下。
25) 我妻榮『新訂民法総則』(岩波書店、1965年) 34頁以下。
26) 宮澤・前掲注17) 224頁以下。

田鉄工所事件（大阪地判昭31・12・1判時99号9頁）がある。

判決は、「労働者にとって企業が自己並に家族の社会生活を可能ならしめる母胎」であるが、その労働者の地位向上のために憲法、労組法が団結権を保障しており、団結権の「健全な発展を保護することは、現在の社会的経済的秩序の要請である」から、企業廃止の自由もこの社会的秩序の要請する制約に服するのであるとして、企業別組合の形態のもとで組合の壊滅をはかることを決定的な原因として企業を廃止することは許されない、とした。

ドイツ連邦労働裁判所においても、組合の経営内情宣活動の認められる理由について、「経営こそは、労働生活が行われ、被用者が労働協約による対価を受けているところの労務供給が行われている場所である。まさにそこで、使用者と労働者相互の共働に起因する問題が生ずる。したがって経営内でメンバーに対し、あるいは新しいメンバー獲得のために行われる組合の情宣活動は、憲法による団結権保障の核心的範囲に属する。ここに妥当するのは事実即応の原則である」と指摘されている[27]ように団結権の具体的展開の事実（態）に団結権保障を確認しようというものであって、超企業的・産業別組合の支配するドイツにおいてこのような論理が妥当するとすれば、企業別団結体を中核としているわが国の組織形態のもとでは、企業内における団結活動の展開は組合の存在と活動自体の条件であるとさえ評価できるのであり、企業内施設を利用した組合活動は格別に尊重されるべきである。

このことは企業内団結にとって企業施設が、いわば団結権の物的な基礎、条件として存在することを一般的に承認させることとなる。すなわち使用者の「営業の自由」なり「契約の自由」が労働三権によって制約されているのと同様に、物的施設に対する企業主体の所有権もまた団結権によって制約を受ける結果、企業施設は団結権の発現形態である施設利用権の客体として存在することにもなる。こうした結論は「物」を利用する権利として財産権としての物権と債権のみを措定する市民法的立場からは理解しにくいものであるが、財産権を修正し制約するものとして歴史的にも誕生し、承認されるにいたった社会権である団結権の内容としては充分に理解できるし、このことが労使関係における私権・財産権の社会的制約の意味内容であると解すべきであろう。そして注1）等にみられる判例は、法解釈によって所有権の制約を行ったものと評価でき[28]

---

27) 角田・前掲注13) 126頁。

よう。

4　結論

「受忍義務」説では、団結権と施設管理権の具体的調整の基準として、①その施設が組合活動にとって適当なものか、②組合運営に不可欠なものか、③業務運営の支障の程度、④使用者の拒否の正当性の有無が考慮されるべきである、とされ[29]、あるいは施設利用が「正当な」組合活動として保護される場合として①組合運営に不可欠の必要性ある場合、②受忍が合意されている場合のいずれかに該当することが必要である、とされている[30]。後者の①、②の要件に関連する裁判例として佐野安船渠事件（大阪高決昭51・12・15労判269号65頁以下）がある。

この判決は団結権の被保全権利性を認めたという積極面と社外工の親会社構内での団結権行使を否定したという消極面をもっているが、事案は会社構内における組合のビラ配布への会社の妨害禁止の仮処分申請の一部却下が争われたものである。決定は、休憩時間中のビラ配布については団結権保障のため必要かつ不可欠なものとして会社の承認がなくても配布する権利を認める一方、出退勤時の通用門内でのビラ配布は休憩時間中のそれによってある程度補填できるので「必要かつ不可欠とはいえない」からビラ配布による「経済上の不利益や業務の遂行に及ぼすべき各種の消極的効果の不存在を理由として右承認を不要となすことを得ない」とした。ここでは、態様において同一のビラ配布も必要不可欠なものとそうでないものに分けられ、不可欠性を否定された行為については業務遂行に支障がなくても使用者の承認が必要であるとされたのである。

この決定に対しては「不可欠」の意味を正しく理解しないと批判できるにしても、同時にこの決定は組合活動による施設利用の権利性を明確にするためには「受忍義務」説における法益衡量論を克服する必要があることを示している[31]

---

28)　舟橋・前掲注23）342頁以下では、独占段階の資本主義社会における所有権の制限を立法によるものと法解釈によるものとに分けている。
29)　本多・前掲注13）186頁以下。
30)　糠井・前掲注13）190頁以下。
31)　糠井・前掲注13）193頁では、「不可欠の必要性」の内容が労働組合の規模・組合員の分布によって相対的なものであることが指摘されているし、判例の中にもこのことを明らかにしたものもある。

といえないであろうか。今日の職場における組合活動の諸形態のうち、ビラ貼りやビラ配布・組合旗や懸垂幕の掲出などのように、従来は団結活動にとって必ずしも一律に必要不可欠の範囲に含ませて理解されてこなかった施設利用についてはとくにその必要性が感じられる。

こうして労働組合の施設利用については、これまでのべてきたように、施設管理権に対する社会権としての団結権の担う法益の——等価値性ではなく——優越性を認めたうえで、日本においてもヨーロッパ、アメリカにおいても企業[32]内の団結体（産別組織の下部組織も含んで）にとっては企業施設が団結体の存在と団結活動の物的基礎条件となっていることを考慮して、団結権行使としての施設利用が権利（団結権）濫用として違法とされない限りは、労働組合は使用者の団結権尊重義務履行の効果というか結果として、原則として企業施設を利用することができる[33]と解すべきでないかと考える。そして平常時においては、企業の通常の業務に具体的・客観的に支障ある場合を除いて、労働組合は企業施設を団結目的との関連で必要かつ相当な方法・範囲において利用する権利をもつといえよう。ここで「通常」の業務とは、形式ではなく実態を重視して判断される「日常的な」業務の意味に解されるべきであり、また、業務の支障についても使用者の主観においてのみ存在する「支障」やあるいは単なる支障の「おそれ」であってはならない。また、相当性については、当該労使関係の対抗関係の経緯、その時点において当該施設利用による団結活動が団結目的実現に果たしている役割・機能——当該企業の労使関係の展開のなかで、労使対等実現のための行為・態様といえるかどうか等——、さらには、施設利用の方

---

32) アメリカ、西ドイツ、イギリスにおける企業内組織活動については、浜田富士郎「労働組合の企業内における組織・情宣活動の法的処理(1)～(3)」法学協会雑誌89巻11号（1972年）1443頁以下、90巻1号（1973年）132頁以下、2号333頁以下、イタリアの企業内でのビラ貼りの権利については、脇田滋「企業施設内でのビラ貼りの権利」月刊労働（大阪労働協会）1979年2月号2頁以下参照。

33) この施設利用権は、団結権の発現形態のひとつであるから、この利用権に対応する使用者の義務は「労働組合の施設の利用を妨げてはならない義務」であり、憲法28条、労組法7条に根拠づけられる団結承認義務の一内容であるとともに、所有権の内容という面からみれば、その内在的制約の結果、組合の施設利用に対して使用者が所有権を根拠に規制・禁止・妨害等を行うことが所有権の濫用となるので許されないことにもなる。

34) 沼田稲次郎「労働組合の正当な行為」前掲注10）沼田著作集第3巻294頁では、労使慣行に示唆される事実のなかにある合理性に即して労働良識によって組合活動の正当性を判断すべきことを指摘している。

法・態様が地域や産業あるいは全国的レベルでみて慣行[34]となっている程度のものかどうか等を、すなわち社会的相当性を基準にして検討がなされるべきである。

　これに対して、争議時の施設利用については、争議行為に伴う業務阻害の範囲に含まれる態様の施設利用は当該業務阻害を理由として濫用と判断されることにはならないのは当然として、その正当性の具体的な範囲は、争議時には企業内団結にとって企業の場が労使対抗の場となり団結強化のための施設利用の必要性も平常時に比較して著しく質的に高まることを考慮して、当該争議行為の正当性の判断のなかに含ませて検討されるべきものである。

　すなわち、「当該争議行為の目的の正当性、使用者側の態度も含めた争議行為をめぐるもろもろの情勢、争議行為によって使用者などが蒙るべき損害と組合側の目的とする利益との比較衡量、その他諸般の事情を考慮して、社会的に相当と認められるべき範囲の行為[35]」かどうかによって決定されるのである。この場合においては、争議行為に随伴する団体行動権の正当性として検討される。

　ただし平常時・争議時を問わず当該施設利用が施設の物質的毀損を伴うものであるときは、所有権侵害の違法行為として判断されることは当然である。

　以上に述べてきた判断基準に従って、前述の裁判例や命令で問題となった事例を念頭に置きつつ、組合旗・懸垂幕の掲出について考えるならば、施設利用の態様（とくに撤去が即時にかつ簡易になされ、施設に全く損傷を与えないのが通常であることを考慮すべきである）、業務阻害の有無、程度、団結目的との関連、慣行の成立等からみて、原則として相当な態様・方法のものとして施設利用権の正当な行使であることを肯定できるであろう。そしてこうした掲出に対して使用者が許可を与えず、あるいは自ら撤去する行為は団結権侵害の不当労働行為（労組法7条3号）と評価されるべきである。

5　自力救済について

　組合旗や懸垂幕については、使用者の実力による撤去がなされ、それを原因として労使間でトラブルが生じることが少なくない。すでに述べたとおり、組合旗の掲揚・幕の掲出は原則として正当な組合活動であると認められるもので

---

35)　東邦製鋼ビラ貼り事件・名古屋高判昭39・11・17労旬794号29頁。最高裁は検察側上告を棄却（最三小決昭47・3・28労旬809号60頁以下）。

あるが、仮に正当性が主張できないという立場、すなわち承認なくしてなされたこれらの掲出自体が施設管理権を侵害するから違法であるとの立場をとった場合、あるいは垂幕の文言の中に名誉毀損にあたるなど違法な内容が含まれているなどの場合に、使用者が組合に撤去を要求したのち、あるいは要求もしないで自ら実力で垂幕等を撤去できるかどうかが、問題となる。市民法において、「自力救済は一応常に権利の濫用」であって、「ただ自救の目的とか、官憲の救済をえるいとまがないとか、その他特殊の要件が備われば、権利濫用の違法性が阻却されるにすぎない[36]」のである。わが国では自力救済に関する法律規定はないが、ドイツ民法は「適当な時期に官憲の救済を求めることができず、且つ即時にこれをなすのでなければ請求権の実現を不能または著しく困難ならしめるおそれのある場合に於いては、これを不法としない」（第229条）との一般的自力救済の規定をおき、スイス債務法もほぼ同一要件下でこれを認めている[37]。民法学説においても「自分の力で権利の内容を実現することは原則として許されない。これを私人の自由に許しては―権利者が自分に権利があると考えることが、果たして正しいかどうか疑問であるだけでなく、たとえ正しい場合にも社会の秩序が保たれないからである」。ただ、「緊急の事情があって後に国家の保護を求めることが不可能または甚だしく困難となる場合にも自力救済を禁止しては私権を認めた趣旨が貫徹されない[38]」、また「司法手続に頼っていては機を失し、既成事実を形成してしまって妨害撤去が不能となるという如き場合に相当の方法――公序良俗に反しない方法――で許される[39]」と主張されている。

労使関係の場においても、かつては組合掲示板の利用をめぐる事案において、「その掲示により庁舎の安全に対し、明白かつさし迫った危険が生ずるのを防止するなど純粋の管理権行使以外は、単に管理者の意に反するという理由のみで組合掲示物を撤去する行為は勿論許されない[40]」とされたように、自力救済に消極的な傾向が強かったが、最近の判例では使用者（当局）による自力救済を大幅に認める傾向が顕著である。たとえば、全国税足立分会事件（東京地判昭

---

[36] 明石三郎「自力救済と権利濫用」末川博先生古稀記念『権利の濫用』上（有斐閣、1962年）119頁。
[37] 小野清一郎『総合判例研究叢書民法(21)』（有斐閣、1963年）5頁以下。
[38] 我妻・前掲注25)『新訂民法総則』41頁。
[39] 谷口知平「権利濫用の効果」前掲・『権利の濫用』上111頁。
[40] 国労新潟電務区事件・新潟地判昭38・11・27労旬別冊515号2頁。

52・2・24労判27号41頁）では、掲示板に貼られた総評の「スト宣言文」を当局が実力撤去した事例について、「行政財産の使用又は収益の方法・態様が、庁舎設置目的に反」して、国の事務運営に支障を生じることはすなわち公共の利益の侵害に結びつくから、「管理主体が右侵害状態を可及的速やかに自ら排除することは、その方法、程度が適切かつ公正を欠くものでない限り」許容されるとした。また、組合掲示板の「闘争宣言」等のビラを当局が一方的にはがした行為に対して労働組合が損害賠償を請求した全逓新宿郵便局事件（東京地判昭54・2・27労判316号52頁）では、裁判所は、庁舎の使用の方法が庁舎設置の目的に反するときは、相当な方法で当局が自ら撤去できるとし、その相当性については「目的に反する使用方法の態様、排除行為による法益侵害の有無程度、緊急性の度合等を総合的に考慮すべき」としたうえで、「本件各文書の内容、各撤去に至るまでの掲示者の対応、撤去の態様及び撤去後の文書保管方法・撤去の必要性の度合等を考慮」すれば本件撤去行為は相当であり、違法性はないとして原告の請求を棄却している[41]。

　これらの判決は庁舎管理権の行使を扱ったもので、掲示板貸与や撤去の法的性格について民間とは同一に論じられないにしてもその論理はきわめて問題である。こうした論理は、市民法の分野で認められてきた自力救済の要件を大幅に緩和して、労使関係の場において使用者の自力救済を原則として適法とすることに途を開くものである。

　何故に平等な市民間において原則的に許されないものが、労使関係において逆転するのであろうか。使用者に対して従属的な地位にある労働者は団結活動を通じてはじめて使用者との対等性・平等性を確保できる可能性を持つのであるから、団結権侵害に対する労働者・労働組合の自力救済を認めるのならばともかく、団結活動に対する暴力的・実力的抑圧を合法化することとなる使用者の自力救済を特に認めるべき理由は存しない、といわざるをえない。そして、団結権と施設管理権の抵触が問題になるケースは団結権侵害の可能性も大きいこと、当該施設利用も場所的・時間的に限定されており一般的にいって使用者の利益への侵害も回復不可能とはいえないこと、またこの種事案で使用者側において裁判所に仮処分申請をなす事例があることにもみられるように自力救済[42]

---

41) なお労委命令においても、組合のビラ貼布の権利のないことを根拠に使用者の実力撤去を簡単に認めた例がある（自動車教習所事件・中労委昭50・6・18労判232号70頁）。

の緊急性もないのが通常である（前述の全逓新宿郵便局事件でも具体的な判断では「緊急性」を欠落させていることもその証左である）ことなどを考えると、結局労使関係の場においても市民法において確立してきた自力救済の要件が満たされた場合にのみ自力救済は許されると解すべきであろう。すなわち、当該施設利用の結果、使用者の業務や企業秩序等の利益に客観的・具体的かつ明白な侵害があり、裁判手続によっては、妨害撤去や損害の回復が不可能もしくは著しく困難となる場合に、相当な方法（催告と相当な期間の猶予等）によってのみ自力救済が許されると解する。

二　基本権からみた国労札幌支部事件最三小判判決の検討

1　国労札幌支部事件・最三小判の内容

　この事案は、公労法（当時）適用下にあった日本国有鉄道（現 JR）に企業内支部組合として存在していた国労が、1969（昭和 44）年 3 月頃、同年賃上げと人員削減を内容とする合理化反対要求を目的とした春闘に際して、要求アピールのため国労札幌地方本部の指示のもとに、札幌支部が執行委員会決定により、札幌駅事務室備付けのロッカー合計 199 個に 400 枚のビラ、操車場詰所備付けロッカー合計 55 個に約 100 枚の、運転区では検修詰所同ロッカー合計 56 個に 56 枚のビラをそれぞれ貼り付け国鉄総裁により組合役員（分会執行委員、青年部長名）2 名が戒告処分を受けたことに対し、裁判で争ったものである。

　一審はこれを有効とし、高裁はこれを処分権濫用として無効としたため、国鉄が上告したものである。

　最高裁三小判（昭 54・10・30 労判 329 号 12 頁）は、原判決を破棄し、組合員らの請求を棄却する旨の判断（原判決破棄、自判）を行った。

　判断の一般論として述べることは次の二点である。

　第一は、企業秩序定立権についてであり企業は、企業の存立、事業円滑の運営のために、その人的要素と所有管理する施設を合理的、合目的に配属組織し

42）　藤本正「争議行為と使用者の仮処分」季刊労働法 103 号（1977 年）43 頁以下参照。
　　筆者は、特定の場面、条件における使用者の団結権尊重義務の履行として、施設利用禁止を違法とするものであるから、これを施設管理権限の内的制約とみることによる権利濫用論ではない。また団結権の権利性を不確定性とするが団結権の態様は弾力的なものであるとともに、特定の場における権利内容は確定されるものであり、団結権の保障のあり方も具体化されるのである。

て企業秩序を定立し、活動するものであるからその構成員に、この秩序に服することを求めうる。

その一環として施設を許諾した目的以外に利用してはならない旨を定め、違反者に対し制裁を行える。

第二に、労働者は施設利用をあらかじめ許容されている場合は少なくないが、それは特段の合意ない限り、雇用契約の趣旨、労務提供の必要な範囲内のものであることが事理であり、これを超えて利用できる権限はない、労働組合も施設を利用する権利を保障されていると解すべき理由はなく、許諾なしに利用権限はない。施設利用の必要性は大きい企業別組合においても施設利用は、団体交渉等の合意によって利用できるのであり、使用者には受忍の義務はない。そうである以上、使用者の利用を許さないことが権利の濫用となる特段の事情がある場合を除いて組合の施設利用は正当なものではない、というものである。

第一の点は、労働者の施設利用を使用者の一般的の許諾のもとに置いたうえで、この違反を企業秩序違反として制裁の対象となるとしたこと。

第二の点は、企業内の労働者の施設利用と企業内労働組合の施設利用権を原則的に否定し、これまでの学説と判例に大きな影響力のあった受忍義務論を否定したことである。

筆者はこのような企業観、企業労使関係論は、企業施設が労働者による労働の場であり、労働者が協働し、また人格を形成する主要な場であること、そして労働組合は使用者から独立し、対抗して存在し、企業の施設の場において組合活動を維持、継続している実態、実質を根本から否定する法理であると考える。

そしてこの法理は、憲法の労働基本権保障の要請である使用者の団結権尊重義務を否定し、団結権を使用者の自由な意思、企業秩序権の一般的な支配下に置くものであり、使用者権限への団結権の従属であり、憲法秩序に抵触するものであると考える。

2　憲法秩序下の企業活動

いまや企業といってもその形態、実態は一概に論じることはむずかしい。

しかし労働関係の存在、展開する場面において、企業は使用者であるとともに機械施設等の物的な基盤と労働者の労務の提供が使用者の指示のもとに行わ

れる有機的かつ目的（法人格ある場合の目的）をもった結合体といってよい。
　そして企業目的に従った企業活動は対労働者との関係では合意された労働契約の内容に従った労務への指示と労働過程である。使用者の労働者の行動に対する秩序のあり方とその定立は、労働契約で合意した範囲のものである。そして労働者は企業施設の場においても市民として基本的人権の主体であり、労働者としては労働条件保護法と団結権保障法の下にあり使用者と法的には対等な主体として存在している。このような労働関係のなかで企業施設は所有権なり占有権として存在するが、同時にこの場所と空間は労働者の市民的自由が発現し、団結権・団体行動権が展開する場所でもある。そこでは労務提供の指示の下にある労働のあり方も含めて、基本権の具体的保障の確保という法的規制が常時、存在している。
　すなわち企業体（の秩序も含めて）は、もはや近代の絶対的な所有権権限の主体ではなく、その企業活動の目的と行動は、施設も含め憲法の基本権保障の枠内において、憲法と労働法の規制のもとに存在しているのである。

3　団体行動権の展開と施設利用

　企業施設における団体行動権はビラ配布、貼付、組合旗掲出など通常時の組合活動権として現れる場合と争議権確立時に前後して争議権の行使として現れる場合がある。ここでは通常の組合活動権と施設利用の関係を検討する。組合活動権であるから労務の提供拒否を伴うものではない団結体行動のレベルである。これまでの論述をふまえ結論的にいえば労務の提供と企業の業務活動に現実かつ具体的に支障のない限り社会的に相当な組合活動は憲法28条と労組法の保障の範囲内にある。使用者は組合の団体行動を法的に保障、尊重する義務を負っているのであり、使用者の施設利用の不許可は団体行動権の侵害として、原則として違法となる。不許可とされた組合活動を理由とする企業の対抗措置、処分は原則として無効となる。

4　札幌支部事件最三小判後の判決の批判的検討

　この判決後に、組合旗掲揚をめぐって争われた事案をみると、会社による組合旗の撤去の不当労働行為性が争われた社団法人全国社会保険協会連合会（鳴和総合病院）事件・東京地判平8・3・6（労判693号81頁）、平和第一交通事件・

福岡地判平3・1・16（労判578号6頁）があり、組合旗設置をした分会長に対して停職3か月の懲戒処分の有効性が争われた国・中労委（医療法人光仁会）事件・東京高判平21・8・19（労判1001号94頁）、同事案における損害賠償請求事件である全国一般労働組合長崎地本・支部（光仁会病院・組合旗）事件・福岡高判平20・6・25（労判1004号134頁）がある。また当局の組合旗撤去に関して、組合員の上司への暴行等があったとして懲戒免職処分の有効性が争われたものとして国鉄松山電気区事件・高松高判平元・5・17（労判540号52頁）がある。

　これらの事案を全体としてみると、会社による組合旗撤去については、これを支配介入と判断するのではなく、組合活動としての正当性も認めていない。一方で組合旗掲揚をめぐる懲戒処分については、これを支配介入と判断したり、処分権濫用としている。また損害賠償請求については、前記全国一般・長崎地本・支部（光仁会病院組合旗事件）では、組合旗設置行為による病院からの損害賠償金と、これを理由とする停職3か月に対する組合側からの損害賠償請求をいずれも認めていわば痛み分け的な判断をしたものもある。

　そして敷地内組合設置の組合旗と施設管理権との関係についての判断内容は、前述した国労札幌運転区事件最三小判を前提にしている。しかしこのなかでも前記国鉄松山電気区事件・高松高裁判決は、「しかし、組合旗は組合の団結権の象徴としての性格があり、勤労者の団結権が憲法上保障されていることに照らすとき、組合旗の掲出は使用者からもそれ相応の丁重な取扱いを受けるべき性質のものであるから、組合旗掲出の態様及びこれに関する従来の慣行などをも考慮のうえ、右組合旗の掲出を控訴人（国鉄）において禁止し、さらにこれに違反するものにつき自らその撤去ができるか否かについては、慎重な検討を要するもの」とした上で、四国総局管内において少なくとも昭和58年2月ころ（本件当時）までは組合旗の掲出が事実上黙認ないし放任されてきたことは紛れもない事実であるから、控訴人がなんらの制約なくして自由に右組合旗の撤去をなしうると解するのは困難であり「組合旗の撤去は極めて異例の措置であった」といえるから組合が掲出の承認をえていなくとも撤去の強行は少なくとも穏当を欠く措置であったものと評価し、処分権濫用判断の事情とした。

　筆者は、裁判官のこうした判断に、旗撤去をめぐる当該労使関係の実態と展開をふまえた具体的かつ妥当性をみることができるだけでなく、組合旗の掲出

を憲法上の団結権行使とみたことを評価する。

その他の懲戒処分についての裁判例をみてみよう。

前記（鳴和総合病院）東京地判は、施設利用の制限が濫用と認められないのであるならば、その措置は原則として支配介入とはならないとした上で、組合の旗掲出の必要性を病院の撤去の必要性をもって後者が大きかったとしたことである。他方、国（医療法人光仁会）事件東京地判は組合旗設置期間が3か月であったことに対し停職3か月の懲戒処分は著しく過重なものであり、分会長への処分を労組法7条3号に違反するものとした。控訴審（東京高判）も同様の判断を行った。やはり組合旗掲出の正当性判断と、このことを理由とする懲戒処分の有効性はそれが団結活動権や団体行動権に関わるものであることを踏まえた二段階の審査基準が司法判断として公正かつ正当なものであり、それは組合旗掲出の労使関係の展開のなかでの位置、意義とも関係をもつこと、使用者の処分もこのような労使関係からなされていることへの洞察が司法に必要なことを提起していると思われる。

参照文献
西村健一郎「組合活動としての組合旗の設置と懲戒処分」中央労働時報1095号（2008年）15頁。

第4編　公務労働関係論

第1章　組合事務所と行政財産

1　大阪市役所組合事務所明渡し請求事件・最高裁に問われたもの——『法の支配』を「回避した」大阪高裁判決、『法の支配』を「擁護した」中労委命令

(1) 事実と法

　裁判における事実と法（規範）の関係について、筆者はつとに、事実と法規範の相互の媒介を指摘し、判決はこうした判断作用を通じての統合であると考えてきた。

　大阪市組合事務所使用不許可取消、事務所明渡し請求事件・2015（平成27）年6月26日の大阪高裁判決（判時2278号32頁、志田博文・大野恭裕・土井文美各裁判官）を当事者法曹として受けて、わが国の司法システムの下での司法の行政への追随および憲法上の労働基本権、強行法規としての労組法の法規範としての希釈化というか適用回避のための事実の認定の恣意性、常識を生かす判断の不在、法規範への不誠実さを認識するとともに、この高裁判決を司法権の名において確定させることがあってはならないと考えている。事実と規範の相互媒介についていえば、むしろ事実のなかに「法が宿る（存在する）」のであり、司法と法曹には提示された事実を素直に、そして社会常識（コモンセンス）を生かし、これらの事実のなかに展開された法への違反行為を厳しく突き止める作業が必要であると主張したい。組合は、大阪高裁判決に対して上告、上告受理申立をしているのであるが、同一事件での大阪府労委命令（平26・2・20）に対する市側と組合側の再審査申立について2015（平成27）年10月21日、中労委は再審査申立をいずれも棄却（労旬1857号82頁）したので、大阪府労委命令

の誓約文の手交（内容は「市のおこなった平成24年1月30日の退去要求、同年2月20日の使用許可申請への不許可が労組法7条3号に該当すること、今後このような行為を繰り返さないようにする」）が維持されたのであるが、中労委は大阪府労委の判断よりも明確にかつ厳しく大阪市の不当労働行為を断罪するものであった。適宜この命令における判断内容も引用、参酌しながら、大阪高裁判決の破棄を求める一つの論稿、問題提示にしたい。

(2) 大阪高裁判決の全体的評価

高裁判決では、2012（平成24）年から2014（平成26）年までの市の処分が争われていたので、組合は2015（平成27）年の不許可の処分について大阪地裁に対して、不許可処分の取消を求めるとともに、損害賠償請求の提訴を2015年9月10日に行った。その第一回期日（2014年11月16日）で筆者が弁護団として陳述した内容（要旨）は次のとおりである。

①「法の支配」の原則は、労働事件においても実現されなければならず、司法、裁判こそ、個別事案において、「法の支配」を全うするための最終の保障である。司法は行政、しかも一地方自治体の条例や首長の行為に対し「遠慮」してはならず、また「良心」を合わせてはならない。基本権である憲法28条と労組法の適用を回避することがあってはならないし、この回避のための言葉を選んだ「工夫」は許されない。

控訴審判決（平27・6・26）は、憲法と労組法の解釈を誤り、これら強行法規の適用を回避するとともに、橋下市長の言動とその実態、事実を吟味することなく、橋下市長が「不当労働行為にならないように行政を縛るとか、市民感覚に合うよう是正していく」等述べたことをもって、新たな証拠調べもなく、「専ら組合を嫌悪」しているとはいえないとし、支配介入を否定した。しかし、この判断は、社会の常識ではない。市長の行為は、団結権侵害の不当労働行為であり、これに左袒した高裁判決は、社会を納得させるものではない。

②本件事案の大きな特徴は二つである。その一つは、本件は、組合事務所を新たに貸与する場面ではなく、相当期間にわたり何らの問題もなく使用が継続されてきた組合事務所について、使用者が一方的に明渡しを求める事案である。供与した組合事務所の占有使用関係は、組合事務所の庁舎内使用を認めるという内容であり、法規範の具体化として存在していること、民間、公務を問わず企業内団結体である労働組合は、当該施設内での組合事務所の存在を、通常か

つ一般的なものにしており、それを一時の市長が突如奪おうとしているのが、本件事案の最大の特徴である。

　他方で、平成24年不許可処分において、はじめて、大阪市側が不許可の根拠に持ち出した行政事務スペース論は、橋下市長の組合事務所明渡しの目的が団結権侵害の不当労働行為であること、すなわち他事考慮であることを「隠す」ため、市が「知恵」を絞ったものであり、本件組合事務所の占有部分はわずか44.49㎡である。この狭い場所が、充分に余裕のある市庁舎全体からみて明渡しの必要性の対象になるとは常識からみて到底考えられない。

　③橋下市長の言説と行為において労働基本権、とりわけ団結権の保障の場面、領域において労働組合活動への敵視と否定は明らかであった。市長は、組合の団結権の自主性、独立性を尊重しないで「労使癒着」「政治活動」をスローガンに組合活動を非難し、組合活動を庁舎内から一掃するために、本件組合事務所の退去通告の後には市議会に労使関係条例を策定させ、一切の便宜供与を許さず、団体交渉事項においても制限、規制をかけた。

　労使関係条例の目的とされる「健全かつ適正な」労使関係とは、市長の考える施策を受け容れ、市長の意思のままになる労働組合化にむけての目的をもった特定の労使関係像であり、憲法28条、そして労組法1条・2条・5条に明記される団結体の自主性、独立性の保障を侵害するものである。

　そして、ここで確認される本事案の特徴のもう一つとして、大阪市が委託した第三者調査チームの報告においても、原告ら労働組合の組合活動には、違法な活動はもちろんのこと、不健全、不適正な活動は何ら存在しないことを明らかにしていることである。原告ら労働組合は、以前の市長時代から、自治労傘下の多数組合との間で不当な差別をうけ、その是正にむけて活動してきた歴史も持っており、こうした原告ら労働組合に対し、市長は「健全かつ適正な」労使関係づくりを目的として一切の便宜供与を禁止した労使関係条例を成立したといえ、これを適用することは、憲法28条、労組法7条に違反することは明らかである。

　④行政財産の目的外使用不許可処分についての裁量権濫用・逸脱に関しては、平成18年2月7日の最高裁判決があり、本件は、労組法と行政処分が交錯する事案である。本件不許可処分や明渡し請求は、直接、強行法規に違反する行政処分であること、労使関係条例よりも法律が上位規範であり、条例の適用も

含め、地方自治体の長の行った地方自治法に基づく行政処分が、憲法や労働組合法に違反してならないことは、当然である。

(3) **高裁判決の事実認定と評価の特徴**

(a) 市長の支配介入意思の否定の論旨

市長は法律上認められる組合活動は保障するが、労使癒着の構造は改め、庁舎内の組合の政治活動は許容される範囲以外では認めない方向で対応し、組合活動に対する税金の投入（便宜供与）は止めることにして、市民感覚に合うよう是正改善していく方針を示したものであるから、市長が専ら組合を嫌悪し、組合に対する支配介入の意思を有しているまでとは認められない（判決書68頁）。

(b) 本件条例12条（「労働組合等の組合活動に関する便宜の供与は行わないものとする」）について

①その文言から、便宜供与はほぼ例外なく行われないものと解されるので、組合の許可申請は、不許可となるほかない。もっとも地方自治法238条の4第7項は、行政財産管理者の広範な裁量による使用許可を可能としているから、特別の事情がある場合には、その判断で使用許可する余地も法理論上は否定し得ない。

②大阪市において、労使癒着の事象や、違法、不適正な政治活動の発生を防止するため便宜供与を行わないことは目的、手段において肯定できるので組合以外（の団体）との不平等、他（自治労）組合との異なった取扱いをしないこともやむを得ない。

③労組法も便宜供与を受ける権利を有する旨定めた規定はないし、その余の法令も同様である。

④労組法上は、最小限の広さの事務所の供与を規定しているといえる。しかし、文言に照らすと使用者の供与義務とするのではなく、奨励するものではない。供与を組合の権利としているものでもない。

労組法1条の目的をみても供与に関して何らかの規制を及ぼす趣旨も窺われない。労組法は供与をしないことや、供与している状態を解消することについては、直接規制を及ぼす趣旨ではないと解されるので、条例12条が労組法2条、7条に抵触するものではない。

(c) 本件条例は、平成10年から17年にかけての職員（厚遇）問題、労使癒

着の構造があり、現業中心に解消されず、第三者調査チームの報告もあり、本件条例は、適法に議会において可決されたものであり、「適正かつ健全な労使関係」の意味が立法技術上、一義的になるよう常には要請されない。

(d) 不当労働行為について

組合は団結権の侵害や不当労働行為が認められればそれだけで平成25年不許可処分は違法となる旨主張するが、行政財産の目的外使用の趣旨（裁量権限あり）を軽視するものであり採用できない。

(e) 行政事務スペースについて

平成25年2月の局議までに行政事務スペースが新たに数百平方メートル不足することが見込まれた。平成26年については、局議はなかったが、依然として狭隘な部署があるからスペースの必要性は存在する。

(4) 事案の特質をどうみるか

以上、簡単に大阪高裁判決内容を整理したが、この判決は橋下市長の自らの方針に反対する、受容しない組合を政治的な打撃対象とする彼の目的と行為、措置を正当なものとして全面的に肯定したものといえる。組合活動規制、庁舎外への排除の目的と行動を正当なものとして全面的に肯定したのである。それ故に「適正かつ健全な労使関係」確立のために、組合事務所の供与の打切りが必要なものと市長が判断すれば全て法的に許容、肯定されるという結論を導いたのである。

そして本件での事案の特質というか実態・実質を明らかにするものは、自治労連所属の組合が、かつての大阪市における（自治労所属）多数組合から分離し、結成されて以来、大阪市がこの組合に対して平等取扱いをなさず、多数組合を育成した経緯もあるなかで、ようやく庁舎内に小さな（44.49㎡）組合事務所を前市長時代に団体交渉で獲得した。そして記述したとおり当該組合は、第三者調査チームからも、橋下市長が問題とする活動（「労使癒着」や「政治活動」）は全くないとされ、市もこのことを認識していた上で本件条例を直截に適用して明渡しを求めたことにあるのではないか。すなわち橋下大阪市長の公務員組合への攻撃の実態が、組合の自主性を否認し、全ての組合活動を庁舎外に排除することにより、組合の弱体化を目的とするものであったことを端的に、象徴として示しているのである。筆者はこのことの事実認識とその評価、そして法的判断において法の専門家としてトレーニングを積んできた3人の裁判官

が見ることができなかった（しなかった）ことに大きな失望というか、無念の想いを持つのである。

　この高裁判決に対して組合は、この破棄を求めて最高裁に上告と上告受理の申立をした（後記「参照文献」補足参照）。平成24年の不許可、明渡し要求に対する大阪府労委命令への再審査申立（市、組合双方）に対する中労委命令が2015（平成27）年11月26日に出された。この事案では組合側が平成25年、26年の不許可処分については、追加申立をせずに、平成24年4月1日以降も組合事務所として使用させることを求めるという救済方法をとっているので、平成25年、26年の不許可処分と明渡しについての判断を行うことには申立事案としては、相当な制約があるなかで出されたものであるが、平成25年不許可の理由とした労使関係条例についても有意味な判断を行っており、このことも含めて不当労働行為救済機関としての中労委命令の判断内容を紹介する。

(5) 中労委命令の内容と評価

(a) 中労委命令（当時担当、長谷部由起子公益委員、合議は全公益委員）の主文は「本件各再審査申立をいずれも棄却する」であり、平成26年2月20日付の大阪府労委命令にある組合に対する大阪市の平成24年1月30日付の組合事務所退去要求と同年2月20日、平成24年度の不許可が労組法7条3号に該当する不当労働行為であること、「今後このような行為を繰り返さないようにいたします」との誓約文の手交を維持したのであり、市側は2015年12月15日、本命令取消の行政訴訟を行わないことの決定により誓約文の手交を組合宛におこなったのである。

(b) 中労委命令の不当労働行為判断の論旨および事実認定とその評価——橋下市長の言説への評価

　中労委は混合組合として、市労組の申立人適格を認めた上で本件退去通告と本件不許可処分の支配介入を肯定した（争点2）。

①行政財産に係る組合事務所の貸与の中止

　行政財産の目的外使用として最判平成18（2006）年2月7日判決の枠組みを前提とした上で、組合事務所の使用は行政事務スペース使用と両立する限り、庁舎の施設の用途、または目的を妨げるものでない。地公労法2条の規定にも照らす（筆者には疑問）と組合事務所の貸与の中止に関して不当労働行為が成立しないものではない。

②許可の継続と不当労働行為の成否

　平成 23 年度使用許可付款にも引き続き許可を求める手続と 24 年以降の使用料の減免率の規定の存在、22 年 3 月には 24 年以降の使用継続への信頼を与えていること、市労組が平成 18 年から継続して使用許可を受けてきたことからみれば、本件退去通告、本件不許可処分は、権限濫用や、市労組の運営に対する干渉、支障になるものであり、市に不当労働行為意思があれば、支配介入が成立するとの枠組みを立てた（同 36 頁）。そして以下の、③庁舎内での政治活動のおそれを払拭するとの理由、④行政事務スペースの利用の必要性、⑤不当労働行為の成否について、判断を展開していく。

③庁舎内での政治活動のおそれを払拭するとの理由について

　平成 23 年 12 月 22 日市交通水道委員会での市長発言、同月 30 日の幹部職員へのメール内容を認定した。

　このメールには、組合に早期に退去を求めること、組合の主張よりも大阪維新の会の主張が市民の支持を受けたので、納税者の税をこの組合に投じることは、政治的には裏切りになる旨の記載があった。同年 3 月、12 月 28 日の施政方針演説では、「公務員の組合を、のさばらしておくと国が破綻してしまいます」との発言が、また平成 24 年 1 月 4 日の市労連委員長の面談では、「社長をおとすための活動をやって負ければ、しかるべきリスクを負うのは当然。けじめをつけてもらう」旨の発言がなされ、市長が自らと対立する立場での組合行動を特に問題とし、本庁舎からの退去はそれに対する対応としてなされたこと、また行政事務スペースの検討時期と平成 24 年 1 月 12 日面識での市長の指示の言及があったことからみれば、市は平成 23 年 12 月 26 日以降、これまでの方針転換を市長が主導したのであり、この理由は労組等の政治活動、とりわけ自らに対立する立場での組合活動を問題視したと認められる。そして大阪交通労組の職員の活動が違法と認めるに足る根拠はない。退去通告方針決定までの間に組合事務所も含め違法の疑いのある政治活動がされたと認めるに足りる証拠はなく、市の主張に充分な根拠が存在していたとみるのは困難である。本件退去通告、不許可処分の手段においても違法な活動の真偽も充分に確認せず、また組合の自主的な取組を待たず、組合活動全般ないし事務折衝等の日々の労使関係の基盤となる組合事務所の退去を求めるものであって、手段の合理性を基礎づける充分な根拠はない。極めて重要な命令の判断と筆者が考えるのは、仮

に市において大阪交通労組について指摘された同様の問題があると考える余地があっても、市労組（本件申立人）は、労使癒着等を指摘される問題とは一線を画する活動をしていた経緯がある上、減免率の協議の自主的な取組を突如覆すものであって、本件退去通告、不許可処分は合理性を基礎づける充分な根拠でない、としたことである。

　さらに労働組合等は、それぞれ自主性、独立性を有する組織であり、違法な政治活動の問題も本来的には個別の労働組合等または職員について考えるべき問題であるとした上で、市長の発言による方針転換は全て一様に扱われており、背景は23年11月の大阪市長選挙で市長の対立候補を支援した事情があったものとみざるを得ず、市の主張理由は合理性がないとした。

　これらの市労組が市長の批判する口実である労使癒着と一線を画していた活動をしていたこと、各組合に自主性、独立性があり、本来的に個別に違法な政治活動問題も考えるべきものと付加して判断したことは大阪府労委命令にも大阪高裁判決にも認定されていない重要な事実認定である。

④行政事務スペースの利用の必要性

　市の作成した資料が暫定のものにしても整合性を欠き、平成24年1月30日決定後の各部署移転の事情変更は明らかでない、同年4月1日以降の実際をみると市の主張する必要なスペースとの乖離も著しいので、これは充分な検討による具体的な見通しとは言い難い上、同年1月12日の局議において、全体の人員計画の見通しを検討せず流動的な状況も踏まえられた形跡もないのであり、結局のところ局議は労働組合の救済活動を庁舎内ですることがないようにという市長の指示をうけ、組合事務所のスペースを上回る不足面積があると暫定的な説明でたりるとの方針があり、本庁舎外の支部のロッカーや事務機器の小さな便宜供与も市長方針であり、組合事務所の退去も市長の方針の一環とみられるのであり、行政事務スペースは、必要性が一定存在していても、それは市に従たるものであったとした。そして行政事務スペースの必要性は、暫定的に一定程度あったとしても、市の検討は不十分かつ拙速であり、退去を求める必要を基礎づけるまでの具体的かつ確定的に見込まれる状況になかったので合理的な理由にならないとした。こうした判断は、市の主張をほぼ「鵜呑み」にした高裁判決とは大きく相異する。

⑤不当労働行為の成否

命令は、不当労働行為の判断について、明渡しと使用不許可について合理的な理由のないこと、手続的配慮のないことから施設管理権限の濫用を認めた上で、市労組が継続的に組合活動の基盤としてきた組合事務所に移転を強いることは、組合活動への干渉であり、従う場合は、人的、物的負担や、組合活動全般への見直しが必要となり退去に応じない場合でも諸種の負担を生じさせるもの（筆者によればこのフレーズは不要である）であり、市労組の団結活動に支障をもたらすものである。そして市は「市労組の不利益を認識しながら、あえて無視又は殊更に軽視して」退去通告、不許可処分を行ったと言わざるを得ず不当労働行為の意思があった、と認定した上で、労使関係適正化の名の下に同時期に組合活動等に関するアンケート調査を業務命令により実施して、組合弱体化施策の実施の一連の状況からすると組合らを弱体化させる意図もあったと推認した。

(c) 救済内容

命令は、申立事実が平成24年度であるから25年以降は別途検討されるべきであり、事実上現時点（命令判断時）における本件スペースの使用または占有権限を創設することは困難であるとした上で、「他方労働委員会の命令により、市に24年度における本件スペースの使用許可について同様の対応を繰り返さないよう表明させることにより今後の施設管理の権限の行使に判断の慎重さの要求が高まることが期待できる」とした。そして「労使関係条例との関係について」と別項を設けた上で、市は条例の成立により、救済利益が失われたというが、この条例を前提としても個別の適用において将来にわたり不当労働行為が成立する余地がなくなるとは言えない。

その場合に条例故に不当労働行為救済がなしえなくなるとは解し難い、「本件の経緯に鑑みれば、市が同種の支配介入行為に及ぶ可能性はなお存在するといえるから24年の本件退去通告及び不許可処分と同様の支配介入を繰り返さないことを内容とする文書手交を命じる救済の利益は失われていない」と判断した。25年以降の労使関係条例を根拠とする本件スペース退去通告不許可処分に対して強い法的批判と非難、不当労働行為救済の必要性を示唆したのである。そして前述したとおり橋下市長はこの中労委命令に従った。

(6) 高裁判決の誤り

前述においても高裁判決の問題点と誤りは指摘してきたが、焦点となるものに限定して整理する。

(a) 高裁判決の市長の不当労働行為免責の誤り

高裁判決を批判する部分の執筆時では、中労委命令が出ておらず、専ら大阪地裁判決との検討をふまえ高裁の本件退去通告、平成 25 年以降の不許可処分の不当労働行為免責の判断と考え方を批判する予定であったが、筆者が(2)に前述した「橋下市長の言動（説）と、その実態、事実を吟味することなく」とした部分が中労委命令において大阪地裁と同じく不当労働行為とする判断がでたのでこれらの部分を紹介してきた。そして問われるのは何故、大阪高裁が地裁の判断を覆して大阪市長の明らかな組合敵視、組合攻撃を容認したのかである。

筆者は橋下市長が「地裁ごときが選挙で選ばれた市長の判断を否定することはできない」と述べて本件を高裁へ控訴したことを記憶しているが、高裁裁判官がこの言葉を受けて判断したとは思わない。しかし、橋下市長が公務員バッシングを行い、自らの選挙に協力しなかった組合の活動を違法な政治活動として非難し、前市長時代までは「労使癒着」も存在したので「一旦グレートリセット」するとして組合に対して一切の便宜供与を禁止し、組合活動と組合事務所を庁舎の外に放り出そうとしたことが、労使関係の使用者から一方的になされたことに対し、常識と労働法の両面から見て疑問を持つことは最小限必要ではないのか。控訴審において新たな証人調べもなく、地裁の判断と逆の事実認定（評価も含めて）と法的評価を行うことは、民事訴訟法 2 条で裁判が当事者に求めた信義誠実な訴訟進行と裁判所に求められた公正であることへの義務違背にもつながりかねない程、重要なものであると考える。

(b) 継続の打切りと新たな供与の拒否は「場」が違い、法的評価において異なった結論となる

高裁判決は、継続した供与の打切りと初めて供与を行うことを不許可にする場面の法的評価を同一においた上で、労組法上供与義務がない以上は、労組法 2 条・7 条に抵触しないとしたのであるが、控訴審での組合側の主張は、供与の場面と供与の打ち切りを明確に分けて判断をすることを求めたにもかかわらず、一切応答しないままであった。施設管理権と組合活動による施設利用が争われたケースで、判例は許諾説にたっているが、本件では組合事務所が使用者

から継続的に（許諾）供与されてきたのである。そうであるならば中労委命令が詳細に論をたてたように継続の拒否には少なくとも合理的理由と手続が必須の要件である。そして継続した供与についての合意と継続利用の事実からは、組合事務所の必要性の相互確認と利用継続についての社会的な相当性が肯定されてきた事情が付加されると筆者は考えているし、従来の供与は使用者の団結権尊重義務の具体化として評価されるものである。

(c) 労使関係条例そして同条例12条の評価

橋下市長は、自ら議会に提案して、本条例を成立させた。条例は議会による立法として市長の労働組合の組合活動の規制方法や内容、手段についての行政処分に条例としての根拠を与えるものであり、橋下市長もそのために本条例を成立させた。そうである以上、本条例の目的は大阪市における労使関係のあり方について「適正かつ健全」である旨の規制を及ぼすものである。すなわち特定の場面のなかでの格別の目的であり、橋下市長の考える庁舎内で政治活動を行わない、自分の選挙活動に反対しない、市長の指示に従う労組組合とその活動を想定している。そして「適正かつ健全」な労働組合の組合活動は庁舎内での一切の便宜供与が行われない、庁舎外でのみ存在し活動する、いわば「企業内」組合にもかかわらず「企業外」組合であることを本条例の下で、すなわち条例の適用において求められるのである。組合事務所についても労組法が経費援助の対象から明文によって外した企業（庁舎）内での団結体の存在は、一切予定されていないのである。筆者はこの条例自体が憲法28条の団結自治への干渉であり、労組法1条・2条・5条が求める労働組合の自主性・独立性への侵害であると考える。労使関係像について使用者の認定する「適正かつ健全な労働組合と、その組合活動」として枠をはめられるのは、労組法の許容する範囲外である。そしてこの条例成立後において、橋下市長の自由な裁量権の下でこの条例制定の目的外となった「不健全な」また「不適正な」組合活動に対し、市が便宜供与を行うことが予測されるのか。この点高裁判決は法理論上として、特別事情ある場合に使用許可する余地も否定し得ないとするが、便宜供与は不許可となるほかない、と素直に認定する。しかしこの結論は法的にみて肯定することはできない。それこそ少なくとも（最小限）中労委命令が救済方法についての部分に述べたように、この条例を前提にしても個別の適用において不当労働行為は成立する余地あることを確認しなければならない。

参照文献
　労働組合の支持政党または統一候補の決定と選挙運動の推進の自由については、国労広島地本事件・最三小判昭 50・11・28 判時 798 号 3 頁がある。アメリカの公務員組合の首長選挙活動の現状の一つとしてチャールズ・ウェザーズ「アメリカの公共部門労働運動」労働法律旬報 1852 号（2015 年）8 頁。
　谷真介「裁判・労働委員会の経緯と上告受理申立の概要」労働法律旬報 1857 号（2016 年）28 頁、中嶋正雄「大阪市組合事務所明渡し請求事件・大阪高裁判決の検討」同 6 頁、本多滝夫「行政財産の目的外使用と管理者の裁量権」同 20 頁、大阪高裁判決への批判として、城塚健之「橋下市長の代弁者と化した大阪高裁——大阪市組合事務所（自治労連ら）事件・大阪高裁平成 27 年 6 月 26 日判決」季刊労働者の権利 312 号（2015 年）126 頁がある。
　なお補足すれば、最高裁は 2015（平成 27）年 6 月 26 日、組合からの上告と上告受理の申立をいずれも認めなかった。

2　行政財産と組合事務所供与の検討
(1)　行政財産と団体交渉事項
　行政財産とは、普通地方公共団体の所有に属する財産のうち、公用または公共用に供し、または供することを決定した財産（地方自治法 238 条 1 項・4 項）をいい、行政財産の管理および処分については地方自治法上その公共財としての制限があるが、庁舎等に床面積または敷地に余裕がある場合は政令で定める場合は、これを貸付できるとされるし（同 238 条の 4 第 2 項 4 号）、また「その用途目的を妨げない限度」において、その使用を許可できるとされている（同条 7 項）。
　地方自治体と職員組合等において組合事務所の利用について、労使間の合意ができた場合、自治体は庁舎内の組合事務所の供与について許可を行ってきた（使用料は無徴収から一定の減免まで様々であるが）。
　自治体と職員団体等との庁舎内組合事務所供与をめぐる交渉は、このような地方自治法上の行政財産の規制の下で、すなわちその枠組みのなかで使用を許可するかどうか、使用の条件などを交渉対象として行われてきたものであり、この交渉事項は、地方公務員法 55 条 3 項の「事務の管理及び運営に関する事項」ではない。それは地方自治法上、自治体、首長が既に事務としての管理権限の行使であることを前提にしているものであって、改めて「事務としての」管理と運営の創設や廃止を求めるものでないからである。すなわち首長が既に地方自治法上権限として持っている行政財産に対する管理権限の行使としてその使用について許可を求めるものであって、地公法 55 条 3 項の解釈とすれば

この場合の行政財産の許可、不許可は、地方自治体の「事務の管理及び運営に関する事項」ではないということである。

(2) 統一（混合）組合と労組法7条2号

上記では、地方公務員法上の職員団体の交渉事項性を検討したのであるが、組合がいわゆる混合組合として現業職員と職員が一緒になって単一組合を組織している場合（以下混合組合ではなく筆者としては正確に「統一組合」という）には、統一組合からの組合事務所供与の団交申し入れなり使用許可に対する市の不許可処分については、労組法上の不当労働行為該当性（7条2号・3号）の成否として法的に処理することが求められる。

それは、統一組合は、一つの団結体であるが、地公法上の職員団体としての性格と労組法上の労働組合としての性格という二つの性格を帯有する（二つの顔をもつ）からである。

そこで労組法7条2号・3号の適用において組合事務所供与問題は、どのように整理されるのか、である。まず交渉権は、憲法28条と労組法上の権利であり、地方公務員法上の職員団体における制約された交渉ではない。すなわち地公法55条の規制を、労組法上の労働組合は直接にうけることはない。地公法は職員団体との関係を規律するものである。そこで自治体からの「事務」の管理による団交拒否の正当性如何は労組法7条2号による正当事由の検討として斟酌される。しかし自治体庁舎である限りは地方自治法上の法的規制は前提にせざるを得ないと現時点では筆者としては考えている。そこで問題を再整理すると、労組法上の使用者である市長は自ら許可権限を持つ行政財産に対して組合事務所の提供を求める労働組合からの団体交渉申入れに対して「その用途又は目的を妨げない限度」であるかどうかを団体交渉において誠実に交渉することが求められることになる。

この場合において民間企業と労働組合との間の団体交渉権をめぐる判例や労働委員会命令の到達点としての法理はそのまま市と労働組合との交渉関係に適用されるのであり、それは地公法の適用ではない。例えば民間企業においてその施設内に組合事務所を貸与する場所的余裕があるかどうか、ないとするならば他の場所での供与とその財政的支援などが交渉されるように自治体と労働組合の交渉にも同様の内容で展開される。またこの交渉自体が集団的労使関係事項のものとして義務的交渉事項であることはいうまでもない。勤務条件条例主

義による職員団体の団交制限や地公法55条4項の適用外のものである。

そして筆者によれば市庁舎内において組合事務所の新たな供与について併存組合間の平等取扱いが求められる場合でなくとも、この拒否が従来の労使関係の経緯も含めて不当労働行為に該当することもあり得る。この場合、労働委員会は救済命令として行政に対して組合事務所の供与を命じても誤りではない。この命令内容が不当労働行為の是正として将来の正常な労使関係の確立に必要かどうかの判断如何によるのである。

(3) 行政財産と組合事務所の供与の適法性

既述したとおり大阪市と市役所労組（統一組合）との間では、市からの組合事務所の不許可処分、明渡し請求の違法性が裁判所と労働委員会において争われた。大阪地裁は市の不許可処分を不当労働行為として処分権の濫用があるものとして取り消したが、大阪高裁は平成24年度分のみ明渡しが「拙速」としてこれを違法としたが、これに続く平成25、26年度については、市長の意図には不当労働行為意思はないとして不許可処分を取消さず、明渡し請求を適法とした。そして「法の支配」の最後の砦であるはずの最高裁は弁論も聞かず組合からの上告受理申立と上告をいずれも棄却した。

こうした一つの地方自治体である大阪市の行政に追随する司法の在り方については、法の支配からみて根本的な批判が必要である。このためには行政財産の利用と労組法7条2号・3号すなわち不当労働行為との関係、さらには地公法上の職員組合の組合事務所供与関係についても憲法28条の基本権保障と「地方自治の本旨」の下での自治体との関係が検討される必要がある。

かつてのドライヤー報告は「政府としての」政府と「使用者としての」政府を分けて、国の役割がそれぞれの法の適用場面で異なるものであることを明確にした上で、労働関係における「使用者としての」政府のあり方を正しく提示した。地方自治体も労働組合・職員団体との関係においては、「使用者としての」自治体である。

それ故に大阪市が労働組合なり職員団体との対抗関係、労働関係においては、職員を任用する使用者としての立場で、憲法28条の労働者の団結体に対して対抗し対応するものである。

労組法は、最小限の広さの組合事務所を使用者が組合に供与することは経費援助ではなく、適法なものとしむしろ「育成」している。そして企業内団結体

である労働組合の活動の拠点であり、組合にとって必要な場所である組合事務所については、使用者は施設に余裕がある限りはこれを供与する義務を負うとするのが団結権尊重義務説の帰結である。

なお、施設管理権と組合活動権の検討は本書第3編第4章を参照されたい。

そして大阪市長も公務員として憲法を尊重し擁護する義務を負っている。それは行政（処分や行政措置など）も憲法秩序によって行われるからであり、もちろん憲法は法律、条例の上位法である。そして憲法尊重義務の内容としては、基本的人権の尊重を中心とすることはいうまでもない。

すなわち行政は、憲法28条の労働三権を尊重する憲法上の義務を負っているのである。この点において、公務労働関係においては、民間労働関係よりも「使用者としての」市長、行政は、労働組合の団結権を保障することについて強い憲法上の義務が課されている点において、その行政行為、処分の適法性について強い法的規制が及んでいるのである。これを組合事務所の供与について補足するならば、市長は組合事務所の供与について市長が負う公務員組合の団結権保障義務の一内容として場所スペースについて条件を整理して、組合事務所の供与を行う義務が原則として肯定されることになるだろう。

第2章　吹田非常勤職員雇止め事案の検討
　　　──不平等を容認した大阪地裁平成28年10月12日判決
（労判1186号75頁）批判

1　事案の主要な事実
(1)　概要

　労働者X_1は1987（昭和62）年6月から、同X_2は1991（平成3）年10月から吹田市立総合福祉会館生活指導員（非常勤）として、在宅障害者ディサービス事業（後に法改正による生活介護事業）にそれぞれ26年・21年間にわたって従事していた。市は2012（平成24）年10月1日より同福祉会館の生活介護事業を民間業者に委託し、ともに混在して業務に従事していた正規常勤職員（同じく生活指導員）は他の職場に異動させたが、X_1 X_2ら（以下X_1ら）は、異動もなく非常勤職員として採用をしなかった。

　X_1らは、いずれも市の公募に応じ採用試験（筆記と面接）を受け生活指導員嘱託（1年任用の非常勤）の「委託」を受け採用された。2人は毎年2月頃、同会館館長名で翌年度の志望調査表が配布され、同表に印刷された「希望する」という文字を囲んで提出するだけで翌年の仕事についていた。

(2)　市と労働組合との合意の存在

　X_1らは、吹田市関連職員労働組合に加入し、吹田市職員労働組合とともに吹田市労連に加入してきた。

　2010（平成22）年3月30日に組合と市は、非常勤職員の任用根拠の明確化についての覚書を結んだ。その内容は、(ア)任用根拠を地公法17条とするが、これにより不利益は受けない、(イ)非常勤は職種に任用するものであるから今後も他の職種への任用換えはない。なお従事業務が廃止された場合はこの限りでない、(ウ)現時点で任期付短時間勤務制度を導入する考えはない。現行の非常勤職員について短時間職員への任用換えや、任用して試験などの実施による雇止めを行うつもりはない、というものであった。

2　事案の争点と裁判所の判断

(1)　請求内容

X_1らは、主位的には非常勤職員としての権利を有する地位（労契法19条類推適用、信義則ないし権利濫用法理等による法律関係の継続）、予備的請求1として平成24年10月1日付での非常勤職員の任用（義務付け）、予備的請求2として国家賠償法上の損害賠償請求を行った。

(2)　大阪地裁の判断

判旨は以下のものである。

(a)　争点1（本件不採用について、労働契約法19条を類推適用することができるか否か）

原告らは、地方公務員の採用は法令によって規律される特殊な形式の契約（公勤務契約）であると主張して、原告らと被告との間の法律関係について労働契約法19条を類推適用すべきであると主張する。

この点、地方公務員の採用について行政処分であることをうかがわせる明文の規定はないものの、勤務関係を解消させる免職が、地方公務員法49条の2および51条の2において行政処分として構成されていることに照らすと、同法は、地方公務員の勤務関係について、早期確定を図る趣旨であると考えられる。そうすると、地方公務員の採用についても行政処分であると解するのが相当である。

また、そもそも地方公務員については、その勤務条件等が法定されており、当事者の意思や個人的な事情等によって、これらが変更等されるものではないこと、これらの趣旨を踏まえて、労働契約法22条1項は、地方公務員について同法を適用しない旨明示的に規定していると解されること、以上の点に鑑みると、地方公務員の勤務関係については、いわゆる非正規公務員の勤務実態やその状況等を考慮したとしても、現行の法制度を前提とする限り、労働契約法19条を類推適用する余地はないと解さざるを得ない。

(b)　争点2（信義則ないし権利濫用法理により、本件不採用が無効であり、原告らと被告との間の法律関係が継続しているといえるか否か）

ところで、原告X_1は昭和62年6月1日に、原告X_2は平成3年10月1日にそれぞれ総合福祉会館生活指導員（非常勤）として採用された後、いずれも平成23年まで毎年4月1日に1年間の任期を定めて任用がくりかえされ、平

成24年4月1日に最後の任用がなされ、同年9月30日に任期満了により退職した、以上の事実が認められる。

　非常勤職員の採用は、地方公務員法17条1項に基づいて行われる公法上の行為であって、法令に基づいて行わなければならないと解されていること、同法15条が職員の任用は、受験成績、勤務成績その他能力の実証に基づいて行われなければならない旨規定していることによれば、非常勤職員を任期終了後に再度同一の職務内容の職に採用する場合も、改めて成績や能力に基づき選考しなければならないこと、以上の点が認められる。

　以上のような原告らの任用形態および非常勤職員の任用に関する法令の内容に鑑みると、原告らが、被告に対し、任用予定期間経過後に再び非常勤職員として採用される権利もしくは、採用を要求する権利、または当該非常勤職員が任用の継続を期待することは、それ自体法的保護に値する利益であるとは認められず、そのほかに、原告らが主張する期待の前提となる権利ないし法的保護に値する利益が存在することを認めるに足りる的確な証拠は認められない。

　(c)　争点3および4（行訴法37条の2第1項所定の訴訟要件の有無等）

　非申請型の義務付けの訴えは、一定の処分がなされないことにより重大な損害を生ずるおそれがあり、かつ、その損害を避けるために他に適当な方法がないことを訴訟要件としており（行訴法37条の2第1項）、上記の重大な損害の有無を判断するに当たっては、損害の回復の困難の程度を考慮するものとし、損害の性質および程度ならびに処分の内容および性質をも勘案するものとされている（同条2項）。

　以上を踏まえて本件についてみると、証拠（原告X_2）によれば、原告X_2は、平成25年6月頃からパート（リハビリの介助職員）として稼動していることが認められるから、現時点において、任命権者である被告代表者に同原告の任用を義務付けなければ、同原告に重大な損害を生じるおそれがあるとは認められない。また、原告らが非常勤職員として採用されないことによって被る損害は、いずれも経済的な損害であって、金銭賠償によって事後的補てんが可能であることから、その損害を避けるため他に適当な方法がないとは認められない。

　この点、原告らは、現場から離れることで専門的で高度な能力や技術が失われ、現職に復職できなくなるおそれが大きい旨主張するが、原告らが現場から離れることによって介護の能力や技術が失われ、現場に復帰することが困難に

なるような具体的な事情を認めるに足りる的確な証拠は認められない。
 (d) 争点5（本件不採用が国賠法上違法と言えるか否か）
　原告らが、被告に対し、任用予定期間経過後に再び非常勤職員として採用される権利もしくは採用を要求する権利、または当該非常勤職員が任用の継続を期待することは、それ自体法的保護に値する利益であるとは認められないのであるから、本件不採用が直ちに原告らの権利ないし法的保護を侵害したとはいえない。また、判決は以下のとおり判示した。
 (e) 被告における非常勤職員の活用の歴史の点について
　確かに、地方公務員法が職員の任期を原則として無期限としているのは、職員の身を保障し、職員をして安んじて自己の職務に専念させる趣旨であると解されるから、地方公務員を期限付きで任用することが許されるのは、上記趣旨に反しない場合に限られるのであり、恒常的、継続的な定員不足を補う目的で期限付きの非常勤職員の任用を行うことは許されないというべきである。もっとも、本来許されない期限付き非常勤職員の任用行為がなされた場合、任用権者は、漫然とその任用を更新してはならず、当該非常勤職員の任期満了を待って、その地位に常勤職員を充てなければならないのであるから、被告が期限付きの非常勤職員を任用していたことをもって、直ちに任用予定期限満了後に任用が継続されると期待することが無理からぬものといえるような被告の行為があったとは評価できないというべきである。
　原告らは、本件合意をもって、非常勤職員の職種が廃止された場合でも雇止めはせずに他の職種へ任用換えを行うことが確認されたと主張する。
　当該非常勤職員の職種が廃止された場合の措置については何ら触れていないから、職種が存続することを前提とした条項であると解される。したがって上記部分をもって、非常勤職員の職種が廃止された場合まで、所定の手続（応募、試験、選考）を経ないで他の職種の非常勤職員に任用することを約束したものと解することはできない。
 (f) 長期間にわたる任用継続と更新手続の形骸化の点について
　原告らは、毎年2月頃に行われた翌年度の非常勤職員嘱託希望調査の際、被告に対し、採用を希望する旨の調査表を提出し、毎年4月1日頃、被告から総合福祉会館指導員を委託する旨の辞令を受けていたこと、非常勤職員の任用に際し、前年度までの勤務の評価に基づいて選考がなされたことを否定するよう

な事情 (勤務評価が著しく劣る者も再任用されていることなど) も見出せないことからすると、原告らに係る採用手続 (翌年度に向けた任用手続) が形骸化していたとは認められない。

3　総括的な批判。実態からの正しい法の適用のために──地裁判決が「法の正義」、司法判断として到底維持できないこと

(1)　責任は全て市にあることおよび本件公務労働事案は不採用ではなく更新拒否であること

地裁判決は、事実と実態に背をむけて、これをみることなく原告らの任命期間が1年であることにのみ依拠して、市の任用更新拒否を法の名において許容し、市を免責した。原告らは、各々昭和62年6月、平成3年10月より吹田市の恒常的、基幹的な公務業務に従事してきたものであり、それぞれ25回と、21回の任用繰り返しを受けてきた。恒常、基幹的業務に対しては、地公法の適用を受ける正規の職員で行うことが、地公法の趣旨、建前である。

正規の職員でなく1年非正規の職員で、この業務を行ってきたのは、専ら市の責任と判断であり、市は退職金のない賃金格差 (差別) を利用して人件費 (市の財政) の削減をし、その財政上の利益を得てきたのである。

このような地方公務員法の人事原則から逸脱し、この法律の適用を回避したのは他ならぬ市であって、この任用形式を押しつけられ、退職金もない、低い給与の下で21年、26年と公務に従事してきた、否、従事せざるを得なかったのが労働者らである。

1年任用の形式を創出し、労働者を非正規に固定化してきた責任は、吹田市にあるのであって、原告らにはない。

実態として21年から26年にわたって (それこそ零歳児が成人するまで以上の期間にわたり) 恒常的、基幹的公務に従事してきた実態を、市によって作られ、濫用されている1年任用の形式によって否定することは、正しく法の正義原則や信義則に明らかに違背するものである。

司法判断は、市のとった法律の形式ではなく実態に則して正当な法律上の解釈がなされるべきである。

(2)　地公法15条と原告らの位置

地裁判決は、原告らの任用が17条1項による公法上の行為であること、同

法15条が任用に際して成績実証によるとするので、22回目、26回の採用も改めて成績や能力に基づき選考しなければならないから、再び採用する権利、法的保護に値するものがない、とする（判旨17頁）が、納得できる論旨ではない。そもそも濫用された非常勤職員について、地公法17条の任用（1年）毎の適用自体、不必要なことである。そして本件における21年、25年の常勤的非常勤職員は、1年の任用終了に際して本人が、その業務に継続して従事するかどうかの意思表明によってのみ継続して、任用されてきたのである。同法15条の能力の実証は、経年の業務従事により、既に20年、25年間にわたりなされてきたというのが事実であり実態である。この1年の任用は形骸化していると評価できる。

(3) 「論理のすり替え」の存在

地裁判決も、地方公務員の恒常的、継続的な定員不足を補うための期限付き任用は許されないとする。しかしその後の判旨（同19頁—労判83頁）は理論的でなく、「論理のすり替え」であり、納得できない。判旨は、市がその地位に常勤職員を充てなければならないのだから、常勤でない身分の任期付の非常勤職員の任用更新は、期待につながる被告の行為ではないというのである。ここには、違法な派遣期間経過後の派遣労働者の地位と期待を否定する裁判例と共通の裁判官の意識がある。しかし、常勤職員によって本来担われるべき職に引き続いて任用された「1年任用」の労働者が、自分たちの職が、実は常勤の業務であることを認識し、この更新をくり返しなされてきたことが期待である。判決は、市が正規職員を充てないで非正規を充てたのだが、非正規労働者は、もともと法の保護を受けられない存在であり、人間として、憲法27条1項の労働権を地方自治体に対して主張することは、違法であるというのであろうか。公法である地方公務員法の適用を正しく行わず濫用したのは、公権力をもった市自体であって、その濫用の人事施策の結果、一貫して恒常的、継続的な定員不足のなかで「常勤」職員として任用されてきた非常勤職員が、市に対して期待をもつことは、社会的にみて常識であり、この期待は、経験則からも肯定できるものである。判旨によれば、正規を充てなかった市の責任は、不問にされ、仮に100年にわたって更新を繰り返しても永遠に非正規には期待は存在しないことになる。

このような結果は、継続した任用の処遇における地方公務員の平等原則に違

背していないのであろうか。

(4) **法律解釈の誤り**（判旨24頁—労判85頁）

判旨24頁も法律解釈を誤っている。まずは恒常的、基幹的な職種への市による非常勤の任用は適当か、不適当といった性格のものではなく、公務員法の適用を誤った違法、かつ脱法といった法的評価を受けるものである。そして市は専門的な業務に臨時的、一時的な定員不足を補う目的でなく、恒常的、継続的な常勤的、非常勤職員を従事させたものであって、原告らは臨時的、一時的な定員不足を目的とした任用ではない。

(5) **職種廃止はない**

本件は、職種廃止ではなく、原告らの生活指導員としての職種がなくなったものではない。原告らは、生活指導員の職種カテゴリーで、仕事に従事してきたものであって、総合福祉会館での生活介護事業の民間委託によっても生活指導員としての職種に伴う職務は、他部署にも存在するのであって、最終年度の契約更新時にも他に異動することはできたのである。

(6) **原告らは国民であり、地公法13条の平等原則の適用を受ける地位にある**

地裁判決は、本件事案につき、実態から離れて法の形式的解釈のため、地公法15条、同17条を「金科玉条」的に使用するが、地公法13条の平等取扱いの規定をどう理解し、解釈するのであろうか。正規と非正規職員の法適用において、地公法上の身分保障から全く排除されることとなる1年任期の非常勤職員が、臨時なり一時の1年任用の臨時の職でなく、恒常的、基幹的な公務に永年にわたり従事する実態があり、常勤の職員（控訴人らは一部の判例からしても地方自治法204条の「常勤の職員」である）となっているにもかかわらず「1年任期」という形式で地方公務員法17条をいわば唯一の根拠に更新拒否を適法とすることは、地公法13条の趣旨、法意において許されないものである。このような平等原則の趣旨に反する市の更新拒否は、法の濫用として無効の判断がなされなければならない。臨時的、一時的任用でなくなった常勤、非常勤職員に対し、せめて賃金上の処遇は別として身分なり、地位の継続は信義則や平等原則により、あるいはそれこそ地公法13条等の適用によって根拠づけられるべきである。

4 法律論

(1) 公法関係論と法の一般原則の適用

　この点、行政法学において早い時期から田中二郎は「公法関係における私法規定の適用」につき、私法規定の意義を分析し、公法関係の性質を反省することが必要であるとし、民法に法規定全体に通ずる一般原理が存在すること、例えば「権利の行使及び義務の履行」が信義則に従うこと（民法1条2項）。「権利の濫用は之を許さず」（同法同条3項）は、公法関係に適用すべきと指摘する[1]。

　また原田尚彦も行政上の法律関係の不文の法源として、正義に適う法の一般原則のあることを指摘し、平等則、比例原則、禁反言の原則、信義誠実の原則を適用することを肯定している[2]。

(2) 法律による行政としての公法の領域

　行政は、近代国家における三権分立制度のうち、立法（一般意思としての法律の制定）と司法（市民間、場合によっては対国家の法的紛争について、他の国家機構から独立して法の判断を行い、紛争を解決する）を除いた国家作用である。

　近・現代における立憲主義は、行政の強大な力をコントロールするために、行政も王権ではなく法律によって行われることとし、これが法治主義や法律による行政といわれる。そして行政が、国家目的（地方では地方自治の「本旨」）の実現のための国家作用である以上、行政には、法律の上位法である憲法規範が尊重され、これを実現するものでなければならない。

　日本国憲法は、このことを、明示的に行政を担う公務員の憲法尊重、擁護する義務としている（同99条）。そして行政作用は、その中心である対外的側面（対市民）とこれを円滑、効率にすすめるための対内的側面（組織法）としてみることはできるが労働者が組織に組み込まれてからは、それぞれの組織法（地方自治法など）と労働関係を規定した公務員法（地方公務員法など）によって、すなわち法律によって第一義的に職務のあり方が決定される。この点において公務員法の適用がない場合には、その上位法である憲法秩序から、すなわち労働関係については基本的人権規定から正しい法の適用が選択されなければならないことである。

　また公務員法については、戦後立法の沿革から明らかなように、労働組合法

---

1) 田中二郎『要説行政法』（弘文堂新社、1968年）33頁。
2) 原田直彦『行政法要論』（学陽書房、1976年）32頁。

適用から国家公務員、地方公務員適用への変化はあるが、この変化は専ら公務労働関係に勤務条件法律（条例）主義、争議行為禁止を持込むためのものである。団体行動権を除くその余の公務員法の規定は、勤務条件法律主義（または条例主義）といっても「職務の遂行」が「民主的な方法で選択され、且つ指導されるべき」ことを定めたものであり、この法律も職員の福祉および利益を保護するための適切な措置を内容としている（国公法1条）のであり、地公法も同様の趣旨の目的をもっている（同法1条）。

　非常勤職員の「雇止め」が問題となっている本件事案等については平等取扱いの原則（国公法27条、地公法13条）、均等待遇の適用如何が重要な課題である。

(3) 公法私法二元論の誤り

　公法が市民対国（または自治体）との関係を全てカバーするものではない。市場関係において行政機関は、専ら私法の適用を受けるし、行政財産の市民の利用関係も法形式は別に私法規律の下におくのが正しい。

　労働関係において、労働条件保護法の中心である労基法（労組法も）は、その法律違反に対して公法規制と私法規制が及ぶ法律になっているが、通常は私法上の効力が主たる機能である。

　公法私法二元論の誤りは、国民に対する一般支配権（統治権）と、特別権力関係といった国、行政の優越的地位（その中心は課税権や国防安全保障など）に重きを置きすぎて行政と市民、行政とその職員との関係において対等市民間の法である私法が入る余地がないと司法、法律関係者と学者の一部が錯覚をもつことである。

　戦後は、行政裁判所という特別裁判所制度がなくなったのであり、行政事件訴訟法の改革もなされてきたなかで、司法権が公法関係であるからとして私法の原則の考慮を全く放棄したり、公法関係に「法の支配」や憲法秩序（基本的人権の擁護）確立の役割を果たさないこと（その観念というか思考方式）が問題なのである。公務労働関係においても法の一般原則と公務員を憲法28条の労働者として行政との間で基本的人権の主体たらしめ、行政の義務の担い手とすることが今日の主要なテーマである。

(4) 本件事案の「雇止め」に対する正しい法的評価

　本事案において労働者X_1らは非常勤職員とされ、法律上の根拠は地公法22条である。しかし地公法22条は、職員の採用は、臨時的任用または非常勤職

員の場合を除き条件付採用とする、との1項のほかは臨時的任用（6か月内、更新も6か月内で一度のみ）に関するもので非常勤職員の規定ではない。地公法は、特別職で非常勤のものを予定している（同3条3項2号・3号）が、これは医師などの専門的資格をもつものであって、いずれも自治体の一般業務（事務）に従事するものではない。

地方自治法では、非常勤職員への一時金、退職金の支払はできない（同法204条・205条）ので、自治体におけるX_1らと同様「常勤的」非常勤職員への一時金、退職金の支給の違法性が裁判で争いとなった。すなわち実態において、「常勤的」な非常勤職員を204条の職員と評価できるかが焦点となった。

この点について「常勤」と「非常勤」の区分は、任用の際の形式的な理由ではなく、職務の実態からみるものとして、濫用された非常勤職員に対する市の退職金なり、一時金の支給の違法性が争われたケースにおいて筆者も弁護団として担当した大阪高判平22・9・17（労旬1738号50頁）は、常勤、非常勤の区分は、呼称という形式上の理由によるのではなく、「勤務時間と生活における収入依存度を要件として『常勤の職員』とは、地方公務員としての勤務に要する時間が、普通の労働者の労働時間と同程度であり、かつ、その者の生活における収入の相当程度を地方公務員としての勤務による収入に依存する職員」として、人事院規則15-15第2条との対応で、枚方市においては、4分の3以上の時間を勤務し、勤務内容も常勤職員が行っていた業務を引き継ぎ、あるいは常勤職員と共同して業務に従事しているから（本件）非常勤職員は、地方自治法203条の非常勤の職員ではなく、同204条の常勤の職員に該当するので、これらの支払は違法ではない、とした。判決は、勤務時間、生活への収入依存性とともに常勤職員との業務内容の共通性を正しく判断した（なお、茨木市臨時的任用職員一時金支給事件・最判平22・9・10民集64巻6号1515頁は、勤務時間が通常の勤務形態の職員に準ずるものとして常勤と評価できる程度のものが必要としている）。

こうした判断からすれば、地方公務員法上、臨時的任用と同様に「非常勤職員」には適用されないとされる「修学部分休業」、「高齢者部分休業」、「自己啓発等休業」、（同法26条の2第1項・26条の3第1項・26条の5第1項）、「定年退職の規定」（同法28条の2第4項）も常勤的非常勤職員には、適用されるとの解釈が成り立ちうる。

かくして問題の焦点は、本件のような常勤的非常勤職員に対する任用期間満

了による「雇止め」、すなわち期間到来による当然の失職を地方公務員法上、さらには憲法秩序からどう法的に評価するかである。

(5) 何が濫用されているのか

既にみてきたとおり、地方公務員法は、一般職として臨時的任用職員、非常勤職員そして条件付採用後の正規職員を予定している。

X_1らは非常識職員と名付けられているが、非常勤ではなく地方自治法からみて常勤の職員である。一時金は払われても退職金は払われない。退職年金もない。業務上の災害は、公務災害ではなく、労基法上のものである。

X_1らの従事する職務は、地方自治体の業務であり、X_1らは正規の職員と混在して、障害者福祉の公務を担っている。障害者福祉は地方自治体にとっても大切な仕事であり、自治体業務の福祉行政として欠かせないものであり、かつ専門性を必要とするものである。こうした継続的な業務になぜ1年任期の非常勤職員が従事するのか。それは自治体の行政サービスの拡充が求められるなか必要な職員を定数外職員としてできるだけ低い人件費で集める（賄う）ために地方自治法172条3項ただし書きが国の施策と自治体方針として利用されたのである。

常勤的非常勤職員は、1年毎の任用職員であるから単年度毎の歳入歳出予算により、議会の統制が及んでいる。それと非常勤職員数を拡大しながらも、その業務の変動があり得るから、その際の人員の調整弁として非常勤職員（制）は「使える」のである。本件事案における吹田市の総合福祉会館からの障害者福祉行政サービスの撤収による1年任期濫用による雇止めは、20年以上の時の経過があったにしても本来この非常勤任用制度が本来（態）的に帯有していた性質を発現したものである。

こうした1年任期制度の活用方法は、社会常識からみて民間企業における臨時工制度の公務版であることが理解、認識されるであろう。

実態がこのようなものであれば、民間労働関係において判例法理となり、労働契約法として法律条項化された解雇権濫用法理の適用もしくは準用があるとするのが法の正しい解釈であると筆者は考える。この判断を回避するために裁判所は、公務員への給与は税金であるから、人件費をより安くできる非常勤制度は有用であるとの判断を、事実上の結論を左右する要因にしてはならない。公務員法の濫用や不平等な制度が法の適用において肯定されることは法の支配、

法律による行政という根本基準を侵害するからである。
　この濫用を地方公務員法から整理しておこう。
　地方公務員法は一般職公務員について、臨時の職については最長1年迄の任期を認めた。そして自治体には非常勤の職員が存在することも法律（地方自治法、公務員法）は予定している。しかし非常勤の職員は、その名称どおり（文理解釈からみても）常勤であってはならない。そうでないと臨職と同様に適用除外とされた前記の法条項との統一なり整理がつかない。まず、この点において本件事案における「常勤的」非常勤職員は法律上の「非常勤職員」のカテゴリー（範ちゅう）に入らない。
　そして自治体行政における基幹的なり相応の専門性をもつ継続的な業務は、差別された「常勤」的非常勤職員ではなく、正規の職員であることが法律の要請である。地公法は「行政の民主的かつ能率的な運営」が地方公務員法の定めた根本基準による人事行政の下で行われることを法律の目的にしているからであって、この行政は正規職員によって担当されることを一般的なものとしている。この点において地公法上の成績主義や分限の適用からも除外された非常勤職員は、自治体の継続的な業務、基幹的な業務に従事させてはならない。労働者X_1ら、「常勤的」非常勤職員らは、試験選考を受け継続的、基幹的な業務に20年以上にわたり従事してきたのである。

(6) **濫用された常勤的非常勤職員の「雇止め」と解雇権濫用法理の適用なり準用について**

　このように労働者X_1ら非常勤職員の濫用は非常勤職員の任用が1年という有期にあることが明らかになった。
　そしてX_1らは行政の総合福祉会館での障害者福祉行政の一方的な取り止めの決定により、その職場がなくなったとして任用期間1年の期間の到来により、再任用されることなく、仕事の場を失ったのである。
　この期間満了、再任用拒否に対して、人権救済の役割（今やこのことも共通の認識ではないかもしれないが）を果たすべく、司法の正しい判決は、いかなるものかが問われている。
　一審判決や高裁判決が示した1年任用論による市の措置の適法化は、既述したとおり地方公務員法が予定した臨時の職と共通の性格をもたない濫用された常勤的非常勤職員について、その1年任用という濫用目的の法律の形式自体を

司法が法の判断において肯定するものである。

　筆者は、市の選択した法形式の「濫用」と「その違法性」が問われている場合に、その濫用形式によって、市の行為、措置を適法化する司法判断は、法の一般原則としての信義則に反するものであって、市の「1年任期」濫用の「汚れた手」をもって結果を適法化するものであり、法の正義に反すると考える。

　労働者X_1らの20年を超える市民への行政サービス（恒常的、基幹的そして専門性ある）への従事の事実、社会常識からみて形骸化していると評価するほかない毎年度の任用更新、X_1らの基幹的専門的公務への労働者としての従事、X_1らの人間としての価値実現としての公務労働（憲法27条1項の現実化）であることを認定し、市の行為措置が、X_1らの少なくとも任用継続への客観的合理的期待を侵害するものであると判断すべきであった。

　このことは公務労働関係においても信義則、権利濫用法理の適用あること、そして強調すべきは正規の職員と混在して協働してきた非常勤労働者への平等原則（地公法13条、憲法14条）の適用からみて正しい法解釈である。

⑺　**正当な結論はどうあるべきか**

　わが国の国家制度において、「法の支配」が肯定されるとすれば、司法作用にも「法の支配」は及ぶ。また、憲法99条は裁判官、その他の公務員の憲法尊重擁護の義務を規定する。裁判官にとっても、法の支配（法律による行政）を担う行政官にとっても、この事案においては、国民の基本的人権の保障が確保されたかどうかが、大局として問われており、その根拠法規は、憲法13条の個人の尊重、幸福追求権、そして14条の法の下の平等原則である。民間労働関係であれば、解雇権濫用法規の適用があるにもかかわらず、公法労働関係であれば（すなわち自治体が主体となった労働関係になると）有期契約の期間による雇止めは、いかなる法的保護も受けないという結果は「法の正義」からみても説明できないし、納得できないと筆者は理解する。そして国家公務員法は、職員への根本基準を確立するものであるが、そのなかには争議権の剥奪の代償として、職員の福祉および利益を含む適切な措置として「第三款　保障」が規定されているのであって、そもそも地方公務員も含めて公務員法は、公務に従事する労働者の勤務条件保護（障）法と評価できる。地方公務員法13条は、平等原則も宣明している。

　濫用された「1年形式」による更新拒否・雇止めは、これが市が法律を濫用

して、労働者に正規への選択の余地も与えないで作り出した「形式」である以上、新規採用とみては誤りである。20年以上にわたる労働者の恒常的な公務への従事と誠実な責任の履行によって生まれた雇用継続の期待を、憲法27条1項も斟酌し合理性あるものとして法的保護を肯定する立場に立つべきである。

　なお、本件事案と同様に非常勤職員の雇止めが争われた事案として、守口市非常勤職員地位確認請求事件（大阪地判平28・8・29）がある。この判決の検討について拙稿「非常勤地方公務員の任用更新拒否が争われた例」民商法雑誌153巻4号（2017年）107頁を参照されたい。

第3章　労組法、地公法の解釈を誤った大阪地裁、同高裁判決
——混合組合に対するチェック・オフの廃止（大阪府府労委（泉佐野市）事件）

1　本件事案
(1)　統一（混合）組合の誕生と労使交渉

　泉佐野市では、1948（昭和23）年4月に一般職で組織される市役所職員組合が結成され、1956（昭和31）年11月には、現業職によって市従業員組合が結成されたが、1962（昭和37）年になり、二つの組合が統合された。名称は、市役所職員労働組合としていたが、1963（昭和38）年4月に泉佐野市職員組合と変更した。1966（昭和41）年3月に市立病院企業職員組合と統合し、同年6月に現在の名称である泉佐野市職員労働組合となった（以下市職労）。市職労結成は、労組法適用職員、地公法適用職員がともに「一市一組合の原則」のもとに活動してきた結果ではあるが、労組法適用職員の組合には、団体交渉権や協約締結権はあるものの、勤務条件条例主義の下ですべての職員の給与、勤務条件が人事院勧告の影響をうけること、同市の給与条例が一般職、学校給食調理員を除く単純労務職員、公営企業職員に適用されることから、一つの組合として市に要求書を提出し、単一の団体交渉を行ってきた。市も労使合意をもとに市議会に議案を提案し、議決により給与等を決定してきた。

(2)　チェック・オフ実施の経緯

　市において、組合との合意により1948（昭和23）年ころからチェック・オフが行われ、市が職員に給与を支給する際に、組合費を控除（天引き）し、これらをまとめて市職労の指定した銀行口座に振り込んできた。1962（昭和37）年7月の統合以降も法適用の区別なく、市は一括してチェック・オフを行ってきた。ILO87号条約批准を契機にして、市がチェック・オフを拒否する申入れを組合にしたが、これに対し組合は、条例によることを求めて交渉し、市は条例制定に至るまで、いわゆる「天引き」（給与支給の際に、事実上組合費を天引きする）によるチェック・オフを確認し、実施してきた。1974（昭和49）年3月、市は、組合の要求に従って給与条例を改訂（3条の2）し、組合費を「控除する

ものとする」との根拠を設けた。2011（平成23）年4月5日になり、市は総務省の指導に従い、これを「控除することができる」に改めた。なお、1988（昭和63）年7月には、給与の銀行振込についての労使合意を経て、市は、銀行振込の給与から組合費を控除し、これを市職労の銀行口座に振込む形で、チェック・オフを実施してきた。

(3) **本件チェック・オフ廃止の経緯と組合の府労委への申立**

2014（平成26）年2月10日、市は、組合に対し、チェック・オフについて事務手数料を徴収することにしたとして、同月28日までに、事務手数料の徴収に係る契約の締結に応じるよう求めるとともに、同契約が締結されない場合には、同年4月1日以降、チェック・オフを行わない旨通知した。

同年2月12日、組合は、市に対し、チェック・オフの際の事務手数料に関する団体交渉を申し入れた。これに対し、市は、同月14日、チェック・オフが管理運営事項に該当することを理由に、団体交渉には応じられない旨回答した。

同月20日、組合は、市がチェック・オフについて事務手数料を徴収しようとしたことが労組法7条3号に、団体交渉の申入れに応じなかったことが同条2号にそれぞれ該当するとして、府労委に対し、不当労働行為救済の申立を行った。

同年3月3日、市は、組合に対し、チェック・オフの廃止日を同年6月1日まで延期する旨通知し、チェック・オフを希望する場合は、事務手数料徴収契約の締結に応じるよう求めた。

同年3月5日、組合は、市に対し、チェック・オフの中止に関する団体交渉を申し入れたが、市は、同月10日、同様の理由により、団体交渉には応じられない旨回答した。

組合は、事務手数料徴収契約の締結に応じなかったため、市は、2014年6月分の給与以降、チェック・オフを廃止した。

2 府労委命令取消訴訟における大阪地裁判決と控訴審判決

(1) **府労委命令**

府労委は、不当労働行為の成立を認めるとともに、「本件は一つの集団としての組合に対する便宜供与の問題」であるなどとして、従前と同様の形での構

成員全員に対するチェック・オフの再開と再開までの組合が負担した振替手数料の支払等を命じた（大阪府労委平27・7・28中労委HP）。

本件は、市がこれを不服として、同命令の取消しを求めたものである。

(2) **大阪地判平28・5・18**（労旬1882号53頁、内藤裕之・新城博士・笠井三佳各裁判官）

①混合組合である参加人Z_1労組が労組法上の不当労働行為制度による救済を求めることができるのは、労組法適用職員が組織する労働組合たる性格ないし資格においてする場合に限られるところチェック・オフは、原告（泉佐野市）が職員ごとに個別にその給料から組合費を天引きするものであり、最終的にはこれをまとめて参加人Z_1労組に交付するものであるとしても、組合員（職員）ごとに行うか行わないかを決することができるものであるから、組合員（職員）ごとに可分であることは否定することができず、この点は、従前原告が労組法・地公法の適用の別を問わずにチェック・オフを行ってきていたとしても変わりはない。そうすると、地公法適用職員のチェック・オフに関する救済について、参加人Z_1労組は、同職員が組織する労働団体としての性格しか有しないから、これについて労組法上の不当労働行為制度による救済を求めることはできない。

②労組法27条に定める労働委員会の救済命令制度は、労働者の団結権および団体行動権の保護を目的とし、これらの権利を侵害する使用者の一定の行為を不当労働行為として禁止した同法7条の規定の実効性を担保するために設けられたものであるところ、同法が、上記禁止規定の実効性を担保するために、使用者の上記規定違反行為に対して労働委員会という行政機関による救済命令の方法を採用したのは、使用者による組合活動侵害行為によって生じた状態を上記命令によって直接是正することにより、正常な集団的労使関係秩序の迅速な回復および確保を図るとともに、使用者の多様な不当労働行為に対してあらかじめその是正措置の内容を具体的に特定しておくことが困難かつ不適当であるため、労使関係について専門的知識経験を有する労働委員会に対し、その裁量により、個々の事案に応じた適切な是正措置を決定し、これを命ずる権限を委ねる趣旨に出たものと解される（最大判昭52・2・23民集31巻1号93頁参照）。

以上を踏まえて本件についてみると、参加人Z_1労組は、チェック・オフ中止後、組合費の集金のため、労金の口座振替を利用するようになり、これに伴

って振替手数料を支払っているところ、組合員が相当数に上ること（組合員数は合計190名、労組法適用職員だけでも29名）からすれば、組合費の徴収を口座振替によることが不必要とはいえないこと、同手数料の支出は、参加人Z_1労組に経済的に打撃を与えているものであり、その限りでその団結権ないし組合活動を侵害していること、以上の点に鑑みれば、原告に対し、参加人Z_1労組にその手数料相当額を支払うよう命ずることは、上記侵害状態を回復するものとして、労働委員会が救済方法について有する裁量権の範囲内であると解するのが相当である。

(3) **大阪高判平28・12・22**（労旬1882号46頁・労判1157号5頁、杉田亨・田中義則・渡辺真理各裁判官）

①（混合組合が、不当労働行為の救済を求めることができるのは）労組法適用組合員に関する事項についてであるが、チェック・オフを法的な構造からみれば、使用者が有効なチェック・オフを行うためには使用者と労働組合との間にチェック・オフをする旨の協定が締結されているだけでは足りず、使用者が、賃金から組合費相当額を控除し、これを労働組合に交付することにつき個々の組合員から委任ないし準委任を受けている必要があり、チェック・オフ開始後においても組合員は使用者に対し、いつでもチェック・オフの中止を申し入れることができ、その場合、使用者は当該組合員に対するチェック・オフを中止すべきものであるから、その存続はもっぱら個々の組合員の意思に委ねられていると解される。

地公法適用組合職員に対するチェック・オフは労組法適用職員に対するチェック・オフと不可分とはいえないから、もっぱら地公法適用職員に関する事項であり、その廃止等に対する救済については職員の種別に応じて適用される法規が異なる以上、本来労組法の適用のない地公法適用職員に関する事項について、参加人市職労が労組法上の不当労働行為制度による救済を求めることはできない。

②チェック・オフの中止という不当労働行為に対する救済命令として、救済命令の本来の目的である不当労働行為がなかったのと同じ事実状態を回復させるためには、事務手数料を徴収することなく（無償で）チェック・オフを再開するように命じることで十分であり、使用者にチェック・オフの中止期間中の振替手数料相当額の支払まで命じるのは、救済命令の本来の目的を超えて、上

記期間中に労働組合に生じた損害を補填するものであり、これは実質的には不法行為による損害賠償を命じるに等しい。

ところで、組合費の徴収に係る費用は、本来労働組合または組合員が負担すべきものであるにもかかわらず、チェック・オフという便宜供与により、使用者による徴収事務の代行という負担において、労働組合または組合員は上記費用の負担を免れているのであり、使用者においてチェック・オフをすることやこれを継続する法的義務はない。そして、不当労働行為救済申立の手続において、損害賠償のような民事上の権利義務の存否を判断することは予定されていないことからすると、使用者に上記振替手数料相当額の支払義務（損害賠償義務）があるか否かは民事訴訟に委ねるべきものであるから、使用者に上記振替手数料相当額の支払を命じることは、労働委員会の裁量権の範囲を超えるものであるというべきである。

3　大阪地裁、高裁判決の総括的評価

市のチェック・オフ廃止行為について、地裁、高裁は、二つの法律、すなわち労組法と地公法の法律解釈を誤った。その誤りの原因は、チェック・オフ廃止の組合弱体化の事実、実態をみないこと、そして地公法58条の文理解釈ともいえない形式解釈にあり、それは実は司法権の行政権（一地方自治体）への追従にある。

第一に、確認すべきは、「給与の天引き」は、混合組合という一つの労働組合の団結体に対する便宜供与であり、団結権保障である。混合組合の構成員である各組合員の給与からの個別の天引き行為は、組合に対する団結権保障の具体化であり、むしろ計算上の作業に過ぎない。

第二に、混合組合が複合的性格を持つ団結体であることへの正しい理解、認識の不足である。一つの団結体が複合的性格を持つことを、別の表現にすると、混合組合は、一方で労組法（地公労法）に、他方で地公法という具合に、二つの顔をもつ多元的な団結体であるということにある。混合組合は、戦後の労働立法を歴史的にみれば、戦後直後の労組法の制定による公務員も含めた全労働者の労組法適用からその後の国公法、地公法による公務員への適用法規の分断、分離にもかかわらず、一つの地方自治体で働く労働者の団結体としての統一、一つの労働組合の結成という組合運動の実態に、実は基盤（礎）を持っている。

第三に、おそらく判決が誤った判断に至った契機的なものと理解されるのは、チェック・オフに関するエッソ石油事件（最一小判平5・3・25労判650号6頁）にみる給与天引きについて個々の組合員から使用者への「支払委任」論である。しかし本件事案は、組合との合意事項を一方的に破るものであり、組合員脱退に伴う場面のものではなく、本件での地方公務員法適用組合員からの給与天引き行為は、そもそも地方公務員法適用の場面、事柄（項）ではない。

　第四に、混合組合の組合員らへの給与天引きを使用者の判断によって公務員法と労組法に分けて行うことは、組合員の組合に対する団結意思と団結体に分断を持込むものであり、団結自治への介入そのものである。給与天引きは、法適用を異にしても混合組合として同等、対等の立場にたつ同一組合の組合員であることだけを根拠に組合に対して使用者がなす団結権の保障である。

4　論点の検討
(1)　集団的労働関係としてのチェック・オフ（行為）論

　本件においては、エッソ石油事件（最一判平5・3・25労判650号6頁）の最高裁の法律論を仮に前提にしても、組合員からの市に対する支払委任は有効に成立し、継続していること、それにもかかわらず使用者である市が、不当労働行為としてチェック・オフを解消（除）したというのが実態であり、法的に評価の前提である。

　そして確認することは、これらの二つの法的性質である取立委任も支払委任も、地方公務員法上の行政処分や行政行為、さらにいうならば、行政契約（国民への行政サービス過程における権利義務の設定をいう）でもないということである。本件チェック・オフ条例の運用となる組合費の控除は、公法関係ではなく私法上の契約として行われているのである。

　高裁判決は、個別労働者からの賃金カットの集積がチェック・オフに転換するかの如き誤った判断をするが、チェック・オフ条例による集団的な団結権保障が存在し、チェック・オフ条例の運用の具体化として組合員である個々の労働者から賃金控除がなされるものであって逆ではない。

　すなわち、いくら個別の賃金控除を集積したとしてもチェック・オフという集団的な便宜供与、全体としての団結権保障に転換するものではない。組合が一般職地方公務員から市による賃金控除、そしてその引渡しを受けるというチ

ェック・オフ（団結権保障）のなかで、組合と地公法適用組合員との関係、地公法適用労働者からの市による賃金控除の関係は、地方公務員法下による労働条件、勤務条件の決定問題ではなく、組合契約との関係における私法上の契約関係にあるということである。

(2) **チェック・オフの法的性格と、支配介入としての廃止による賃金不控除の評価**

(a) チェック・オフの法的性格は、憲法 28 条の労働三権のなかで、団結権に属するものである。

チェック・オフは、使用者が労働組合に対して組合費の徴収事務の手間を省いて組合費の納入義務の履行を給与の天引きによって行うものであるから、使用者の組合に対する便宜の供与であって、組合の団結する権利の実効化のためのものである。日本では企業内団結体が多いので、使用者の組合への一括引渡し（支払）は、同一企業内もしくは、同一自治体内の職員組合等に対してなされる場合が一般的であるが、企業外、自治体外組合に加入した従業員や自治体職員が存在し、使用者（企業や自治体）が、当該組合との間で従業員や職員の給与天引きを実施するチェック・オフ協定（労基 24 条）なり、条例（地公法 25 条 2 項）によって行うことも可能であり、この場合においても企業や自治体は、憲法 28 条の団結権保障を具体化する一方の当事者である。

すなわちチェック・オフ協定、同条例は本態、実質としてもっぱら労働関係における集団的関係なのである。それ故にチェック・オフ条例により、市が行う職員給与からの組合費相当分の控除行為は、市の組合に対するチェック・オフという集団的性格をもったものであり、それ以外の何物でもない。

組合へのチェック・オフ《合意》があって、組合員の給与天引きがあり、その逆では決してない。

(b) チェック・オフにもとづく一般職公務員からの市による賃金控除は、地方公務員法 58 条 1 項の「職員に関する」ものではない。

地公法 58 条 1 項は「労働組合法、…並びにこれらに基づく命令の規定は、職員に関して適用しない」と規定する。高裁判決は、短絡的に本件一般職への給与天引きを「職員に関する」ものとして形式解釈を行った。しかしこれは労働関係の集団的性格そのものであるチェック・オフに対する根本的な評価、認識の誤りである。

前述のとおり、一般職職員が混合組合に加入し、その組合員としての地位によって市から組合費を控除されるという市の行為は、加入組合が混合組合である以上労組法上の団結権保障の結果であり具体化である。
　この場合、条例は、労基法 24 条と同様の性格をもつだけの規定であり、市による混合組合に対するチェック・オフの廃止は、混合組合に対する団結権保障の廃止であり、労組法 7 条 1 号ではなく、7 条 3 号の支配介入であり、市の混合組合に対する団結権干渉行為である。
　すなわち一般職組合員からの賃金控除は、市の組合に対するチェック・オフという一つの行為のなかで、組合員に対して具体化される賃金控除であり、これを市が行わないことは、組合員に対する不利益取扱いではなく、混合組合に対するチェック・オフの廃止という一つの支配介入を構成する部分である。この市による賃金控除行為は、公務員法適用の一般職公務員と労組法適用の公務員という地方公務員法上の地位、区分に関係なく、ここでは労組法上の団結体である混合組合への団結権を保障する行為なのである。
　すなわち焦点は、一般職組合員の給与からの控除は、独立した行為ではなく、市と組合との間のチェック・オフ協定（条例）の履行に過ぎないものである。ここでは、組合と組合員との間の組合加入契約（混合組合である）の成立によって一般職であれ、労組法適用であれ、法適用とは無関係に団結契約が存在し、チェック・オフは組合員の組合費納入義務の組合への履行である。
　一般職の市への支払委任契約（法的擬制であると判断するが）も組合員から組合への市に対する取立委任も私法上の合意による契約関係であって、公法関係ではない。
　(c)　チェック・オフは、市の組合に対する便宜供与そのものであって、組合員に対する市の便宜供与ではない。
　市と職員（労組法適用、地公法適用）との間には、地公法適用関係ではなく、また、その他の公法関係でもない、最判エッソ事件によれば、私法上の支払委任が観念的に存在するだけである。
　チェック・オフは、日本の戦後労働組合の組織形態が企業内、（地方自治体では）一自治体内組合という、いわゆる企業内（別）団結体という特色をもったが故に（戦前は、職種、職能別組合が中心であった）構成員である全ての組合員の賃金支給者が、すなわち同一会社や同一地方自治体であったために、使用者か

ら企業内、自治体内の労働組合に対する便宜供与として組合要求によりなされてきたものである。このことは、使用者からみれば、企業内団結体である組合が、労働条件決定や、労基法上の三六協定をはじめとする協定に大きな役割を果たしていると評価できること、また労働組合が従業員や職員の福利厚生にも役立っているという現実的な共通の利益の上に成立したことも事実である。

そしてチェック・オフは、組合からみれば企業内、自治体内組合の組合加入後の組合費納入を確実にするものであり、組合の産業別でない一企業内という規模が小さい条件のもとで団結権保障を容易にし、現実化するものであったから、チェック・オフ制度は、当初より使用者、自治体からの団結権保障としての性格をもっていたのである。

組合員の組合への組合費の支払は、組合加入契約によって発生し、その額は、組合大会の決定（組合意思）によって決められ変動する。組合費の支払は、組合員の義務である。

本件においては、組合員と組合との間において、組合費の納入義務について争いはない。エッソ石油事件のような、組合からの組合員の脱退をめぐる組合費の支払（誰に支払うのか、また組合費を給与から控除するのか、しないのか）の紛争は、存在しない。

こうした紛争のない通常の事態において、組合員の賃金給与からの組合費を控除する使用者の行為は、法的にみてどのように評価するのが正しいのであろうか。

この場面では、組合員から使用者の支払委任（契約）もあり、組合から市への取立委任（契約）も存在している。

使用者の組合員の賃金からの組合費控除行為は、控除してこの分を組合に支払うため（目的）のものであって、組合員の利益のためのものではない（ローンの支払も組合費の支払も、組合員の相手に対するそれぞれの義務履行である）。

使用者の給与引き去り行為は、使用者の組合に対する（組合にむけられた）約束（取立に応じる）の履行の一つ一つに過ぎないのである。

別の面からこれをみると、市の給与天引きは、組合に対する義務の履行として、市がその組合構成員となっている者から「引き去り」を行うものであって、ここには、地公法適用関係は、一切存在せず、それ故にこの「引き去り」は、一般職地公法公務員に関するものではなく、純粋な労使合意に基づくチェッ

ク・オフ制度の履行にすぎないのである。
(3) 地公法58条の法意と正しい解釈
　戦後すぐに制定された旧労働組合法（1945（昭和20）年12月）は、監獄職員など一部の公務員を除いて、公務員も含めすべての労働者を適用下においた、すなわち公法関係というか、公務員法という労働三権の保障に反する違法な法体系は存在しなかった。

　国公法・地公法が制定されるのは、いわゆる政令201号体制といわれるアメリカのソビエト・中国敵視政策による対日政策の転換をうけてである。

　国公法・地公法は、公務員法という独自の法律であるが、その基本は、公務員から争議権を中心とする団体行動権の行使を違法（争議行為の刑罰による禁止）とし、労働協約締結による法的効果（労組法6条の規範的効力）を、勤務条件法律（条例）主義により制限するものであるとともに、労働組合ではなく、国家組織内、また地方自治体内の労働組合登録、職員団体を育成しようとするものであった。一方労働組合は、当初は戦前からの身分的な意識もあるなかで、一般事務と現業とが別組合を結成していたが、地方自治体においては、早くから一般職員組合と現業労働組合との組織統一がすすんでいった。本件泉佐野市職員労働組合も同様である。

　上記にみた法律制定の経緯からみて、国公法は附則（16条）において地公法は58条において「一般職に属する職員には労組法は適用しない」、「職員に関して適用しない」と規定されたのであるが、労組法を適用しない根拠、理由は、国公法・地公法における勤務条件法定化と財政民主主義、勤務条件条例主義の適用を受けることによる労働組合、職員組合の労働条件対等決定に対する制限にある。本件泉佐野市から組合に対するチェック・オフ協定（条例）は、市と組合との集団的な労使関係のあり方、内容に関するものであって、勤務条件条例主義とは、無関係のものであることが理解されねばならない。

(4) 振替手数料相当額の支払命令は、労働委員会の裁量内のものである
　大阪高裁は、地裁と異なり振替手数料の支払を命じた部分について、これは損害の賠償であるとして命令を取り消した。

　しかしチェック・オフの廃止が、不当労働行為と判断するならば、本来はその不当労働行為がなされた時に遡及してチェック・オフをなすように命じることになろう。しかし賃金でありチェック・オフをやらない以上、既に市から職

員に給与が支払われたものであるから遡及はできない。それこそ私法上の損害賠償論ならば組合が市に対して、控除相当分の支払請求をするかどうかの問題となる。組合はやむなく組合員との間で組合費を集めるため振替制度を利用したのである。労働委員会が遡及してのチェック・オフの再開命令を出すことは現実的にはできない状態の下で、この間の団結権侵害の行為の是正措置として最小限必要な限度として組合が負担した原状回復として振替手数料の支払を市に命じたのは、妥当な行政命令であって私法上の損害賠償ではない。

(注) なお、大阪高裁判決についての判例解説として石井保雄「混合組合に対するチェック・オフ中止の支配介入、団交拒否と救済命令のありかた」ジュリスト1518号(2018年)237頁、野田進「混合組合に対するチェック・オフの中止措置と不当労働行為の成否」法律時報90巻7号(2018年)111頁があり、判決を批判する点において筆者とほぼ共通の判断を示されている。

参照文献
大阪地裁判決への批評として、早津裕貴＝豊川義明「判批」判例地方自治2017平成28年索引・解説号。
労働法律旬報1864号(2016年)6頁以下の各論文、同1882号(2017年)「特集泉佐野事件──混合組合に対する不当労働行為」の各論稿参照。

第5編　権利運動の課題

第1章　戦後権利運動の性格と課題

1　歴史のなかで
(1)　戦前

　今日の権利運動の性格と課題を明らかにすることが本章の目的である。日本の戦後の始期は1945年である。同年8月6日広島、8月9日長崎に原爆が落とされ、8月14日、日本はポツダム宣言の受諾を決定し、8月15日天皇は、終戦の詔勅を放送したのである。そして同年は、1868年の明治維新より77年を経過した時である。すなわち第二次世界大戦後70年余を経た今日までと、ほぼ同じ期間（スパン）で幕府265年の時代を終えた、いわゆる戦前が存在したのである。明治国家制度は、1868年の政体書により「太政官の権力を分かって、立法、行法（行政）、司法の三権とす。すなわち偏重の患無からしむるなり」と三権分立が規定され、明治5（1872）年には司法職務定制が制定された。代人規則は、明治6（1873）年6月18日大政官布告で公布された。近代国家制度の始まりである。

　1945年までは、基本的人権は、「法律の留保」の下にあり、弁護士は国家（司法省）の監督下にあった。[1]

(2)　戦後のスタート

　安倍内閣（政治）が、「戦後レジーム（体制）からの脱却」を目指し、戦前への回帰（個人の国家統合と、国民主権を形骸化）を企てている現在、戦後70年余の労働者の闘いが、どのようなものであったのか、そこでは「何と何が」ぶつ

---

1)　大阪弁護士会編『大阪弁護士会百年史』(1989年)。

かっていたのか、そして裁判運動の役割、司法の役割を冷静に、実質的にみていくことが必要である。大局的にみるならば、戦後70年余りの労働者の要求と、権利運動は、実は明治維新から第二次大戦へと続いた戦前的な力（社会意識、企業体質、勤労観等）との間で対立、対抗関係にあったといえるのではないか。

侵略戦争によってアジアの人々に大変な被害を与え、国民にも多大の犠牲を与えた日本の軍国主義は、国内では国民総動員体制、大政翼賛会を作った。戦前の産業別、職能別に組織された組合は、408組合、組合員数26万348人（1926（大正15）年6月）、1927（昭和2）年では、505組合、組合員数30万9,495人も1940年に解散され、また産業報国会に同化（強制加入）されていったのである（戦前の最高時では組合者数42万、組織率6.9％）。[2]

(3) **憲法と労働運動の推移**

戦後日本の新たな政治、経済、社会体制は、軍国主義体制の解体、財閥解体、農地解放、教育の民主化、労働組合の法認などを柱にしながら国民主権への大きな転換と平和主義、基本的人権の尊重を国の根本法とする日本国憲法の制定と施行によるのである。

労働組合法も1945年に制定され、労働組合員数は1948（昭和23）年には650万名、組織率は56％であった。1946年には戦前からの労使協調をうけついだ総同盟（85万）と政党支持の自由を掲げる産別会議（163万）の二つの全国組織があったが、1947年3月にゆるやかな形で全労連（全国労働組合連絡協議会）が、420万人として結成された。これに対し、48年7月に公務員のスト権が奪われ、49年夏、下山、三鷹、松川事件が発生し、総同盟が全労連を脱退し、1950年夏には民同系を中心に総評が結成された。占領軍によってレッド・パージ、全労連の解散が強制され、産別は数万となった、といわれている。[3]

(4) **権利運動と法規範**

権利運動を労働裁判と労働法制（主には改悪阻止なり立法阻止）からみる場合は、労働運動論ではなく、法の規範（「法の支配」）からみることになる。法をめぐる運動からみれば、戦前から労働者団結を刑事弾圧の下に置き、労働組合法（案）の成立も阻止してきた戦前の支配意識が、戦後も継続させられ、日本

---

2) 田村譲『日本労働法史論』（御茶の水書房、1984年）319頁から引用。
3) 梅田欽治編『歴史科学体系25巻 労働運動史』（板倉書房、1981年）〔犬丸義一執筆部分〕。

国憲法の柱である基本的人権や労働者の団結権が政治、経済、社会的な大きく支配的な勢力によって侵害されてきたこと、またこれと闘ってきた労働運動と市民運動によって人権と法の正義が、擁護されてきたことが確認できる。他方で労働者、市民のなかに平等や連帯という大切な価値をあいまいにしたり、自己の私的な利益を優先する考えが、労働者全体の低賃金の下で拡大、再生産される側面があること、市民意識のなかにも自由、平等、連帯といった価値を受け容れない土壌が、存在していることを押えておくことが、これからの権利運動にとって重要なことである。

2 二つの条件と権利運動の評価
(1) 二つの条件と権利運動

①こうして戦後日本社会における権利運動は、労働運動のみならず、他の分野においても、戦前からの精神的なものを含めた社会構造の連続性と、敗戦によるポツダム宣言受諾と日本国憲法による法規範上の市民革命的転換という二つの条件を基底として検討されねばならない。1945年から60年代における労働運動への刑事弾圧の頻発は、戦前の治安警察法17条に拠った戦前の労働運動への国家による抑圧の延長線上にあったといえる。その後の権利運動が、憲法28条、同27条と労働法規を擁護する防衛的性格を持ち続けている側面が強いのも、こうした二つの条件の理解により認識できる。それでは、防衛的性格から新しい時代をつくる権利運動は、どのような課題であるのか、憲法規範、法の原則、法規範をどのように活用し、実質化していくのかが問われている。

②権利運動を評価するには、法（規範）の内容を基本にしながらも、権利運動の「場」における政治、経済、社会の構造と社会意識（法意識、国民性）が、どのようなものであるのか、をふまえなければならない[4]。権利運動として実現しようとする内容は、この権利の実現を阻害している条件によるのであるが、筆者の理解では、これらの分析は、前述の構造からの演繹的なものではなく、帰納的に、すなわち、個別具体的な権利運動の側から、むしろ明らかにされてきたものである。日本の民主主義運動や権利運動の一部に、50年にわたり参加してきた筆者の問題意識もあり、権利運動の分析として、政治、社会的、経済的な構造なり社会意識に一部立ち戻ることは理解されたい。

---
4) 同旨、村上淳一『「権利のための闘争」を読む』（岩波書店、2015年）274頁。

(2) 憲法 27・28 条、労働法の存在と労働者・労働組合の権利運動

　戦前、成立を阻止されてきた労働組合法は、占領軍の意向も受け 1945 年に成立した。47 年に労働基準法も成立する。戦前に弾圧された経験を持っていた組合活動家は、敗戦により経済再生の能力と力を喪失していた企業団体の力を超えて、生存のために労働組合を結成し、活動がスタートした。企業別組合の結成がもっとも簡便であり、結成しやすい条件にあったのも事実である。

　戦後の産別組織は存在したが、企業内団結を基盤とする中間的な産別組織であった。国家公務員は、任命権がある省庁を使用者とする団結体と共闘組織の形成にいち早く取り組んだ。これらの団結活動の前進に対し、占領軍による「二・一ゼネスト」の中止命令、労調法に続く国家公務員法、地方公務員法の改悪により、争議禁止条項が挿入された。いわゆる東西冷戦の始まりによるアメリカの対日政策の転換と、これに応じた日本の政権の公務労働運動を刑事弾圧の対象にする立法政策の推進であった。公務員の政治活動に対する刑事弾圧は、国公法による刑事罰規定の適用であるが、猿払事件（最大判昭 49・11・6）から堀越・世田谷事件（最二小判平 24・12・7）に続くものである。

3　課題と社会的規制力の構築――「公正としての分配的正義」の実現
(1) 自治体労働運動への「維新」市長の規制

　大阪では自治体労働組合に対する「維新」所属の首長らからの組合事務所の明渡し、政治活動の規制、チェック・オフの一方的廃止、団交事項制限などの攻撃が顕著になっていたが、これらの攻撃の性格は、一般の公務員バッシングとともに公務員労働者が、法律により争議行為を禁止され、最高裁（司法）も、違憲立法を合憲とする判断が固定化した状況のもとで、さらに組合活動（権）の規制、団結権そのものの骨抜きをはかろうとするものである。多くの民間大企業労働組合が、個別企業の利潤拡大、競争主義に取り込まれるなかで、公務員労働組合運動は、公務の本来の役割発揮の活動と市民生活、労働者の生活擁護運動のなかで大きな役割を果たしてきた。大阪では、大阪自治労連や衛都連は「住民の繁栄なくして自治体労働者の幸福はない」との高い倫理性と公共的な役割を維持してきた組織であり、60 年代から 70 年代における革新自治体誕生の一つの中心的な役割を果たしてきた。大阪維新市政が、公務員バッシングとともに、団結権の侵害に手をつけたことは必然であったといえる。

(2) 現在の課題

　90年代から現在に至る労働者の権利運動の主要な課題として筆者は、「平等」、そして「連帯」を指摘したい。70年代、80年代における併存組合や大企業における少数派、男女差別是正闘争、企業倒産との闘いなどで企業内団結体は産別と労働運動の力を結集しながら、一定の成果を収めてきた。しかし集団的な性格を持った課題ではなく、企業における配転や成果主義賃金、ハラスメント、過労死などといった個別労働者の課題について、企業内労働組合は制度要求の政策の統一化に成功しなかった。一方では、企業のもつ「採用の自由」によって、非正規労働者は、公務職場も含め拡大し、身分社会といわれるまでの状況が創出されている。また長時間労働の上限規制立法運動も、国会の4野党共同法案までは合意されたが、実現への運動はこれからである。最低賃金1,500円の実現も、運動は端緒状況である。こうしたなかで過労死をなくすための立法が成立したことの意味は大きい。ここからの教訓をどう引き出すのかが問われている。この運動の性格は、労働者の生命を守る運動であり、命を奪った企業に責任をとらせるとともに、同じような被害を再び他の人々に起こさせてはならないとの遺族の強い意思、メッセージが、全国的な連帯と世論をつくり、国会を動かしたのである。

(3) 社会的規制力の形成

　社会的規制力を持つ運動体を労働組合、NPO、個人らの共同でつくりあげるための習熟と方針化が求められる。

　課題としては「公正の原理」（ロールズ）にも共通する分配的正義（日本社会での課題は、本章にも一部提示した）の実現である。このためにも、国、地方の財政への社会運動による規制と転換が求められる。

　労働組合運動もそうであるように、要求が組織のあり方を決め、また組織が要求の内容を規定する。前述のとおり、国と地方の公務員運動については、その公務という仕事の性質からくる公共性を担う労働組合に対しては、国が争議権を奪った現在において、公務の民間化、市場主義の導入の進展のなかで、団結権自体を弱体化する全国的な政策、方針が進行している。これへの闘いは、公務員も労働者であり、憲法規範として労働三権を持ち、これを制約する公務員法等が違憲のものであり、立法改正が必要との世論形成と住民を含めた団結権擁護闘争の発展如何である。そして有利な条件としては、公務労働の団結は、

今では非正規との団結と連帯の前進がなくては要求も運動も進まないという重要な事実である。

民間での運動はどうであろうか。航空、化学、タクシー、トラック等、中小企業労働運動の産業政策は、正しい方針を確立しながらも、産業での企業間競争を確実に抑制できずに困難な状態にある。

例えば、民間放送や新聞産業等の労働組合には、全国港湾のような産業別使用者団体との交渉確立が今こそ必要な時代である。

(4) 裁判運動の限界と立法運動

裁判運動における「お上＝裁判所依存」ではない自律的な運動の構築と「『違憲、違法、不当』な判決」を超える立法運動が重要になっている。

ごく最近までは「司法のゆらぎ」の時代といわれたが、松下 PDP 最判とこれに連続する下級審での思考停止の判決、国立大学法人での一連の賃金減額訴訟での原告側敗訴の横並び地裁判決、そして大阪市役所組合事務所明渡し大阪高裁判決、そしてこれを容認した最高裁判決など、裁判官は憲法と法律にもとづく「良心」を発揮していないように筆者には思える。

強化された官僚システムの下で、政治行政、経済への配慮＝忖度が強化されているのである。「司法の優位」が行政や立法に対して機能していない日本での裁判運動の限界は、明らかである。裁判の勝利にむけての条件を活用できるものは、力を尽し活用しながらも、民主党政権時代の派遣法改正（直用化みなし規定など）や、安倍政権下での過労死根絶にむけての立法の成立にみられるように権利運動は、立法運動に習熟し、その比重を大きくし、これを実現するために社会的規制力をもつ社会運動を構築していかなければならない。

第2章　長時間労働と日本の法規制そして社会構造
――労働者意識から考える

はじめに――問題意識と本章の内容

　日本社会における長時間労働（それこそ今や「死に至る病」としての長時間労働）を規制し、根絶することができるのか。これまでの法規制の方法、労働協約、三六協定、そして司法（日立製作所武蔵工場事件判決を参照）も実効性をもたなかった。労働法学や法曹界においても議論は充分でなく、本当に規制、根絶するべきであるという議論も大勢とはいえなかった。[1]

　筆者は日本社会の突出した（先進国との比較において）長時間労働を規制するためには、資本（ここでは労組法や労基法上の使用者または個別企業体をいうのではなく、資本制生産様式としての資本をいう）総体としてこれを現実化することは（個別企業にこれを期待するのは企業間競争のもとでは著しい困難もしくは不可能である）、歴史的にみてもなかったこと、そしてこのことは現代日本社会（戦後からの）においても変わらない事実であることをふまえ、長時間労働を本当になくすための課題、運動主体と活動のあり方について、戦前、戦後の歴史からみた長時間労働についての法規制の問題点、長時間労働の社会的規制の方向にむけて、問題提起をしたい。そして本章は、長時間労働の労働者の「受容」そのもの、そしてそれがどこからでてくるのかを労働者の意識調査（きわめて小さな部分であるが）と長時間労働のなかで精神疾患を発生した事件の資料から検討を行い、日本の社会構造と労働者の意識の問題点を探るとともに、これを戦前、戦後の長時間労働と労働観などを文献的に明らかにし、これを規制する法制度に実効性がなかったことも歴史的に追ってみたい。そのうえにたって（筆者も充分な基礎研究が不充分のままであるが）、簡潔に社会的規制の方法と運動の主体について課題を提示することにしたい。

---

[1]　労働法学会について労働時間関係をみると、「労働時間法の現状と課題――比較法を中心として」労働法学会誌83号（1994年）、「労働時間規制に関する学際的検討」労働法学会誌110号（2007年）がある。なお野沢浩『労働時間と法』（日本評論社、1987年）は、この分野につとに取り組んだ労作である。

1 日本のおかれている現状

　安倍政権による成長戦略のなかで、労働時間関係の議論が2014年11月17日再開され、労政審労働条件分科会で新たな労働時間制度が対象となって議論がなされてきた。使用者側は労働時間にとらわれずに働く職種もあり、成果を迅速、直接に賃金に反映するには現行制度では不充分であり、新たな選択肢として新しい労働時間制度を導入すべきと主張している。

　この新制度が労働時間法制度でなく、労働時間制度となっていることに象徴されるように、現在でも不充分な、労働時間に対する労基法上の法規制を外すものであり、規制緩和ではなく規制の解体である。現行労働基準法の規制のなかでも主要かつ重要な1日8時間、週40時間の労働時間法制度を解体し、労働基準法の適用のない広範な労働者層（高度プロフェッショナルにおける年収1千万円要件は遠からず、たとえば4百万円となり、また職務の範囲が明確で高度な職業能力を有する労働者については「専門性をもった派遣業務」が拡大され、一般化される例をみるまでもなく）すなわちホワイト・カラー全体が、この制度のもとに入るのは、みやすいことである。労働政策審議会の労働条件部会で示された案では、労働時間規制の原則を適用除外とする場合には、それに見合う健康確保のための仕組みを設ける必要があるから、健康確保のために労働している時間の管理が必要とされるので、事業主が、在社時間など、労働時間とは異なる概念の時間〈健康管理時間（仮称）〉を把握したうえで導入の要件を考えようというのである。これまでの時間外賃金支払請求事件や長時間労働による過労死事件などで日本の企業は、自らの労働時間管理義務を果たさず事業場における正確な労働時間のみならず、持ち帰り業務による残業時間などは事業者の知る範囲のものでないとして、それこそ「知らん顔」して労働者側の立証を弾劾だけしてきたのではなかったか。このような企業体質のもとで「労働時間制度」ではない「健康管理時間（仮称）」が、要件に挙げた、①健康、福祉確保措置の実施決議、②医師による面接指導、のレベルでは「疾病管理時間」になることは見易いことであり、それこそ③に掲げられた要件の「勤務間（勤務時間でない―筆者注）のインターバル規制措置」「健康管理時間の絶対上限規制措置」を抜本的に改革し、「労働時間の1日、1週、1か月、1年の上限規制」の立法による設定こそが必要である。

　筆者はこれまで労働の成果は、労働の量と質の総和（労働＝労働量×労働質）

であると考えてきたのであるが、労働の量（労働時間）の規制を外された労働の質の追求（それは、実は労働者が外的強制のもとで「主体的」に行う意思活動になる）は、とどまるところを知らず、そのことによって成果が計られるということになる結果、「労働者が労働者でなくなり」、効率だけを短期的に求められ、それは労働者を消耗品とする非人間的な時代への「仕掛け」といわねばならない。

　ここで長時間労働によるうつ病の発生後の会社の退職扱いを無効とする地位確認の裁判事案をみてみよう。この事案は、過労死弁護団の岩城穣弁護士より資料提供をうけたものを筆者が整理したものである。

　原告Xは、コンピュータシステムの受託、開発等を業とするY会社に、システム・エンジニアとして2001（平成13）年入社した。Xは会社の過酷な業務により2003（平成15）年3月頃うつ病を発生し、同月3日には派遣先で倒れる状態にまでなっていたが、Y社は、同月31日まで勤務を続行させ、うつ病を悪化させた。Xは同年4月1日から就労不能となった。労基署は2007（平成19）年5月17日、本件発症は加重業務が原因として業務上との決定を行った。原告の業務は新幹線の運行管理システムの開発であり、要求度が高く、緊張をともなうものであった。Y社はXを恒常的に月100時間を超える時間外休日労働に従事させた。Xは、本人尋問で「前年の11月には、複雑な思考ができない、頭痛がする、ろれつが回らなくなり、睡眠時間は『3月まで』平均3時間以下だったこと、自分で受注先の工場のメールから自分の自宅メールに『がんばれ』と書いた理由について問われたことに対し、納期が厳しいし、かといって頼れる人がほかにいないので、非常に追い詰められた心境で仕方がないんで、自分で自分を励ましてました」と答えた。またY社の支社長に「再々にわたって病院に行きたいので休ませてくれ」と言ったが、これに対して支社長が、納期に間に合わせるのが優先で、病院に行くのは許さない、と言われたと答えた。「泊まり込みも多く、受注先のロッカーに寝袋を常備していたこと、平成14年から15年では仕事以外の生活はなく、プライベートなどなしで、ずっとひたすら仕事でした」と供述している。そして前述のとおり3月3日に意識を失って倒れたが、翌日4日に病院に行ったのみで休ませてもらえず、3月末までの納期厳守として仕事に行ったとある。

2 時間外労働・有休取得アンケートからみえてくるもの

　長時間労働といっても業態・業種によって、ライン労働か非ライン労働かという労働内容によって、また大企業か中小企業か零細企業かといった企業規模によって、それを規定する条件が変わってくることは、間違いない。しかし、日本における企業の置かれている現実のなかでは、かなりの共通項が存在するといえる。中規模の情報産業におけるシステム・エンジニア（SE）の時間外労働についてのアンケート結果からみえてくるものを筆者なりに抽出してみたい。この企業には労働組合は存在しており、組織率は相当高く、組合は時間外労働規制のための活動を進めている。このことは、未組織のもとでのSE労働者（前記の事件など）の置かれた状態とは少しは異なった局面、部分も持っていると思われる。

　さてアンケートの質問と回答である。①「時間外労働の判断、指示は誰が行っているか」の問に対し、自社の管理職22％（71名）、自社のプロジェクトリーダー（一般職）19％（61名）、常駐先の人7％（24名）、自分の判断で行う52％（169名）との回答であった。

　②「時間外労働は正確に申告しているか」の問に対しては、正確に申告している73％（163名）、つけまわしている4％（8名）、サービス残業をしている18％（41名）、その他5％（12名）（理由は、20時間内なのでつけない、休憩時間分の残業はつけない、勤務手当でまかなう、などである）であった。そして①について、その理由を訊ねたフリーアンサーによる回答から参考になる部分を整理して引用する。

　「自分の判断で行う」と答えた理由として、ⓐ自分がメインである、ⓑ仕事が終わらない、ⓒ１人当たりの作業料が残業込である、ⓓ自分がプロジェクトリーダーなので残業はプロジェクトの原価率悪化として直接跳ね返る、といった回答がある。「常駐先の人」と答えた理由は、ⓐ現場主体のため、そこでの業務スケジュールが前提であり、個々人の勤務体制はあまりみられていない（関心がない）、ⓑ準委託契約だが、実態は各チームに組み込まれている、などであった。③「時間外関連についての意見」への回答の特徴的なものを拾うと、ⓐそもそも終礼を所定労働時間外にしている、ⓑ会社は残業するなというので、そのとおりにしているが生活は苦しい、ⓒ営業部管理職は、土日出勤や徹夜も多いし残業代をつけられない状（常）態である、ⓓ定時で帰れる普通の会社に

なってほしい、ⓔ残業がないと収入が増えず、欲しい物が手に入らない、ⓕ会社の現状はそれなりの残業をしないと利益が出ない仕組み、などであった。

関連する年休消化についてのアンケートも紹介する。④「年休を消化できない理由」としては、業務が多忙でとれない53％（119名）、とりにくい雰囲気がある25％（57名）、取りたいと思わない3％（6名）、その他19％（42名）となっている。そして消化できていない理由についての回答は、ⓐ有休をとればプロジェクト単価を圧迫する、ⓑとれる環境ではない、ⓒ誰かの有休を他の人がフォローする雰囲気がない、ⓓ取るたびに何だか一言（イヤミなど）いわれる、ⓔ申請しても常に「業務に支障ない限り」との前提条件がつけられ、管理職は業務調整を前向きにしてくれない、などがあった。「その他、休暇についての意見」を求めた回答での特徴的なものを拾いだすと、ⓐ有休取得を最優先にし、代休、公休は本人の意思によるものにしてほしい、ⓑ何日以上の連続取得を推奨してほしい、ⓒ14年働いて100日以上の有休はきえている、ⓓ有休取得できる人＝仕事がなく暇な人というイメージを自分も持ってしまっている、ⓔ全員100％でなくとも80％の取得はできるよう人員配置等考えるべき、管理職が率先して休暇を取得する風土を作らないといけない、などの回答があつた。

続いて同種の職場で、長時間労働を行っている労働者（30代前後）からの意見聴取のなかから、提示された実態と課題はおおむね以下のとおりであった。

全体的にこれらの業務に従事する労働者は、若手層が多く、SE業務に従事する現場は大学卒から30代後半までが中心である。開発プロジェクトの仕事（受注としてなされる）は多い時は、15人ほど、少ない時は4〜5人でやる。納期があり、その責任は上司とプロジェクト責任者になる。多忙な時は月100時間の時間外労働（所定労働時間は7時間半であるから月150時間労働）を数か月にわたって行うことがある。多忙な時は、近くのホテルで宿泊したり、徹夜作業もある（睡眠時間は5時間は確保したいと考えている）。残業が、月30時間ならばまだよいが、90時間から100時間になると、朝9時から午前1〜2時まで働くことになり、夜が眠れなくなり、人の会話も理解できない状態になっていく。派遣の場合は、その期間中出張となり、ホテル住いにならざるをえない。業務量が多くその日にやりあげるというプレッシャーのため往々にして深夜に及ぶ仕事になる。

これらのことをふまえ、筆者として課題を整理すると、第一は業界としての

平均給与の低さであり、残業しなければ 30 代過ぎでも手取りは 20 万円を切るという。第二に企業間競争は激しく、そのため受注金額が低額になる。第三に受注に見合う要員の不足である。第四に中国、東南アジアといった海外でのSE業務の委託であり、とくに中国は文字文化面での共通点があること、海外ではプログラムをつくるのは競争が激しいがその前工程までは安い人件費で調達できる、といったことである。

3 戦前における労働時間法制そして労働観

　戦前における労働時間の実態と工場法等において労働時間規制がどのようなものであったかの全体を記述することは、筆者の現時点における資料の不足からできないことをおことわりしておきたい。先達の研究者の文献を軸にして本章のテーマとの関連において必要な範囲での素描にとどめざるをえない。[2] さて、明治政府は農商務省内で明治 20 年、ドイツおよびオーストリアの営業条例をベースに「職工条例案」および「職工徒弟条例案」を作成したが、発表に至らなかった。明治 31 年に「工場法案」を策定し、各商業会議所に諮問をはじめた。その後、様々な曲折を経て明治 44 年 3 月工場法が成立した（その施行は、大正 5 年となる）。適用工場は「常時 15 人以上の職工を使用するもの」および危険有害物取扱企業であり、労働時間については、保護職工（年少者および女子）については労働時間制限（12 時間以内、ただし施工後 15 年間限り 2 時間以内の延長を認める）および午後 10 時から午前 4 時までの深夜業の禁止（例外が多い）であった。

　第一次大戦後国際労働機関の設置と国内労働運動の圧力によって施行された工場法は、大正 12 年に改正され、同 15 年に施行された。保護職工の年齢 15 歳から 16 歳へ引き上げと保護職工の労働時間の 1 時間短縮、深夜業禁止であり、昭和 6 年満州事変を期に戦時体制下に入るなかで、商店の労務者の労働時間等に規制を加えた商店法（昭和 12 年）、16 歳以上の非保護職工の労働時間を 1 日 12 時間とする工場就業時間制限令（昭和 14 年）が制定された。[3]

　なお、この制限令は戦争遂行の労働力不足のため統制発止のなかで昭和 18

---

[2] 沼田稲次郎「労働法（法体制再編期）」『講座日本近代法発達史第5』（勁草書房、1958 年）207 頁。
[3] 片岡昇「『労働者保護法』の歴史」片岡昇ほか著『新労働基準法論』（法律文化社、1982 年）23 頁以下。

年6月5日に廃止された。こうしたなかで「皇国勤労観」が提起される。

労働観としての皇国勤労観は、「労働という言葉が労資の対立とか、労働を物として見るとか、あるいは苦痛を連想するやうな言葉であるので、これを勤労という言葉にした」のであり皇国本来の勤労とは、「国民の総てがお上へ仕へまつる喜びであり、大きな栄誉である」というものであり、この言葉は帝国議会において厚生大臣が述べたものである。

戦後も産業界（石油開発公団初代総裁など）において活躍した三村起一氏（1941（昭和16）年初代住友鉱業社長）は、戦前、『産業戦士の心構へ』のなかで「現在の産業戦士も一大決意の下に自分を再鍛錬して、訓練された自分をお国に捧げ奉ることを念願した。第三に各自が<u>その持場にたつ以上は、何事によらず責を他に転嫁せず、出来れば此の私が悪いのだと自分で引構えて成し遂げる決意をすること</u>」が現下、もっとも肝要であり、「従って一見不可能事の如き仕事も引構えて苦心工夫して実行する時に<u>不可能事を可能とすることが出来るという確信と創意と熱意を喚起したい</u>」（傍線筆者、以下同じ）と記述している。[4)]
このような労働観は、後述するように、戦後の企業のなかに引き継がれ、現在も意識的に労働者側に持ち込まれている（後述5）。

さて、工場法成立に官僚として役割を果たした岡実（第1回ILOで政府委員）は「就業時間の制限」について、幾多の例外をつくったので1916（大正5）年の施行後は延長を希望する工業主はほとんどないが、織物業者のなかには、従来14〜15時間、著しい時は17〜18時間という長い因襲による就業時間に促されているものがあること、また「憾しむらくは12時間制限は余りに緩きに出し、之をもって合理的制限ないと言うを得ず、此の以上の制限を実施するに於いて初めて時間制限の実行一層顕著なものあるべし」と因襲による長時間労働に対する合理的制限の必要性を戦前においても指摘していることは留意されるべきである。[5)]

4　労働基準法の制定過程と労働時間法制

政府は、占領軍の民主化策[6)]に沿って戦時を理由に工場法の緩い制限すらなく

---

4)　野村平爾＝島田信義「労働法（法体制崩壊期）」『講座日本近代法発達史第8』（勁草書房、1959年）217頁、287頁。後藤清『勤労体制の法構造』（東洋館、1944年）10頁を引用。

5)　岡実『工場法論〔改訂増補第三版〕』（有斐閣、1917年）1123頁。なお戦前の工場法の成立前後の労働時間についての研究として田村譲『日本労働法史論』（御茶の水書房、1984年）第2章参照。

した戦時特例を昭和20年10月24日に廃止すること、工場法等の応急的な復活を行うとともに、すべての労働者に一律に適用される労働基準法の制定に着手するが、1日8時間、1週間48時間制の原則、および男子労働者に対し、労働協約等によって時間外労働を容認する一方、女子と年少者に厳格な制限を設ける原則を確認していった。

労働基準法草案第五次案では、時間外労働の時間限度について1日3時間、週9時間、1年150時間と規定されていたが、第六次案では削除された[7]。

なお、労基法立法過程では、一日8時間、週48時間制とともに、時間外および休日労働規制方法については、末弘厳太郎委員（会長空席の会長代理）は、「坑内労働その他特に健康上有害でないものについては、当事者の定る（ママ）ところを許していいのではないかがこの規定であります。……場合によって、事柄によって慣（馴）合いで、非常な弊害が起こるということも考えられる」（労務法制審議会・第2回議事録）と説明し、その後の討論では「あまり不当な事柄を決定する場合は許さないという限界がなければならない」（松岡駒吉委員）の意見が出たことに対し、末弘委員は「1週何時間とか、1年何時間というやうなことをしましても、結局監督に非常に困難があるから[8]、そこで寧ろもう協約でやるならば許してよいのぢゃないか」という案になったこと、小委員会でも「労

---

6) アメリカの対日評価と戦後労働改革の内容は、竹前栄治「アメリカの初期対日労働政策」東大社会科学研究所編『戦後改革5労働改革』（東京大学出版会、1974年）107頁以下によれば、日本敗戦前にアメリカが日本を分析した『民政ハンドブック労働編』（1944年7月10日）は、日本の近代産業の発展にともなう三つの特徴があること、一つは日本の工業化は最近のものであり、ここ30年間くらいであること、第二は、家父長制であり封建制から継承したものであること、第三に日本の産業と財政が数個の財閥によって支配されており、この成功は頭のよい支配層が勤勉な労働者階級に適した低賃金、長時間労働による処が大きく、豊富な天然資源、大資本、優秀な機械設備によるものでない、と指摘している。また賃金、労働時間についての『民政ガイド』（1945年7月）では「近代的、国際的労働基準の導入により日本を再び侵略の方向に歩ませないこと、日本の労働者を民主的諸制度の強力な守り手とすること」、具体的には、人種、性別による差別撤廃と同一労働同一賃金原則の確立、時間外割増賃金の適正化、戦時統制の廃止、16歳以下の労働時間を11時間以下に制限、婦人、年少者の夜間労働の禁止、賃金制度の近代化等を提唱した。
7) 渡辺章ほか編『日本立法資料全集51──労基法昭和22年(1)』（信山社、1996年）11頁、82頁、106頁〔渡辺章・野田進・中窪裕也執筆部分〕参照。
8) 戦前の監督行政が、徒弟（女子も含めて）、その後の16歳以上12時間制限の戦前の工場監督官や警察による違反、摘発や処分が実効性をもたなかったことをふまえていることは、認めなければならない実態である。そしてその原因は、実質的賃金統制令下の時間制限令にもみられるように、労働者は低賃金の生活苦のもと残業を自ら要求し、生活を防衛せざるをえなかった（野村＝島田・前掲注4）276頁）のであった。

働組合などで、かなりいい加減なことをする虞れがありはしないか」という委員もいた旨紹介している。[9]

　関係各界の意見として、労働総同盟大会は、議案として労働保護法制要綱への「立法のたてまえ」として1週48時間労働を原則とし、超過時間には100％の手当を支給、この場合も56時間を超えざることを提言している。[10] 共産党は、1日8時間、週48時間の制限が適用できない重大なる理由あるものは、労働委員会の決定で最高就業時間を設けること、その場合でも1日10時間、1週48時間を超えることはできない。例外として時間外が許される緊急、不測の場合等については、連続2日にわたり4時間を超えること、または1ヵ年に150時間を超えることはできないと立法提案していた。[11]

　いずれにせよ現行労基法36条の形式によって時間外労働を制限する方式をもって、法は成立したのである。

　この立法過程で末弘厳太郎委員が指摘されていた「非常な弊害」が労基法の三六協定制度によって実は「担保」され、生まれてきたのである。

5　長時間労働を支える社会構造そして労働者の意識

　戦前においても就業時間が短縮された時期として田村譲教授によれば、1919年の6月から12月があげられる。時間短縮をした1道、3府（東京、京都、大阪）、9県の状況は短縮前10時間制が126工場（39％）、短縮後は8時間制が106工場で、それぞれ首位を占め、地域では阪神（大阪、兵庫）がトップであった。それは大工場が多く、ILO第1回総会の影響のもとでの労働運動の展開である。とくに川崎造船所の1919（大正8）年9月からの賃上等要求にもとづく10日間のサボタージュが8時間労働制を実施させた。

　中小企業でも、職工の移動を止めるために目玉として8時間労働制を実施したと指摘されている。しかし労働時間全体としては、前述のとおり早出、残業および休憩時間の短縮に労働時間は変わらず「単に賃金算定の時間的基準を変革したにすぎない」ものといわれている。[12]

---

9)　渡辺章ほか編『日本立法資料全集52――労基法昭和22年(2)』（信山社、1998年）513頁、525-526頁。
10)　渡辺章ほか・前掲注9）613頁。
11)　渡辺章ほか・前掲注9）736頁。
12)　田村・前掲注5）58頁。第4回工場監督年報（70頁）を引用。

戦後においてはどうであろうか。戦後労働改革はたしかに1日8時間、1週48時間労働制は確立させたが、前述のとおり長時間労働規制に最低労働基準としての労働時間の上限規制について立法化を行うことはなかった。

　現在でも有力な大企業（キヤノン、日立製作所、三井物産、パナソニック、トヨタ自動車など）が三六協定の1年上限時間を1,000時間余から700時間余りとしている[13]。東レ、東芝、みずほフィナンシャルグループも然りである。

　筆者の体験によっても突出した日本の長時間労働は、連綿として続いている。「働き蜂」、「企業戦士」「モーレツ社員」などといった言葉も手垢がついたまま実態として残っている。大阪で過労による死亡事案について研究調査がスタートしたのは、1981年7月のことであり、故田尻俊一郎医師、松丸正・高橋典明弁護士らが中心となった「急性死」等労災認定連絡会（大阪過労死問題連絡会の前身）の結成であった。

　春闘における賃上げ要求の労働運動も高度成長時代のなかで結局は、生産性向上によって賃上げがあるという「パイの理論」に呑み込まれ、長時間労働規制ではなく、賃金要求運動に収れんされていった、と筆者は認識している。

　今日でも、企業が「儲かれば」、また大企業が利益をあげれば、そのおこぼれ（分配）が、労働者にそして中小企業にまわってくるといった、明らかに事実（実態）と異なる論理（トリクルダウン）が喧伝されている。筆者は大企業の内部留保を賃上げにまわすこと、労働者の労働分配率を高めることは、内需拡大につながるものであると考えているが、この賃上げ要求とともに社会全体で長時間労働の抜本的規制をすることが賃上げに劣らず日本社会の真の利益、国民の福利にとって重要なものであると指摘したい。

　労働者が長時間労働に向かうのは低賃金が原因であるというのは間違いではない。しかもこのことは日本の労働者の階層差、格差の存在[14]をふまえ正しく評価しなければならない。20代〜30代の青年労働者の賃金は低い。彼らの多くは共働きでないと結婚生活ができなくなっている。戦前の状態をみても低賃金と長時間労働は、相補い、セットになっていた。そして現在2,000万人を超える非正規労働者の存在が正規労働者の地位を維持することへの強い要求と人員

13）　伍賀一道『「非正規大国」日本の雇用と労働』（新日本出版社、2014年）208頁参照。
14）　橋本健二『「格差」の戦後史』（河出ブックス、2009年）、リチャードG・ウィルキンソン『格差社会の衝撃』（書籍工房早山、2009年）「第9章　自由、平等、博愛経済民主主義」参照。

削減（不補充）の条件下で長時間労働を常態化、構造化させている。一方、青年中心の非正規労働者は、「名ばかり店長」といわれて批判されたマクドナルドをはじめ、サービス産業においては、低賃金のもとでの長時間労働が進行しており、過労死事件も発生している。慢性的、恒常的な長時間労働は、確実に労働者に人間として、幸福に生きるという想いを失わせ（労働者がなんのために労働するのか（しているのか））という目的意識について自問できないようにしている。思考停止状態となり労働が「苦」となってしまうのである（ある商社に勤務していた労働者からの筆者の聴取による）。

このようにみてくると、長時間労働を受容する労働者の意識は、人間として、人格の主体として、積極的、主体的なものではなく、実は「受容させられている意識」というのが正確な理解となる。

それでは現代日本における企業は、どのような労働者像を求めているのか、についてみてみよう。筆者が担当している「試用期間満了による解雇」事件（ハラスメントを受けて病欠したことを理由）では、会社は労働者に自立（律）心、公（社会、顧客、会社）の優先、正義と道義（人間としての正しさ）を大切にする、自己を省みる姿勢、チャレンジ精神などを求めている。

筆者が最近注目して読んだ松山一紀によれば[15]、日本の大企業の人事方針を分析し、その特徴として「個人の尊重」、「能力成果主義」、「個人と組織の有機的融合」の3点であるとしたうえで、これらの人間管理は行動科学者（心理学）によって確立された自己実現理論をベースにしていること、労働者（会社への）の帰属意識は他律的なコミットメントでない、愛着的な、内因的なコミットメントを求めることが重要であるとした上で、E・フロムの愛の要素を紹介しながら、一人の組織人格として組織を愛することが求められるのであり、「組織人格による適切な愛社精神とは何か」が今後の課題である、とされる。

6 自己と他者（労働、企業、社会）について

『厚生労働白書（平成25年版）』によると、「若者の意識～楽しい生活のために働き、長期雇用の下でのキャリ形成志向」の項で、「働く目的」について2000年以降「楽しい生活をしたい」とする者の割合が大きく上昇し、2012年度にはもっとも高い割合となり、逆に経済的に豊かな生活を送りたいとする者

---

[15] 松山一紀『日本人労働者の帰属意識』（ミネルヴァ書房、2014年）125頁、224頁。

の割合が低下傾向にあること、「自分の能力を試す生き方をしたい」とする者の割合が1970年代にはもっとも高い割合であったが、長期的低下傾向にある一方で、「社会のために役立ちたい」とする若者の割合が2000年以降上昇傾向にあるとして注目されるとしている（同白書126頁）。

青年労働者が、「労働の目的」について「楽しい、豊かな」生活および「自分の能力を生かす生き方」、そして労働を通じて「社会に役立つ」とかんがえていること、またその割合（変化）が1971年から2012年度にかけて大きく、「社会のために」が増加していることは、東日本大震災による影響もあると思われるが、意味ある変化とみてよい。また労働そのものよりも、楽しい生活をしたいという増加は、労働と生活の一体化ではないことを示していると評価できる側面もある。それでは前記にみた松山一紀の記述内容との対比において、長時間労働を受容する、させられている意識を改革するためには、何が求められているのであろうか。このためには裾野の広い、かつ多角的な調査分析が必要であることを前提にしたうえで、人間とは何か、自己と他者の関係、労働とは何か、について筆者の問題意識から接近したい。

人間が類的存在として、地球上に大きな存在となったのは、資源に働きかけて、これを活用し生存条件を充たしてきた労働による。そしてこの労働は、当初は少人数（家族）で自然から採集して食にするという、自己完結していた時代を除き、常に協働のものであった。そして人間は、他者との関係において初めて人間となるのであり、人間としての成長のためには、他者の存在との関係性が不可欠である。このことは両親の愛を受けて、家庭で成長し、学校において学ぶ主体となり、社会で家庭をもち次世代にバトンタッチをしていくという人生のすべてのプロセスにおいてである。それゆえに人間にとって自らのために生きることと、他者のためにともに生きることは、不即不離とも言うべきであって、統合されているのである。そして社会における他者との関係は、今日の資本制生産システムにおいては、企業体という場を通じて協働して社会を形成することになる。この場合において現在の企業体が社会的企業体でない[16]（一部協同組合や社会目的をもつNPO団体を除いて）以上は、企業体そのものは他者

---

16) 社会的企業体については、山本隆編著『社会的企業論』（法律文化社、2014年）。筆者は資本制生産システムにおける労働の個人的価値と社会的価値の「分裂」と「統合の方向」を意識している。唐津博＝有田謙司＝長谷川聡＝神吉知郁子「シンポジウム／『就労価値』論の理論課題」日本労働法学会誌（2014年）103頁以下参照。

ではないというのが歴然たる事実であり、企業はエーリッヒ・フロムのいう「愛」の対象ではないということである。労働者個人からみれば、他者は同じ企業体に働く労働者、そして企業のさきに存在する市民社会を構成する市民（消費者であったり、利用者であったりする）なのである。この客観的な事実を棚上げ、捨象し、企業体（利潤の追求組織）の目的をもって労働者の自己実現の目的と同一化する議論は、誤まりであって、一人ひとりの人間存在こそが第一の価値であるという現代人権論にも背反するものである。

7　改革の運動と主体について——社会的規制力をもつために

　企業間競争のなかで、市民（労働者）には学校教育の現場から朝礼や運動会の行進に象徴される軍隊的な集団主義と競争主義が持ち込まれ、「強い心」を持つように教育がなされてきた。日本企業の多くの経営者たち（すべてではない）は、戦後一時期を除いた産別労働組合運動の不在のなかで、企業の社会的役割を真剣に考察することや、日本社会を形成する市民全体の生活の底上げを追求する、すなわち一企業からではなく、社会から自らの企業の役割を考えることの習慣と、歴史を持ってこなかった（すなわち「社会性なき企業観」）と筆者は考える。彼らは自分の所属する企業の窓からのみ社会をみてきたのである。

　労働組合運動が全体として長時間労働を規制する力をもてないなかで、過労死等防止対策推進法は、2014年6月成立した。この運動は、全国過労死家族の会（1991年結成）、過労死弁護団全国連絡会議（1988年結成）を中心とする2008年からの「過労死防止法」制定を求めた運動がスタートであり、国連での活動、国会超党派議員連盟を発足させながら全国での署名活動（55万筆）とともについに防止法を制定させた。筆者はこれらの活動に敬意を表するとともにこの法律にある過労死等に関する調査研究等をふまえた法制上の措置等が大切であると考える。

　長時間労働規制のためには、週、月、年の上限を決める立法を実現することが必要である。これまでみてきたように、例外なき上限規制こそが真に長時間労働を根絶することができる。

　そしてこの上限規制は、産業全体に一律に法の網の目をかぶせるものであるから、企業間競争において公正な労働基準を一律、全面的に持ち込むものであり、個別企業の利害を超えた社会的なものである。そしてこれを立法化する運

動は、日本社会で人間的な労働が一般化し、共通化するための市民運動と労働運動の連帯と共同であり、このような社会的規制力をもった運動体を形成する以外にはないと考えている。そしてこの運動体の目的は、産業の民主的規制を視野に入れるとともに、経済の「成長」ではない持続可能な社会づくりにつながるものにならざるをえない。[17]

---

17) 広井良典『創造的福祉社会──「成長」後の社会構想と人間・地域・価値』(ちくま新書、2011年) は、定常化の時代における経済成長や生産の量的拡大から解放されたもとでの新たな人間の創造性、多様性の価値を指摘している。

第3章　労働者・労働組合運動の再生のために
——社会的規制力をもつ運動の構築

　筆者は1971年以来、これまでの間、相当数の労働事件に弁護士（団）として関与してきた。弁護士としての役割は、労働者・労働組合の要求と運動の全体の一部しかも法律闘争・権利闘争の分野にすぎない。そのような立場・位置にある筆者が、頭書のテーマで問題提起を行うこと自体、大変なことでもある。しかし裁判は法律闘争・権利闘争のなかで大きな役割を果たしてきた。それは裁判闘争の提起された課題・テーマがその時々の、いわば日本社会の時代の反映であり、実は裁判闘争に立ち上がった労働者なり労働組合にとって生命線のテーマともいえるものである。裁判は決して社会の病理現象ではなく、それぞれの産業・企業の置かれた状況とそのなかでの労働者の労働のあり方・生き方の問題に密接・不可分に関連し、関係している。このことは労働分野にとどまらず裁判に持ち込まれる市民・国民の要求と日本社会のあり方、そして司法という国家作用の判断を通じての国家の法のあり様を提示しているのである。

　本章においては、労働者・労働組合の要求と労働組合（労働者集団として）のあり方、運動の再生について筆者が問題意識として抱いてきたこと、学んでいることから頭書のテーマに接近しようと考えている。

1　要求と組織について
(1)　企業別組合組織の問題点

　労働者・その集団である労働組合が、現代の生産システムの下で要求を持ち、これを実現しようとするとき、共通の要求をもつ労働者が集団となって使用者・使用者団体、場合によっては国なり、自治体に対して要求実現のため交渉を持ち、要求への実現をはかることが基本的な、また歴史的な労働運動の確認である。そして現在、問われていることは、日本の労働者階層の要求は、いかなるものか、それを実現するための組織として現在大勢を占めている企業別組織が適合的なのかどうかである。それは要求の性格・内容がそれに必要な組織形態を決定することになるし、逆に労働組合組織形態が、労働者・労働者集団

の要求実現を規定するからである。

　現在、日本社会における労働者階層が要求としてもっている、例えば長時間労働の規制、格差拡大、所得再分配といった社会的な拡がりを持つ課題について企業別組合は、有効に対応できていないのが実態である。各企業別組合組織がこのようなテーマについて企業内労働条件との関係において問題を解決してきたことは積極的に肯定できるし、そのような事例も存在する。しかし、長時間労働に週・月・年のそれぞれにおいて上限規制を産業別に、さらには立法闘争として行うことに企業別組合組織は有効でない。企業別組合としては、個別企業との間で三六協定を通じての上限規制は、法的には可能であるが、同業他社との企業間競争の圧力の下では、「効率」の悪い事業体にならないために要求を制限せざるを得なくなる[1]。そこで本来、企業別組合運動は、産業のあり方について切り込まざるを得なくなる。産業政策の課題である。

(2) 要求実現のために必要な組織の模索と現実からのスタート

　産業別要求や立法要求、そして地域における最低賃金の抜本的な上昇をめざす運動、主権者としての国の財政への民主的なコントロールといった課題を実現するためには労働者とその集団（労働組合）が、社会的規制力を持つことが必要である。韓国における民主労総の産別組織への再編は、こうした面でのチャレンジでもある。日本社会が当面する労働者の要求実現のために有効な組織も戦後の労働組合運動とその組織から教訓を引出すとともに、現実的なものでなければならない。例えばフランス、ドイツ等における単一の産業別組織を軸としたモデルをそのまま持ち込むことにはならない。日本社会のもつ固有の条件とこれを支える法制度も検討しながら、日本社会から組織のあり方を模索し、構想することが必要である。現実から理念形を構想し、それを現実の条件で具体化することである。

2　戦後70年—企業別労働組合の定着と会社への統合

(1) 戦前の労働組合組織と戦時の「解体」

　戦前の労働組合組織は、企業別組織が主たるものではない。職種別なり産業別組織が中心といわれている。1931（昭和6）年2月21日に労働組合法案が浜

---

1)　長時間労働規制については拙稿「長時間労働と日本の法規制そして社会構造」労働法律旬報1831＋32号（2015年）48頁。

口内閣によって提案されたが、この年の組織率は初めて 7.9％ に上り、200 有余の組合、19 連合体に分裂反目抗争を続けながら、かなりの昂揚をみせていた（その年末労働者総数 467 万 276 人、組織労働者数 36 万 8,975 人とある）。そして浜口内閣が設置した社会政策審議会は「労働組合法を制定、実施すべきものと認む」との答申を行ったが、その内容（7 項目）の第 1 項は、「組合は職業別又は産業別のもののみに限らざること」（筆者においてカタカナを平仮名に変換）としていたことにみられるように、企業別組合への途を検討していたと思われる[2]。

この点にも関して、「縦の組合か横の組合か」という議論が 1919 年頃始まったとされる。「横の組合」とは、産業別ないし職業別の横断的組合の確立を労働組合運動者がめざしていたこと、「縦の組合」という用語の発明人は床次内相であり、その意味は「一工場一鉱山または一仕事場」という狭い範囲で、専門の職などに関係なく、職長も組長も工場長も技師も、ないしは支配人も社員も組合員の中に取り込む仕組みをいうのであり、それは、名（称）は自治的の組合といっても、実は封建的な仕組みであり、労働者の真の自由はしばりつけられ、おさえられてしまう外はない、として鈴木文治がこれを批判した、とされている[3]。また『日本労働法史論』には、職業別組合数 137、人数 2 万 7,842 人、産業別組合数 215、人数 22 万 8,415 人、一般労働者組合数 133、人数 2 万 8,382 との紹介がある。国と資本による厳しい抑圧状態のなかで、労働運動を指導した鈴木の指摘は戦後の企業別組合運動にもあてはまるかもしれない。

こののち終戦に至るまでの労働組合運動の歴史的総括として田村譲は、「日本は徐々に天皇制を背景とする軍部ファシズムの途を歩み出してゆくことになる。それと前後して左翼労働組合、左翼無産政党、そして社会主義運動が徹底的に弾圧された結果、労働組合は破壊され、それ以降労働組合法は、全く問題にならなかった」、「日本の支配層は、労働組合法を制定せず、低劣な内容たる工場法（＝保護の範囲は、年少者と女子であり、長時間労働と低賃金がその後も長く続いた）すら、満足に守らず、天皇支配体制の政治、経済、社会構造の下で、いわゆる〝滅私奉公〟を国民に強制した上で、とどのつまり最後には、海外侵略戦争に突入したのである」と整理している[4]。

---

2) 野村平爾＝島田信義「労働法（法体制崩壊期）」『講座日本近代法発達史 8』（勁草書房、1959 年）219 頁、222 頁。
3) 田村譲『日本労働法史論』（御茶の水書房、1984 年）226 頁。
4) 同上 342 頁。

なお「第一次大戦前後の労使関係──三菱神戸造船所の争議史を中心として」（中西洋）、「昭和恐慌下の争議──1932年東京市電気局争議に即して」（兵藤釗）の二論文は、戦前における労働争議と警察による介入、労働組合内の対立状況と会社の介入の実態も含め戦前の労働組合の状況を分析するものであり、参照されたい（参照、隅谷三喜男編著『日本的労使関係史論』東大出版会、1977年）。

(2) **戦後労働組合の結成**

山本潔は、戦後結成された企業別組合は、占領政策と日本人の事大思想によるとする大河内一男の考えとは異なり、戦後労働組合は、戦前の労働運動経験者の指導のもとに「要求を出すために」結成されたが、1946年2月1日の日本政府の違法争議を処断する旨の「四相声明」がGHQ労働課コスタンチーの「四相声明」不介入談話の発表と労働者階級のデモストレーションによって効果をなくしたこと、戦前と異なり労働組合を抑圧する機構がないことが、明白となり、労働組合運動が本格的高揚となり、「大勢に順応しての」組合結成が増えて比率を逆転することになった、とする。[5]

1946年には2つのナショナル・センターが結成された。産別会議と日本労働組合総同盟である。電産協（日本発送電と9つの配電会社の10の労働組合の協議体）は46年4月に結成され、47年5月には全国単一の産業別組織日本電気産業労働組合（電産）となる。産別会議は46年秋、ストライキを軸に争議に突入する。「電産10月闘争」は、「電気事業に対する官僚統制の撤廃と発送配電事業の全国一元化」「生活費を基準とする最低賃金制の確立」「退職金規定の改訂増額」要求であり、全国一斉の送電ストップという『停電スト』を打った。

こうして電産は最低賃金と物価上昇率を賃金にスライドする電産型賃金体系を獲得した。翌47年2月1日には全国の官公庁労働者が中心になり、「吉田内閣打倒、民主人民政府樹立」をスローガンとする無期限のゼネストが予定されたが、直前の1月31日にマッカーサーの指令により中止された。そして米ソの冷戦が始まり、GHQの対日政策が変更され労働運動等への抑圧が強まるとともに産別会議のなかでも「組合民主化運動」が始まった。[6]

このあとの時代についての記述を簡潔にすると産別会議の各組織が解散

---

5) 山本潔「戦後労働組合の出発点」隅谷三喜男編『日本的労使関係史論』（東京大学出版会、1977年）278頁。
6) 大谷昭宏事務所関電争議取材班『関西電力の誤算[上]』（旬報社、2002年）。

(体) し、企業別労働組合の運動が本格的に展開されるとともに占領軍の強い圧力のもとで総評の結成につながる。企業別運動が産別運動を「越えた力」は、企業内に育成、形成された労働組合民主化を要求する「協調派」の運動の存在および使用者団体の結束による産別交渉での要求の停滞と、企業別の団体交渉による労働条件決定の前進、定着という企業意識に支えられた企業別の労働運動が、産別組織から、企業内団結と企業内要求に「閉じ」こめる過程の進行であったと筆者は認識する (韓国の民主労総の現在の課題にも共通すると思われる)。

(3) 企業別労働組合組織の特質と弱点

企業別労働組合組織は、正社員を基盤にしている。正社員は企業のなかでどのような状態におかれるのか。何よりも強い企業間競争に規定された企業力を強化するための企業方針の「受容」である。人事考課と結びついた賃金制度(考課賃金) と配転権限等人事権限によって労働者は「連帯」や「平等」よりも競争、昇進、昇格を望むことになる。自分たちと「社会的身分」の異なった非正規の労働者 (当初は、「臨時工」、今では「派遣」「パート」「契約書」や「受託者」など) は、自分たちが高い給与を維持するための必要な労働者 (労働力) となり、採用時における雇用形式を使った雇用形態による合理化策と闘うことは困難になる。賃金引上げを中心とした労働組合の要求は、企業の業績如何に呑み込まれざるを得なくなる。すなわち正社員の労働条件が企業内での労働条件として決定される限りは (実はこれは労働条件より概念としては、狭い「雇用条件」といわねばならない)、高度成長期の春闘による大幅な勤労階層や賃上げの事実の評価を暫くおいて、正社員による労働組合組織は、産業全体や日本国民の賃金レベルのあり様は大きな関心事でなく切実な要求課題ではない。戦後産別会議が解体したのは、こうした事情にも要因がある。そしてこの企業別組織は、背景資本や親会社にする合理化策とは、不当労働行為によって会社が解散されない限りは、背景資本、ファンドや親会社の労働条件支配と闘うことが少ない。

関連してもう一つ大きなテーマを指摘しておくと、企業間格差というより資本集中による大企業と、その下にある中小関連企業との関係である。もちろん企業間格差は日本だけではない。また好況産業もあり不況産業もある (時代のなかで変化する)。公務員の「給与」は税金によるため、市民からバッシングされるが、大企業労働者の定年後の年金も含めた高待遇はバッシングされない。何故か、大企業労働者が大学卒業をはじめ競争に勝ち残ったものであり、それ

以外の人たちと格差があるのは仕方ないと多くの人が考え受け容れているからである。そしてこの競争と結果は、これまで労働者の自己責任の下に置かれている。しかし今日の資産格差は教育格差となり、所得格差の固定になっている。松下幸之助氏らの「伝説」は、今や夢物語であり、現実味をもたない。青年、そして女性のなかにある閉塞感はこうした基盤、条件のなかにあり、この事態は少子化問題も含めて日本社会の本当の危機である。このことに経済団体や大企業経営者の多くは眼をむけていない。この原因は、これらの経営トップのかなりの層が企業別組合による組合運動のなかで育ち、労働運動もまた社会的、産業的規制力を持たなかったために、個々の企業の成長と効率だけを考える競争主義に「取り込まれて」きたからである。彼らの多くには、個別企業の「窓」からみた社会しかないのである。

(4) 成長神話とパイの理論そして企業別組合運動

企業間競争は、資本の集約化や高度化を促進させながら、資本は国家の垣根を超えて国外に資本移動する。低賃金の人件費、資源、租税回避など「効率」化を求め、世界市場で生き残りをかけ、より安い、また高品質の製品を売り出そうとする。企業は不断に成長しなければならない。そのためには「生産性を向上」させなければならない。「企業の成長」あって、「生産の向上」あって、労働者は豊かになるというのが経営、そして国が大規模に流したメッセージである。この企業主義と経済成長が結合した「思考内容、イデオロギー」は、当初は小さな影響力であったが、国鉄労働組合運動のマル生（生産性向上）反対運動などの反撃を受けながらも労働組合運動のなかに大きな力を持つようになった。すなわち企業別労働組合は、正社員中心の集団として自己の企業の成長、競争戦略に乗りかかって労働条件（といっても雇用条件）の向上を託することなる。このような協調的組合執行部（多数派）に反対する少数派は、使用者からは配転や賃金昇格差別を受けて、他の労働者から切り離されて、会社に反対すればあのような仕打ちを受けるという、いわば「見せしめ」事例となり、益々影響力を喪失したのである。少数派となった労働者層は、70年代から80年代にかけて企業内併存組合においては、平等取扱いを求めての差別是正運動、大企業では思想信条を理由とする賃金、昇格上の差別撤廃闘争に労働委員会や裁判所を活用して立ち上がることになる。こうした取り組みは、使用者の歯止めのない人事権限の行使（賃金、処遇上の差別や職場八分的孤立化策）の過酷さとい

うか、行き過ぎのなかで少数派による社会的な運動の拡がり、場合によっては一企業内での社内世論での勝利によって、被害回復は相当程度是正されたと評価できる。そしてこのことは労働者の人権闘争、団結権援護運動として時代のなかで大きな意義を持ったのである。

問題は是正後の企業別組合運動なり少数派の運動の影響力の拡がりである。

差別是正、回復によって少数派の運動は多くの場合「立ち止まる」からである。電力産業における東電、中電、関電における思想差別是正闘争は一部の例外を除いて、その後は電力労働運動としての役割を縮小させていったと思われる。

(5) **協調的労働組合育成のための懲戒処分の存在──懲罰秩序による労使関係**

前述の大企業における賃金、処遇上の差別是正運動の取組の過程、前段階には必ずといっていい程、少数派に対して使用者は、その組合活動を規制、抑制するために、企業秩序違反として懲戒処分を行っている。配転命令も実はこれと共通の目的をもった不当な、人事権限の行使である。前者の事例として関西電力（ビラ配布）事件・最一小判昭50・9・8、後者の事例として東亜ペイント事件・最二小判昭61・7・14をあげることができる。いずれも少数派の組合活動の拡がりや影響力を抑えるために使用者が労働者集団の団結活動に介入した事件である。

(6) **企業別労働組合を支えた法制と司法判断そして法解釈学**

「経費援助」とは、使用者が労働組合活動の経費を援助することであり、具体的には使用者が戦後早い段階では給与を負担する在籍専従、就業時間中の賃金カットなしの組合役員の組合活動、組合事務所の無償供与などをいい、使用者からの労働組合の自主制を阻害するものとして、使用者がこれを行うことは組合の運営に対する支配介入になるので禁止されるといわれてきたのである。しかし、実態は企業内労使関係において、労働組合が使用者との関係において強力なほど、これらの経費援助は労働組合の要求への使用者の譲歩として行われてきた。

60、70年代においても例えば争議行為によって要求が解決した場合、この間のストライキによる賃金カット分は解決金として労働組合が使用者側に支払わせた例は相当数存在した。

戦後いち早く制定された労働組合法（1945年12月22日）は労働組合の自主性阻害の要因として「主たる経費を使用者の補助に仰ぐもの」（2条2号）と一般的に規定しており、現行法2条2号とは異なる。「主たる経費」が「経理上の援助」となるとともに例外として、就業時間中の団体交渉、厚生、福利の寄付、そして組合事務所の供与があげられている。組合事務所の供与は旧労組法にはなかったこと、現行労組法が支配介入と経理上の援助を不当労働行為とするとともに、この援助には組合事務所を含まないとしたことには、労働組合を企業内団結に誘導しようとした国なりアメリカの政策が存在すると理解できる。

職員団体制度が国公法、地公法により設けられ、労働組合法の適用から職員団体という国公法、地公法適用下の組織換えを行った際にも、地方自治体の公務員労働組合は既に、そのほぼ全てが地方自治体毎の団結として組織され、組合事務所も自治体の庁舎内や敷地内、もしくは職員会館などの施設内に存在していたのである。にもかかわらず、国公法も地公法も、職員団体の要件（登録）のなかに、「主たる事務所の所在地」（国公法108条の3第2項、地公法53条2項）の外には条項を設けず、また労組法上の労働組合より職員団体が一層企業内団結体であることを促進するように組合は当該自治体職員によって組織されることを登録要件としたのである（国公法108条の3第4項、地公法53条4項）。

経費援助問題だけでなく、労働組合の産業別連帯ストライキの違法判決（杵島炭礦事件・東京地判昭50・10・21労民26巻5号870頁）、義務的団体交渉事項を企業内しかも組合員の労働条件に関するものに限定するなど労働組合法の団結権保障の対象を企業別労働組合の対使用者に対して行使する基本権の保障内に閉じ込めてきたのである。このような法制度や労働裁判例は、労働法解釈学にも強い影響を与えてきたし今でも与えている。このことに労働運動は留意しなければならない。

(7)　産別運動から学ぶものは何か

こうした日本の企業社会のなかで、筆者が教訓として紹介したいのは「全国港湾」を中心とする港湾労働運動の歴史と経験である。港湾は、物流の拠点であり、港湾自体は国や自治体がつくるが、これを利用するのは、船会社、荷主である。船会社、荷主からすれば、建造費をかけた船を24時間、年中フル稼働することが最も効率がよい。港湾労働は、実態はこれらの「使用者」の下での派遣労働である。港湾では、1967（昭和42）年は、コンテナ化のはじまりで

あり、本船上の荷役は、年末年始の休暇があっても元旦だけという実態であり、日曜祝日も出勤であった。労働者からは、せめて日曜日は家族との団欒で過ごしたいという要求が出てきて、1968年に全港湾、日港労連、全国検数共闘、全海運、全倉連、海事検定職組、検定新日本職組で「日曜祝日完休連絡会議」が結成された。その後1972年に中央港湾団交権（港運業者の団体である日本港運協会との間で）を確立し、73年に実働7時間、時間外50時間（月）、日曜月2回完休、84年には1か月時間外45時間、日曜全完休をストライキの実施により獲得し、その後も港湾全体としての時間短縮を実現していくのである。また74年春闘では、4月15日のコンテナストのなかで、4月10日に、港湾労働者保障制度に関する協定が締結され、保障基金制度として「最低保障賃金」「港湾年金」「転職資金」「職業訓練」が確立している。

　75春闘では、港湾年金協定が成立し、78年3月から支給開始となった。この年金も含めて「保障制度」に必要な財源は「基本料金と別にトン建料金として」日港協（日本港湾運送業者による協会）の責任において確保するとされ（例えば港湾労働対策の協力金は2011年より2013年の3か年はコンテナ、トン当たり1円を確保するという内容である）。

　港湾産別運動の特質は、港湾における職種毎の企業別組合の協議体や連合体の存在とともに港湾労働全体の産業別要求、労働条件改善要求が産業別と評価できる団結体とその団結体のストライキによる力によって、港湾労働における産業別要求のミニマム基準を獲得していったことにある[7]。

　もう一つ産別運動として全日本損害保険労働組合を紹介する。全損保労働組合は、75年9月にユニオン・ショップによる住友海上保険による従業員4名の解雇撤回をストライキも含めて7年間に及ぶ大きな運動をつくり実現した産業別組合として筆者も早くから認識していたが、朝日火災海上保険（石堂）事件を大阪高裁から担当した。全損保は権利闘争において不屈の粘り強い運動をしてきたと評価している。この組合は各社別労働組合の損保従連（従業員組合連合体）を1949年に単一化した。なおこの規約によれば個人加入と団体加入（既に組織されている組合）の二本立てであり、脱退は本部届出となっているが、支部はそれを準用となっている（後に幾つかの組合で支部大会での脱退と組織再編が問題となっている）。支部規約とその変更、労働協約の締結変更も中央執行委

---

7)　大阪港湾労働組合協議会『大港労協五〇年のあゆみ』（2007年）。

員会の承認となっているように産業別単一組織としての体制と産別運動の課題を取り組んできている。現在の損保労働運動は損保会社の業界再編、合併による巨大な資本集中の力との対峙、そしてユニオン・ショップ協定による支部内少数派の運動の困難性などを抱えている、といわれている。

3　新たな労働者、労働組合の運動と組織

河西宏祐は、資本主義社会において資本側の「企業別主義」と、労働者階級の「横断的組合主義」との抗争は不可避である、とした上で「組織を人間行動の体系とみる社会学的発想にたって組織と構成員の自律的行動が機能を規定するという方法論をとる」ことが、〈組織形態決定論〉的な「機能的欠陥」論と〈内部労働市場決定論〉的な「賛美」論の双方の限界を突破する道であるとして企業内複数組合併存型における少数派組合と中小、零細企業における「新型労働組合」、これらを辺境型労働組合として注目している[8]。

(1)　産業と地域、階層に着眼して

筆者は現実の、企業別労働組合運動、非正規労働者の労働組合、青年ユニオン、一般ユニオン、合同労組、地域一般労働組合運動、そして「全国港湾」といった産別組織（企業別単位組合を基本にしているが）運動のなかから、労働者とその集団が今日の日本資本主義の構造的な矛盾と対峙し、一企業、一産業、正規労働者の枠というか、壁を克服して、日本の市民社会からみて大きなテーマとなっている生存と人間の尊厳にかかわる要求と課題を実現する方向にさらに歩を進めるために有効な運動の形態と組織のあり方を検討したい。筆者の着眼する「場」は、産業と地域そして階層である。職種職能についていえばゼネラリスト的な労働が求められ続けているなかで、同一価値労働、同一賃金にむけて企業を超えた公正な職務評価（運動）の重要性は別として、職種職能毎の組織体をつくることは音楽家ユニオンの例があるが、未だ全職種、職能からみて、現実的ではないと考えるので、産業別組織と地域別組織そして「階層」的な組織のあり方を軸にするべきであると考える。

フランスやイタリアにおける労働組合は「同じ産業の労働者で、同じ地域に働いている者がひとつの単位組合に企業の枠を超えて結集し、それが県で連合をつくり、さらに全国的に連合していくというかたちで、産業別の組織をつく

---

[8]　河西宏祐『企業別組合の理論』（日本評論社、1989年）71頁、73頁。

るとともに、さまざまな産業の単位組合が同一地域で結集して地区労をつくり、地区労が集まって県連をつくり、県連と各種産業別全国組織が総結集して（労働）総同盟全国中央組織をつくっている」とされる。筆者は、地域と産業の「二本立て」に注目したい。アメリカにおける「レイバー・ノーツ」の戦略についてマーク・ブレナーは、アメリカ労働者の現状につき賃金が伸び悩み、貯金が減ったのは、組合の力が弱くなったからであり、組織率は70年代から下降している。労働者の交渉力が弱まり公平な分配を受けていないことが、アメリカの経済危機の真の原因であるとした上で、労働組合の教訓として第一は、内部的な取り組みだけではダメで、街頭にでること、第二、もっと大きな問題、どんな社会をめざすかを訴える必要がある。それによってしかこの社会がどのように成り立っているのかについて国民の常識を変えられない。第三に大きな問題には大きな解決策が必要である。現状を守るより理想をめざすべきである。第四に労働組合は孤立してはならない。連帯関係を求めること、労働者階級全体の利益を代表しなければならないと指摘している。

　筆者はこれらのなかでも、どんな社会をめざすのか、労働者階級全体の利益（今では、日本の就業人口のかなりの割合である）をめざし、「連帯」を求めるという二つの点に強く共感する。

(2) 国に分配的正義を要求する運動は必要

　橋本健二によれば、日本の「下層」階級（アンダークラス）は、2007年の非正規労働者全体で1,519万人いる。

　有配偶者のパート（719万人）を除いて800万人であり、92年は384万人、97年481万人、02年691万人と増加を続けている。07年の非正規労働者は1,519万人であるから就業人口全体の24.3％を占める。正規労働者の平均個人年収（男女計）は347万円、非正規労働者は151万円と半分にも満たない。

　朝日新聞が報じた「格差」をテーマにしたアンケートでは、格差のなかで強く感じているものは資産格差341票、地域格差136票、男女格差105票、格差やむを得ない93票、その他の格差86票であった（デジタルのアンケートへの回

---

9) 中林賢二郎『現代労働組合組織論』（旬報社、1976年）204頁。
10) 山崎精一「一橋大学フェアレイバー研究教育センター39／社会運動ユニオニズム研究会報告」労働法律旬報1738号（2011年）40頁。
11) 橋本健二『格差の戦後史』（河出書房新社、2009年）200頁。
12) 同上196頁。

答であり、2015年3月18日〜31日実施、回答は1つを選択)。

　「地域格差」を除いての上位の格差の全ては、日本の労働者、勤労階層の率直な評価であり、それぞれが相互に実は関連し合っているとみてよい。このような格差を生み出している資産、富の偏在、雇用における不平等と収入の差、そしてこの反映としての負のスパイラルと格差の世代を超えての固定につながりかねない教育格差、これらの社会経済状態は、実は構造的なものであり、現代の資本経済制によって創出され拡大増幅されている。そうである以上、国の経済、財政において分配的な正義を実現する財政、経済の運営を国に求める労働者集団と市民の要求と運動が必要であり、最低限の文化的な生活ができる家庭環境を保障する国家のあり方が求められる。

4　まとめ

　結論的にいえば、筆者は労働者、労働組合が労働者全体の社会、経済的地位を抜本的に改革するための根幹的要求、政策を日本社会から分析することの必要性と重要性、そしてそれを実現するために、これまでの企業別組織の限界を超えるために個々の労働者の産業別組織への企業別組合の組合員のままでの新たな加入、個々の労働者の地域労働組合への加入(産業と地域の二本立て、個人加盟による労働組合の再編強化)をすすめるとともに、青年ユニオンや非正規労働組合といった様々な階層別ユニオンへの支援と連帯、そして市民との共同行動(学習活動も含め)を地域と産業からスタートさせることが必要であると考える。そしてこれは「上からの指示」ではなく、それこそ反原発運動のように、一人ひとりの労働者と市民が自分の問題として、政策と運動に参加する主体的な取り組みが大切である。「レイバー・ノーツ」の報告でも「一対一のつながり」を作ることであり、「闘争性」、「民主主義」、「社会運動ユニオニズム」、「国際連帯」、「草の根志向」の五つの価値と戦略をめざしているとされている[13]なかでの「民主主義」と「草の根」運動の必要性と緊急性である。

---

13)　前掲注10) 49頁。

第4章 「法の支配」を回避する東京地裁五判決の検討

1 はじめに

　東京地裁における以下の五つの判決を対象にして分析することは困難なことであるが、2011年11月の民科法律部会主催のシンポジウムで「現代における法・判例の形成と労働法学の課題」として筆者が報告した内容と関連するものがあり、この際の分析をも踏まえ東京地裁五判決（以下の記載）を対象にし、問題点と課題を明らかにしたい。

　筆者が上記学会で分析の対象にした裁判例は(1)ビクター・サービスエンジニアリング事件、(2)松下プラズマディスプレイ事件（松下PDP事件）、(3)国鉄分割民営化事件での各東京地、高裁判決、最二小判決であったが、この内容は、要約すると以下の整理である。

　ビクター・サービスエンジニアリング事件（以下第一事件という）での東京高裁判決は、実態から事実を認定せずに修理業務は委託契約による内容であり、個人代行店はこれに合意している、本件委託契約の法律関係は全体とすれば仕事について諾否の自由があり、時間的、場所的拘束性はなく、修繕方法のやり方は個人代行店の裁量にゆだねられている、というのである。

　こうした高裁の判断は、実質をみるべきことを建前としては指摘しながらも契約の形式を重視している。筆者は、この原因としてキャリア裁判官たちの独立性を喪ったなかでの思考停止を指摘したい。

　松下PDP事件（以下第二事案という）では、大阪高判平20・4・25は偽装請負事案において労務供給先と労働者との間の黙示の労働契約の成立を認定した（この種事案で初めてこれを認めた高裁段階の判決である）。

　最二小判は、この事案を偽装請負とみず、違法派遣であるとして、「派遣法の趣旨、その取締的性格、労働者の保護」を掲げて「派遣元」と労働者との「雇用契約」を特別の事情ない限り有効なものとしたのである。この後のいわゆる「派遣切り」事案における下級審判決は、こうした判断に無批判に「追随」している。実態において、職安法や派遣法の適用を回避し、「先」の労基法上の使用者責任や労組法の使用者責任を回避するための労務者供給三面関係

について最二小判は、第一事件にみられたと同様、法の形式を重視し、実態、事実を軽視し、「先」企業による労働法の回避、潜脱に加担する判断をおこなった。

最二小判の判断の基礎には、これまでの下級審の判断に依拠した有力な学説の存在とともに経済界（日経連）の「新時代の日本的経営」施策（1995年）来の日本経済の現実（状）への追認（追随）をみることができると思われる。

国鉄分割民営化に伴うJR不採用事件では、東京地・高裁は、国鉄に採用候補者の選定および採用候補者名簿の作成過程において不当労働行為に該当する行為があったとしても設立委員（JR）は労組法7条の使用者としての責任を負わないとし、最一小判も同様の判断（JR北海道・JR貨物事件・平15・12・22民集57巻11号2335頁など）をおこなった（深澤・島田少数意見は、改革法は職員採用について、国鉄に設立委員を補助させることとしたものと解すべきであり、採用手続過程に国鉄に不当労働行為があればJRは労組法7条の「使用者」として不当労働行為責任を負う、としてJRの責任を認めるべきとした）。東京地裁、同高裁、最高裁多数意見は、国会の立法意思にも背をむけて当時の与党の政治の強い力に屈し実質的にみて同一性ある国鉄とJRの間の連続する採用過程における一体的な不当労働行為の実質を法的判断の外に出しJRを免責したのである。

このような改革法23条の法形式を重視する裁判官の判断には社会法である労組法の優位はない。また実態（事実）としての不当労働行為から目をそむけ、団結を排除した上での企業体の存続や経営の自由を尊重する強者の論理への傾斜が看取できる。

さて、東京地裁五判決を分析するについて、判決が何を認定し、何を認定しなかったのか、また判決の法規規範の選択はどうであったのか、正しかったのかどうか（判例法理も含めて）を基軸にしていきたい。分析が概括的であること、多面的でないことは筆者の責任である。

2 日本IBM「退職強要」事件（東京地判平23・12・28労経速2133号3頁）の検討

(1) 退職勧奨と判例法理

退職勧奨については、下関商業高校事件・最一小判昭55・7・10（労判345号20頁）があり、二審判決（広島高判昭52・1・24労判345号22頁）が確定して

いるが、最一小判の多数意見（団藤重光・中村治朗・谷口正孝）に対し少数意見（藤崎萬里・本山亨）が存在していた。二審判決は退職勧奨につき「退職勧奨は、任命権者がその人事権に基き、雇傭関係ある者に対し、自発的な退職意思の形成を慫慂するためになす説得等の行為であって、法律に根拠をもつ行政行為ではなく、単なる事実行為である。従って被勧奨者は何らの拘束なしに自由に意思を決定しうる」と判断し、その後の判例においてもこの違法性は、①退職勧奨基準の合理性（選定の公平性）と、②退職勧奨の態様（手段、方法）の違法性に分けて検討されてきた。また対象者は前記のとおり「何らの拘束なしに自由にその意思を決定できる」のであるから、まず退職勧奨を行う場面（機会）に応じるか否か、そして応じた場合において、自由な意思決定が担保されているかどうかが検討されなければならない（「二面における自由な意思決定」——国鉄九州地方自動車部事件・熊本地裁八代支判昭 52・3・9 労判 283 号 62 頁参照）。

(2) 東京地裁判決の紹介

東京地裁判決は退職基準の合理性について会社の主張する低い成績を当然のように前提とし、これに判断を加えることなく「二面における自由な意思決定」の要件に関連して、労働者の「退職しないし、勧奨に応じない」との判断を「熟慮のない」ものと断定し、これに再検討を求めたり、翻意を促したりすることは、「社会通念上相当と認められる範囲を逸脱した態様でなされたものでない限り、当然に許容されるものと解するのが相当であり、たとえその過程において、いわば会社の戦力外と告知された当該社員が衝撃を受けたり、不快感や苛立ち等を感じたりして精神的に平静でいられないことがあったとしても、それをもって、直ちに違法となるものではない」（下線は筆者。以下同じ）とした。判決には企業組織における戦力外と告知された労働者の弱い立場（業務のなかで行われる退職強要自体も拒否しにくい）に対する共感は、もちろん存在しないし、こうした場面に対する判定者の想像力を見ることができない。

(3) もう一つの特徴

本事案のもう一つ大きな特徴は、退職勧奨拒否についても労働者の意思表明だけではなく、これを被告（当該社員の上司）に確実に認識させることが必要と判断するのであるが、問題は拒否後に実施される業務改善プログラムの実態が示す性格についての判断である。退職勧奨に応じないとされた労働者への業務改善プログラムの実施はここで示される改善未達成による降格や解雇の提示に

みられるように退職勧奨に応じない場合の不利益を与えるものであり、実は周到に練られた連続的な、一体の退職勧奨行為とみられるのではないだろうか。この点について判決は、労働者の低業績に基づく業務改善を図る目的であり、不当な態様ではない、とする。さらに事実認定において、会社の職制のおこなった行為についての原告側からの主張に対して、例えば「面談が開始された当初の段階で、単に原告Aを激昂させ、感情的な反撥を招く危険のある発言を、あえてするとは考え難い」、「原告Aの感情を逆撫でするような失言をするとも考え難い」と判示する。また面談の際の職制のペットボトルを振る等の行為などについても「なお、Mが物理的動作としてペットボトルを振る等の行為（机を叩く行為も含む。）や、床を蹴る等の行為について検討するに、前者については、Mが原告Cに対して自分の考えを表現するためにしたことは認められるものの、これらの行為が原告Cの身体や心理状態を威圧する態様でされたと認めるに足りる証拠はない（上記認定のとおり、原告Cは何ら動揺していない。）。また後者については、上記認定に係る本件会議室の構造からすると、Mの椅子の背後の壁や横の椅子による極めて狭溢な空間においてそのような大仰な動作をとることはおよそ困難であるといわざるを得ないし、本件会議室が他の会議室や従業員執務室と隣接していることからすると、上記のような激しい物音と地響き（本件会議室の床構造からすると法廷で再現した以上に激しい音と揺れを生じさせるであろう。）を伴う常軌を逸するような行動をMがするとも考え難い。Cの供述は、あまりに誇張に過ぎ、机の蹴上げ行為を含めて、全体として信用性に乏しく、原告Cの主張に係る脅迫的又は威圧的な態様であったとは到底認められない。それらのMの動作は、Mが自らの考えを体で表現したもの、または、不誠実な回答に終始する原告Cに対する苛立ちの現れとしての軽微な動作又は癖（貧乏揺すり）にすぎなかったものと認められ（書証略）、原告Cを畏怖されるほどの違法な態様であったとは認められない」などとする。一方で労働者の態度や供述については、労働者には「動揺はみられない」とするなど、その供述内容の多くは採用することができないとされている。

　こうした事実認定における方法は、強者は正しいことを行い、弱者である労働者の供述は、間違っているという予断を持ったものであり、民事訴訟法2条にも違背する不公正なものではあると判断する。

3　本田技研工業（雇止め）事件（東京地判平24・2・17労経速2140号3頁）の検討

　本件は有期雇用をほぼ11年にわたって継続（間隔として6日間から1か月少し空白期間をとる場合もあった）してきた労働者が「平成20年12月1日より同年12月31日までとする期間の満了をもって終了とし、更約更新はしない」との不更新条項の入った雇用契約の締結により、その期間満了と同時に労働者の地位を喪った事案である。

　有期雇用契約については、解雇権濫用法規制（かつては判例法理、今日では労働契約法16条）の脱法としての運用が企業によってなされてきた実態があり、その業務の有期性（臨時的、一時的）の検討、契約更新手続の実態などを軸にこれを規制する裁判例が蓄積されてきた。本件での有期契約の実態に対しては、東芝柳町工場事件・最一小判昭49・7・22（労判206号27頁）と日立メディコ事件・最一小判昭61・12・4（労判486号6頁）のいずれが判例法理として妥当するのかは重要な論点であり、事実認定が問われる。東京地判は、これを日立メディコ最一小判に無理矢理引きつけたのである。しかし原告労働者の従事したエンジンバルブ製造ラインの完成工程のオペレーターとしての業務は、判決も認定するとおり、正社員も従事（混在して）するものであり、基幹的、恒常的な業務であって、正社員がこれとは別に管理的業務をしていた（判決書38頁）からといってこの判断は変わらない。また日立メディコ事件では従事した期間が昭和45年12月1日より翌年の10月20日までの1年にも満たないのに比較して、本件では11年に及んでいる（東芝柳町工場事件での臨時工の長い人でも従事期間は2か月×23回であり、4年である）ことからも解雇規制の適用としては実質的に無期契約と同一タイプとして更新拒否に労働契約法16条が類推適用されるべきである。しかし判決は、このことを認めない（判決49頁）。そして慰労金、精算金の支払や更新手続が自動更新でないとする判断は、それこそ企業側の東芝柳町判決の判例法理を回避する（脱法する）ための手続の司法による容認と評価できる。

　さらに判決は「雇用継続の期待の合理性」は認めた上で、雇止めについての説明により、労働者は「雇止め」になることについて粛々として受け容れ、期待利益と反する内容の不更新条項を盛り込んだ本件雇用契約の締結、そして退職届も出し、満了まで何らの不満も異議も述べず、継続を求める等を全くしな

いのであるから、説明会の時点で期待利益を確定的に放棄したと認められると判断した。現実の労使関係において労働者が不更新条項を拒否することは、その時点での契約の終了を受け容れることになり、契約上の地位の得喪を争えないと労働者が判断することは経験則からみてもやむを得ないものと筆者には思われる。

　そうすると会社のやり方は、契約の終了を回避させて、労働者を不更新条項つきの契約の締結に追い込むことになりはしないのか。そして何よりも解雇権濫用規制が及ぶ事案に対して使用者が持ち込んだ、これを回避するための不更新条項を「契約自由」のもとに有効視することは、法律の適用を誤ったものと評価されるものである（『労働判例百選第8版』有期雇用の更新拒否、日立メディコ事件─川田知子解説も同旨と思われる）。

4　いすゞ自動車（非正規切り）事件（東京地判平24・4・16労判1054号5頁）の検討

　本件は、いすゞ自動車の栃木工場と藤沢工場で正社員と同じ生産ラインのなかで、同一労働者が期間工となったり、「派遣」労働者となったりしながら継続して労働していたのであるが、会社が期間工に対しては「需要冷え込みによる大幅な生産計画の見直し」のためとして解雇予告をなし、平成20年12月26日付で解雇するとともに派遣労働者は、労働者派遣契約の中途解約を決定したものである。判決は、この雇止めを無効にする程の問題点があるとは認められないとしたのであるが、この判断が会社主張に強く依拠していることはいうまでもないのであるが、本章においては、批判的検討のために充分な資料がないのでこれへの批判は省略し、「いすゞ」における非正規雇用者の就労の実態（判示のなかから看取できる）に対する労働基準保護法からみての判決の批判を行う。

　判決は、「第一グループ原告らに認められる合理的期待の内容に照らし、被告の利益剰余金を取り崩して随時従業員の雇用を継続する可能性を考慮して本件雇止めの必要性として判断すべきであるとは解し難いこと」と判示する（判決書107頁）。しかし昭和54年から平成21年までの正社員、臨時従業員、派遣労働者および請負労働者の数の推移は、臨時、派遣、請負労働者が、その生産を正社員とともに担いながら（例えば平成20年12月時で、正社員等は3,496人、臨

時派遣が1,365人——栃木、藤沢工場あわせて)、会社により、自由自在に景気の調節弁として活用されてきた実態が窺われる。そして原告Mにみられるように、請負から派遣、そして臨時との契約形式の変遷は、その都度の解雇規制法理を回避し、これを脱法するために、労働者の意思とは関わりなく使用者の意思により選択され、この契約形式が労働者に押しつけられてきたのである(判決12～13頁)。そうであるならば、本件「雇止め」なり、派遣関係の終了に対する法的な評価は、個々に分断された最終の契約形式のみからでなく、一人の労働者の企業における「継続した就労の実態」に基づいて、これを対象、考慮に入れて憲法27条1項なり労働契約法上の解雇規制を及ぼさなければならないし、また派遣法40条の4の適用についても判示とは別の評価、解釈は充分に成り立ちうる。

　後者の点について判決は会社の主張と同様に派遣可能期間に抵触することとなる日以降、第一グループ原告ら、原告Gおよび原告Sを派遣しない通知(派遣法35条の2第2項)が派遣会社からされていないから、「申込義務が生じる要件(同法40の4)は満たされず」、また「派遣先が申込義務を履行しない場合にも私法上、契約の申込が擬制されたり、労働契約関係が創設されたりするものと解するだけの根拠はない」というのである。しかし派遣可能期間を超えて違法な派遣を行おうとする「元」にも「先」にもこうした通知を期待することは、それこそ不可能であって、この通知のないことの違法と不利益を一方である労働者に転嫁し、帰責することは、法の正義と、「法の支配」からみて肯定できない。

　そうであれば、「先」がこのことを充分に認識している(違法なり脱法の認識)と判断できる場合(本件「いすゞ」は、大企業であり、これを認識して充分に法形式を選択してきた)には、不通知を要件とせず、派遣法40条の4の適用もしくは類推適用して申込義務の存在を認める(確認の訴え)なり、意思表示に代わる判決(民事執行法174条)を下すこともできる。そして派遣法上の申込義務を公法上のみのものとみることは派遣法の目的(派遣労働者の雇用の安定)からみても労基法が刑罰によるサンクションにもかかわらず私法上の効果をもつこと、そして、なによりも法文の文理解釈にも反するものである。

5　日本航空整理解雇事件（東京地判平24・3・29労判1055号58頁、東京地判平24・3・30判タ1403号149頁）の検討

　本件事案については、乗員と客室乗務員の整理解雇を担当した東京地裁の労働（集中）部36部が運航乗務員75名の、同11部が客室乗務員71名の整理解雇をいずれも有効として社会的にも大きな波紋を起こしたのであるが、この両判決の基本的かつ根本的な問題性を提起する。

　この判決を読んで筆者がまず理解認識したのは、実はキャリアシステムのなかでの東京地裁の二つの部は、当事者側すなわち更正計画認可を決定した東京地裁と同一の組織のなかにあるということである。

　その意味で司法判断（中立、公正であるべき）がなされるのは、東京高裁が実は、初審なのではないかという法社会学的な判断である。この評価は、日本の司法制度（その公正と独立性）に対する強い危機意識が筆者にはあるので、正確な判断ではないかもしれない。

　第二に、これらの判決においては、論理の上では表面上は、会社更生手続下の解雇であっても整理解雇法理が適用されると判示するのであるが、実質的、具体的判断では、整理解雇の必要性、解雇回避努力、人選基準の合理権、手続の相当性（協議、納得）の4点の全てにわたって会社施策に対して、裁判体は客観的合理的な判断を行うことがなかった、と評価できる。

　日本航空整理解雇事件での東京地裁判断は、会社更生法下においては整理解雇法理、そして労働契約法16条を「骨抜き」にしたのである。このことは国鉄分割民営化の改革法と労働組合法との「衝突」において、労働組合法が改革法の実施、運用にも強行法として貫徹する（調和ではなく）ことを東京地・高裁が否認したのと同様の性格をもったものである。

　会社更生法の適用においても、社会法である労働契約法による解雇規制と労組法による労働組合の団体交渉権や団結権の尊重を遵守しなければならない。二判決にはこのことを法の適用として冷静、かつ公正に見る眼が存在しない。管財人の行為と更正計画への全面的賛同が強く表明されている。

　例えば判決は更正計画案について「上記の内容の更正計画案は、確定下期計画による事業規模に応じた人員体制とすることをその内容としていたものというべきである。そうすると、被告が、確定下期計画実行前の同年9月の段階で、本件人選基準と基本的に同一の基準を示し、運航乗務員の削減目標人数を設定

したことは、上記の更正計画案の内容に照らして、十分に合理性が認められることになる。そして、確定下期計画による運航便数を前提として必要な運航乗務員を、どこまで削減することが可能であるかを検討した結果、同月末日の人員から稼働ベース371名（第一次希望退職措置の応募者を含む。）を削減する必要があると判断したことは、上記の更正計画案を実現する上からは、必要な措置であるというべきであるし、この判断自体、合理性の認められるものであるということができる」（乗員判決32頁）としている。

　問題の焦点は、判決において人員削減の必要性は、なぜかくも簡単に整理解雇の必要性と直結させられたのか、である。判決は認定していないのであるが、2010年1月21日の8労働組合合同説明会で再生支援機構は、削減数1万5千人の新聞報道について「数字の中には、新規採用を控える、自然減、グループ子会社を連結から外すこと、その他には特別早期退職措置、一時帰休、ワークシェアなどを計画する。整理解雇は考えていません」と述べていた。その後も人員削減を整理解雇によって実現するといった方針については、団体交渉が誠実に開催されないまま、整理解雇を行う決定（平成22年11月12日）をし、その直後に更正計画案について債権者の賛成多数を得ているのである。このことは整理解雇の決定をもって更正計画の認可を一挙に得ようと管財人が判断したと思われるのであるが、これでは整理解雇の当否自体について、団体交渉権や協議の実質化ははかられず、結果のみが押しつけられ更正計画可決の条件になるという、極めて非合理な、信義則に反する手法といわなければならない。そして人選基準についていえば高年齢基準や直近3年間の病欠者があげられているが、これらの基準は中立的であるようにみえて会社への長期の継続する貢献度の否定、そして高年法における高齢者も含めての雇用保障の要請（憲法27条1項）にも反するし、偶々の3年間の病欠歴をとりあげるという不公正さとともに労働者の権利でもある病気休暇制（空の安全にも必要なもの）の利用を解雇の不利益に結びつける不当なものである。さらに根本的な問題は、この基準の実質的な決定は誰が行ったかということである。管財人決定の前に会社の人事労務の判断が先行していることが推認される。

6 「法の支配」と司法権
(1) 東京地裁判決の評価

筆者は、これらの東京地裁判決を読んで、司法において何が擁護され実現されなければならないかについて強い認識というか自覚を持たざるを得なかった。すなわち司法は「法の支配」を実現する場であり、制度である。裁判官も明示的に憲法を尊重する義務を負っている（99条）のであり、憲法は労使関係において労働者の基本権としての人権（憲法13条、27条、28条等）が擁護されるべきこと（＝法の支配）を求めている、ということである。しかしこれらの判決には企業の「自由」への強い尊重と日本経済の現状への追従が現われている。これらの判決をした東京地裁裁判官らは、司法が日本社会に適応することは、大きな支配的な力をもった経済団体や大企業の意思なり利益に沿うことであると考えているかもしれない。しかし、「法の支配」において社会法としての労働法は、市民法（企業法）における経済活動の全き自由を規制して、労働者の「尊厳」と自由と平等を実現する「法」として存在し、その規範を司法によって実現しようとするものである。

(2) 形式ではなく事実（実態）

形式ではなく、事実と実態から、法の判断することが法の本質的な要請でなければならない。これらの判決には企業と労働者は現実、実態において対等なものであり、労働者は労使関係において、何時でも意思の「自由」が存在し、この「自由」な意思が確保された上での決定であり、使用者と労働者は対等であるとの前提がある。そしてこの前提（観）によって社会的弱者のための労働法は労働関係においてスポイルされ、「市民」法化されているのである。

(3) 憲法を生かす

裁判官の憲法尊重義務の履行のために当事者法曹も含めて法曹は憲法学からもっと「多く」のものを、また「深い」ものを学び吸収していかなければならない。

正しい判例を法曹はこれまでも求めてきたし、判例形成を創造してきた。労働裁判において、この正しさは、憲法規範から導かれるものであって、社会法である労働法の市民法に対する優位が確認されなければならない。

(4) 法曹一元の実現

司法における官僚システムの廃止と法曹一元運動の提起が制度改革として、

今日極めて重要なものとなっていると筆者は考える。

　労働裁判を担う弁護士は、事件の判決（結果）を担当した事件毎の「一過性」のものにしてはならない。確かに司法においては三審制があり、不当な判決は二審、そして三審（最高裁）によって是正されなければならない。しかしこの場合において不当な一・二審判決は上級審における批判の対象になるとのみ位置づけられてはならない。このような不当な判決を再び生み出す根源、土壌にむけての改革エネルギーが市民と連帯して創り出されなければならないと考えている。

第5章　雇用社会における法の支配と新たな救済システム
　　　──労働審判制度の意義と展望

はじめに

　本章の元になった論稿は、2004年4月28日に成立した労働審判法の意義と展望をこれまでの救済システムとの比較においてまた、この制度の目指した個別労働紛争の簡易、迅速な解決のための課題、そして、労働訴訟における労働参審制への道筋、展望などを2006年4月からの施行にむけて明らかにし、この制度が雇用社会から安定的にかつ信頼され、十全の機能を果たすための課題を明らかにしようとしたものである。

1　実体法と救済システム

　権利義務を定めた実体法が存在しても、これらの紛争を解決する救済システムが十分な機能を営んでいなければ、実体法は、社会生活において意味をもたないことはいうまでもない。また、これとは逆に、救済システムが充分なものであるならば、「書かれた法（制定法）」のみならず「書かれない法（ex.判例法における法の創造）」の発展、伸長も進むことになる。総括的にいえば、わが国においては、雇用社会のみならず、社会全体に権利救済システムが、そのインフラも含めて十全ではなく、実体法の内実化も充分に、はかられてこなかったと思われる。ここ数年にわたって問題となっている「内部告発」といった社会事象も雇用社会における非法状態の反映でもある。

　筆者は、司法制度改革審議会の議論に注目してきたが、2001年6月12日の「司法制度改革審議会意見書──21世紀の日本を支える司法制度」に提示された内容については、積極的に評価する立場にたってきた。「労働関係事件への総合的な対応強化」の項に示された内容を実現するために、弁護士会側からの立場で、可能な限りのコミットも行ってきた。雇用社会においても「法の支配」の確立は、喫緊の課題であり、労働法の領域と重なり合いながら、さらにそれを越えて、この内容を雇用社会に具体化する作業が必要であると考えている。そして2003年、労働組合の組織率が20％を割り込んだというなかで、激

増している個別労働紛争の適正、迅速な解決のための司法制度としての新しい受け皿である労働審判制度が「法の支配」確立のため、重要な役割を果たすことを確信している。

2 これまでの救済システムの特徴と評価——労働審判制度との関連で

労働審判制度との関連で、これまでの救済システムの特徴と評価について最低限必要な整理をする。労働裁判は、2002年の新受件数は、2,309件であって、この10年間において、その件数がほぼ3倍強になったとはいえ、他の民事事件と同様に、労働者にとって時間と費用がかかるものであり、重たくて利用しにくいと判断されている。もちろん、地裁での判決までの審理期間は、新民事訴訟法の実施と裁判官、当事者の努力もあり、確実に短くなってきているが、なお13.5か月程度かかっている（ただし、人証調べを行ったものの平均審理期間は21.2か月）。東京、大阪、名古屋、福岡などに労働専門部なり、集中部（他の事件も扱う）があるが、専門性が確保されていない（労働部の裁判官も通常の人事ローテーションで移動している）し、判例の不確性を指摘する意見もある[1]。

仮処分事件については、終局裁判でないというだけでなく、仮処分の必要性の厳格化や主文の暫定性の「強化」（例えば、解雇の無効による賃金請求事件でも「本案一審判決まで仮に支払え」から数か月に限定するなど）により、利用しにくくなっているといわれている。なお決定に至ったものの、平均審理期間は4.7か月である（いずれも2001年、最高裁判所による）。

集団的労働関係についての労働委員会制度であるが、命令までに大変時間がかかっており「事実上の五審制」と言われる制度上の制約もあり[2]、利用することの実効性が喪失しつつある。今般、労働委員会制度の機能強化にむけて、労組法の改正がなされることになっているが、こうした弊害を克服できるかについては、予断を許さないと思われる[3]。

---

1) 大竹文雄「整理解雇の実証分析」大竹文雄＝大内伸哉＝山川隆一編『解雇法制を考える』（勁草書房、2004年）142頁。
2) 「不当労働行為審査制度の在り方に関する研究会報告」によれば、1999〜2001年の平均で審理日数は、初審797.0日、再審査1,529.7日である。なお、初審不服率は78.1％である。また、同期間中初審命令に対する取り消し訴訟の審理期間は565.6日、終局665.0日、再審査命令に対する取り消し訴訟の審議期間は、それぞれ882.5日、1,036.3日となっている。
3) この点につき拙稿「労働裁判改革と不当労働行為制度」労働法律旬報1567＋68号（2004年）33頁以下。

さて、特徴的なのは、行政機関による個別紛争解決へのアプローチであり、2001年10月から施行された「個別労働関係紛争の解決の促進に関する法律」による相談件数は、2002年で62万件であり、その内、民事事件は10万件、助言指導の申出は2,332件、斡旋申請3,036件という。なお、斡旋申請案件の内、合意成立は、33.7％、打ち切りは48.2％であり、この場合に当事者が出てこない割合が高いとのことである。こうした激増している個別紛争事案に労働審判制は対応することが出来よう。

3 労働審判制度の趣旨と概要

(1) 目的

労働審判手続は、個々の労働者と事業者との個別の労働関係紛争事件について、（事物管轄とは関係なく）地方裁判所が、迅速、適正かつ実効性ある解決を図ることを目的として、当事者の申立により、審理手続を開始し、「調停の成立による解決の見込みがある場合にはこれを試み、その解決に至らない場合には、労働審判を行う」（法1条）ものである。

(2) 審判体と審判

労働審判は、裁判官である審判官1名および労働関係に関する専門的な知識経験を有する労働審判員2名で組織する。

審判は、労働審判委員会（法7、8条）が「当事者の権利関係及び労働審判手続の経過を踏まえて行う」（法20条1項）ものとされる。

(3) 迅速性――3回期日原則

審判期日は、特別の事情ある場合を除いて3回以内の期日において、審理を終結しなければならないとされており（法15条2項）、労働審判を行うことが紛争の適正かつ迅速な解決のため、適当でないと認めるときは、審判を行わずに事件を終了させることができる（法24条1項）。

(4) 訴訟との連携――訴え提起の擬制など

審判に異議あれば、審判書の送達または、告知日から2週間内に申立をすれば、審判は効力を失う（法21条）とともに、審判申立の時に（係属していた地方裁判所に）訴訟の提起があったものとみなされ（法22条）、このことは、前記の「審判によらない事件の終了の場合」も同様である（法24条2項）。

異議の申立がないときは、審判は、裁判上の和解と同一の効力を有する（法

21条4項)。

4 意義と評価
(1) 労働事件における初めての裁判手続の改革
　労働審判手続は、労働裁判制度(とはいっても、これまで労働裁判は民事訴訟法の一類型でしかなかった。すなわち固有の手続法をもたなかった)における戦後初めての制度改革である。
　これまで、労働仮処分としての様々な創意工夫(主文の内容や必要性の要件の緩和など)、本案における立証責任の転換、集中審理など労働裁判は、その特質からの一定の改善を民事訴訟手続のなかで実現してきたが[4]、労働審判制度は、制度改革であって、労働紛争についての裁判手続のあり方が、民事訴訟手続から初めて抜け出したといえる。このことの意義は、今後の労働裁判改革(参審制や固有の手続法の制定など)の出発点として確認されてよい。

(2) 手続と評決への労使の参加
　周知のとおり、司法制度改革審議会意見書(2001年6月12日)は、「労働関係事件への総合的な対応強化」が必要であるとし、「雇用労働関係に関する専門的な知識経験を有する者の関与する裁判制度の導入の当否、労働関係事件固有の訴訟手続の整備の要否について早急に検討すべきである」としていた。内閣におかれた司法改革推進本部の労働検討会(菅野和夫座長)は、この意見書を踏まえ、鋭意検討を進めてきたが、ここでの中心課題は、労働参審判の導入の是非にあった。今次改革では、労働参審制の導入には至らなかったが[5]、労働審判手続における専門的な知識経験を有する労使から任命され、中立かつ公正な立場において(法9条)、審判委員会を構成する審判員は、いわば「労使審判手続における参審員」であって、労働参審制の代替案との評価もできるが、むしろドイツにおける労働裁判所に近い制度といえる。そして、この「労働の参審」制は、この手続が広汎に利用されるための制度的な保障の要ともいうべきものである。
　この点は労組法上、労働委員会における労使参与が、それぞれの利益代表の

---
4) なお、私見によれば、労働裁判の特質は、①証拠の偏在、②継続性と流動性、③迅速性、④人格的色彩の濃さ、⑤専門性などである。
5) この間の経過については、村中孝史「個別労働紛争処理をめぐる議論と政策——80年代以降の議論動向」労働法学会誌104号(2004年)84頁を参照されたい。

立場にあり、評決に参加しないことと根本的かつ決定的な相違である。労働審判において労使の審判員が中立、公正の立場に立ち、事案についての結論に向け審判官とともに討（評）議し、判断に至ることが、本質的に重要な要素であって、このプロセスを経た判断こそが雇用社会に安定的に受容されることになり、雇用社会における法の支配の確立につながるのである。

　筆者は、判断への参加による責任の共有こそが、審判制度への信頼を労使双方に生み出すことになると考えている。

　その点で、労働委員会制度が、いまだ労使双方から充分な信頼を得ていない一因に前記の制度的構造が存在すると考えている。なお、補足すれば労使とは別に「公益」委員という範疇があることにも、筆者は今では疑問を持っている。何故なら「労、使」の各側から逆出されても、中立、公正な立場は、確保されるし、こうした制度によれば、「独立、公正な」判断すなわち公益が実現されるからである（例えば、フランスの労働審判所の審判員は労使によって構成されている）。

(3) 簡易、迅速な手続

　労働審判は、3回の期日で判断に至るという簡易、迅速性を本質的な要請にする。

　このなかで、調停の成立も試みられる。審理の大筋のイメージは、典型例では第1回で訴状、答弁書の陳述、釈明など、第2回で争点整理と証拠調べの決定、第3回で人証などの実施と結審ということになるのではなかろうか。もちろん、事案に則して1〜2回目での調停の成立や2回目での証拠調べの終了も充分ありうる。そして、迅速性が生命であるということは、複雑な事案との取捨選択は、やはり進むことになる。審理に要する期間として、仮処分との対比においても遅くとも4〜5か月までとする体制をつくることである。

(4) どんな紛争に有効か

　労使の専門性が生かされることおよび3回の期日という迅速な審理であるという特質に適した事件とはどんなものか、である。

　審判制は中立、公正な労使審判員の参加によって事案の解明力と事実の認定の適正さはもとより結論の妥当性について、間違いなく積極的、肯定的に評価されるであろう。

　解雇事件や、賃金不払などのうち、簡明な事案は、適した事案といえるし、

セクシャル・ハラスメントや職場でのいじめ事案等も事実関係が複雑でなければ労働審判になじむと思われる。

就業規則の変更による労働条件の不利益事件については、構造的というか複雑なものは、3回の期間には馴染まないだろうし、コース別管理等の性別による差別事件も同様であろう。こうしてみてくると、審判手続の実施、運用のなかで、序々に他の紛争救済手続（裁判や仮処分も含めて）との相互の利用関係は、整序されていくことになる。仮処分事件は、むしろ利用が少なくなることが予測される。

そして、個別紛争解決促進法による行政 ADR との連携が、行政による助言も含めて、「制度的」（実質的にでも）に確立することが望ましいと思われる。

すなわち、行政に向かった個別労働紛争の内、労働審判手続にふさわしいもの（当事者の出頭のないものも含めて）は、行政 ADR から積極的に労働審判に回付されるネットワークの確立が構想されてよい（この点、ドイツにおける 2002 年労働裁判所の新受件数は 64 万 2,440 件である）。

(5) 主文の弾力性

審判の内容は、事案の性格と、当事者の意思に応じて、従来の労働裁判における判決主文よりは、弾力性を持つものとなる。

この点について、前述のとおり、審判法は、「労働審判委員会は、審理の結果認められる当事者間の権利関係及び労働審判手続の経過を踏まえて、労働審判を行う」ものとし（法20条1項）、審判においては、「当事者間の権利関係を確認し、金銭の支払、物の引渡しその他の財産上の給付を命じ、その他個別労働関係民事紛争の解決をするために相当と認める事項を定めることができる」（法20条2項）としている（傍点筆者）。

「相当と認める事項」とは、具体的には、財産上の給付を審判手続のなかで、当事者が合意した新たな人事、賃金上の制度化の条件に関らすなど、審理のなかで、労働者の退職意思が確認されれば、解雇無効の判断とともに、金員の支払を命じる主文になることもありえよう。ただし、この点は、この手続の安定的な定着化のためにも、実務のなかで慎重な判断が必要である。

5 課題と具体化

(1) 専門性の保障

専門的な経験は、事案の把握力を高めるとともに個別事案において具体的に、妥当な結論を導くことができる。既に述べたように、労使の審判員は、雇用社会に法の支配を実現するために利益代表ではなく、中立、公正の立場で判断に参加する。このことは、導入時の広報はもとより研修の場を通じてしっかりと確認されなければならない。労使の立場からの利益対立が持ち込まれてはならないし、また、審判官の専門性も求められる。審判官の専門性を研修だけでなく、人の特定化によって、保障する政（施）策が必要である。また、専門性を持った審判官確保のための一環として、弁護士（労側、経営側を問わず）からの非常勤裁判官が活用されてよい。

(2) 労使からの審判員の供給体制について

制度も人である。労働側からも使用者側からも「人」が得られなければならない。現役が望ましいが、退職者も含めて対象を拡大することになってよい（イギリスの例）。

中立、公正の立場で、日本の雇用社会に「法の支配」を確立することが必要との認識を持った人が、任命名簿に登載されることが望ましい。おそらく、労働組合と、経営団体からの推薦を地裁が受けて、最高裁判所が委嘱することになると思われる。この場合に、裁判所の伝命方法については、最高裁規則で規定することになる（法10条2・3項）が、弁護士会に推薦委員会をおくならまだしも、元々推薦する労使の団体とは別に、これに屋上屋を重ねる推薦機構は不必要であるし、人事の公正、透明の担保のためにも不適当であると筆者は考えている[6]。研修のためのプログラムの作成も必要になる。

(3) 審判制度の積極的な活用

新しい制度の定着は、活用がなければならない。労働側がこの制度を大いに活用することが大切であるし、よりよいものにしていく努力が求められる。裁判所による市民、労働者側への予算を充分にかけた積極的な広報活動も具体化されるべきである。「個別紛争解決法」による行政 ADR の処理が、実効性を充分にもてない制約があるなかで、労使参加の審判制度は、司法の作用として労働関係当事者に広く受け入れられることになると思われる。

6 労働参審制への道筋

　労働検討会においては、労働参審制は、いまだ経営側の体制が充分でなく、まず労使参加の労働調停制の実施を見ながら段階的に進めるべき、わが国の労働裁判は改革を求めれるほどのものではない、などの意見なども出され、合意に至らなかった。

　しかし、労働審判法成立の際の、衆参両院の付帯決議にもあるように、この審判手続の実施（例えば、この2年内の実施に向けて、各地の地方裁判所に、全国で1,000人規模の審判員の名簿予定者が必要と予測されている）により、人的なインフラは整うことになるのみならず、労働審判制の安定的運用と成熟により労働裁判における参審制の実現は、早晩、労使双方の共通の世論になると筆者は確信している。

6）　イギリスの雇用審判所の素人裁判官は、推薦制から公募による方式に最近改められた。ピーター・クラーク雇用控訴審判所裁判官によれば、人事の公正、透明性の確保のためと説明されている。経営団体においても、業種や企業規模（ex 商工会議所の参加も含め）への配慮は必要であるし、労働団体については、各都府県に存在する労働組合から上部団体に捉われずに公正に推薦される方式が考えられるべきである。労働組合の組織率が20％を割っていることに付加して、日本の労働組合が企業別組合であるという閉鎖性をもつ条件があるにせよ、現状においては、これを前提にせざるを得ないが、近い将来にはより公正なシステムとして、従業員代表制の構想などと共通した検討と具体化が必要になるのではなかろうか。

　なお、労働審判制について、書かれた論稿として、以下のものがある。『自由と正義』55巻6号（2004年）の特集記事、菅野和夫「司法制度改革と労働検討会」、構溝正子「日弁連労働法制委員会と労働検討会」、鵜飼良昭「労働側弁護士から見た労働検討会の成果」、石嵜信憲「使用者側代理人から見た労働検討会の成果」。その他に、鵜飼良昭「労働審判制度の概要と課題」労働法律旬報1567＋68号（2004年）24頁以下。ドイツの労働裁判所、イギリスの雇用審判所については、日弁連が招いたカーリン・アウスト・ドーデンホフ裁判官（ドイツ）、ピーター・クラーク裁判官（イギリス）の報告とシンポジウム資料が労働検討会に提出されている（資料194の1～3）。中山慈夫「労働審判制度の創設にあたって」経営法曹140号（2004年）1頁以下。宮里邦雄「労働事件の現実と紛争解決システム」季刊労働法205号（2004年）38頁以下等がある。

第6章　現代における法の形成と法律学の役割

　法の形成をテーマとする以上、法律の定立である立法論も含め分析対象にすることにしなければ充分でない。しかし、本章では現時点における裁判・司法の場における法の形成に焦点をあてるものとし、立法論としては、日本の司法（裁判）が憲法の基本権・人権の適用を回避している現状のなかで基本権・人権論からの立法運動を提示することにとどめたい。このことは筆者の活動と力量の制約の結果である。

1　時代と法
(1)　二つの憲法と連続するもの
　戦後74年の裁判運動と権利運動をとっても、時代区分をどう線引きするのかは別にして、時代に対応する権利運動のテーマは変動がある。それは経済、政治、社会の変化に対応して権利運動のテーマが変わっていくものであろう。もちろん一貫して共通している権利運動の課題もある。しかしこの時代をもう少し大きなスパンでみてみると、戦後74年のほぼ同一期間である戦前の77年間は、概ね大日本帝国憲法下にあり、戦後74年間は、概ね日本国憲法下にあった。そしてこの前の時代と後の時代は、法規範とすれば国家主権と基本的人権のあり様について根本的な転換がある。しかし市民の意識のなかでは、その基底において戦前から戦後に連綿として続くものがある。例えば家父長的な父権中心の家イデオロギーである。戦前の家族主義的共同体意識は、戦後の企業社会に受け継がれてきたといえる。

　しかし日本国憲法の基本権は、戦後の労働運動も含めた社会運動の要求実現の法規範として強いメッセージ性と規範力をもってきた。それは、現実の日本社会に人間の尊厳と人権を侵害する事実があり、これを是正し、改革しようとする労働者はもとより、市民の運動がその要求を人権要求として確認してきたからである。

(2)　現代を象徴する二つの事件
　1990年代後半から現在までの20年をみると、日本社会には一つには貧困の

増大と格差の拡大があり、1984（昭和59）年には604万人（全体の15.3％）であった非正規労働者は、2016（平成28）年は2,023万人（全体の37.5％）と増加した。

その内訳はパートが988万人、アルバイト415万人、派遣133万人、契約社員287万人、嘱託119万人である。年収200万円以下の労働者家庭の増大と所得最上位層の増大にみられるように、市民社会の分断と危機が進行している。

二つには、市民の全生活における競争の激化と自己責任の強い社会になり、投機的な資本の動きも含め、強い企業利潤追求と経済的効率優先の社会、いわゆる市場原理主義、新自由主義がグローバル化とともに影響力を伸ばしている。

このような時代を象徴的に示す事件として電通過労自死第二事件（2015年12月25日）と相模原障害者施設殺傷事件（2016年7月26日）を挙げることができる。電通事件の被害者は、東京大学を卒業した新入社員であり、彼女は母親への死の直前メールで「人生も仕事も全てつらい」と記した[1]。

相模原事件では、加害者は「意思疎通がとれない重度、重複障害者は安楽死の対象とすべきだ」と述べた。障害者の安楽死を国が認めてくれないので、自分がやるしかないと思ったと捜査関係者に供述したとされる（最近では旧優生保護法による不妊事案が告発されている）。

この二つの事件からは、現在においても戦前から続く日本社会の基底にある社会意識をみることができるのではないだろうか（戦前の勤労観や優生思想など）[2]。

(3) 「人間の尊厳」を実現する法運動

法については、民主政治が「人民の、人民による、人民のための政治」とするならば、民主的な法は、「市民の、市民による、市民のための法」といえよう。

そして法の正義については、様々な意見は存在するが筆者は、法曹としての実践と学びから「人間の尊厳」とこれを根本原理とする基本権（平等、自由、連帯、公正など）であると考えており、法運動（法の正義を実現する運動）は、「人間の尊厳」を実現する持続的な運動と組織の形成であると整理する。そして人間としての「自己」と「他者」はともに依存しあいながら共生し、類とし

---

1) 電通には4代目社長吉田秀雄により1951年つくられた「鬼十則」（行動規範）があり、そのなかには、④難しい仕事をなしとげるところに進歩がある、⑤取り組んだら殺されても離すな、目的完遂までは…、などがある。

ての人類を形成してきたと認識している。「筆者は自己としては唯一の存在であるが常時、常在として他者に関わりともに生きている」という筆者としての命題がある。そしてこれは個人主義でもなく、共同体主義でもない。[3]

2　裁判運動と権利運動の特質

既述のとおり、戦後の裁判、権利運動は、人間の尊厳と基本的人権を侵害する社会的な権力や国や自治体（公務員のスト権をめぐる事案は特徴的である）との対立、対抗であり、この要求、社会運動は憲法規範としての人間の尊厳と基本的人権をそれぞれの社会の場において実現しようとするものであった。

そして裁判事案は、その時代の象徴であり、当事者にとっては「人間の尊厳」をかけた運動であった。最近では、非正規公務員の雇止め事案（守口市役所[4]、吹田市役所）、派遣労働者の「派遣切り」の違法を問うた松下 PDP 事件など、また大阪市における橋下維新市政による多発した不当労働行為事件などにみることができる。

ここに指摘した事件において、全体として司法（大阪市組合事務所大阪地裁判決、松下 PDP 大阪高裁判決を除いて）は、筆者の理解では基本権・人権の擁護を内容とする「法の支配」に背をむけてきた、すなわち基本権の侵害に手を拱い

---

2) 三村起一『産業戦士の心構え』（富士書店、1944 年）10 頁。
　産業戦士が増産挺身の為めに…特に高講したかったのは私の僅かな体験から見て主として次の三つの点である。第一には現有能力の最大発揮と云ふことである。設備や機械の新設増大等による生産拡充の声は頗る高かった。私はその固より必須なるを痛感して居たが、資材其他に自ら制限されるから新拡充も結構だが先以て何を措いても設備機械労力等の原有力を最大限度に発揮することが土台とならねばならぬと固く信じたものである。而して、遊休潜在の生産力の高度活用と二十四時間制の実行の如きは生産陣営の執務中の急務と考へたのである。第二に戦時国内体制の整備と共に訓練不足の人々が多数生産第一線に立つことからも当然だが、現在の産業戦士も一大決意の下に自分を再鍛錬して、訓練されたる自分を御国に捧げ奉ることを念願した。
　第三に各自がその持場に立つ以上は何事によらず責を他に転嫁せず、出来れば此の私が悪いのだと自分で引構へて為し遂げる決意をすることが現下最も肝要と信じて居る。従って、一見不可能の如き仕事も引構へて苦心工夫して実行する時に、不可能を可能となすことが出来ると云ふ確信と創意と熱意を喚起したい点である。
　野村平爾・島田信義「労働法（法体制、崩壊期）」『講座日本近代法発達史 8』（勁草書房、1959 年）73 頁から引用。
　なお、三村起一は戦後も住友鉱業（現住友金属鉱山）初代社長、石油開発公団初代総裁、経団連常務理事などを歴任した人物である。
3) 川本隆史『哲学塾』（岩波書店、2008 年）参照。
4) 拙稿「非常勤地方公務員の任用更新拒否が争われた例」民商法雑誌 153 巻 4 号（2017 年）603 頁。

てきたのである。松下PDP最二小判後の各地の地方・高等裁判所の派遣労働者の「派遣切り」を適法化した裁判（唯一の例外は2013年3月13日マツダ事件山口地裁判決労判1070号6頁）にみられるように司法の官僚制は一層強固になっているといえる。

3 基本権と現在における裁判の特質

判決は、その内容の正当性を社会から求められる。この正当性は、事実認定の正しさと事実のなかにある、法の抽出、「すくい上げ」が、正しく誤りのないことである。筆者はこれまでもドイツで論じられている「視線の往復」などといったものではなく、事実と法との間の相互媒介関係を主張してきたが、いかなる事実を判決の基礎として認定するのか、どの法規範を選択するのかについて相互の媒介（事実から法、そして法から事実）が不可欠である。

さて現在の裁判の全体の傾向、特質をつぎの四点に整理したい。

一つは、法律実証主義[5]と評価できるものである。これによれば、法律解釈は憲法規範から導かれるものではなく、法律解釈の「果てる」ところに憲法上の基本権・人権は存在しない。いわば戦前の人権規定における「法律の留保」と同様の思考様式である[6]。

二つは、社会権としての労働三権・勤労権は、「企業（人権の主体ではない、法の擬制としての経済的法主体）の財産権（施設管理権）の支配」、「採用の自由」に優越されて社会権の相対化、融解がすすんでいる。

三つは、憲法の根本原理としての「人間の尊厳」や基本権が、判決において尊重されず、一部の判決を除いて「不在」状態である。

四つは、司法は現実の支配的な経済システムなり、政治・社会的な権力、優越的な地位に強い配慮を示しながら、差別された社会的弱者に対する眼は厳しい。裁判官は、社会のなかの強者であり、競争のなかでの勝ち組であることを反映している面もあるが、それは主要な原因でない。また官僚体制のなかで司法は、行政事件では行政権に追随し続けている。戦前の特別裁判所としての行政裁判所の観である。

---

[5] ドイツの概念法学的法律実証主義への批判については磯村哲『社会法学の展開と構造〔オンデマンド版〕』（日本評論社、2008年）121頁。
[6] 泉徳治もこのことと、人権保障規定の実効性を確保する現行憲法解釈の必要性を指摘する。同『私の最高裁判所論』（日本評論社、2013年）174頁。

このような司法権の脆弱化のなかで、市民の裁判運動、権利運動は司法手続上の三審制度の最大限の活用はもとよりのこと正義と人権の市民運動を実現するために立法運動を組み立て、政権交代も含めて立法要求（法律化）に習熟していかなければ法曹として正しい問題提起を社会に行ったことにならないであろう。

　そして法曹、とりわけて裁判官は憲法99条により憲法を尊重し、擁護する義務を負っているのであるから、日本国憲法の国民主権、基本的人権の尊重、平和主義という三つの基本原理は、裁判事案として必ずテーマとなっている（後景にあるように見える事案もあるが、これとて人権に及んで検討することが求められる）。

　基本的人権の尊重は、職務を果たす上での本質的な裁判官制度存在の根拠である。憲法99条を根拠としてドイツにおける司法の基本権保護義務説の発展が参考にされるべきである。そして裁判官の判断に大きな影響を与えうる弁護士の法運動、裁判運動において人間の尊厳と基本権から市民と労働者の要求運動を位置づけ、こうした基本権からの権利運動として法律の違憲性（法律のあり方も含め）のみならず、法律の憲法適合性を主題の一つにしなければならない。司法はこうした当事者間の人権をめぐる個別紛争、すなわち国と市民、企業も含めた私人間の関係において、憲法による人間の尊厳と基本権の保障関係を画定、特定化し、基本権実現のための作用を不断に果たすことが求められている。

4　法運動の課題——労働分野から

　本来、労働こそは社会の価値の源泉である。それは労働主体にとって人格の実現であるとともに、他者（社会）とつながる価値あるものであり、喜びであらねばならない。しかし現実の労働は、苦しみになったり、他者との競争の対象や序列の尺度となり、本来の社会価値から切断されている。

(1)　人間の尊厳と「よき労働」の実現

　労働のあり方として、これまでも「標準労働」や「ディーセント・ワーク」という概念、理念が指摘されてきた。筆者は「よ（良）き労働」を提示してきた。この概念は、ドイツのIGメタルの運動のなかでも提起されたものであるが、人間にとって労働こそが、自己の実現と社会への参加の主要なもの（将来

において変化はありうる）であること、労働は社会における価値の源にあることからすれば、人は労働において「人間の尊厳」を実現するものであり、「人間の尊厳」を基準（本）として、労働のあり方が決定されるべきものである。「よき」労働は、働く労働者にとって良いものであり、社会にとっても善きものとして存在する。そして憲法規範からこれをみるならば、労働基本権の保障とともに、人間の尊厳と基本権にふさわしい労働基準の獲得、協約化そして法定化が課題となる。

　法律の内容が不充分な場合、また違法、不当なものと、労働の主体により判断されるならば、この法律の規定が、人間の尊厳を阻害、また侵害するものとして立法運動のみならず、労働者には、この法律による使用者の行為、措置の是正を求める私法上の請求権を肯定することができる。

　この裁判手続においては、立法権の不作為による法律の違憲性も違憲審査の対象とすることができる。政治・社会論において、以前は公共圏なり公共空間論がいわれてきたが、法の世界は憲法圏の、すなわち人間の尊厳と基本権の世界であり、企業と労働者の関係である労働関係は、人間の尊厳と基本権が支配し効力を持つ場である。

　そして比喩的に言えば、「法は眠っている」が、人間が違法な行為、措置を受たり、違法な状態に対して、一人一人の労働者が主体的にとり上げ、これらの行為、措置、状態の是正を求める場合に初めて法を動かすことができ、法が本来の機能を果たすため動くことになる。このことを憲法は「この憲法が国民に保障する自由及び権利は、国民の不断の努力によってこれを保持しなければならない」（12条1項）、「この憲法が日本国民に保障する基本的人権は、人類の多年にわたる自由獲得の努力の成果であって、…幾多の試練に堪え…信託されたもの」（97条）と規定したのである。すなわち労働社会における「人間の尊厳」、基本権は、「不断の獲得の努力」によってしか実現されることがないという法の世界における歴史的な事実とともに法の形成、確立は労働者が問題を提起し、人間の尊厳にふさわしい労働にむけて努力することに在ることを提示しているのである。

　労働者と市民の法の形成を求める運動は、個々の法律を活用するだけでなく、不充分かつ誤まりの場合も、常時、人間の尊厳、基本権の侵害の是正という憲法原理と秩序からの権利性を明確化されることが必要であって、戦後、法曹が、

裁判運動において憲法から離れた位置からの法律論の問題提起にとどまっていなかったかどうかも検証され、総括されるべきである。

　労働こそは、人間と人間を結び付ける重要なものであり、労働を苦しみから喜びが持てるものに変えていくための方向、運動が必要である。「よき労働[7]」の実現のために、その具体的内容として人間の尊厳、平等、他者との連帯となる課題を追求することが求められる。例えば労働条件についての対等共同決定、原則の確認、また（長時間労働の規制というより）8時間労働で人間らしい生活を確保できる政策が賃金、社会保障も含めて提案できることが求められる。

(2) 企業体に対する市民社会からの批判と規制

　法運動は、企業体の公共的価値実現への改革要求（CSR なども含めて）を、労働者を含めた労働運動の枠を超える市民運動として展開されることである。

　憲法秩序と法人企業体（主として、民法33条・会社法による法人）について憲法学説の通説[8]において、法人は、人権享有の主体であるとされている。筆者の意見はこれとは異なる。憲法の文理上も、また歴史的にみても、憲法は国家、国民との関係を歴史的に規定したが、ここでの国民は、自然人であった。法人は、人間ではないから、そこにはもちろん「人間の尊厳」は不在である。個別に基本権（基本的人権）からみても、個人の尊重等の13条、平等原則の14条、公務員の選定と罷免権等の15条、奴隷的拘束および苦役からの自由の18条、思想および良心・信教の自由の19条、20条、その他23条、24条、25条、26条、27条、28条、33条、35条、36条、37条、38条などをとっても、法人に適用が予定されたものはない。

---

7) ドイツの IG メタル産業別（金属労組）は、2003年10月の組合大会において「良い仕事」という活動構想をねりあげプロジェクトを立ち上げ、これが欧州委員会（2007年）や政府の連立協定（2013年）にも採用された。この目的は健康基準の設定、高齢者への配慮した仕事や学習に役立つ仕事のデザイン、不安定雇用の食い止め、である。北川亘太＝植村新「ドイツの労働組合による組織化戦術の新展開」山本泰三編『認知資本主義』（ナカニシヤ出版、2016年）206頁。
8) この点、宮澤俊義は、法人の活動はその結果が自然人に帰属することから、国民の権利義務は可能な限り、法人に適用されると見るべきであること、法人の概念は、財産権の主体として自然人と同じく扱われるために作られたものであるから、主として財産的権利義務に関しては、国民の権利義務が法人に適用される、とする（同『日本国憲法』（日本評論社、1955年）190頁）。しかし法人の活動の結果は、自然人とは別のものであるし、財産権の主体として法律によって作られたものには、財産法上の法律の効果をもって足りるものであるから、これをもって基本的人権の享有主体とする根拠にはならない。

　八幡製鉄政治献金事件（最大判昭45・6・24）の最高裁判断には大きな疑問がある。

法人は、民法、会社法等によって、人や物、ノウハウといった有機的一体性をもった組織が、その経済活動上の自由と便宜、効率のために法人格を授権された存在である。

　筆者は、憲法29条の「財産権の保障」は、自然人に対しての憲法上の保障であると考えている。近代法の三原則としての「個人の自由、平等」、「契約の自由」、「所有権の絶対」も自然人である市民が獲得し、これを法の原則としたものであった。法人は、法律によって経済社会における取引の主体として、自然人と同様に法主体として登場し、活動するものであってそれ以上のものでない。

　自然人と異なって法律によって成立した法主体に対して、憲法上の基本権の保護を条項により、同様のものを与えるかどうかは、立法政策論（例えば限定的にドイツ憲法が規定するように）であって、またこれが与えられたにせよ憲法上の人権の担い手になるのではない。

　法人の活動を執行する機関の構成員が自然人である場合に執行機関の自然人が、自らは、基本権の担い手であるし、人間の尊厳を尊重する企業体を形成しようとすることは当然あり得る。しかし、ここで形成される法人の方針、行動は自然人のものではない。

　こうして財産活動の担い手として登場した法人（会社法等による）は、所有権、その他の物権、債権の帰属主体として存在するが、これらも法律によって擬制された法人格の存在による帰結である。そして法人である企業体の活動が、公共の福祉に適合するように法律によって定められるのは、自然人でない法人である以上、当然のことである。常時、常在として、法人は、憲法の下位にある法律によって生成し、発展し、消滅する存在である。

(3) 市民運動、労働運動のなかに人間の尊厳と平等、連帯を創出する独自の意識的なプログラムが必要である

　現在、労働の現場では、正規と非正規、性差、ハラスメントの横行といった差別や人格の侵害が相当数存在している。こうした下で差別やハラスメントを受けていない側にいる労働者にとって、他者の人間の尊厳を擁護する立場にたって行動を起こすことは、人間の尊厳の価値を共有化するにとどまらず、自らの人間の尊厳を覚醒し活性化させ、他者との連帯によって「よき」労働を実現することでもある。

新自由主義政策は、労働者の間に競争主義と自己責任思想を持込み、これを強い社会意識にしてきた。こうした労働者の分断状態は、全体としての労働者の貧困状態をもたらし、異常な企業利益の増大を実現している。具体的に正規労働者は、労働をともに行う非正規労働者の待遇上の差別や地位の不安定是正のために要求と運動を組織できるし、現にまともな労働運動、労働組合は積極的にこうした活動に取り組んでいる。労働者間の格差と分断をなくすための平等実現、連帯の行動は、人間の尊厳と平等原則（憲法 14 条）の憲法上の価値を担うものであり、今後労働法の領域においては、団体交渉権の相手方（使用者団体なり国、自治体）とその範囲（事項性の質的な拡大）、処遇格差是正の請求権の構成、連帯ストライキの合法性の要件の再検討など重要なテーマを抱えている。

　ハラスメントについては、これをモラルハラスメントとして提起し、禁止の法制化を訴える優れた著作が紹介されているが、労働組合が労働者の「人格の自由」を充分に守れていない職場のなかで、ハラスメントを受けた労働者が、この是正を求めて運動に立ち上がっている。[9] 人間の尊厳と基本権擁護のために、日本企業の戦前から続く「滅私奉公」というか、企業の価値に労働者の人格を有機的に融合させる労務方針自体を、人間としての人格（の自律）を守る、企業の求める価値を社会の価値から吟味し、人間としての労働を確保する要求と運動が必要である。労働者と労働組合は、過労死をなくす被害者、その遺族の活動に敬意と連帯をし、ここから学び社会運動とすることが大切である。

　よき労働実現にむけて幾つかの当面する課題を整理しておきたい。

　①労働社会において労働者の地位、労働条件の決定、変更を使用者と労働者、労働組合との間で対等共同決定とする原則の確認。

　②長時間労働を規制し、1 日 8 時間労働で人間として生きていける賃金の実現、そして高齢者や弱者への社会保障の充実。

　③懲戒権を違法とし、水平な職場関係を創り出す。

　④労働社会に人間の尊厳と基本権が実現されるための課題を明確にする。労働者が企業組織のために存在するのではなく、企業が労働者のよき労働実現と

---

9)　拙稿「書評／ハラスメントのない社会の実現を求めて——マリー＝フランス・イルゴイエンヌ著／大和田敢太訳『モラル・ハラスメント　職場におけるみえない暴力』」労働法律旬報 1906 号（2018 年）40 頁。

市民社会のためにあるとの意識転換の必要性。
　⑤他者（労働者）の人間の尊厳をともに擁護することなど。

5　法律学の方向
(1) 専門性の分化から「統合」への努力
　専門性は社会知の研究において必要なことであり、必然である。しかし今日のグローバリズムのなかで地球全体の、また人類の生存危機が進行（核戦争、温暖化、貧困の増大など）しており専門性とともに総合化というか、トータルな知見、認識が求められており、これによってより大きく社会の力を結集できることになる。日本の実定法学は行政の縦割りと同じく、戦前から細分化されてきた。
(2) 法の原理、憲法からの再定位
　法の原理、人間の尊厳、基本権といった基本的な価値からの各法律分野の再編（構成）というか、再定位作業、すなわち憲法学との交流そして専門分野の憲法学的再定位の必要性を指摘したい。
(3) 判例と研究者の立ち位置
　事実、実態を「学」に取り込むことが必要である。事実を基礎にもたない学は、抽象論化され、法解釈は実をあげることがない。
　このことに関連して、判例なり実務と研究者の「立ち」位置について、筆者の意見を述べておきたい。法律解釈学というか、実定法学に限定したことになるかもしれないのであるが、法律の普遍的、一般的性格からは体系論や立法論を別として、事実と裁判例を抜きにして法律解釈は展開され得ない。
　法の解釈が解釈者の実践行為であると筆者も考えていることは前提にしたうえで、判例の分析、検討は法解釈学にとっても避けて通れないのである。問題は先述した日本の司法、裁判状況の下で、研究者にこうした判例への追随があってはならないし、むしろ正しい判例形成にむけた社会的に説得力ある法理の提示が求められていることである。この点では法曹との共同作業や学び合いが必要である。
(4) 歴史と法解釈
　現代の法を歴史のなかに、そして社会全体のなかからみることの大切さであり、このことは法律学の先達が切り拓き確認してきた事柄である。

(5) 創造としての判例研究

そして以上整理したことは、法曹にとっても共通の課題であるが、法曹は判例形成の分野において、当事者と協働して司法を担っているのであるから、憲法上の基本権不在の悪しき判例や裁判に追従することなく当事者法曹として創造的な仕事をすることである。またこのことの誇りと、喜びを再確認することを共通の認識にしたい。

索引

あ 行

朝日放送事件……………………53, 69
いすゞ自動車（非正規切り）事件……316
いずみ市民生協事件…………………135
イナックスメンテナンス事件…………57
違法性阻却……………………………202
違法派遣………………………………89
伊予銀スタッフサービス事件…………95
エミレーツ事件………………………161
大阪市役所組合事務所明渡し請求事件
　………………………………………239
大阪府府労委（泉佐野市）事件………268
太田鉄工所事件………………………227
オリエンタルモーター事件……………173

か 行

岡山鉄道管理局事件…………………221
改革の運動と主体……………………297
解雇回避措置…………………………155
解雇権濫用法理………………………265
過労死防止法…………………………298
関西電力（譴責処分）事件……………126
関西電力人権訴訟……………………178
企業施設利用権………………………203
企業体…………………………………336
企業批判（告発）本の正当性…………130
企業別労働組合………………………300
　──組織の特質と弱点………………303
偽装請負………………………………85
規範的解釈……………………………75
基本権…………………………………7

行政財産…………………………239, 250
協約自治の範囲・限界…………………216
組合活動権……………………………199
　──尊重義務論………………………200
　──と施設管理権……………………225
組合事務所……………………………239
　──供与義務……………………205, 206
組合旗・懸垂幕等の掲出………………218
組合分裂の要件………………………216
研究者の立ち位置……………………339
権利運動の課題………………………279
工場法…………………………………111
公法関係論……………………………261
公法私法二元論………………………262
公務労働関係…………………………239
国鉄鹿児島自動車営業所事件…………191
国鉄札幌運転区事件………………205, 234
国鉄松山電気区事件…………………237
国労大阪事件…………………………219
個人の尊厳……………………………5
個人の尊重……………………………5
個別（都度）同意説……………………147

さ 行

裁判運動…………………………180, 332
裁判運動の限界………………………284
査定、人事考課と賃金請求権…………170
佐野安船渠事件………………………229
佐野第一交通事件……………………103
差別是正請求権………………………168
産業と地域、階層……………………308
産業別交渉権…………………………209

産別運動‥‥‥‥‥‥‥‥‥‥‥‥306
三和銀行事件‥‥‥‥‥‥‥‥‥130
JR 東海出向事件‥‥‥‥‥‥‥151
JR 東日本（本荘保線区）事件‥‥‥192
JR 不採用事件‥‥‥‥‥‥193, 312
自己決定‥‥‥‥‥‥‥‥‥‥‥11
自己決定（論）‥‥‥‥‥‥11, 12
自己と他者‥‥‥‥‥‥‥‥‥295
持続可能な社会‥‥‥‥‥‥‥298
時代と法‥‥‥‥‥‥‥‥‥‥330
「支配」と「目的」‥‥‥‥‥‥105
司法制度改革審議会意見書‥‥‥76
社会権‥‥‥‥‥‥‥‥‥‥‥333
社会構造‥‥‥‥‥‥‥‥285, 293
社会的規制力‥‥‥‥282, 297, 299
出向‥‥‥‥‥‥‥‥‥‥137, 141
受忍義務説‥‥‥‥‥202, 225, 229
順天堂大学病院事件‥‥‥‥‥220
昇格・昇進請求権‥‥‥‥‥‥175
常勤的非常勤職員‥‥‥‥‥‥265
使用者の分裂と統合‥‥‥‥‥68
使用従属関係‥‥‥‥‥‥‥‥55
職安法違反‥‥‥‥‥‥‥‥‥87
自力救済‥‥‥‥‥‥‥‥‥‥231
人員削減の必要性と司法審査‥‥154
人格権‥‥‥‥‥‥‥‥‥‥‥178
　　——の法的構成‥‥‥‥‥187
　　——保障の「領域」‥‥‥‥185
親権と懲戒権‥‥‥‥‥‥‥‥112
新国立劇場運営財団事件‥‥‥57
吹田非常勤職員雇止め事案‥‥254
水平な労使関係‥‥‥‥‥‥‥190
正当権利説‥‥‥‥‥‥‥‥‥202
正当性の基準‥‥‥‥‥‥‥‥28
整理解雇法理‥‥‥‥‥‥‥‥153
　　——四要件論‥‥‥‥‥‥153
是正義務の確認の訴え‥‥‥‥175
センエイ事件‥‥‥‥‥‥‥‥95
全国税足立分会事件‥‥‥‥‥232
戦後権利運動の性格と課題‥‥279
戦前における労働時間法制‥‥290
全逓新宿郵便局事件‥‥‥‥‥233
専門性の保障‥‥‥‥‥‥‥‥328
全労働事件‥‥‥‥‥‥‥‥‥221

た 行

対等共同決定論‥‥‥‥10, 14, 212
大量観察方法‥‥‥‥‥‥‥‥172
団結強制‥‥‥‥‥‥‥‥‥‥215
団結契約の内容‥‥‥‥‥‥‥213
団結契約論‥‥‥‥‥‥‥‥‥213
団結権尊重義務‥‥‥‥‥‥‥201
団結権保障関係論‥‥‥‥‥‥59
団体交渉権論の転回‥‥‥‥‥208
チェック・オフ
　　——（行為）論‥‥‥‥‥273
　　——の廃止‥‥‥‥‥‥‥268
　　——の法的性格‥‥‥‥‥274
地公法 13 条の平等原則‥‥‥260
地公法 58 条‥‥‥‥‥‥‥‥277
チボリジャパン事件‥‥‥‥‥58
懲戒‥‥‥‥‥‥‥‥‥‥107, 113
懲戒権法理（学説）‥‥‥‥‥119
長時間労働‥‥‥‥‥‥‥285, 293
懲罰的労使関係‥‥‥‥‥‥‥190
賃金差別‥‥‥‥‥‥‥‥‥‥168
賃金請求権‥‥‥‥‥‥‥‥‥168
ドイツ基本法‥‥‥‥‥‥‥‥4
東亜ペイント最判‥‥‥‥‥‥142
統一（混合）組合‥‥‥‥251, 268
統制処分（措置）‥‥‥‥‥‥215
東洋酵素事件‥‥‥‥‥‥‥‥158
動労千葉地本事件‥‥‥‥‥‥219

な 行

内部告発の正当性‥‥‥‥‥‥134
ナブテスコ事件‥‥‥‥‥‥‥94
名村造船整理解雇事件‥‥‥‥155
日本 IBM「退職強要」事件‥‥312
日本航空整理解雇事件‥‥‥‥318
日本電子事件‥‥‥‥‥‥‥‥219
人間の尊厳‥‥‥‥3, 124, 185, 331, 334, 337

は 行

配転‥‥‥‥‥‥‥‥‥‥‥‥‥137, 138
　──権限濫用の新たな基準‥‥‥‥146
配分的正義‥‥‥‥‥‥‥‥‥‥‥‥309
派遣法違反‥‥‥‥‥‥‥‥‥‥‥‥‥87
判例‥‥‥‥‥‥‥‥‥‥‥‥‥‥‥‥15
　──形成の場‥‥‥‥‥‥‥‥‥‥32
　──の正当性‥‥‥‥‥‥‥‥‥‥28
ビクター・サービスエンジニアリング事件
　‥‥‥‥‥‥‥‥‥‥‥‥16, 40, 311
表現の自由‥‥‥‥‥‥‥‥‥‥‥‥126
平等‥‥‥‥‥‥‥‥‥‥‥‥‥‥‥337
　──原則‥‥‥‥‥‥‥‥‥‥‥‥158
ビラ配布‥‥‥‥‥‥‥‥‥‥‥‥‥126
二つの条件と権利運動‥‥‥‥‥‥‥281
文書提出・物件提出命令‥‥‥‥‥‥174
法運動‥‥‥‥‥‥‥‥‥‥‥331, 334
法解釈‥‥‥‥‥‥‥‥‥‥‥‥‥‥‥31
　──のあり方‥‥‥‥‥‥‥‥‥‥28
　──の正当性‥‥‥‥‥‥‥‥‥‥15
　──の方法と基準‥‥‥‥‥‥‥‥35
法人格否認法理‥‥‥‥‥‥‥‥‥‥103
法曹一元‥‥‥‥‥‥‥‥‥‥‥‥‥320
法的価値‥‥‥‥‥‥‥‥‥‥‥‥‥‥33
法的三段論‥‥‥‥‥‥‥‥‥‥‥‥‥16
法の形成‥‥‥‥‥‥‥‥‥‥‥‥‥330
法の原理‥‥‥‥‥‥‥‥‥‥‥‥‥‥7
法の支配‥‥‥‥‥‥‥‥‥‥76, 125, 311
法の正義‥‥‥‥‥‥‥‥‥‥‥124, 331
法律解釈学‥‥‥‥‥‥‥‥‥‥‥‥‥75
法律学の方向‥‥‥‥‥‥‥‥‥‥‥339
法律学の役割‥‥‥‥‥‥‥‥‥‥‥330
法律実証主義‥‥‥‥‥‥‥‥‥‥‥333
本田技研工業（雇止め）事件‥‥‥‥315

ま 行

マイスタッフ（一橋出版）事件‥‥‥‥95
松下 PDP 事件‥‥‥‥‥‥‥21, 78, 311
丸善ミシン事件‥‥‥‥‥‥‥‥‥‥220
黙示の意思合致‥‥‥‥‥‥‥‥‥‥100
黙示の雇用契約‥‥‥‥‥‥‥‥‥‥‥81
黙示の労働契約‥‥‥‥‥‥‥‥‥75, 94

や 行

安田病院事件‥‥‥‥‥‥‥‥‥‥‥‥94
雇止め‥‥‥‥‥‥‥‥‥‥‥‥‥‥262
よき労働‥‥‥‥‥‥‥‥‥‥‥‥‥334

ら 行

立法運動‥‥‥‥‥‥‥‥‥‥‥‥‥284
連帯‥‥‥‥‥‥‥‥‥‥‥‥‥‥‥337
労基法制定過程‥‥‥‥‥‥‥‥116, 291
労組法 3 条の「労働者」‥‥‥‥‥‥‥53
労組法 7 条 2 号の「雇用する労働者」‥‥58
労組法 7 条の「使用者」‥‥‥‥‥‥‥68
労組法上の「労働者」‥‥‥‥‥‥‥‥40
　──の要件‥‥‥‥‥‥‥‥‥‥‥65
労使関係条例‥‥‥‥‥‥‥‥‥‥‥249
労働観‥‥‥‥‥‥‥‥‥‥‥‥‥‥290
労働契約責任の所在（帰属）‥‥‥‥103
労働裁判の特質‥‥‥‥‥‥‥‥‥‥‥29
労働参審制‥‥‥‥‥‥‥‥‥‥‥‥329
労働時間法制‥‥‥‥‥‥‥‥‥‥‥291
労働者性‥‥‥‥‥‥‥‥‥‥‥‥‥‥17
労働者の意識‥‥‥‥‥‥‥‥‥285, 293
労働条件支配力説‥‥‥‥‥‥‥‥‥‥74
労働審判制度‥‥‥‥‥‥‥‥‥‥‥322
　──の趣旨‥‥‥‥‥‥‥‥‥‥‥324
労働の非独立的、他人決定的性格‥‥168
労働判例の正当性‥‥‥‥‥‥‥‥‥‥15
労働法上の「使用者」‥‥‥‥‥‥‥‥68
労働法の理念‥‥‥‥‥‥‥‥‥‥‥‥10
労務供給三面関係‥‥‥‥‥‥‥‥‥‥96

豊川　義明（とよかわ・よしあき）
弁護士、関西学院大学名誉教授、
関西学院大学大学院司法研究科（法科大学院）客員教授（現在）

1945年　和歌山県生まれ、大阪で育つ
1969年　京都大学法学部卒業
　　　　２年間の司法修習を経て
1971年　弁護士登録（大阪）
2004年　関西学院大学大学院司法研究科（法科大学院）教授（～2014年）
2014年　同客員教授（現在に至る）
日本労働法学会、法哲学学会など所属

主な著書
『労使紛争と法』（共著、有斐閣、1995年）
『ウォッチング労働法［第３版］』（共著、有斐閣、2009年：第４版、2019年近刊予定）
『ロースクール演習労働法［第２版］』（共編、法学書院、2010年）
『判例チャートから学ぶ労働法』（共編、法律文化社、2011年）
『労働審判紛争類型モデル［第２版］』（編集委員長、大阪弁護士協同組合、2013年）
『書式労働事件の実務』（編集代表、民事法研究会、2018年）
ほか

労働における事実と法
──基本権と法解釈の転回

2019年９月10日　第１版第１刷発行

著　者──豊川　義明
発行所──株式会社日本評論社
　　　　〒170-8474　東京都豊島区南大塚3-12-4
　　　　電話 03-3987-8621　FAX 03-3987-8590　振替 00100-3-16
印　刷──株式会社平文社
製　本──株式会社松岳社

Printed in Japan　© TOYOKAWA Yoshiaki 2019
装幀／レフ・デザイン工房
ISBN 978-4-535-52431-6

JCOPY 〈(社)出版者著作権管理機構委託出版物〉
本書の無断複写は著作権法上での例外を除き禁じられています。複写される場合はそのつど事前に(社)出版者著作権管理機構（電話 03-5244-5088、FAX 03-5244-5089、e-mail: info@jcopy.or.jp）の許諾を得てください。また本書を代行業者等の第三者に依頼してスキャニング等の行為によりデジタル化することは、個人の家庭内の利用であっても、一切認められておりません。